Die Failing Company Defense im europäischen Recht

Europäische Hochschulschriften
Publications Universitaires Européennes
European University Studies

Reihe II
Rechtswissenschaft

Série II Series II
Droit
Law

Bd./Vol. 3955

PETER LANG
Frankfurt am Main · Berlin · Bern · Bruxelles · New York · Oxford · Wien

Gregor Nikolaus Garten

Die Failing Company Defense im europäischen Recht

Eine Untersuchung zur Berücksichtigung von Sanierungsgesichtspunkten in der europäischen Fusionskontrolle

PETER LANG
Europäischer Verlag der Wissenschaften

Bibliografische Information Der Deutschen Bibliothek
Die Deutsche Bibliothek verzeichnet diese Publikation in der Deutschen Nationalbibliografie; detaillierte bibliografische Daten sind im Internet über <http://dnb.ddb.de> abrufbar.

Zugl.: Bonn, Univ., Diss., 2003

D 5
ISSN 0531-7312
ISBN 3-631-52588-5

www.peterlang.de

Vorwort

Die vorliegende Arbeit wurde im Sommersemester 2003 von der Rechts- und Staatswissenschaftlichen Fakultät der Universität Bonn als Dissertation angenommen. Literatur und Rechtsprechung sind bis Anfang 2003 berücksichtigt.

Mein besonderer Dank gilt meinem Doktorvater, Herrn Prof. Dr. Wulf-Henning Roth, der nicht nur die Bearbeitung des Themas angeregt, sondern mich auch während der gesamten Promotionszeit betreut hat. Herrn Professor Dr. Daniel Zimmer danke ich für die Erstellung des Zweitgutachtens.

Dank für die Förderung der Arbeit schulde ich der Deutschen Forschungsgemeinschaft, die dieses Vorhaben im Rahmen des Graduiertenkollegs „Europäisches und Internationales Wirtschaftsrecht“ an der Universität Bonn gefördert hat. Für die Aufnahme in das Graduiertenkolleg danke ich stellvertretend dessen ehemaligem Sprecher Prof. Dr. Ulrich Everling.

Für die mühevolle Arbeit des Korrekturlesens und für die konstruktive Kritik während der Entstehungsphase danke ich Felix Streiter, Rudolf Hömberg und vor allem Andrea.

In besonderem Maße gilt der Dank aber meiner Familie, insbesondere meinen Eltern und meiner Großmutter, ohne deren Zuspruch und Unterstützung das Entstehen dieser Arbeit sehr viel schwieriger geworden wäre. Diese Arbeit ist dem Andenken an meine Mutter gewidmet.

Frankfurt, 2004

Gregor Nikolaus Garten

Inhaltsverzeichnis

Abkürzungsverzeichnis

ABl.	Amtsblatt der Kommission
A.E.R.	American Economic Review
Antitrust Bull.	Antitrust Bulletin
Antitrust L.J.	Antitrust Law Journal
AG	Die Aktiengesellschaft
BB	Betriebsberater
B.C. Indus & Comm. L.Rev.	British Columbia Industrial and Commercial Law Review
Berkeley J. Int'l L.	Berkeley Journal of International Law
BGH	Bundesgerichtshof
BOCC	Bulletin officiel du conseil de la concurrence
B.U.L. Rev.	Boston University Law Review
Cal. L.Rev.	California Law Review
Cir.	Circuit Court
C.D. Cal.	United States District Court for the Central District of California
C.M.L.Rev.	Common Market Law Review
CR	Computer und Recht
DB	Der Betrieb
D. Colo.	United States District Court for the District of Colorado
D. Conn.	United States District Court for the District of Connecticut
D. D.C.	United States District Court for the District of

	Columbia
D. Haw.	United States District Court for the District of Hawaii
D. Md.	United States District Court for the District of Maryland
D. N.J.	United States District Court for the District of New Jersey
D. Ore.	United States District Court for the District of Oregon
DOJ	Department of Justice
E.C.L.R.	European Competition Law Review
E.D. La.	United States District Court for the Eastern District of Louisiana
E.D. Mich.	United States District Court for the Eastern District of Michigan
E.D. Mo.	United States District Court for the Eastern District of Missouri
E.D. Pa.	United States District Court for the Eastern District of Pennsylvania
E.D. Wis.	United States District Court for the Eastern District of Wisconsin
E.L.Rev.	European Law Review
EuGEI	Europäisches Gericht Erster Instanz
EuGH	Europäischer Gerichtshof
EuR	Europarecht
EWS	Europäisches Wirtschafts- und Steuerrecht
EuZW	Zeitschrift für Europäisches Wirtschaftsrecht
F.2d	Federal Reporter, Second Series

F.3rd	Federal Reporter, Third Series
FS	Festschrift
F.Supp.	Federal Supplement
Fordham Corp. L.I.	Fordham Corporate Law Institute
Fordham L. Rev.	Fordham Law Review
F.T.C.	Federal Trade Commission
Geo. L.J.	Georgetown Law Journal
Harv. Int'l L.J.	Harvard International Law Journal
Harv. L.Rev.	Harvard Law Review
HHI	Herfindahl-Hirschman-Index
Hofstra L.Rev.	Hofstra Law Review
H.R.	House of Representatives
ICPAC	International Competition Policy Advisory Committee
Ins L&P	Insolvency Law and Practice
MCR	Merger Control Reporter
M.D. Pa.	United States District Court for the Middle District of Pennsylvania
M.D. Tenn.	United States District Court for the Middle District of Tennessee
Mich. L.Rev.	Michigan Law Review
N.D. Cal.	United States District Court for the Northern District of California
N.D. Ill.	United States District Court for the Northern District of Illinois
Nebr. L.Rev.	Nebraska Law Review

ORDO	ORDO Jahrbuch für die Ordnung von Wirtschaft und Gesellschaft
PLI/Corp.	Practicing Law Institute, Section on Corporate Law
REW	Recht der Energiewirtschaft
RIW	Recht der internationalen Wirtschaft
RMC	Révue du Marché Commun
RPW	Recht und Politik des Wettbewerbs
RTD eur.	Révue Trimestrielle du Droit européen
S.D. N.Y.	United States District Court for the Southern District of New York
S.D. Ohio	United States District Court for the Southern District of Ohio
S.D. Tex.	United States District Court for the Southern District of Texas
TB	Tätigkeitsbericht des Bundeskartellamts
Texas L. Rev.	Texas Law Review
U.Pa.J.Int'l Econ.L.	University of Pennsylvania Journal of International Economic Law
U.S.	United States Supreme Court
Va. L. Rev.	Virginia Law Review
W.D. Mich.	United States District Court for the Western District of Michigan
W.D. Okla.	United States District Court for the Western District of Oklahoma
W.D. Pa.	United States District Court for the Western District of Pennsylvania
WM	Wertpapiermitteilungen

WuW	Wirtschaft und Wettbewerb
Yale J.Reg.	Yale Journal on Regulation
Yale L.J.	Yale Law Journal
ZHR	Zeitschrift für das gesamte Handelsrecht

1. Kapitel: Begriff und Einführung in die Problematik

> „The more one thinks about [the failing firm doctrine], or at least the more I think about it, the less it makes sense. Indeed, it seems to me that it has become acceptable to all of us only by virtue of constant repetition and the passage of time."
> *William F. Baxter*[1]

> „[The failing firm defense is] one of the clearest examples in antitrust law of a desire to subordinate competition to other values."
> *Richard A. Posner*[2]

> „Whatever else can be said about it, the failing firm doctrine is a survivor."
> *Richard D. Friedman*[3]

I. Zielkonflikt

1. Der Konflikt zwischen Unternehmenserhalt und dem Schutz wettbewerblicher Marktstrukturen

Unternehmenszusammenschlüsse, die eine gemeinschaftsweite Bedeutung aufweisen, unterliegen ab einer bestimmten Größenordnung[4] den Vorschriften über die europäische Fusionskontrolle[5]. Einziges Aufgreifkriterium ist der Umsatz der beteiligten Unternehmen. Ein Zusammenschluss ist gemäß Art. 2 Abs. 3 FusionskontrollVO unvereinbar mit dem Gemeinsamen Markt zu untersagen, wenn durch den Zusammenschluss eine marktbeherrschende Stellung begründet oder verstärkt wird, durch die ein wirksamer Wettbewerb erheblich behindert würde. Für den Zusammenschluss mit einem sanierungsbedürftigen Unternehmen gelten die gleichen Aufgreif- und Bewertungskriterien wie für „normale" Fusionen. Ist der Anwendungsbereich der VO eröffnet, wird der Zusammenschluss einzig anhand der allgemeinen Kriterien des Art. 2 FKVO beurteilt. Dies führt zu einer Untersagung des Zusammenschlusses, wenn sich herausstellen sollte, dass aufgrund des Zusammenschlusses ein Unternehmen entsteht, welches eine wettbewerbsbeeinträchtigende marktbeherrschende Stellung erhält. Der Schutz des

---

[1] *Baxter*, 50 Antitrust L.J. 247, 248 (1982).

[2] *Posner/Easterbrook*, Antitrust, S. 472.

[3] *Friedman*, 64 Texas L. Rev., 1375, 1375 (1986).

[4] Zur Zeit gelten folgende Aufgreifkriterien: Weltumsatz aller beteiligten Unternehmen von 5 Mrd. EURO oder Gemeinschaftsumsatz von mindestens zwei der beteiligten Unternehmen von jeweils mehr als 250 Mio. EURO.

[5] VO über die Fusionskontrolle 4064/89 vom 21.12.1989, ABl. 1989 L395/1 (nachfolgend: FusionskontrollVO).

freien Wettbewerbs gerät in einem solchen Fall in einen Zielkonflikt mit dem Erhalt des Unternehmens. Denn eine Untersagung des Zusammenschlusses hätte zugleich endgültig den Zusammenbruch des sanierungsbedürftigen Unternehmens zur Folge, welchem bis zu diesem Zeitpunkt die Perspektive einer rettenden Fusion offen gestanden hatte.
Vor allem in Zeiten einer Rezession wird vielfach bezweifelt, dass die normalen Bewertungsmaßstäbe der Fusionskontrolle der besonderen Problematik von Sanierungsfällen gerecht werden. Für ein sanierungsbedürftiges Unternehmen besteht in diesen Zeiten häufig die einzige Rettung vor einer Insolvenz in der Übernahme durch ein anderes Unternehmen. Finanziell werden solche Fusionen aufgrund der in der Regel relativ geringen Marktkapitalisierung sanierungsbedürftiger Unternehmen häufig möglich sein.

Besonders augenscheinlich wird der Konflikt zwischen Wettbewerbssicherung und Unternehmenserhaltung, wenn die gewichtigen Interessen privat- und gesamtwirtschaftlicher Natur, die an die Existenz eines Unternehmens geknüpft sind, ins Kalkül mit einbezogen werden. Zur Disposition stehen bei einer solchen Entscheidung nicht nur eine beträchtliche Anzahl an Arbeitsplätzen, sondern auch die Interessen der von einer Unternehmensstillegung betroffenen Region, der Zulieferer, der Gläubiger und nicht zuletzt die Interessen der Eigentümer des Unternehmens. Eine Entscheidung unter fusionskontrollrechtlichen Kriterien alleine würde sich über alle diese Interessen hinwegsetzen, obwohl eine intuitive Entscheidung dieses Konflikts zumeist zugunsten der Verhinderung eines Zusammenbruchs des Unternehmens und somit zu Lasten des Wettbewerbsschutzes ausfallen würde. Dafür sorgt der Vergleich von den verhältnismäßig abstrakten Folgen verminderten Wettbewerbs in Form von langfristig höheren Preisen mit dem ungleich plastischeren Bild von entlassenen Arbeitnehmern, strukturschwachen Regionen und insolvenzbedrohten Gläubigern[6].

2. Reaktion der Fusionskontrolle auf diesen Konflikt

Die meisten entwickelten Fusionskontrollrechte kennen Mechanismen zur Auflösung dieses Zielkonflikts zwischen Unternehmenserhaltung und Sicherung des Wettbewerbs. Das US-amerikanische Antitrustrecht löst diesen Konflikt mittels der sogenannten *Failing Company Defense*, der – aus Verständnisgründen an dieser Stelle so genannten – Einrede der Sanierungsbedürftigkeit. Der Begriff der *Failing Company Defense* war den nationalen europäischen Rechtsordnungen nicht geläufig[7]. Dennoch taucht in ihnen, sofern sie über ein Fusionskon-

---

[6] Vgl. *Karsten Schmidt*, AG 1982, 169, 169.

[7] In Frankreich und in Großbritannien wurde der Begriff der *exception de l' entreprise défaillante* bzw. der *Failing Company Defense* erst zeitlich nach und in inhaltlicher Übereinstimmung mit der *Failing Company Defense* der europäischen Kommission und des EuGH einge-

trollrecht verfügen, auch der Konflikt zwischen Unternehmenserhaltung und Wettbewerbsschutz auf[8].
Das deutsche Recht gesteht in § 42 GWB dem Bundeswirtschaftsminister die Einzelfallentscheidung darüber zu, welchem Interesse des Allgemeinwohls der Vorrang gebührt. Diese sogenannte Ministererlaubnis wurde und wird zur Lösung dieses bestehenden Zielkonflikts verwandt[9]. Das englische Recht gestattet der *Mergers and Monopolies Commission* (*MMC*) eine umfassende Abwägung aller wettbewerblichen und außerwettbewerblichen Kriterien. Unter diese ausserwettbewerblichen Kriterien fallen auch solche des Unternehmenserhalts[10].

Durch mehrere Entscheidungen der EU-Kommission und durch das Urteil des Europäischen Gerichtshofs vom 31. März 1998[11] fand der Begriff der *Failing Company Defense* auch Eingang in das Recht der europäischen Zusammenschlusskontrolle. Zwar wurde das Vorliegen der Voraussetzungen in den früheren Fällen stets verneint, doch ist erkennbar, dass die EU-Kommission, seit sie den Sanierungsgedanken erstmals in der Entscheidung *Kelt/Amex* aufgeworfen und sich dann in der Entscheidung *Aerospatiale - Alenia/deHavilland* inhaltlich konkret mit dem Vorliegen der Voraussetzungen einer *Failing Company Defense* auseinandergesetzt hatte, häufiger mit diesem Rechtsinstitut konfrontiert wurde. Auch im Grünbuch der Kommission zur Revision der Fusionskontroll-VO vom 11.12.2002[12] fand eine *Failing Company Defense* Erwähnung[13].
Dies überrascht zunächst nicht. Die *Failing Company Defense* ist die einzige unstreitig vorhandene Einrede im amerikanischen Antitrustrecht, mit deren Hilfe festgestellte wettbewerbswidrige Unternehmenszusammenschlüsse immunisiert und genehmigungsfähig werden können[14]. Der besondere Reiz einer Anwendung dieser *Failing Company Defense* im europäischen Fusionskontrollrecht besteht darin, dass Zusammenschlüsse, deren Wettbewerbswidrigkeit bereits

---

führt; vgl. *Cot/de la Laurencie*, Contrôle des concentrations, Rdnr. 452f.; *Berlin/Süss*, EuZW 2001, 549, 552; *Finbour/Parr*, UK Merger Control, Rdnr. 6.056 ff.

8 Sanierungsfusion in Deutschland, *Rescue Merger* in Großbritannien; das englische Fusionskontrollrecht befindet sich allerdings zur Zeit im Wandel, vgl. ICPAC Abschlussbericht, Chapter II, S. 20.

9 Siehe unten II, 2, a.

10 Siehe unten II, 2, b.

11 EuGH – verb. Rs. *Frz. Republik/Kommission*, C-68/94 und *SCPA* und *EMC/Kommission*, C-30/95 – Slg. 1998 I-1375.

12 Grünbuch über die Revision der Verordnung (EWG) Nr. 4064/89 des Rates, KOM (2001) 745/6 endg.

13 Id., Rdnr. 91.

14 Vgl. *Brown Shoe v. United States*, 370 U.S. 294, 277 (1962): „*The only undisputed section 7 affirmative defense*“; *Low*, 35 Fordham L. Rev., 425, 426 (1967). Zu einer Übersicht der Defenses im US-Recht vgl. *Afonso*, 33 Harv. Int'l L.J., 1 (1992). Neben der *Failing Company Defense* existiert als einzig nennenswerte weitere die im einzelnen sehr umstrittene *Efficiencies Defense* (s.u.).

festgestellt wurde, unter Umgehung der engen Grenzen, die Art. 2 Abs. 2, 3 FusionskontrollVO für eine Beurteilung steckt, gerechtfertigt werden könnten. Besonders verlockend dabei ist, dass die *Failing Company Defense* im US-amerikanischen Recht scheinbar einfache, deutlich konturierte Kriterien aufstellt, deren Erfüllung zu einer automatischen Auflösung des Zielkonflikts zugunsten der Unternehmenserhaltung führen und somit für eine Kompensation der Wettbewerbswidrigkeit ausreichend sind.
Ein weiterer Grund für die rasche Zunahme von *Failing Company Defense* Fällen liegt in deren Notankerfunktion begründet. Wenn die Voraussetzungen einer *Failing Company* vermeintlich vorliegen, dann stellt ihre (hilfsweise) Geltendmachung keinen allzu großen Aufwand mehr dar.

Die eingangs angeführten Zitate machen allerdings deutlich, dass die *Failing Company Defense* im US-amerikanischen Antitrustrecht nicht unumstritten ist. Aber obwohl sowohl ihre Voraussetzungen als auch ihre Legitimation Anlass zum Streit bieten, ist die Existenz der *Failing Company Defense* bislang unangetastet geblieben. Dennoch wird in der amerikanischen Literatur in periodischen Abständen ungläubig zur Kenntnis genommen, dass es die *Failing Company Defense* immer noch gibt[15].

3. Gegenstand dieser Untersuchung

Gegenstand dieser Arbeit soll eine Analyse der Konzeption der *Failing Company Defense* aus europarechtlicher Sicht sein. Im Mittelpunkt dieser Untersuchung wird die Frage stehen, ob das amerikanische Verständnis der *Failing Company Defense*, nämlich eine Genehmigung trotz festgestellter Wettbewerbswidrigkeit auszusprechen, sich auf das europäische Fusionskontrollrecht übertragen lässt (5. Kapitel). Im Vorfeld analysiert diese Arbeit das Verständnis der Kommission und des EuGH und stellt alternative Konzepte vor, mit deren Hilfe Sanierungsgesichtspunkte innerhalb der wettbewerbsrechtlichen Entscheidung berücksichtigt werden können. Dabei wird im Folgenden zwischen der Genehmigung wegen bereits fehlender Marktbeherrschung (3. Kapitel) und der Genehmigung trotz einer entstehenden Marktbeherrschung (4. Kapitel) unterschieden. Zum Abschluss soll kurz der Frage nach der Notwendigkeit einer Sanierungsklausel nachgegangen werden (6. Kapitel).

Obwohl nicht ausdrücklich rechtsvergleichend angelegt, wird diese Arbeit auf viele Gesichtspunkte der Auseinandersetzung mit der *Failing Company Defense* im US-Recht verweisen. Dies ist damit zu begründen, dass dort aufgrund der

---

[15] *Low*, 35 Fordham L. Rev., 425 f. (1967); *Blum*, B.C. Indus & Comm. L. Rev., 75, 88 (1974); *Kaplan*, 4 Hofstra L. Rev., 643, 647 (1976); *Baxter*, 50 Antitrust L. J., 247, 248 (1981); *Kauper*, 71 Cal. L. Rev., 497 (1983); *Paredes*, 13 Yale J. Reg., 347 (1996).

nunmehr 70-jährigen Geschichte der *Failing Company Defense* eine vergleichsweise fundiertere wissenschaftliche Aufbereitung stattgefunden hat und entsprechende Erfahrungswerte vorliegen.

II. Die historische Entwicklung der *Failing Company Defense*

1. Die Wurzeln der *Failing Company Defense*

a. Vorläufige Definition

Die *Failing Company Defense*[16]-Doktrin beinhaltet die Einrede[17] der Sanierungsbedürftigkeit im Fusionskontrollrecht. Vereinfacht besagt diese, dass die Übernahme eines unmittelbar vor der Insolvenz stehenden Unternehmens durch ein anderes Unternehmen dann frei von wettbewerbsrechtlichen Bedenken erfolgen kann, wenn zu erwarten ist, dass aufgrund der Sanierungsbedürftigkeit des zu übernehmenden Unternehmens mit dessen Erwerb anderen Interessen gedient wird, die dem Interesse an einem wirksamen Wettbewerb vorgehen[18].
Der Erklärungsansatz der EU-Kommission, der sich der EuGH angeschlossen hat, verortet die *Failing Company Defense* hingegen als Kausalitätsproblem im Rahmen der Prognoseentscheidung über die künftige Marktstruktur und rechtfertigt den Gedanken mit einem alternativen Kausalverlauf. Die erste Alternative besteht darin, dass das Unternehmen den Markt verlässt, die zweite besteht in der Fusion mit einem Wettbewerber. In beiden Fällen tritt eine Konzentration auf dem Markt ein. Unterscheiden sich die beiden denkbaren alternativen Marktzustände nicht nennenswert, z.B. weil die Marktanteile auch ohne Übernahme ohnehin ganz oder (dies ist umstritten[19]) zum überwiegenden Teil[20] dem Erwerber zuwachsen, so ist eine Fusion aber kein größeres Übel als deren Untersagung. Im US-amerikanischen Verständnis öffnet die *Failing Company De-*

[16] In wörtlicher Übersetzung: "Einrede der zahlungsunfähigen (oder überschuldeten) Gesellschaft"; bisweilen auch "*Failing Firm Defense*" genannt, was in Anbetracht der Tatsache, dass nicht nur Gesellschaften sanierungsbedürftig werden, auch angemessener ist. Im deutschen Recht der Zusammenschlusskontrolle ist der Begriff "Sanierungsfusion" geläufig, allerdings für die Zwecke der nachfolgenden Untersuchung nicht präzise genug, da er nicht nur die Fälle der *Failing Company Defense* im engeren Sinne umfasst, sondern jegliche Berücksichtigung von Sanierungsargumenten bezeichnet (vgl. dazu 3.-5. Kapitel).

[17] Zum kuriosen, freilich erfolglosen Fall einer „*Failing Company Offense*" vgl. *Midcon Corp. V. Freeport McMoran*, 625 F.Supp. 1475 (N.D. Ill. 1986).

[18] In der Entscheidung *United States v. M.P.M., Inc.*, 375 F. Supp. 78, 97f. (D. Colo. 1975) lag der Fall umgekehrt: hier war das aufnehmende Unternehmen die *Failing Company*. Der *District Court* genehmigte den Zusammenschluss dennoch.

[19] So z.B. die EU-Kommission in der Entscheidung vom 11.7.2001 *BASF/Eurodiol/Pantochim* (IV/M.2314), WuW 2002, 90, 94ff., Rdnr. 150ff.

[20] Vgl. den frühen Fall *Allianz/Eagle Star*, 12. Wettbewerbsbericht der Kommission, Rdnr. 103 (1983).

fense ein Tor für die Berücksichtigung sanierungsbedingter sozialer oder ökonomischer Argumente, die ansonsten mit dem Zweck der Fusionskontrolle, freie wettbewerbliche Strukturen aufrechtzuerhalten, so nicht vereinbar wären (sog. „*lesser of two evils*"- Ansatz)[21].

b. Historische Entwicklung

aa. *Failing Company Defense* als Richterrecht

Obwohl das amerikanische Rechtssystem vornehmlich ein Fallrechtssystem ist, übernimmt seit dem Ende des 19. Jh. vor allem auf dem Gebiet des Wirtschafts- und Sozialrechts zunehmend kodifiziertes Recht die Regulierungsfunktion der Gerichte. Dies gilt auch für das Antitrustrecht, das gemäß der *interstate commerce clause* der Bundesverfassung in die Regelungskompetenz des Bundes fällt, soweit *interstate commerce* berührt wird. Allerdings bestehen die frühen Gesetze, wie z.B. der *Shearman Act*[22] nahezu ausschließlich aus Generalklauseln und bedürfen weiterhin der Konkretisierung durch die Gerichte. Als wichtigste Gesetzgebungsakte seien neben dem *Sherman Act* der *Clayton Act*[23] und der *Federal Trade Commission Act*[24] genannt.
Keines der drei Gesetze enthält eine positive Regelung der *Failing Company Defense*. Dennoch dient für die *Failing Company Defense*, wie der *Supreme Court* in der Entscheidung *Citizen Publishing Co. v. U.S.* ausgeführt hat[25], Sec. 7 *Clayton Act* als Ausgangspunkt. Dieser verbietet sowohl den Zusammenschluss von Gesellschaften, als auch die direkte und indirekte Übernahme eines Teils des Kapitals einer anderen Gesellschaft, wenn dieses zu einer wesentlichen[26] Beeinträchtigung des Wettbewerbs oder zur Errichtung eines Monopols führen könnte.
Die *Failing Company*-Doktrin wurde von Gerichten entwickelt und gilt nach wie vor als Richterrecht[27]. Drei Präzedenzfälle gelten als besonders aussagekräftig. Mit der Entscheidung *International Shoe*[28] nahm die *Failing Company Defense* ihren Ausgang. *Citizen Publishing*[29] verfestigte den Charakter zu einer echten *Defense* und formulierte die drei Voraussetzungen, die bis heute Bestand haben. *General Dynamics*[30] schließlich stellte noch einmal nachdrücklich die

---

[21] *United States v. General Dynamics Corp.* 415 U.S. 486, 507 (1974).
[22] 15 U.S.C. § 1.
[23] 15 U.S.C. § 12.
[24] 15 U.S.C. § 41.
[25] 394 U.S. 131.
[26] „*Substantial*".
[27] Vgl v. *Kalinowski*, § 19.03 [1][a]; „judicially created doctrine".
[28] *International Shoe Co. v. Federal Trade Commission* 280 U.S. 291 (1930).
[29] *Citizen Publishing Company et al. v. United States* 394 US 131 (1969).
[30] *United States v. General Dynamics Corp. et al.* 415 U.S. 486 (1974).

Existenzberechtigung der *Failing Company Defense* im modernen Antitrustrecht fest.
Den gemeinsamen *Merger Guidelines* des *Department of Justice* und der *Federal Trade Commission*[31] kommt hingegen keine rechtliche Verbindlichkeit zu. Sie formulieren lediglich die zu erwartende Genehmigungspraxis und der *Federal Trade Commission*, binden diese aber nicht und haben auch keinerlei Auswirkungen auf die Rechtsprechung. In der Praxis kommt den *Guidelines* aber eine große Bedeutung zu, da die *Federal Trade Commission* sich bei ihren Entscheidungen in der Regel an die von ihr veröffentlichten *Guidelines* hält und diese aus naheliegenden Gründen[32] den gegenwärtigen Stand der Rechtsprechung widerspiegeln.

bb. Die Entscheidung *International Shoe Company v. FTC*

Den grundlegenden[33] Gedanken zu einer *Failing Company Defense* formulierte der U.S. *Supreme Court* in der Entscheidung *International Shoe Company v. FTC*. Dieser Entscheidung vom 6.1.1930 lag ein nach Einschätzung des Gerichts besonderer Sachverhalt zugrunde[34]:
Die *International Shoe Company* übernahm die Aktien der sich infolge der Weltwirtschaftskrise Ende der 20er Jahre in großen finanziellen Schwierigkeiten befindenden *McElwain Company*. Ursprünglich gehörten beide Schuhproduzenten zu den größten der Welt und waren Wettbewerber. *McElwain* musste in der Folge jedoch einen immer größer werdenden Bilanzverlust und erhebliche Verbindlichkeiten ausweisen, so dass ein Konkurs unausweichlich gewesen wäre, hätte nicht *International Shoe Comp.*, deren Umsatz im gleichen Zeitraum um 25% gestiegen war, ein Übernahmeangebot unterbreitet. Für beide Unternehmen stellte die Übernahme eine günstige Lösung dar. Indem *International Shoe* mit den Anteilen auch die Arbeitnehmer und das Kapital von *Mc Elwain* übernahm, konnte sie ohne zeitaufwendiges internes Wachstum der gestiegenen Nachfrage nach ihren Produkten Herr werden. *McElwain* hingegen vermied die Kosten und die negativen Konsequenzen eines Konkurses.
Der *Supreme Court* untersuchte diesen Unternehmenszusammenschluss nach Sec. 7 *Clayton Act*. Obschon im vorliegenden Sachverhalt aufgrund des ohnehin geringen Wettbewerbs zwischen den beiden Unternehmen bereits die Anwendbarkeit von Sec. 7 *Clayton Act* fraglich war, skizzierte der Supreme Court ange-

---

[31] Nachfolgend: *Merger Guidelines*.

[32] Die *Federal Trade Commission* will mit diesen *Guidelines* Rechtssicherheit schaffen und nicht ungefestigten Meinungen den Weg zu einer gerichtlichen Überprüfung eröffnen.

[33] Zu früheren Entscheidungen, die den Sanierungsgedanken beinhalteten, *Sotiroff*, 61 Mich. L. Rev. 566 (1963).

[34] Vgl. dazu bereits *Catranis*, Zusammenschlusskontrolle, S. 67 ff.; *Immenga*, ZHR 137 (1973) 334, 335.

sichts der Besonderheit des Falles die Grundsätze, die die *Failing Company Defense*-Doktrin begründeten. Wörtlich führte das Gericht aus[35]:

> "*In the light of the case thus disclosed of a corporation with resources so depleted and the prospect of rehabilitation so remote that it faced the grave probability of a business failure with resulting loss to its stockholders and injury to the communities where its plants were operated, we hold that the purchase of its capital stock by a competitor (there being no other prospective purchaser), not with a purpose to lessen competition, but to facilitate the accumulated business of the purchaser and with the effect of mitigating seriously injurious consequences otherwise probable, is not in contemplation of law prejudicial to the public interest and does not substantially lessen competition or restrain commerce within the intent of the Clayton Act.*"

Die Möglichkeit, dass *McElwain* durch anderweitige Kapitalzuführung gerettet oder restrukturiert werden könnte, verwarf das Gericht als zu spekulativ[36]. Die Entscheidungsgründe lassen erkennen, dass der *Supreme Court* eine *Failing Company Defense* unter zwei Gesichtspunkten als geeignet ansah, eine Ausnahme von *Section 7 Clayton Act* zu begründen. Zum einen führte der Supreme Court mit den Vorgaben, dass (1.) das erworbene Unternehmen mit ernsthafter Wahrscheinlichkeit einer Insolvenz oder einer Geschäftsaufgabe (*business failure*) entgegensehen müsse und (2.) kein anderer Erwerber ersichtlich gewesen sein dürfe, wettbewerbliche Kriterien für die Genehmigung an. Nach seiner Ansicht trete auch im Übernahmefall keine Verschlechterung der Wettbewerbssituation ein.
Neben diesen wettbewerbsinternen Gründen stellte der *Supreme Court* zusätzlich auch auf außerwettbewerbliche Erwägungen ab. So verdienten auch die anderen von einer Insolvenz des Unternehmens betroffenen Interessen Beachtung.
Der *Supreme Court* ließ freilich offen, welche Voraussetzungen im einzelnen erforderlich sind, wie hoch die Wahrscheinlichkeit der Geschäftsaufgabe sein muss und letztlich auch, was genau er unter *business failure* verstand. Zudem wurde aus der Entscheidung nicht hinreichend deutlich, welche Bedeutung den privaten und öffentlichen Interessen im Rahmen der *Failing Company Defense* zukommen sollte. Somit blieben noch viele Fragen hinsichtlich der Anwendungsvoraussetzungen der *Failing Company Defense* unbeantwortet.
Dennoch nahm der *Supreme Court* in dieser Entscheidung eine breit angelegte Untersuchung aller wettbewerblichen und außerwettbewerblichen Faktoren vor,

---

[35] 280 U.S. 302 f.
[36] Id., 301.

die zusammengenommen zur Genehmigung des Zusammenschlusses geführt hätten[37].

Obwohl es sich bei dieser Passage um ein *alternative holding*, d.h. um eine hilfsweise erfolgte Begründung[38], handelte und diese Entscheidung damit noch keine echte *affirmative defense*[39] begründete, wurde die *Failing Company Defense*-Doktrin gesicherter Bestandteil des amerikanischen Antitrustrechts[40]. In der Folge ergingen in den USA zahlreiche Entscheidungen, die den Gedanken weiter festigten, die Voraussetzungen bis zur *Citizen Publishing*-Entscheidung aber unangetastet ließen[41]. In den meisten Entscheidungen blieb der *Failing Company Defense* der Erfolg freilich verwehrt[42].

Eine erste wohlwollende Aufnahme erfuhr die Doktrin in der Novellierung des *Clayton Act* durch den *Celler Kefauver Antimerger Act* im Jahr 1950. In dem Bericht des zuständigen Ausschusses wird die *International Shoe Co.*-Entscheidung zustimmend zitiert und explizit darauf hingewiesen, dass die

---

37 Vgl. *Connor*, 49 Geo. L. J. 84, 84f. (1960).

38 Der *Supreme Court* befand den Wettbewerb zwischen beiden Anbietern als zu gering, um *Section 7 Clayton Act* anzuwenden; vgl. 280 U.S. 295-299. Dennoch handelte es sich nicht um ein bloßes *obiter dictum*.

39 Dabei handelt es sich um eine echte Einrede, deren Voraussetzungen von demjenigen darzulegen und zu beweisen sind, der sie geltend macht.

40 Erfolgreich wurde die *Failing Company Defense* in folgenden Entscheidungen geltend gemacht: *United States v. United States Steel Corp.*, 251 U.S. 417, 446 (1920) Sherman Act Case; *Granader v. Public Bank*, 417 F.2d 75, 84 (6th Cir. 1969); *Beegle v. Thompson*, 138 F.2d 875, 881 (7th Cir. 1943); *cert. denied* 322 U.S. 743 (1944); *United States v. Maryland & Virginia Milk Producers Ass'n.*, 167 F. Supp. 799, 808f. (D.D.C. 1958), *aff'd*, 362 U.S. 458 (1960); *In re Occidental Petroleum Corp.*, 74 F.T.C. 1191 (1968).

41 Darunter mindestens zwölf Entscheidungen des US *Supreme Court*: u.a. *Brunswick Corp.* v. *Pueblo Bowl-O-Mat*, Inc., 429 U.S. 477; *U.S.* v. *Marine Bancorporation, Inc.*, 418 U.S. 602; *U.S.* v. *General Dynamics Corp.*, 415 U.S. 486 (1974); *United States v. Greater Buffalo Press, Inc.*, 402 U.S. 549, 555f. (1971); *Citizen Publishing Co. v. United States*, 394 U.S. 131, 138f. (1969); *United States v. Von's Grocery Co.*, 384 U.S. 270, 277f. (1966); *F.T.C.* v. *Dean Foods Co.*, 384 U.S. 597; *U.S.* v. *Third Nat'l Bank in Nashville*, 390 U.S. 171; *United States v. El Paso Gas Co.*, 376 U.S. 651 (1964); *United States v. Philadelphia National Bank*, 374 U.S. 321, 372 Fn. 46 (1963); *United States v. Diebold, Inc.* 369 U.S. 654 (1962).

42 In den folgenden Entscheidungen wurde die FCD zurückgewiesen: *Citizen Publishing Co. v. United States*, 394 U.S. 131, 138f. (1969); *United States v. Von's Grocery Co.*, 384 U.S. 270, 277f. (1966); *United States v. El Paso Gas Co.*, 376 U.S. 651 (1964); *United States v. Philadelphia National Bank*, 374 U.S. 321, 372 Fn. 46 (1963); *United States v. Diebold, Inc.* 369 U.S. 654 (1962); *Crown Zellerbach Corp. v. F.T.C.*, 296 F.2d 800, 831 (9th. Cir. 1961); *Erie Sand & Gravel Co. v. F.T.C.*, 291 F.2d 279, 280 (3rd Cir. 1961); *United States v. Pabst Brewing Co.*, 274 F. Supp. 573, 584 (W.D. Okla. 1967); *United States v. Third National Bank*, 260 F. Supp. 869 (M.D. Tenn. 1966), *rev'd and remanded on other grounds*, 390 U.S. 171 (1968); *United States v. Jos. Schlitz Brewing Co.*, 252 F. Supp. 129, 144 (N.D. Cal. 1966); *United States v. Penzoil Co.*, 252 F. Supp. 962, 979 (W.D. Pa. 1965); *In re Pillsbury Co.*, 57 F.T.C. 1274, 1410 (1960); *vacated and remanded on other grounds*, 354 F.2d 952 (5th Cir. 1966); *In re Farm Journal, Inc.*, 53 F.T.C. 26, 31 (1956).

„normalen“ Vorschriften, die die Zusammenschlusskontrolle betreffen, keine Anwendung auf den Erwerb solcher Gesellschaften finden sollten, die sich in einer *failing condition*, also im Zustand des Scheiterns befinden[43]. In dem Report findet sich auch ein Hinweis auf die Notwendigkeit, *business failure* als *absolute defense*[44] anzuerkennen, um den Gerichten die Möglichkeit zu einer eventuellen Abwägung der widerstreitenden Interessen zu nehmen[45].

cc. Die Entscheidung *Citizen Publishing Co. v. United States*

Die wichtigste Entscheidung, die die *Failing Company Defense* in ihrer heutigen Form begründete, stammt aus dem Jahr 1969. In der Entscheidung *Citizen Publishing Co. v. United States*[46] bemühte sich der *Supreme Court* um eine Präzisierung der Voraussetzungen der *Failing Company Defense* und führte einen dreistufigen Test ein. Er erachtete die *Failing Company Defense* nur dann für zulässig, wenn (1.) die finanzielle Lage des betreffenden Unternehmens "hoffnungslos" sei, es (2.) keine Aussichten mehr habe, sich in einem Restrukturierungsverfahren nach *Chapter* 10 oder 11 *Bancruptcy Act* zu erhalten[47] und (3.) der dieses Unternehmen aufnehmende Mitbewerber der einzige zur Verfügung stehende Interessent war. Letzteres wollte das Gericht dadurch erreichen, dass der Übernahmekandidat zuerst den ernsthaften Versuch unternehmen musste, sein Geschäft an Nicht-Konkurrenten zu verkaufen, und erst dann an Konkurrenten herantreten durfte, wobei er mit dem kleinsten zu beginnen hatte und sich erst zuletzt an den größten wenden durfte.

Diese Entscheidung schuf zwar die Voraussetzungen für die bis heute richterrechtlich anerkannte *Failing Company Defense*. Dennoch führte sie zugleich aufgrund der strengen Voraussetzungen[48] zu pessimistischen Prognosen im Hinblick auf ein Fortbestehen dieser Rechtsfigur[49]. Tatsächlich nahm in der

---

43 H.R. Rep. No. 1191, 81st Cong., 1. Sess. 6 (1949); S. Rep. No. 1775, 81st Cong., 2d Sess. 7 (1950).

44 Eine *absolute defense* erfordert nur das Vorliegen ihrer Voraussetzungen, um die entsprechende Rechtsfolge zu zeitigen. Eine *relative defense* ermöglicht den Weg zu einer Abwägung, als deren Ergebnis dann die angestrebte Rechtsfolge eintreten kann.

45 Detaillierter zur Gesetzesgeschichte, vgl. u. 5. Kapitel; *Laurenza*, 65 Va. L. Rev. 947, 951f.; *Kaplan*, 4 Hofstra L. Rev. 643, 676 (1976).

46 394 U.S. 131 (1969).

47 Der Supreme Court hielt die Möglichkeit erfolgreicher Restrukturierung nunmehr für realistischer als im Jahr 1930, id. 138.

48 „*We confine the failing company doctrine to its present narrow scope.*“, id. 139 Fn.4.

49 *Callmann*, WuW 1970, 410, 414.

Folge die Zahl der aufgrund einer *Failing Company Defense* genehmigten Zusammenschlüsse nochmals deutlich ab[50].

Auch das amerikanische Justizministerium und die *Federal Trade Commission* formulierten in ihren gemeinsamen *Merger Guidelines* trotz grundsätzlicher Anerkennung starke Vorbehalte gegen die bisherige Handhabung der *Failing Company Defense* durch Behörden und Gerichte[51]. Bei der *Failing Company Defense* handle es sich zwar um eine mittlerweile etablierte, aber zwiespältige Doktrin, unter welcher auch wettbewerbsfeindliche Zusammenschlüsse genehmigt werden könnten, nur weil eine der Gesellschaften im Begriff sei zu scheitern. Da sie aber (zumindest in der Form einer absoluten *defense*) zur Genehmigung erheblich wettbewerbsfeindlicher Zusammenschlüsse führen könne, sei eine enge Auslegung der Voraussetzungen geboten. Dabei übernahmen die *Guidelines* folgende in der *Citizen Publishing*-Entscheidung aufgestellte Voraussetzungen:

1. Die zu übernehmende Gesellschaft wird wahrscheinlich nicht in der Lage sein, ihren finanziellen Verpflichtungen in der nahen Zukunft nachzukommen.
2. Sie wird wahrscheinlich nicht zu einer erfolgreichen Restrukturierung gem. Kapitel 11 *Bankruptcy Act* in der Lage sein.
3. Sie hat erfolglos versucht, vernünftige alternative Erwerbsangebote einzuholen, welche sowohl die weitere Marktteilnahme der Gesellschaft gesichert, als auch eine geringere Bedrohung des Wettbewerbs dargestellt hätten als der beabsichtigte Zusammenschluss.

Bis 1975 hatte sich als Rechtfertigung für die *Failing Company* Doktrin überwiegend der Schutz der betroffenen Gläubiger und Standorte durchgesetzt[52]. Ab diesem Zeitpunkt wurde die *Failing Company* Doktrin in der amerikanischen Literatur angegriffen, weil diese Rechtfertigung mit dem Ziel der maximalen Konsumentenwohlfahrt der an Einfluss gewinnenden *Chicago School of Anti-*

---

50 Der erfolgreichen Geltendmachung in *United States v. M.P.M.*, Inc., 397 F.Supp. 78, 102 (D. Colo. 1975) stehen folgende erfolglose Versuche gegenüber: *United States v. Greater Buffalo Press, Inc.*, 402 U.S. 549, 555f. (1971); *Golden Grain Macaroni Co. v. F.T.C.*, 472 F.2d 882, 887 (9th Cir. 1972); *United States Steel Corp. v. F.T.C.*, 426 F.2d 592, 605ff. (6th Cir. 1970); *Heatransfer Corp. v. Volkswagenwerk A.G.*, 1975-1 Trade Cas., Rdnr. 60309, 66221 (S.D. Tex. 1975); *United States v. American Technical Indus., Inc.*, 1974-1 Trade Cas., Rdnr. 74873, 95874 (M.D. Pa.); *United States v. Phillips Petroleum Co.*, 367 F.Supp. 1226, 1260 (C.D. Cal. 1973); *Calnetics Corp. v. Volkswagen of America, Inc.*, 348 F.Supp. 606, 622 (C.D. Cal. 1972); *United States v. G. Heileman Brewing Co.*, 345 F. Supp. 117, 123 (E.D. Mich. 1972); *Automated Bldg. Components, Inc. v. Trueline Truss Co.*, 318 F. Supp. 1252, 1261 (D. Ore. 1970).

51 49 Fed. Reg. 26824 (1984); 2 Trade Reg. Rep., Rdnr. 4490 ff. (1986).

52 So noch einmal nachdrücklich der *Supreme Court* in *United States v. General Dynamics Corp.*, 415 U.S. 486, 503f. (1974).

trust Analysis nicht vereinbar schien[53]. Sie wurde als Relikt aus den Zeiten des *populist antitrust* verstanden und als wettbewerbspolitische Anomalie belächelt. Aus dieser Zeit stammt aber auch der Versuch, die *Failing Company Defense* mit einer anderen Begründung anhand ökonomischer Kriterien zu rechtfertigen. Im Vordergrund dieser Argumentation steht die Überlegung, dass die Übernahme eines sanierungsbedürftigen Unternehmens zum Erhalt günstiger Ressourcen beitragen und zu niedrigeren Preisen für die Verbraucher führen kann.
Auf diesen Einfluss geht eine neue vierte Voraussetzung für eine *Failing Company Defense* zurück, die auch Eingang in die *Merger Guidelines* gefunden hat: Das Betriebsvermögen des Unternehmens müsste ohne Übernahme den betreffenden Markt komplett verlassen.

Auch in den letzten *Merger Guidelines* von 1992 änderte sich nichts an dem Bestehen der *Failing Company Defense.* Nach wie vor findet sich als letztes Kriterium zur wettbewerbsrechtlichen Beurteilung eines Zusammenschlusses unter Ziffer 5 das Kapitel „*Failure and Exiting Assets*". Auch von unterinstanzlichen Gerichten wird die *Failing Company Defense* in dieser Form auch in jüngster Zeit zumindest anerkannt[54]. In der Regel wird allerdings das Vorliegen der Voraussetzungen recht pauschal verneint. In den Mittelpunkt sind zuletzt vor allem Zusammenschlüsse in der Verteidigungsindustrie und von Krankenhäusern[55] gerückt[56].

Die gegenwärtige Bedeutung der *Failing Company Defense* ist wegen einer fehlenden einheitlichen Dogmatik[57] im US-Antitrustrecht und wegen fehlender aktueller höchstrichterlicher Rechtsprechung nur schwer auszumachen. So verdienen zwei gegenläufige Entwicklungen Beachtung. Zum einen wendet sich das Antitrustrecht zunehmend von starren *per se* Regeln ab und in den letzten Jahren

---

53 Vgl. die Zitate zu Beginn der Arbeit; zu den Auswirkungen der *Chicago School* auf die *Failing Company Defense* im einzelnen unten 5. Kapitel, III.
54 *United States v. Ivaco, Inc.*, 704 F.Supp. 1409, 1425 (W.D. Mich 1989); *Ansell Inc. v. Schmidt Laboratories, Inc.*, 757 F.Supp. 467, 478 (D.N.J. 1991); *Michigan Citizens for an Independent Press v. Thornburgh*, 868 F.2d 1285, 1287f. (D.C. Cir. 1989); *FTC v. University Health, Inc.*, 938 F.2d 1206, 1211f. (11th Cir. 1991); *Olin Corp. v. FTC*, 986 F.2d 1295, 1306f. (9th Cir. 1993); *Dr. Pepper/Seven-Up-Companies, Inc. v. FTC*, 991 F.2d 859, 864ff. (D.C. Cir. 1993); *G.K.A. Beverage Corporation v. Honickman*, 55 F. 3d 762,765 (2nd Cir. 1995); *Hearst Corporation/Houston Post* (DOJ, 1996); *Honickman/Seven-Up Brooklyn* (www.ftc.gov/opa/predawn/F93/honickman1.htm).
55 *FTC v. Tenet Healthcare Corporation*, 17 F. Supp. 2d 937 (E.D. Mo. 1998) erfolglos; *California v. Sutter Health System*, 130 F. Supp. 2d 1109 (N.D. Cal. 2001) erfolgreich.
56 Vgl. dazu Federal Trade Commission Hearings on the Changing Nature of Competition in a Global and Innovation-driven Age, 1994 (www.ftc.gov/opp/global).
57 Vgl. *Hovenkamp*, 84 Mich. L. Rev., 213ff. (1983).

vermehrt der *Rule of Reason* als entscheidungsbegründend zu[58]. Auch die 1992 *Merger Guidelines* verdeutlichen einen weniger statischen Ansatz des Fusionskontrollrechts, dessen Ergebnisse zunehmend weniger von einer Veränderung des *Herfindahl-Hirschman-Index*[59] abhängen. Diese Entwicklung lässt Raum für eine flexiblere wettbewerbliche Betrachtung als sie zu Zeiten der Einführung der *Failing Company Defense* möglich war und könnte somit auch die *Failing Company Defense* als solche in Frage stellen[60]. Zum anderen bleibt das Wohl der Konsumenten das Paradigma schlechthin im US-Antitrustrecht. Erwägungen, die anderen Interessen dienen, sind zwar nicht *a priori* ausgeschlossen, können jedoch keine starke Beachtung beanspruchen. Insofern stellt die *Failing Company Defense* im amerikanischen Recht tatsächlich eine Anomalie dar. Die Entscheidungen *California v. Sutter Health System*[61] und *FTC v. Tenet Healthcare Corporation*[62] beweisen aber die Aktualität der *Failing Company Defense* in der Rechtsprechung.

2. Der *Failing Company Defense* vergleichbare Rechtsinstitute in den europäischen Mitgliedstaaten

Bei der Behandlung des Sanierungsgedankens in den nationalen europäischen Rechtsordnungen ist deutlich zwischen den Zeiträumen vor und nach der Freigabeentscheidung in *Kali & Salz* zu unterscheiden. Während die nationalen Fusionskontrollrechte vor dieser Entscheidung unterschiedliche Wege bei der Berücksichtigung von Sanierungsgesichtspunkten gingen, übernahmen die nationalen Behörden danach die *Failing Company Defense* zumindest begrifflich in ihr eigenes Recht. Dies lässt nicht nur eine Vereinheitlichung dieser Rechtsfigur in den nationalen Fusionskontrollrechten erwarten, sondern bedeutet auch eine be-

---

[58] *Per se Rules* erkennt der *Supreme Court* heute nur noch bei Kartellabsprachen (Boykotte nur, wenn eine marktbeherrschende Stellung besteht) und vertikalen Mindestverkaufspreisabsprachen an, ansonsten gibt es zumindest immer eine „*modified per se*" Betrachtung oder – vergleichbar – eine „*quick look*" *rule of reason.*

[59] *HHI*. Der *HHI* bemisst die relative Marktkonzentration, indem er die Marktanteile aller auf dem Markt präsenten Unternehmen vor dem Zusammenschluss zunächst quadriert und diese dann addiert. Die solcherart gewonnene Konzentrationszahl wird der Zahl gegenübergestellt, die sich aus den quadrierten und addierten Marktanteilen aller Unternehmen nach dem Zusammenschluss ergibt. Ein höherer Einzelmarktanteil erhält dadurch eine größere Bedeutung bei der Bestimmung der Konzentration. Die *FTC* leitet aus der so gewonnenen Differenz bestimmte Vermutungen ab. So ist ein *HHI* von unter 1000 Punkten oder ein Anstieg um weniger als 50 Punkte unbedenklich, zwischen 1000 und 1800 Punkten oder einem Anstieg von 50 bis 100 Punkten erfordert er in der Regel die Einleitung eines Verfahrens, und über 1800 Punkte bzw. einem Anstieg von über 100 Punkten spricht eine Vermutung für die Wettbewerbswidrigkeit.

[60] Siehe dazu 3. und 4. Kapitel.

[61] 130 F. Supp. 2d 1109 (N.D. Cal. 2001).

[62] 17 F. Supp. 2d 937 (E.D. Mo. 1998).

sondere Verantwortung der europäischen Praxis für die Weiterentwicklung der nationalen Rechte[63].

a. Sanierungsfusionen in Deutschland

In der Praxis des deutschen Kartellrechts gehört trotz fehlender gesetzlicher Regelung die Sanierungsfusion[64] zum wettbewerbsrechtlichen Instrumentarium[65]. Das deutsche GWB unterscheidet die Berücksichtigung von Sanierungsargumenten dabei als Teil einer wettbewerblichen Bilanz im Rahmen der „Wirz-Schaukel" des § 36 Abs. 1, 2. HS GWB von der Berücksichtigung außerwettbewerblicher Interessen als überragende Interessen der Allgemeinheit im Rahmen des Ministererlaubnisverfahrens in § 42 GWB.

aa. Wettbewerbliche Bilanz

In der wettbewerblichen Bilanz nach § 36 Abs. 1 GWB hat das Bundeskartellamt in der Regel geprüft, ob durch die Übernahme des sanierungsbedürftigen Unternehmens auf dem beherrschten Markt eine Verbesserung der Wettbewerbsbedingungen eintritt[66]. Dazu hat das Bundeskartellamt allgemeine Grundsätze für die Beurteilung von Sanierungsfusionen entwickelt[67].
Danach schließt das Bundeskartellamt eine Verbesserung der Wettbewerbsbedingungen auf dem relevanten Markt kategorisch aus, wenn der nach Marktanteil oder Ressourcen marktstärkste Wettbewerber das sanierungsbedürftige Unternehmen erwirbt. Bei einem Vergleich der Wettbewerbsbedingungen mit und ohne Zusammenschluss sei das Ausscheiden des sanierungsbedürftigen Unternehmens zu vergleichen mit seinem Erwerb durch den Marktführer. Einzig die Übernahme durch ein Unternehmen, das nicht das marktstärkste ist, könne unter diesen Voraussetzungen zu einer Verbesserung der Marktstruktur führen.
Ausgangspunkt einer jeden Prüfung des Bundeskartellamt ist dabei die Frage, ob der Zusammenschluss für die Verbesserung der Wettbewerbsbedingungen notwendig ist. Diese Voraussetzung ist seit der Entscheidung *Kaiser-VAW* nicht erfüllt, wenn auch ein praktisch durchführbarer, die Wettbewerbsverhältnisse

---

[63] Nicht nur die Rechte der EU-Mitgliedstaaten. So folgt auch das schweizerische Recht dem europäischen Ansatz, vgl. Entscheidung der Wettbewerbskommission vom 1.12.1997 *Le Temps*, RPW 1998, 40 ff., Rdnr. 69ff.; zum japanischen Recht: s. *Sensui*, Failing Company Defense in Merger Controls in Japan, 45 Hougaku Zasshi, 242 (1999).

[64] Der Begriff ist umfassender als der der *Failing Company Defense*, da er jedwede Berücksichtigung von Sanierungsargumenten einschließt.

[65] *Catranis*, Zusammenschlusskontrolle; *Mestmäcker/Veelken*, in: Immenga/Mestmäcker, GWB, § 42 Rdnr. 33; *Möschel*, FS für Fischer, S. 487; *Immenga* ZHR 137 (1973), 334, 347.

[66] *Bundeskartellamt* TB 1975, 42; *Ruppelt*, in: Langen/Bunte, § 36 Rdnr. 42.; *Rieger*, in: Frankfurter Komm., § 36 GWB, Rdnr. 73.

[67] Vgl. *Bundeskartellamt* TB 1976, 22 f.

weniger beeinträchtigender Zusammenschluss mit einem kleineren Unternehmen geeignet gewesen wäre, den Zusammenbruch zu vermeiden[68]. Das Bundeskartellamt verlangt weiterhin eine Notwendigkeit des Zusammenschlusses für das Erreichen verbesserter Wettbewerbsbedingungen.

Auch der Begriff der *Failing Company Defense* hat als Synonym für die Sanierungsfusion in die Sprachregelung des Bundeskartellamts Eingang gefunden. Demnach betrachtet das Bundeskartellamt einen Zusammenschluss als nicht kausal für das Entstehen einer marktbeherrschenden Stellung eines Unternehmens, wenn die Voraussetzungen, die die EU-Kommission formuliert hat, erfüllt sind[69].

bb. Ministererlaubnisverfahren

Im Rahmen des § 42 Abs. 1 GWB stellt sich vor allem die Frage, ob dessen Anwendungsbereich auch den Fall einer Sanierungsfusion umfasst. Zweifel ergeben sich insofern aus dem Wortlaut des § 42 Abs. 1 GWB, als dieser ein „überragendes Interesse der Allgemeinheit" zur Tatbestandsvoraussetzung für die Erteilung einer Ministererlaubnis erhebt, und aus der Politisierung der Entscheidung. Während das Bundeskartellamt und das Bundeswirtschaftsministerium wie selbstverständlich davon ausgehen, dass die Sanierungsfusion den Tatbestand des § 42 Abs. 1 GWB erfüllen kann[70], wird dies in der Literatur teilweise kritisiert[71]. Als wichtigste in Anspruch genommene Gründe des Allgemeinwohls sind dabei die Sicherung der Energieversorgung, die Gewährleistung der internationalen Wettbewerbsfähigkeit und die Erhaltung von Arbeitsplätzen genannt worden[72]. Dabei hat sich herausgestellt, dass besonders die Begleiterscheinungen von Unternehmensschließungen stets eine sorgfältige Prüfung des Wirtschaftsministers veranlasst haben und nicht selten zu einer Genehmigung im Ministerverfahren führten[73]. Da Zusammenschlüsse die Marktstruktur auf

---

68 *Bundeskartellamt*, WuW/E Bundeskartellamt 1571, 1582; *Möschel*, FS Fischer, 487, 497.

69 Auslegungsgrundsätze des Bundeskartellamts, S. 40f.; Entscheidung *Lufthansa/Interflug*, TB 1989/90, S. 113; Entscheidung *M. DuMont Schauberg/Kölnische Rundschau*, TB 1997/98, S. 89.

70 Vgl. die Entscheidungen *VAW/Kaiser* WuW/E BWM 150; *Babcock/Artos* WuW/E BWM 157; *Thyssen/Hüller* WuW/E BWM 162; *Thyssen/Hüller* WuW/E OLG 1943.

71 *Immenga*, ZHR 137 (1973), 334, 352ff., mit dem Ergebnis, das GWB weise im Hinblick auf die Rechtsgüterkollision einer Sanierungsfusion eine Regelungslücke auf, da diese eine Abwägung der Rechtsgüter erfordere und keine politische Entscheidung; a.A. *Möschel*, FS für Fischer, S. 503; *Möschel*, in: *Frankfurter Kommentar*, § 24 Rdnr. 107, 109; *Catranis*, Zusammenschlusskontrolle, S. 109.

72 *Mestmäcker/Veelken*, in: Immenga/Mestmäcker, GWB, § 42 Rdnr. 32.

73 Entscheidungen des Bundeswirtschaftsministers: *VAW/Kaiser* WuW/E BWM 150; *Babcock/Artos* WuW/E BWM 157; *Thyssen/Hüller* BWM 162; *VEBA/BP* WuW/E BWM 165 ff.; *IBH/Wibau* WuW/E BWM 177, 181; *MAN/Sulzer* WuW/E BWM 207, 212;

Dauer verändern, bestehen allerdings hohe Anforderungen an die Glaubhaftmachung wettbewerbsfremder Vorteile. So können als Rechtfertigung für die Erlaubnis von Zusammenschlüssen nur solche öffentlichen Interessen in Betracht kommen, die von vergleichbar langfristiger Bedeutung sind[74].

Festzuhalten bleibt die Aufspaltung der Genehmigung im deutschen Recht. Eine wettbewerbliche Bilanz wird vom Bundeskartellamt erstellt; eine Berücksichtigung wettbewerbsfremder Kriterien kann nur im Wege des politischen Genehmigungsverfahrens geltend gemacht werden und ist somit der reinen Rechtsanwendung entzogen.

b. Die *Failing Company Defense* und vergleichbare Regelungen in Großbritannien und Frankreich

aa. *Rescue Merger* und *Failing Company Defense* im englischen Recht

Auch im englischen Recht existiert ein der *Failing Company Defense* ähnliches Rechtsinstitut[75]. Dort ist freilich der Begriff „*Rescue Merger*" geläufiger, was terminologisch näher an der deutschen Sanierungsfusion liegt, als an der *Defense* des amerikanischen Rechts.
Konzeptionell geht der *Rescue Merger* allerdings über diese hinaus. Er verschmilzt wettbewerbliche und außerwettbewerbliche Faktoren in einer Abwägung zu einem Ergebnis, das unter dem Gesichtspunkt der „*public policy*" als am vorteilhaftesten erscheint. Dabei findet der Gedanke der Unternehmenserhaltung als positiver Gesichtspunkt Eingang in die Abwägung. In der Praxis kommt ihm eine beträchtliche Bedeutung zu. Im Gegensatz zum deutschen Recht findet diese Abwägung bereits auf der ersten Prüfungsstufe statt und fällt somit in den Kompetenzbereich der *Mergers and Monopolies Commission* (MMC). Diese beschränkt sich, anders als das Bundeskartellamt, nicht auf die streng wettbewerbliche Betrachtung und entzieht der Genehmigungsentscheidung damit die Transparenz, die durch die Trennung der wettbewerblichen von der politischen Entscheidung erreicht wird.

Darüber hinaus greift auch die MMC seit ca. 10 Jahren verstärkt auf die Rechtsfigur der *Failing Company Defense* aus dem US-Recht zurück, wobei sie eine Prüfung in drei Schritten vornimmt[76]: Eingangs bewertet sie die finanzielle Si-

---

vgl.*Kali+Salz/PCS* WuW/E BWM 225, 228ff.; vgl. ferner: *Monopolkommission*, Sondergutachten 3, Zu den Problemen im einzelnen, vgl. 3. und 6. Kapitel.

[74] *Monopolkommission* Sondergutachten 3, Rdnr. 66, *Mestmäcker/Veelken,* in: Immenga/Mestmäcker, GWB, § 42 Rdnr. 28.

[75] Vgl. ausführlich zum alten Recht: *Beyer*, Zusammenschlusskontrolle im englischen und deutschen Recht; allg. *Wenz*, Zusammenschlusskontrolle in Großbritannien.

[76] *Finbour/Parr*, UK Merger Control, Rdnr. 6.056.

tuation des Unternehmens und ob diese den Schluss darauf zulässt, dass ein Marktaustritt unmittelbar bevorsteht. Sodann fragt sie nach alternativen Erwerbern, die aus wettbewerblichen Gründen zu bevorzugen sind. Schließlich setzt sie die Vorzüge der *Failing Company Defense* im konkreten Fall ins Verhältnis zu den wettbewerblichen Bedenken und verlangt einen Ausgleich. Dabei setzt die MMC strenge Maßstäbe an die Erfüllung der drei Kriterien[77].

bb. Der *bilan social* und die *entreprise défaillante* im französischen Recht

In der französischen Fusionskontrolle[78] besteht ebenfalls die Möglichkeit, einen Zusammenschluss, der den Wettbewerb beeinträchtigt, zu rechtfertigen. Dazu sieht das französische Fusionskontrollrecht die Bildung eines *bilan économique*, ergänzt durch einen *bilan social*, vor, bei welchen ebenfalls außerwettbewerbliche Überlegungen relevant werden können[79]. Das französische Recht trägt also nicht nur wettbewerbsrechtlichen und wirtschaftlichen, sondern auch sozialen Belangen Rechnung[80]. Im Unterschied zum englischen Recht erfolgt die Berücksichtigung zumindest der sozialen Belange jedoch nicht auf der Ebene der Genehmigungsbehörden, sondern erst bei einer Entscheidung des Wirtschaftsministers[81]. Keiner der beiden bislang ergangenen Entscheidungen ist jedoch zu entnehmen, nach welchen Kriterien der Minister einen *bilan social* vornimmt. Im ersten Fall bemerkte der Minister, der Zusammenschluss sei im Hinblick auf die Entwicklung der Beschäftigungslage als zumindest „neutral" zu bewerten[82]. Diese Bemerkung hatte keinerlei Auswirkungen auf die Entscheidung und ermöglichte keine weitere Schlussfolgerung. In der zweiten Entscheidung beschränkte sich der Minister darauf, die Bewertung des *Conseil de la concurrence* (Wettbewerbsrats) zu wiederholen: „*Weder ist bewiesen, dass die Entwicklung bei den Arbeitsplätzen hier sich nicht nachteilig auf die Arbeitsplätze bei den Wettbewerbern in Frankreich auswirken wird, noch, dass die behauptete Ver-*

---

[77] Vgl. die Entscheidungen *Kemira Oy/Imperial Chemical Industries PLC*, Cm. 1406 (January 1991); *Avenir Havas Media SA/Brunton Curtis Outdoor Advertising Ltd.*, Cm. 1737 (November 1991); *AAH Holdings PLC/Medicopharma NV*, Cm. 1950 (May 1992); *Hillsdown Holdings PLC/Associated British Foods PLC*, Cm. 2004 (July 1992); *Sara Lee Corporation/Reckitt & Colman PLC*, Cm. 2040 (August 1992).

[78] Gesetz Nr. 77-806, J.O. vom 20.7.1977, geändert durch Gesetz Nr. 85-1408, J.O. vom 31.12.1985.

[79] *Schroeder*, RIW 1988, 15ff; *Lob*, RIW 1990, 530, 533.

[80] *Berlin/Süss*, EuZW 2001, 549, 552.

[81] Vgl. die Stellungnahme 89-A-05 vom 21.2.1989 in dem Verfahren *Spontex/3 M*, BOCC vom 21.3.1989, S. 65 und das Gutachten 95-A-01 vom 7.2.1995 in dem Verfahren *Pêche et Froid/Optorg/Consortium Financier des Bois Tropicaux/Société Océanique de Pêche et d' Armement/Société Paul Paulet*, BOCC vom 6.4.1995, S. 83.

[82] *Spontex/3 M*, Stellungnahme 89-A-05 vom 21.2.1989, BOCC vom 21.3.1989, S. 65.

besserung der Produktivität auch ohne den Zusammenschluss eingetreten wäre“[83].

Durch die Entscheidungen der EU-Kommission zur *Failing Company Defense* beeinflusst, haben die französischen Genehmigungsbehörden in zwei Verfahren in Anlehnung an die dort entwickelten Kriterien[84] eine Genehmigung ausgesprochen, womit die *Failing Company Defense* nunmehr auch im nationalen französische Fusionskontrollrecht zu finden ist[85].
In der Entscheidung *SEP/Seiko-Seiki Belgium* waren nach Ansicht des *Conseil de la concurrence* die Voraussetzungen für eine *Failing Company Defense* gegeben. Die zu übernehmende Gesellschaft war im Begriff des Scheiterns und zwei potentielle Übernehmer hatten schon zuvor ein Erwerbsangebot abgelehnt[86]. Dies reichte dem Wirtschaftsminister jedoch nicht aus, der auf die Möglichkeit des Bestehens weiterer potentieller Übernehmer hinwies[87].
In der zweiten Entscheidung[88] billigte der Wirtschaftsminister eine Übernahme, bei der zwei der drei Kriterien, die die EU-Kommission aufgestellt hatte, erfüllt waren: Es handelte sich bei *ICDD* um ein Unternehmen, das kurz vor dem Marktaustritt stand und für welches sich keine anderen potentiellen Erwerber ernsthaft interessierten.

Die Möglichkeit eines *bilan social* oder der Genehmigung des Zusammenschlusses mit einer *entreprise défaillante* bleibt durch die Reform der französischen Fusionskontrolle durch das Gesetz über die *Nouvelles Régulations Economiques* vom 17.5.2001, unberührt, da Art. L 430-7 III CC, der die Entscheidungsbefugnisse des Wirtschaftsministers auflistet, weiterhin eine solche Genehmigungsmöglichkeit vorsieht[89].
Grundsätzlich gilt aber auch im französischen Recht, dass der Wirtschaftsminister von seinen Befugnissen nur zurückhaltend Gebrauch macht. So hat der *bilan*

---

[83] *Pêche et Froid/Optorg/Consortium Financier des Bois Tropicaux/Société Océanique de Pêche et d' Armement/Société Paul Paulet*, Gutachten 95-A-01 vom 7.2.1995, BOCC vom 6.4.1995, S. 83.
[84] S. nachfolgend 3., S. 25.
[85] *SEP/Seiko Seiki Belgium*, Gutachten des *Conseil de la concurrence* 96-A-01 vom 31.1.1996, BOCC vom 20.8.1996, S. 415; *Quebecar France/ICDD*, Gutachten des *Conseil de la concurrence* vom 14.6.1996, BOCC vom 22.10.1996, S. 500.
[86] *SEP/Seiko Seiki Belgium*, Gutachten des *Conseil de la concurrence* 96-A-01 vom 31.1.1996, BOCC vom 20.8.1996, S. 415.
[87] Entscheidung vom 22.5.1996, *SEP/Seiko Seiki Belgium*, BOCC vom 27.7.1996, S. 345.
[88] *Quebecar France/ICDD*, Gutachten des *Conseil de la concurrence* vom 14.6.1996, BOCC vom 22.10.1996, S. 500.
[89] *Berlin/Süss*, EuZW 2001, 549, 552.

social bislang, von den zitierten Entscheidungen abgesehen, keinen entscheidenden Einfluss auf die Praxis gehabt[90].

Auffällig ist, dass die dargestellten nationalen Fusionskontrollrechte in Europa neben der überwiegend wettbewerblich ausgerichteten *Failing Company Defense* für Ausnahmefälle auch eine anderweitige Berücksichtigung wettbewerbsfremder Faktoren im Rahmen einer übergeordneten Abwägung vorsehen.

3. *Failing Company Defense* im Recht der Europäischen Gemeinschaft

Die europäische Kommission stellte in der *Kali & Salz*-Entscheidung[91] fest, dass die Argumentation der *Failing Company Defense* nach Art. 2 Abs. 2, 3 FusionskontrollVO unter dem Gesichtspunkt der Kausalität eines Zusammenschlusses für die entstehende oder verstärkte marktbeherrschende Stellung berücksichtigt werden könne. So fehle es bereits an der Ursächlichkeit, wenn der Erwerber im Falle der Untersagung zwangsläufig in gleichem Umfang eine marktbeherrschende Stellung erlangen oder verstärken würde. Blieben die Auswirkungen auf den Wettbewerb unabhängig davon gleich, ob der Zusammenschluss genehmigt oder untersagt werde, so sei der Schluss zulässig, dass dann in der Genehmigungsfrage zugunsten der fusionswilligen Unternehmen entschieden werden könne. Dies war keineswegs selbstverständlich. Seit der *Continental Can*-Entscheidung[92] verzichtete der Europäische Gerichtshof in Mißbrauchsverfahren nach Art. 86 EGV a.F. vor der Verabschiedung der FusionskontrollVO auf das Erfordernis eines Kausalzusammenhangs zwischen Unternehmenszusammenschluss und dem Entstehen einer marktbeherrschenden Stellung. Dieser wurde vielmehr unwiderleglich vermutet[93]. Damit war aber auch einer auf dem Nichtbestehen einer Kausalität oder dem Bestehen einer alternativen Kausalität aufbauenden Argumentation die Grundlage entzogen. Erst durch die Einführung der FusionskontrollVO, die in Art. 2 Abs. 2, 3 ausdrücklich auf das „Begründen“ einer beherrschenden Stellung durch einen Zusammenschluss abstellt, wurde eine genauere Untersuchung der Kausalität ermöglicht.

---

90 *Cot/de la Laurencie*, Contrôle des concentrations, Rdnr. 449.

91 EuGH – verb. Rs. *Frz. Republik/Kommission*, C-68/94 und *SCPA* und *EMC/Kommission*, C-30/95 – Slg. 1998 I-1375.

92 EuGH – *Europemballage und Continental Can/Kommission*, Rs. 6/72 – Slg. 1973, 215, 246 Rdnr. 27.

93 *Gleiss/Hirsch*, Art. 86 Rdnr. 105; *Krimphove*, Europäische Fusionskontrolle, S. 302. Dabei ist aber zu berücksichtigen, dass in Missbrauchsverfahren auch auf schwer darzustellende Verhaltensanforderungen abgestellt wird.

Die Feststellung, ob eine alternative Kausalität gegeben ist, ist nicht einfach zu bewerkstelligen. Die Probleme, die im Rahmen dieser Zurechnung entstehen, werden nachstehend behandelt[94].

Einen ersten Hinweis darauf, dass die EU-Kommission einer Berücksichtigung der finanziellen Verfassung eines Unternehmens und dessen Interesse an der Erhaltung im Rahmen eines Zusammenschlusskontrollverfahrens nicht abgeneigt war, wies die Entscheidung *Kelt/American Express* vom 20.8.1991 auf[95]. Freilich enthielt sich die Kommission in dieser Entscheidung jeglicher Stellungnahme, die über die bloße Feststellung hinausging, dass die ernsthafte finanzielle Lage beider Unternehmen einen Zusammenschluss erfordere.
Die Kommission hatte sich dann im Jahr 1991 in der Entscheidung *Aerospatiale-Alenia/deHavilland*[96] eingehender mit dem Vorbringen der Parteien, *deHavilland* sei eine *Failing Company*, zu befassen und ließ sich auf grundsätzliche Ausführungen zu den Voraussetzungen der *Failing Company Defense* ein[97], ohne deren Vorliegen letztlich zu bestätigen. Die Antragsteller hatten geltend gemacht, dass *de Havilland* auch ohne Fusion ohnehin mittel- bis langfristig als Wettbewerber ausscheiden würde. Dieser Einschätzung konnte sich die Kommission in Anbetracht der recht positiven Betriebszahlen von *de Havilland* nicht anschließen. Zudem, so die Kommission, hätten möglicherweise noch andere Konkurrenzunternehmen Interesse an *de Havilland* gehabt.

In den darauffolgenden Jahren erhielt die EU-Kommission mehrfach die Gelegenheit, sich mit dem Sanierungsargument der *Failing Company Defense* zu befassen. Im Jahr 1995 entschied die Kommission, dass im Zusammenschlussfall *Mercedes-Benz/Kässbohrer*[98] keine *Failing Company Defense* vorliege. *Mercedes Benz* habe nicht hinreichend dargetan, dass es den Marktanteil von Kässbohrer auch ohne Zusammenschluss erhalten hätte.
In der Entscheidung *Saint Gobain/Wacker-Chemie/NOM*[99] untersagte die Kommission den Zusammenschluss der beiden Siliziumcarbidanbieter *Saint Gobain* und *Wacker-Chemie*[100]. Obschon *Wacker* im Zusammenschlusskontrollverfahren auf seine wirtschaftlichen Schwierigkeiten hingewiesen hatte, verneinte die Kommission in einer kurzen Stellungnahme das Vorliegen aller drei Voraussetzungen der *Failing Company Defense*.
Im Juli 1997 genehmigte die Kommission den Zusammenschluss *Boeing Company/McDonnell Douglas Corporation*. Wenngleich in der Entscheidung der

94 Zur Problematik der Kausalitätsargumentation, s. i.e. nachfolgend 4. Kapitel.
95 Entscheidung vom 20.8.1991 (IV/M.116).
96 Entscheidung vom 2.10.1991 (IV/M.053), ABl. 1991 L 334/42.
97 WuW /EV 1675, 1685.
98 Entscheidung vom 14.2.1995 (IV/M.477), ABl. 1995 L 211/1.
99 Entscheidung vom 4.12.1996 (IV/M.774), ABl. 1997 L 247/1.
100 Vgl. WuW 1997, 33.

EG-Kommission vom 30.7.1997 der Sanierungsgedanke explizit keine Erwähnung findet[101], so ist den Stellungnahmen der parallel entscheidenden *Federal Trade Commission*[102] zu entnehmen, dass auch der Gedanke der *Failing Company Defense* Gegenstand dieses Verfahrens war.

Ausführlich hatte die Kommission bereits im Jahr 1993 in der Entscheidung *Kali&Salz/MDK/Treuhand*[103] Stellung zur grundsätzlichen Zulässigkeit und den einzelnen Voraussetzungen der *Failing Company Defense* genommen[104]. Demzufolge sollte ein Unternehmenszusammenschluss nicht kausal für die Verschlechterung der Wettbewerbsstruktur sein, wenn

1. das erworbene Unternehmen auch ohne die Übernahme durch ein anderes Unternehmen kurzfristig aus dem Markt ausscheiden würde; ferner
2. die Marktposition des erworbenen Unternehmens im Falle seines Ausscheidens aus dem Markt dem aufnehmenden Unternehmen zuwachsen würde, *und*
3. es keine weniger wettbewerbsschädliche Alternative gebe.

Gegen diese Entscheidung der EG-Kommission erhoben Frankreich, die *Société Commerciale des Potasses et de l' Azote* (SCPA) und die *Entreprise Minière et Chimique* (EMC) am 25.2.1994 Klage[105]. Hierdurch wurde dem Europäischen Gerichtshof erstmalig die Möglichkeit eröffnet, zu der Frage der *Failing Company Defense* Stellung zu beziehen.
In der Entscheidung vom 31.3.1998[106] untersuchte der EuGH detailliert die Zulässigkeit der *Failing Company Defense* und billigte nach ausdrücklicher Befürwortung des Generalanwalts *Tesauro*[107] die von der Kommission formulierten Voraussetzungen, obschon diese nicht deckungsgleich mit den Voraussetzungen der U.S. *Merger Guidelines* waren[108]. Damit ist ein Unternehmenszusammenschluss unter den oben genannten Voraussetzungen als nicht kausal für

---

101 Vgl. WuW EU-V 7; WUW 1997, 703.

102 WuW 1997, 705, 707; vor allem die abweichende Meinung der Kommissarin *Azcuenaga* bestätigt diese Interpretation, id., 708.

103 Entscheidung vom 14.12.1993 (IV/M.308), ABl. 1994 L 136/38.

104 Id., Rdnr. 70ff.

105 Zur Klageerhebung: WuW 1994, 445; ausführlich auch *Berlin*, RTD eur. 2000, 139, 230ff.

106 EuGH – verb. Rs. *Frz. Republik/Kommission*, C-68/94 und *SCPA* und *EMC/Kommission*, C-30/95 – Slg. 1998 I-1375.

107 Schlussanträge des Generalanwalts *Guiseppe Tesauro* vom 6.2.1997, abgedr. Slg. 1998 I – 1405ff., Rdnr. 50ff.

108 EuGH – verb. Rs. *Frz. Republik/Kommission*, C-68/94 und *SCPA* und *EMC/Kommission*, C-30/95 – Slg. 1998 I-1375, Rdnr. 112; krit. zu dieser Entscheidung *Berlin*, RTD eur. 2000, 139, 230ff.

die Verschlechterung der Wettbewerbsstruktur anzusehen. Diese Entscheidung stellt offensichtlich den Präzedenzfall für die *Failing Company Defense* und ihre Voraussetzungen im europäischen Recht dar[109].
Auch wenn der EuGH in dieser Entscheidung die Unabhängigkeit von den Voraussetzungen der *Failing Company Defense* im US-amerikanischen Fusionskontrollrecht betonte, so sind große Übereinstimmungen mit diesen doch deutlich erkennbar[110].

Eine weitere ausführliche Entscheidung zu dieser Thematik traf die Kommission in dem Fusionskontrollverfahren *Blokker/Toys 'R' US*[111]. In dieser Entscheidung bestätigte die Kommission sowohl ihre Konstruktion der *Failing Company Defense* als Kausalitätsproblematik[112], als auch ihre hohen Beweismaßstäbe im Hinblick auf das Vorliegen der Voraussetzungen. Die Kommission lehnte konsequenterweise das (Hilfs-) Vorbringen der Parteien, es liege der Fall einer *Failing Company Defense* vor, ab[113].
In der Entscheidung *Bertelsmann/Kirch/Premiere*[114] wurde der Einwand der *Failing Company Defense* hingegen schnell verworfen, weil die Einstellung des Pay-TV-Geschäfts zum einen nur einen Teil der Unternehmensaktivitäten von *Kirch* betroffen und zum zweiten ausschließlich auf einer Managemententscheidung beruht hätte.

Auch in dem Genehmigungsverfahren *Rewe/Meinl*[115] verneinte die Kommission das Vorliegen aller oben genannten Voraussetzungen.

---

109 Vgl. die Entscheidungen der Kommission vom 26.6.1997 *Blokker/Toys 'R' Us* (IV/M.801), ABl. 1998 L 316/1, vom 27.5.1998 *Bertelsmann/Kirch/Premiere* (IV/M.993), ABl. 1999 L 53/1; vom 3.2.1999 *Rewe/Meinl* (IV/M.1221), ABl. 1999 L 274/1 und vom 11.7.2001 *BASF/Eurodiol/Pantochim* (IV/M. 2314), WuW 2002, 90; dem folgt die europäische Kommentarliteratur, z.B. G/T/E-*Albers*, Art. 2 FusionskontrollVO, Rdnr. 493ff.; *Löffler*, Art. 2 FusionskonrtollVO, Rdnr. 169; *Rösler*, in: Frankfurter Kommentar, FusionskontrollVO Art. 2, Tz. 134 f.; *Immenga*, in: Immenga/Mestmäcker, EG-Wettbewerbrecht, Art. 2 FusionskonrtollVO, Rdnr. 31 (zur Kommissionsentscheidung); *Drauz/Schröder*, Praxis der Fusionskontrolle, S. 165; *Taylor*, Competition Law, Rdnr. 12-19; *Cook/Kerse*, EC Merger Control, 5.8.3; *Bishop/Walker*, Economics of EC Competition Law, Rdnr. 6.48; *Hawk/Huser*, EC Merger Control, S. 269f.; *Bellamy/Child*, C.M.L. of Competition, Rdnr. 6-074A; *Megret*, Commentaire, Rdnr. 916; *Cot/de la Laurencie*, Contrôle des concentrations, Rdnr. 452; *Berlin/Vallette-Viallard*, RTD eur. 1998, 365, 429; vorausschauend: *Jones/González-Díaz*, EC Merger Control, S. 160.
110 S. dazu unten 2. Kapitel, I., 1., 2.
111 Entscheidung vom 26.6.1997 (IV/M.801), ABl. 1998 L 316/1.
112 Id., Rdnr. 110f.
113 Id., Rdnr. 112f.
114 Entscheidung vom 27.5.1998 (IV/M.993), ABl. 1999 L 53/1, Rdnr. 72f.
115 Entscheidung vom 3.2.1999 (IV/M.1221), ABl. 1999 L 274/1, Rdnr. 66ff.

Von erheblicher Bedeutung hingegen ist die Entscheidung *BASF/Eurodiol/Pantochim* vom 11.7.2001[116], in welcher die EU-Kommission acht Jahre nach *Kali & Salz* zum zweiten Mal einen Zusammenschluss genehmigte, bei dem die Parteien sich auf das Vorliegen der Voraussetzungen einer *Failing Company Defense* berufen hatten. Diese Entscheidung verdient nicht nur wegen ihrer Aktualität besonderes Interesse, sondern auch, weil sie hinsichtlich des Kriteriums des vollständigen Marktaustritts des Unternehmens im Untersagungsfall von den Vorgaben des EuGH abweicht.

III. Grundsätzliche wettbewerbsrechtliche Bedenken gegen den Zusammenschluss mit einem sanierungsbedürftigen Unternehmen

In Anbetracht der Sanierungsbedürftigkeit des zu übernehmenden Unternehmens stellt sich die Frage, ob einem Zusammenschluss mit einem sanierungsbedürftigen Unternehmen überhaupt eine wettbewerbsverschlechternde Qualität zukommen kann.
Zumindest im amerikanischen Fusionskontrollrecht sieht die *Failing Company*-Doktrin eine *absolute defense* vor, die einen Zusammenschluss unter bestimmten Voraussetzungen[117] trotz dessen wettbewerbsbeeinträchtigender Wirkung zulässig macht. Im deutschen Recht setzt die Ministerentscheidung in § 42 Abs. 1 S. 1 GWB eine zuvor aus wettbewerbsrechtlichen Gründen erfolgte Ablehnung des Zusammenschlusses durch das Bundeskartellamt voraus. Und auch die Kausalitätsbetrachtung der Kommission impliziert zumindest eine entstehende Marktbeherrschung des Zusammenschlusses oder ihre Verstärkung, was in aller Regel die Annahme einer Wettbewerbsbeeinträchtigung nahelegt.
Doch wenn ein sanierungsbedürftiges Unternehmen ohnehin bald den Markt verlassen müsste, ist fraglich, ob einem Zusammenschluss überhaupt ein solches wettbewerbsbeeinträchtigendes Potenzial zukommen kann, dass eine Untersagung des Zusammenschlusses erforderlich wird[118].

Ausgehend von der Feststellung des *Supreme Court* in der *International Shoe Co.*- Entscheidung, ein Zusammenschluss durch den Erwerb eines dem Konkurs nahen Unternehmens stelle schon keine Wettbewerbsbeschränkung gem. *Section 7 Clayton Act* dar, wurde in ersten Rezensionen vermutet, dass die Fusion mit einem sanierungsbedürftigen Unternehmen keinen Einfluss auf die Wettbewerbsverhältnisse haben könne und folglich die *Failing Company Defense* le-

---

116 Entscheidung vom 11.7.2001 (IV/M.2314), WuW 2002, 90.

117 S. dazu nachfolgend 2. Kapitel.

118 Eine solche Überlegung könnte sich aus der betriebswirtschaftlichen Betrachtung des Zusammenschlusses ergeben, die zu dem Ergebnis führen kann, dass die Vorteile der Fusion minimal sind. Daraus wurde vereinzelt geschlossen, dass Gleiches auch auf die Auswirkungen auf den Wettbewerb zutrifft.

diglich eine „negative“ Voraussetzung des Tatbestandsmerkmals „wesentliche Beeinträchtigung des Wettbewerbs...zu erwarten“ darstelle[119].
So führte das Gericht in der Entscheidung *United States v. Maryland & Virginia Milk Producers Association* aus, dass der Erwerb eines sanierungsbedürftigen Unternehmens, welches im Begriff sei, den Markt zu verlassen, nicht zur Verringerung des Wettbewerbs oder zum Entstehen eines Monopols führen könne und somit nicht vom Verbot des *Section 7 Clayton Act* umfasst werde[120].
Diese Aussage ergibt, wie zu zeigen sein wird, ohne Einschränkungen nur dann einen Sinn, wenn sie im Kontext des damaligen *Section 7 Clayton Act* gelesen wird. Vor dessen Novellierung im Jahr 1950 erfasste dieser nur solche Wettbewerbsbeschränkungen, die sich auf den Wettbewerb zwischen dem aufnehmenden und dem zu übernehmenden Unternehmen auswirken, nicht hingegen eine anderweitige Veränderung der Marktstruktur. Zwischen diesen Unternehmen ist dann in der Tat ein Wettbewerb unabhängig davon ausgeschlossen, ob das eine Unternehmen den Markt verläßt oder ob es mit dem anderen fusioniert[121]. In jedem Fall verschwindet es als eine eigenständige Kraft auf dem Markt, wodurch das andere Unternehmen jedenfalls mit diesem Wettbewerber nicht mehr konkurrieren muss.
Die begründete Vermutung, dass auch der Zusammenschluss mit einem sanierungsbedürftigen Unternehmen regelmäßig wettbewerbswidrige Konsequenzen hat, ergibt sich hingegen gerade erst durch eine umfassende Analyse und Würdigung der Marktstrukturmerkmale. Im einzelnen soll auf diese Frage nachstehend im 4. Kapitel im Rahmen einer Analyse der Marktstrukturkriterien näher eingegangen werden[122]. Zum besseren Verständnis der folgenden Ausführungen bietet es sich dennoch an, an dieser Stelle die grundsätzlichen wettbewerbsrechtlichen Bedenken zu skizzieren, die gegen die Genehmigung eines Unternehmenszusammenschlusses mit Hilfe der *Failing Company Defense* sprechen[123].

---

119 *V. Kalinowski*, 48 Va L. Rev. 827, 841(1962): "*it can hardly be said that the acquisition of a company in financial distress could have any detrimental competitive effects*"; *Note*, 83 Harv. L. Rev. 672, 674 (1970); *Connor*, 49 Geo. L. J. 84, 85 (1960); vgl. *Immenga*, ZHR 137 (1973), 334, 337.
120 *United States v. Maryland & Virginia Milk Producers Ass'n*, 167 F. Supp. 799, 808 (D.D.C. 1958).
121 *Sotiroff*, 61 Mich.L.Rev. 566, 576 (1963); *Blum*, 6 B.C. Ind.& Com. L. Rev. 1005, 1010 (1974).
122 Siehe dort.
123 Vgl. dazu: *Sotiroff*, 61 Mich. L. Rev. 566, 577f. (1963); *Bok*, 74 Harv. L. Rev. 227, 340 (1960); *Dooley*, 47 Texas L. Rev. 1437, 1439f. (1969); *Low*, 35 Fordham L. Rev. 425, 428 (1967); *Kaplan*, 4 Hofstra L. Rev., 643, 671 (1969).

1. Erhöhung des Konzentrationsgrades in jedem Fall

Der Erwerb selbst eines sanierungsbedürftigen Unternehmens verschafft dem aufnehmenden Unternehmen in der Regel die entsprechenden Produktionsanlagen und damit zusätzliche Kapazitäten. Allein unter diesen Umständen ist es schon denkbar, dass der Erwerb einer *Failing Company* die Marktstruktur grundlegend verändert. Dies ist beispielsweise dann der Fall, wenn das aufnehmende Unternehmen auf einem von mehreren Wettbewerbern umkämpften Markt durch den Zusammenschluss ein solches Maß an zusätzlichen Kapazitäten erhält, dass es die Preisführerschaft übernehmen und damit marktbeherrschend werden kann. Hätte das sanierungsbedürftige Unternehmen den Markt hingegen verlassen ohne zu fusionieren, so wären zwar Kapazitäten verloren gegangen, dieser Markt aber weiterhin wettbewerblich strukturiert gewesen. In diesem Fall wäre also eine Insolvenz des sanierungsbedürftigen Unternehmens aus wettbewerblicher Perspektive zu bevorzugen gewesen.

2. Überproportionaler Zuwachs an Marktanteilen

Aber selbst wenn der Zusammenschluss die grundsätzliche Marktstruktur unangetastet lässt, so besteht eine hohe Wahrscheinlichkeit, dass sich die Marktanteile der verbliebenen Wettbewerber ungünstiger als im Ausscheidensfall entwickeln werden. Während nämlich im Insolvenzfall denkbar ist, dass sich die frei werdende Nachfrage auf alle Wettbewerber entsprechend bestehender Marktanteile, freier Kapazitäten und unter der Voraussetzung fehlender Prioritäten bei homogenen Gütern gleichmässig verteilt, ist im Übernahmefall zu befürchten, dass das aufnehmende Unternehmen die Nachfrage vollständig auf sich lenken wird.

Dies sei anhand eines (schematischen) Beispiels verdeutlicht[124]:
Auf einem Markt konkurrieren sechs Wettbewerber. Einer hält einen Marktanteil von 50%, die restlichen Anbieter jeweils 10%. Eines der kleineren Unternehmen wird insolvent und erhält ein Übernahmeangebot ausschließlich von dem marktbeherrschenden Unternehmen. Eine Übernahme würde dessen Marktanteil von 50% auf 60% erhöhen.
Im Falle einer Insolvenz- oder Vergleichsauseinandersetzung hätte sich die Nachfrage dagegen vermutlich gemäß der bestehenden Marktanteile aufgeteilt. Das marktbeherrschende Unternehmen hätte etwas mehr als die Hälfte der Nachfrage auf sich vereint, den Rest hätten die verbliebenen vier Anbieter zu je gleichen Anteilen auf sich gezogen. Im Ergebnis hätte das marktbeherrschende Unternehmen mit nur wenig mehr als 55% Marktanteil einen geringeren Zuwachs als im Zusammenschlussfall verzeichnet.

---

124 Nach: *Posner/Easterbrook*, Antitrust, S. 471.

Auch wenn dieses Beispiel dahingehend einzuschränken ist, dass der Schluss vom Erwerb eines Unternehmens auf den Erwerb einer dem Marktanteil entsprechenden Anzahl an Kunden nicht ohne weiteres zulässig ist[125], so bleibt doch als Ergebnis, dass ein Zusammenschluss in der Regel zu einem größeren Marktanteil bei dem übernehmenden Unternehmen führt als es im Liquidationsfall erreicht hätte.

3. Einschränkung des Wettbewerbs um Kunden

Verlässt ein Unternehmen den Markt, so wird dessen Kundenstamm frei. Der Marktanteil, den dieses Unternehmens bis zu dessen Austritt innehatte, repräsentierte den Kundenstamm dieses Unternehmens. Da dieser potentielle Marktanteil nun frei geworden ist, werden alle verbliebenen Unternehmen um diesen konkurrieren. Möglicherweise werden nunmehr auch neue, bislang potentielle Wettbewerber den Markt attraktiv genug finden, um ihn zu betreten.
Auch wenn nicht ohne weiteres davon ausgegangen werden kann, dass der Erwerber ausnahmslos alle Kunden des übernommenen Unternehmens auf sich vereinigen wird, so ist doch vorhersehbar, dass für das aufnehmende Unternehmen zahlreiche Vorteile aus dem Zusammenschluss resultieren, die seine Ausgangsposition gegenüber den restlichen Wettbewerbern oder den eintrittswilligen Unternehmen verbessern[126]. Zu diesen Vorteilen gehört nicht nur die erworbene zusätzliche Produktionskapazität, die es dem aufnehmenden Unternehmen (insbesondere dann, wenn die eigenen Anlagen schon ausgelastet sind) ermöglicht, die Nachfrage der frei werdenden Verbraucher und anderer Nachfrager ohne zusätzliche Investitionen und zeitaufwendiges internes Wachstum umgehend zu befriedigen. Auch Marken und Warenzeichenrechte oder der *goodwill* sind für die Loyalität der Verbraucher und ihre weitere Bindung wertvolle Vorteile[127]. Schließlich wird eine Kundenbindung z.B. auch über das Ersatzteil- und Reparaturgeschäft, persönliche Beziehung zu bestimmten Verkäufern oder geographische Nähe hergestellt[128].

Im Ausscheidensfall werden sich die im Markt verbliebenen Unternehmen voraussichtlich einen ungleich unerbittlicheren Kampf im Wettbewerb um die frei gewordenen Konsumenten liefern können, da nicht von vornherein die besagte Ungleichheit besteht. Um für den Kampf um Marktanteile besser gerüstet zu

---

[125] Siehe dazu unten 4. Kapitel und v.a. *McChesney*, 65 Nebr. L. Rev., 1, 16 (1986).

[126] *Areeda*, Antitrust, Rdnr. 927d. So lauteten auch die europäischen Bedenken gegen den *Boeing/McDonnell Douglas* Zusammenschluss, vgl. Kommission, Entscheidung vom 30.7.1997 (IV/M.877), ABl. 1997 L 336/16.

[127] *Areeda*, Antitrust, Rdnr. 927d.

[128] S. dazu im einzelnen unten 3. Kapitel, II., 6.

sein, werden die Unternehmen aber unter Umständen gezwungen sein, die Qualität ihrer Produkte zu verbessern oder die Preise zu senken. Auch Investitionen in neue, produktivere Anlagen mit einhergehendem internen Wachstum werden den Wettbewerb verschärfen.
Ein solches internes Wachstum mit dem damit verbundenen Wettbewerb wird durch einen Zusammenschluss nicht gefördert, wenn aus Sicht der Wettbewerber nur eine geringe Möglichkeit besteht, die Kunden der *Failing Company* an sich zu ziehen. Der Konkurs des Unternehmens ist somit im Hinblick auf den Wettbewerb um dessen ehemalige Kunden vorzuziehen[129].

4. Verwendung der Produktionsanlagen

Ein sanierungsbedürftiges Unternehmen kann über wertvolles Anlagevermögen oder Facharbeitskräfte verfügen, welche in der Hand eines anderen, zumal eines marktbeherrschenden Unternehmens zu einer erheblichen Einschränkung des Wettbewerbs führen können. Dies ist in Fällen eines reinen Finanzierungsproblems beim sanierungsbedürftigen Unternehmen ohne verschlechterten strukturellen Hintergrund denkbar[130]. Wegen der finanziellen Schwierigkeiten wird das vor der Übernahme stehende Unternehmen dann zumeist nicht in der Lage sein, den Marktanteil zu erreichen, den die Ausstattung und Größe seiner Produktionsstätten ermöglichen, und sein Potential voll auszuschöpfen. So mag das zu übernehmende Unternehmen über wertvolles Kapital in Form von Patenten, Urheberrechten, Geschäftsgeheimnissen, Kundenkarteien oder einer guten Vertriebs- und Kundendienstorganisation verfügen, das es aufgrund fehlender Finanzausstattung nicht nutzbar machen kann. Wenn das aufnehmende Unternehmen dieses benötigte finanzielle Kapital bereithält, so kann und wird es die Möglichkeiten, die in dem sanierungsbedürftigen Unternehmen stecken, vollständig nutzen. In diesem Falle kann der Marktanteil des zusammengeschlossenen Unternehmens über die Summe der Marktanteile der beiden einzelnen Unternehmen hinausgehen und ist somit aus wettbewerbsrechtlichen Gesichtspunkten nicht zu bevorzugen[131].

5. Wettbewerbswidrige Preisgestaltung

Der Erwerb einer *Failing Firm* durch ein anderes Unternehmen verschafft letzterem in der Regel zusätzliche Produktionskapazitäten. Als denkbare Folge des

---

129 *Areeda*, Antitrust, Rdnr. 925a.

130 *U.S. v. International Harvester Co.*, 564 F.2d 769, 774ff. (7th Cir. 1977); *United States v. MPM Inc.* 397 F.Supp. 78, 98ff. (D. Colo. 1975); *United States v. G. Heileman Brewing Co.* 345 F. Supp. 117, 122f. (E.D. Mich. 1972).

131 An diese Problematik schließen sich interessante Fragen der Marktanteilsberechnung an; vgl. dazu unten die *Financial Weakness Defense*, 3. Kapitel, II.

Zusammenschlusses könnte das Unternehmen Synergieeffekte erzielen oder seine Produktion steigern und, ganz im Sinne des Wettbewerbs, niedrigere Verkaufspreise verlangen[132].

Es besteht aber auch die Möglichkeit, dass das Unternehmen seine gestiegene Produktion einzig aus dem Grund aufrechterhält, um potentielle Wettbewerber abzuschrecken oder tatsächliche Wettbewerber, die seine beherrschende Stellung angreifen, zu disziplinieren[133], oder um Wettbewerber durch temporäres Preisdumping vom Markt fern zu halten[134].

Die Möglichkeit, Überkapazitäten zu produzieren, führt zu einer weiteren Stärkung der marktbeherrschenden Stellung des Unternehmens und macht dieses noch weniger anfällig für Herausforderungen im Wettbewerb.

6. *Piecemeal Sale*

Wie bereits gesehen, kann ein sanierungsbedürftiges Unternehmen noch über viele verschiedene Vermögensposten verfügen, die unter Umständen für die verschiedenen Bieter von ganz unterschiedlichem Wert sind. Während für einen Bieter die Warenzeichen oder Patente von besonderer Bedeutung sind, mag ein anderer besonderen Bedarf an zusätzlichen Produktionskapazitäten haben und ein Dritter die geschulten Arbeitskräfte benötigen. Während solche Bieter durchaus in der Lage wären, die einzelnen Vermögenswerte zu erwerben, wird ihnen die Investition in das gesamte Unternehmen in der Regel zu hoch sein. Somit kann der Erwerber der gesamten *Failing Firm* alle Wettbewerber vom Erwerb der einzelnen Vermögensposten der *Failing Firm* ausschließen und dadurch seine marktbeherrschende Stellung festigen.
Bei einem Verkauf der Vermögenswerte im Rahmen einer Konkursauseinandersetzung hingegen können diese einzeln an unterschiedliche Bieter verkauft werden, die das jeweils höchste Gebot abgeben. Dies werden in der Regel die Unternehmen sein, für die der entsprechende Vermögensposten, also z.B. die Vertriebsstruktur, den höchsten Wert darstellt. Der Erwerb würde diese Unternehmen also im Wettbewerb stärken und sie in die Lage versetzen, effektiver am Wettbewerb teilzunehmen.
Soweit ein Erwerber einer *Failing Company* anderen Wettbewerbern die Möglichkeit nimmt, durch den Erwerb einzelner Vermögensposten ihre Stellung im

---

132 S. dazu unten *Efficiency Rationale*, 5. Kapitel, III.
133 Zu diesen Bedenken: *Areeda*, Antitrust, Rdnr. 1137; *Kwoka/Warren-Boulton*, 31 Antitrust Bull. 431, 445 Fn.20 (1986).
134 *Areeda*, Antitrust, Rdnr. 1136.

Wettbewerb zu verbessern, ist die Insolvenz der *Failing Company* aus wettbewerblicher Sicht die zu bevorzugende Alternative[135].

7. Zwischenergebnis

Schon im Jahr der *International Shoe*-Entscheidung legte der Wortlaut von *Section 7 Clayton Act* diese Reduzierung auf das Verhältnis zweier Wettbewerber nicht unbedingt nahe[136]. Spätestens aber seit der Novellierung des *Clayton Acts* im Jahr 1950 ist dieser Blickwinkel zu eng[137]. Die Novellierung führte zu einer Anwendbarkeit von *Section 7 Clayton Act*, wenn eine Wettbewerbsbeeinträchtigung durch den Konzentrationsvorgang auf irgendeinem Markt irgendwo im Land droht. Somit steht heute zu Recht außer Zweifel, dass auch der Zusammenschluss mit einem konkursreifen Unternehmen eine tatbestandsmäßige Wettbewerbsbeschränkung bewirken kann[138].

Der Erhalt einer Unternehmenseinheit ist also nicht per se wünschenswert. Dazu sind auch im Falle eines sanierungsbedürftigen Unternehmens die wettbewerblichen Konsequenzen zu schwerwiegend[139]. Daraus ergibt sich, dass keine Veranlassung besteht, um sanierungsbedürftige Unternehmen von vornherein aus dem Anwendungsbereich der Vorschriften über die Fusionskontrolle herauszunehmen. Fraglich ist dann aber, ob und bejahendenfalls auf welche Weise der Sanierungsbedürftigkeit bzw. anderen kollidierenden Interessen innerhalb des Genehmigungsverfahrens Bedeutung zukommt.

IV. Ergebnisse und Fragestellung

1. Die Sanierungsbedürftigkeit eines fusionswilligen Unternehmens führt zu einem Zielkonflikt zwischen Unternehmenserhaltung und Wettbewerbsschutz.
2. Der Zusammenschluss mit einem sanierungsbedürftigen Unternehmen hat in der Regel wettbewerbswidrige Folgen. Daher ist es nicht statthaft, Sanierungsfälle grundsätzlich aus dem Anwendungsbereich der Fusionskontrollverordnung herauszunehmen.
3. Das Rechtsinstitut der *Failing Company Defense* ist eine richterrechtlich entwickelte Doktrin aus dem amerikanischen Fusionskontrollrecht. Mit ihr

---

[135] Auch hier ergeben sich Fragen der Effizienz, s. dazu 5. Kapitel, III.

[136] *Note*, 83 Harv. L. Rev. 672, 674 (1970); vgl. auch Originaltext von *Section 7 Clayton Act* (1917): Verbot von Zusammenschlüssen "*which might restrain...commerce in any section or community, or tend to create a monopoly of any line of commerce*".

[137] 15 U.S.C. 3 18 (1964), *Note*, 83 Harv. L. Rev. 672, 674 (1970); *Sotiroff*, 61 Mich. L. Rev. 566, 576 (1963), *Immenga*, ZHR 137 (1973), 334, 337.

[138] *Bok*, 74 Harv. L. Rev. 226, 345 (1960).

[139] Vgl. zu weiteren denkbaren Nachteilen: *Sotiroff*, 61 Mich. L. Rev. 566, 577f. (1963).

werden Zusammenschlüsse wettbewerbsrechtlich immunisiert, die die Wettbewerbsverhältnisse *prima facie* so stark beeinträchtigen, dass sie eigentlich untersagt werden müssten.

4. Die *Failing Company Defense* beinhaltet eine Lösung des Zielkonflikts von Unternehmenserhaltung und Wettbewerbsschutz. Nach dem heutigen Stand im amerikanischen Recht hat die Unternehmenserhaltung immer dann den Vorrang, wenn die Voraussetzungen der *Failing Company Defense* erfüllt sind (*absolute defense*).
5. Auch die Praxis zum europäischen Fusionskontrollrecht hat sich zögerlich dem Gedanken der *Failing Company Defense* angenommen. Spätestens mit ihrer Anerkennung durch den Europäischen Gerichtshof liegt auch hier eine verbindliche Regelung der Voraussetzungen vor.

Nach diesem kurzen Abriss stellen sich mehrere Fragen. Was genau bezeichnet der Begriff *Failing Company Defense*? Welche Voraussetzungen hat sie? Aus welchem Grund ist der Sanierungsgedanke zu berücksichtigen? Auf welcher Grundlage findet der Sanierungsgedanke Eingang in das europäische Fusionskontrollverfahren?

2. Kapitel: Voraussetzungen der *Failing Company Defense*

Wie oben bereits ausgeführt, ist die *Failing Company Defense* im europäischen Recht eine neuere Entwicklung. Dementsprechend gering ist die Auseinandersetzung mit der Problematik dieses Rechtsinstituts in Rechtsprechung und Literatur.
Die nachfolgende Analyse stützt sich somit vornehmlich auf die acht bislang zu diesem Thema ergangenen Kommissionsentscheidungen[140] und das *Kali & Salz*-Urteil des EuGH[141]. In dieser Entscheidung wies der EuGH zwar darauf hin, dass die *Failing Company Defense* des europäischen Rechts nicht deckungsgleich mit der des amerikanischen Rechts sei[142]. In der Literatur wird hingegen teilweise angenommen, dass die europäischen den US-amerikanischen Kriterien entsprechen[143]. Sofern die zu beantwortenden Fragen einen solchen Rechtsvergleich gestatten, wird die nachfolgende Darstellung auf die Behandlung der gleichen Probleme im amerikanischen Recht, vor allem in der Rechtsprechung, zurückgreifen.
Eine solche Überlegung könnte sich aus der betriebswirtschaftlichen Betrachtung des Zusammenschlusses ergeben, die zu dem Ergebnis führen kann, dass die Vorteile der Fusion minimal sind. Daraus wurde vereinzelt geschlossen, dass Gleiches auch auf die Auswirkungen auf den Wettbewerb zutrifft.

I. Voraussetzungen

In der Kommissionsentscheidung *Kali & Salz/Mdk/Treuhand*[144] formulierte die EG-Kommission die Voraussetzungen, unter denen sie eine *Failing Company Defense* anerkennt. Die Parteien, die eine *Failing Company Defense* geltend machen, müssen demnach die drei auf S. 25 erwähnten Kriterien erfüllen. Diese

---

[140] Entscheidungen vom 2.10.1991 *Aerospatiale-Alenia/de Havilland* (IV/M.116), ABl. 1991 L 334/42; vom 14.12.1993 *Kali & Salz/MDK/Treuhand* (IV/M.308), ABl. 1994 L 136/38; vom 14.2.1995 *Mercedes Benz/Kässbohrer* (IV/M.477), ABl. 1995 L 211/1; vom 4.12.1996 *Saint Gobain/Wacker-Chemie/NOM* (IV/M.774), ABl. 1997 L 247/1; vom 26.6.1997 *Blokker/Toys 'R' Us* (IV/M.801), ABl. 1998 L 316/1; vom 27.5.1998 *Bertelsmann/Kirch/Premiere* (IV/M.993) ABl. 1999 L 53/1; vom 3.2.1999 *Rewe/Meinl* (IV/M.1221) ABl. 1999 L 274/1; vom 11.7.2001 *BASF/Eurodiol/Pantochim* (IV/M.2314), WuW 2002, 90.

[141] EuGH – verb. Rs. *Frz. Republik/Kommission*, C-68/94 und *SCPA* und *EMC/Kommission*, C-30/95 – Slg. 1998 I-1375.

[142] Id., Rdnr. 112.

[143] *Immenga*, in: Immenga/Mestmäcker, EG-Wettbewerbsrecht, Art. 2 FusionskontrollVO, Rdnr. 32; a.A. *Wagemann*, in: Wiedemann, § 16 Rdnr. 141; auch die französische Regierung hatte die mangelnde Übereinstimmung in ihrer Klage gerügt, vgl. EuGH – verb. Rs. *Frz. Republik/Kommission*, C-68/94 und *SCPA* und *EMC/Kommission*, C-30/95 – Slg. 1998 I-1375, Rdnr. 91ff.

[144] Entscheidung vom 14.12.1993 (IV/M.308), ABl. 1994 L 136/38, Rdnr. 70ff.

Voraussetzungen sind mittlerweile gefestigt[145] und werden nachstehend genauer betrachtet.

1. Ohne Übernahme drohendes Ausscheiden des sanierungsbedürftigen Unternehmens aus dem Markt

a. Handhabung dieses Kriteriums im europäischen Recht

Es ist unschwer zu erkennen, dass es sich bei der ersten Voraussetzung, dass das sanierungsbedürftige Unternehmen ohne Zusammenschluss binnen kurzer Zeit den Markt verlassen müsste, um das Erfordernis einer *Failing Company* handelt. Eine genaue Definition dieser ersten Voraussetzung existiert zwar nicht, doch lassen sich aus den bisherigen Kommissionsentscheidungen einige Ansätze entnehmen. So ist zu erkennen, dass die Kommission hohe Anforderungen an die Wahrscheinlichkeit des Marktaustritts stellt.
Es ist unstreitig, dass ein Unternehmen, über dessen Vermögen die Insolvenz eröffnet wurde, diese Voraussetzung erfüllt. So lange kann jedoch nicht zugewartet werden: In diesem Fall ist es häufig schon zu spät für die Rettung des sanierungsbedürftigen Unternehmens. Diese Voraussetzung muss also bereits in einem früheren Stadium gegeben sein und zumindest die Einschätzung ermöglichen, ab wann ein Unternehmen als unwiderruflich nicht mehr überlebensfähig gilt[146]. Eine hohe Wahrscheinlichkeit spricht jedenfalls dafür, wenn die Verbindlichkeiten den Unternehmenswert übersteigen oder wenn ein Unternehmen unfähig ist, fällige Schulden zu begleichen[147]

Zudem stellt sich die Frage der Behandlung von Unternehmen, die sich bereits im Insolvenzverfahren befinden. Art. 3 Abs. 5 lit. b FusionskontrollVO schließt nämlich solche Unternehmen, die zum Zwecke der Liquidation von einem Träger eines öffentlichen Mandats erworben werden, aus dem Anwendungsbereich der VO aus. Diese Regelung betrifft aber ausschließlich den Kontrollerwerb durch den Mandatsträger, nicht dagegen durch einen Dritten, der ein Unternehmen im Insolvenzverfahren durch Handlungen des Mandatsträgers erwirbt[148].
Der Fall *ING/Barings*[149] beinhaltete diese Konstellation. *Barings plc.* wurde zunächst unter Konkursverwaltung gestellt und im Zuge des Konkursverfahrens an Tochtergesellschaften der *ING* veräußert. Die Kommission stellte fest, dass der Kontrollerwerb der Konkursverwalter den Tatbestand des Art. 3 Abs. 5 lit. b

---

[145] S.o. Fn. 102.
[146] *Kaplan*, 4 Hofstra L. Rev. 643, 646 (1976); *Wiley*, 41 B.U.L.Rev. 493, 502 (1961).
[147] *Jones/González-Díaz*, EEC Merger Regulation, 11.4.2. mit Hinweis auf die Indizien.
[148] *Löffler*, FusionskontrollVO Art. 3, Rdnr. 57; *Immenga*, in: Immenga/Mestmäcker, EG-Wettbewerbsrecht, Art. 3 FusionskontrollVO, Rdnr. 131f.; *Wagemann*, in: Wiedemann, Handbuch des Kartellrechts, § 15 Rdnr. 82.
[149] Entscheidung vom 11.4.1995 (IV/M.573), ABl. 1995 L 114/6, Rdnr. 8f.

FusionskontrollVO erfüllte, nicht aber der weitere Erwerb durch *ING*, auf welchen die FusionskontrollVO Anwendung fand.
Das Argument, das hinter dieser Ausnahme steht, lautet, dass solche Mandatsträger im Rahmen ihrer Mandatsausübung keine eigenen wirtschaftlichen Interessen verfolgen, sondern lediglich einen zeitlich beschränkten und inhaltlich gebundenen Auftrag im Interesse der Gläubiger ausführen[150]. Zurecht wird die Anwendung dieser Vorschrift unter Berufung auf ihren Wortlaut nur auf kraft Gesetzes bestellte und nicht etwa auf privatrechtlich ermächtigte Amtsträger beschränkt[151].
Auf den Erwerb eines sanierungsbedürftigen Unternehmens durch ein anderes Unternehmen hat diese Vorschrift somit keine Auswirkung[152]. Insbesondere schließt eine bereits eingetretene Insolvenz die Anwendung der FusionskontrollVO und mit ihr der *Failing Company Defense* nicht aus. Einer bereits eingetretenen Insolvenz kommt andererseits auch keinerlei präjudizielle Funktion für den Erfolg einer *Failing Company Defense* im Fusionskontrollvervahren zu.

b. Kommissionsentscheidungen

In der Entscheidung *Aerospatiale-Alenia/de Havilland*[153] wies die Kommission das Vorbringen von *Aerospatiale* und *Alenia* zurück, dass es für die Investitionsentscheidung kritische unternehmerische und finanzielle Aspekte gebe, es sich mithin bei *de Havilland* um ein sanierungsbedürftiges Unternehmen handle[154]. Vielmehr stelle *de Havilland* hochwertige, gut eingeführte und anerkannte Erzeugnisse her, deren Nettoverkaufspreise gestiegen seien. Zwar sei die Produktivität von *de Havilland* relativ niedrig[155] und somit noch Raum für eine weitere Optimierung der Produktion, doch seien beim Abbau überschüssiger Arbeitsplätze bereits Fortschritte erzielt worden, so dass nicht davon auszugehen sei, dass *de Havilland* auf jeden Fall seinen Betrieb einstellen müsse und mit

---

150 *Krimphove*, Fusionskontrolle, S. 268; *Cook/Kerse*, Merger Control, S. 37.

151 So: *Berlin*, Contrôle des concentrations, S. 78; *Sorensen/Kennedy*, E.C.L.R. 1995, 267; *Immenga*, in: Immenga/Mestmäcker, EG-Wettbewerbsrecht, Art. 3 FusionskontrollVO, Rdnr. 131.

152 Ein Argument für die Einführung der *Failing Company Defense* im französischen Fusionskontrollrecht war aber die Tatsache, dass dort eine Art. 3 Abs. 5 lit. b FusionskontrollVO entsprechende Regelung nicht vorgesehen war und die *Failing Company Defense* dazu zur Schließung dieser Lücke zweckentfremdet wurde, vgl. *Cot/de la Laurencie*, Contrôle des concentrations, Rdnr. 453 .

153 Entscheidung vom 2.10.1991 (IV/M.053), ABl. 1991 L 334/42.

154 WuW/EV 1675, 1685.

155 WuW/EV 1675, 1685, dort die Analyse der wirtschaftlichen Situation *de Havillands*.

einem baldigen Marktaustritt zu rechnen sei, falls der Zusammenschluss nicht zustande komme[156].
Die Anforderungen an den Beweis der Unumgänglichkeit des Scheiterns eines Unternehmens erforderten einen größeren Begründungsaufwand, als lediglich die Geltendmachung einer kritischen finanziellen Lage.

Ein zweiter Untersagungsfall, in dem die Erwartung des baldigen Marktaustritts nicht von der Kommission geteilt wurde, war die Entscheidung *Saint Gobain/Wacker-Chemie/NOM*[157]. Die Kommission war in dieser Entscheidung der Auffassung, dass die von Seiten Wacker-Chemies geltend gemachten finanziellen Schwierigkeiten in näherer Zukunft wahrscheinlich nicht zur Einstellung der Unternehmensaktivitäten in dem Siliziumcarbidsektor führen würden. Auch hier war die Kommission nicht in ausreichendem Maße von der Behauptung finanzieller Schwierigkeiten überzeugt.

In den Entscheidungen *Mercedes-Benz/Kässbohrer*[158] und *Blokker/ Toys 'R 'Us*[159] machte die Kommission gar keine Ausführungen zu dieser ersten Voraussetzung, sondern verneinte kurzerhand das Vorliegen der übrigen Voraussetzungen. Damit umging sie hier die Problematik einer genauen Bestimmung des Zeitpunktes, ab welchem die Sanierungsbedürftigkeit einen baldigen Marktaustritt als unumgänglich erscheinen lässt.

Eine detaillierte Stellungnahme der Kommission zum ersten Kriterium der *Failing Company Defense* enthielt die Entscheidung *Kali & Salz/MdK/Treuhand*[160].
In dieser Entscheidung wies die Kommission eingangs auf die sehr hohen Verluste von MdK hin, die sich zeitweise auf 75 % des Umsatzes beliefen, aber selbst nach der Durchführung von Restrukturierungsmaßnahmen noch bis zu 50 % des Umsatzes ausmachten[161]. Ihre Ursache hätten die hohen Verluste zum einen in der Tatsache gehabt, dass die Produktionsanlagen zu alt gewesen seien und zu hohe Herstellungskosten verursachten. Dazu sei eine zu große Belegschaft und das Fehlen von Lagerkapazitäten gekommen. Zum zweiten hätten die um zwischen 26 % bis 88 % gesunkenen Verkaufszahlen die Verluste verursacht. Diese hätten ihrerseits ihre Ursache im Wegbrechen der osteuropäischen

---

156 WuW/EV 1675, 1685.
157 Entscheidung vom 4.12.1996 (IV/M.774), ABl. 1997 L 247/1; abgedr.: WuW 97, 33.
158 Entscheidung vom 14.2.1995 (IV/M.477), ABl. 1995 L 211/1.
159 Entscheidungen vom 26.6.1997 (IV/M.801), ABl. 1998 L 316/1.
160 Entscheidung vom 14.12.1993 (IV/M.308), ABl. 1994 L 136/38, Rdnr. 73ff.; bestätigt durch EuGH – verb. Rs. *Frz. Republik/Kommission*, C-68/94 und *SCPA* und *EMC/Kommission*, C-30/95 – Slg. 1998 I-1375.
161 Entscheidung vom 14.12.1993 (IV/M.308), ABl. 1994 L 136/38, Rdnr. 73.

Märkte und in einem mangelhaften Vertriebssystem in Westdeutschland, welches zum faktischen Stillstand der Lieferungen geführt habe[162].
Somit kam die Kommission zu dem Ergebnis, dass MdK in dieser wirtschaftlichen Situation zum Zeitpunkt der Fusionskontrollentscheidung wohl kaum in der Lage gewesen wäre, ohne Fusion zu überleben[163]. Ohne den Erwerb durch ein privatwirtschaftlich geführtes Partnerunternehmen mit den den erforderlichen Managementkenntnissen und ohne die dann eintretenden Synergieeffekte, wäre eine Rettung von MdK ausgeschlossen. Die Kommission war deshalb der Ansicht, dass hinreichend deutlich gemacht worden sei, dass eine Stillegung von *MdK* in absehbarer Zeit[164] erfolgt wäre.

Die Kommission tat sich in diesem Fall trotz der relativ eindeutigen Sachlage mit der Bejahung der ersten Voraussetzung einer *Failing Company Defense* sehr schwer[165]. Da es sich in der *Kali&Salz*-Entscheidung um ein marodes ostdeutsches Unternehmen handelte, lässt der Begründungsaufwand der Kommission darauf schließen, dass im Recht der europäischen Zusammenschlusskontrolle das Kriterium des kurzfristigen Ausscheidens aus dem Markt grundsätzlich sehr schwierig nachzuweisen sein wird. Wegen des Einschätzungsspielraums, der der Kommission hier zukommt, ist nur schwer abzuschätzen, wie die Handhabung dieses Kriteriums in Zukunft erfolgen wird.

Die Gefahr eines kurzfristigen Ausscheidens aus dem Markt sah die Kommission in der Entscheidung *Bertelsmann/Kirch/Premiere*[166] nicht als hinreichend bewiesen an. Die Parteien hatten lediglich auf entstandene Anlaufverluste hingewiesen, ohne diese näher zu substantiieren. Die Kommission stellte fest, dass es sich bei der Entscheidung *DF 1* einzustellen um eine Managemententscheidung handeln würde. Damit sei der Rückzug vom Markt eine Opportunitätsentscheidung und nicht notwendige Konsequenz eines unumgänglichen Schicksals.

---

162 Entscheidung vom 14.12.1993 (IV/M.308), ABl. 1994 L 136/38, Rdnr. 74, 75.

163 Eine Besonderheit dieses Falles bestand darin, dass *MdK* ihren Betrieb nur dank des Eingreifens der *Treuhand* fortsetzen konnte, die ihre Verluste ausgeglichen hat. Diese Verluste können aber auf Dauer nicht von der Treuhandanstalt mit Hilfe staatlicher Beihilfen übernommen werden, da ein solches Vorgehen mit den Art. 92, 93 EGV unvereinbar ist. Ferner musste als wahrscheinlich angesehen werden, dass *MdK* auch in dem Fall auf Dauer Verluste erwirtschaften würde, wenn ihm von der *Treuhand* die gleichen Finanzmittel zur Verfügung gestellt würden, die für den beabsichtigten Zusammenschluss vorgesehen seien. Auch könnte von einer staatlichen Einrichtung, die mit der Privatisierung beauftragt sei, nicht erwartet werden, dass sie mit immensen Kosten ein Unternehmen aufrechterhält, dass wirtschaftlich nicht überlebensfähig ist und somit einen Staatsbetrieb schafft.

164 Wirtschaftlich betrachtet sofort, aber im konkreten Fall möglicherweise hinausgezögert durch Beihilfen aus sozial-, regional- oder allgemeinpolitischen Gründen.

165 Vgl. dazu die Formulierung in: Entscheidung vom 14.12.1993 (IV/M.308), ABl. 1994 L 136/38, Rdnr. 77 a.E.

166 Entscheidung vom 27.5.1998 (IV/M.993), ABl. 1999 L 53/1, Rdnr. 72, 73.

Aber selbst eine mögliche Entscheidung *DF 1* einzustellen, hätte nicht den umgehenden Rückzug von Kirch aus dem *Pay-TV* Markt zur Folge, da *Kirch* erst seine Abonnentenverträge kündigen und somit das Programm zumindest bis zur Wirksamkeit der Kündigung fortsetzen müsste. Damit bestand nach Ansicht der Kommission aber zumindest noch eine einjährige Frist, bevor überhaupt von einer *Failing Company* gesprochen werden könnte. Auch in dieser Entscheidung setzt sich also das Verständnis einer strengen Kontrolle der Voraussetzung „kurzfristig" durch. Nicht jedes zukünftige Ausscheiden ist ausreichend. Neben einer hinreichenden Substantiierung finanzieller Schwierigkeiten muss also auch eine zeitliche Nähe zum Ausscheiden erkennbar sein.

Geringen Bedenken begegnete die Annahme einer *Failing Company* der Kommission hingegen in der Entscheidung *BASF/Eurodiol/Pantochim*[167]. *Eurodiol* und *Pantochim* waren hoch verschuldet und standen im sog. „Vorkonkurs" nach belgischem Recht[168]. Das Insolvenzgericht hatte eine viermonatige Beobachtungsperiode angeordnet, innerhalb derer die Unternehmen unter die Aufsicht gerichtlich bestellter Verwalter gestellt und eine vorläufige Verschiebung der Fälligkeit ihrer Verpflichtungen angeordnet worden waren[169]. Das Gericht hatte auch ausgeführt, dass eine Insolvenz beider Unternehmen unausweichlich sei, wenn nicht bis zum Ablauf der viermonatigen Frist ein Käufer für beide Unternehmen gefunden sei.
Damit war nach Ansicht der Kommission hinreichend bewiesen, dass beide Unternehmen mit dem Ende der vorübergehenden Finanzhilfen durch *BASF* unvermeidbar den Markt hätten verlassen müssen.

Die Rechtsfigur der Vorinsolvenz des belgischen Rechts ist den meisten europäischen Rechtsordnungen unbekannt. Es fragt sich aber, ob in solchen Fällen dem Zeitraum zwischen der Stellung eines Insolvenzantrags und dem Erlass des Insolvenzbeschlusses eine ähnliche Bedeutung zukommen könnte.
Ein Abstellen auf die Zeit nach Stellung des Insolvenzantrages ist die deutlichste Form, die Sanierungsbedürftigkeit eines Unternehmens zu begründen. Problematisch daran ist, dass es häufig zu diesem Zeitpunkt bereits zu spät für eine Rettung des Unternehmens ist. Im Interesse des Unternehmenserhalts sollte diese Feststellung nicht zu weit in Richtung aktueller Insolvenz hinausgezögert werden.
Daher kann der Zeitpunkt nach Stellung des Insolvenzantrags nur als Untergrenze für die Feststellung der Sanierungsbedürftigkeit herangezogen werden.

---

167 Entscheidung vom 11.7.2001 (IV/M.2314), WuW 2001, Rdnr. 144.

168 *Loi relative au concordat judiciaire/Wet betreffende het gerechtelijk akkoord* vom 17.7.1997; *Moniteur Belge/Belgisch Staatsblad*, 28.10.1997, S. 28550.

169 Entscheidung des *Charleroi Tribunal de Commerce* vom 21.2.1001 – Az. : B/00/00079.

Neben dem Problem des richtigen Zeitpunktes[170] findet sich in den 1992 Merger Guidelines die Voraussetzung, dass eine Restrukturierung nicht möglich sein dürfe. Diese Frage der möglichen Restrukturierung wurde in der europäischen Praxis noch gar nicht angesprochen. Dabei gibt es zahlreiche nationale Insolvenzvorschriften in den Mitgliedstaaten, die eine solche Restrukturierung dem Grunde nach ermöglichen. Es fehlt im europäischen aber im Gegensatz zum US-amerikanischen Recht an einem einheitlichen, dem Unternehmen einen weiten Spielraum für eine Reorganisation einräumenden gesetzlichen Rahmen wie ihn *Chapter* 11 bietet. Dazu besteht im europäischen Kontext eine zusätzliche Schwierigkeit, da jeder Mitgliedstaat eine andere Insolvenz- und Restrukturierungspolitik verfolgt. So ist England das Paradebeispiel einer gläubigerfreundlichen Politik, die nur geringen Wert auf Restrukturierungen legt[171], wohingegen das französische Insolvenzrecht die Rettung des Unternehmens in den Vordergrund rückt[172]. Für ein französisches Unternehmen wäre eine Restrukturierung einfacher als für ein englisches. Da die Insolvenzgesetzgebung in Europa in den Kompetenzbereich der nationalen Gesetzgeber fällt, ist es somit zumindest bis zu einer weitgehenden Harmonisierung der Insolvenzrechte ausgeschlossen, auf europäischer Ebene ein einheitliches Restrukturierungskriterium zu formulieren. Es ist somit problematisch, im europäischen Recht die Unmöglichkeit einer erfolgreichen Restrukturierung zur generellen zwingenden Voraussetzung für die Annahme einer *Failure* zu machen. In Einzelfällen sollte die Kommission aber die Chancen einer erfolgreichen Restrukturierung nach dem jeweiligen Landesrecht in ihre Bewertung, ob eine *Failure* vorliegt, einfließen lassen können.

c. US-amerikanische Erfahrungen mit der „*Failing Company*“

Ein Blick auf die Praxis des amerikanischen Fusionskontrollrechts zeigt, dass bereits die Feststellung einer *Failing Company* sehr problematisch ist. Als *Failing Company* wird ein Unternehmen bezeichnet, wenn es sich in solchen finanziellen Schwierigkeiten befindet, dass es kurz vor Eintritt des Konkursfalles, der Liquidation oder der sonstigen Geschäftsaufgabe steht.
In der *International Shoe Co.*-Entscheidung verlangte der Supreme Court ein Unternehmen "*with resources so depleted and the prospect of rehabilitation so remote that it faced the grave probability of business failure*"[173]. Diese Entscheidung setzte für das Kriterium „*failing*“ voraus, dass sich das Unternehmen in einer hoffnungslosen finanziellen Verfassung befinden muss, die es unumgänglich macht, aus dem Markt auszuscheiden, wenn es nicht zu einem retten-

---

170 Hierzu nachfolgend c.
171 Vgl. *Rajak*, 4 Ins L&P, 111ff.
172 Art. 1 des Gesetzes Nr. 85-98 *relative au redressement et la liquidation judiciaire des entreprises*.
173 280 U.S. 291, 302.

den Zusammenschluss kommt. Diese Definition von *failure* lässt viele Fragen offen, trifft insbesondere keine Aussage zum Zeitpunkt, bemüht sich jedoch sichtlich um ein sehr enges Verständnis von *failure*, um den Charakter der *Failing Company Defense* als *ultima ratio* zu bewahren.
In der amerikanischen Literatur gibt es Kritik an dieser engen Definition. Zwar wird ihr zugestanden, den Erwägungen des *Supreme Court* in der *International Shoe Co.*-Entscheidung gerecht zu werden. Andererseits gilt sie als zu hohe Hürde, um ein wirksames Gegengewicht zu der niedrigen Schwelle für Untersagungen im *Clayton Act* darstellen zu können[174]. Ihr zufolge sollte ein Unternehmen bereits dann als *failing* angesehen werden, wenn es darlegt, dass eine Insolvenz die wahrscheinlichere Alternative sei.

aa. Bevorstehende Insolvenz

In der amerikanischen Literatur und Rechtsprechung besteht also nur ein Minimalkonsens darüber, dass eine *Failing Company Defense* vorliegt, wenn der Beweis erbracht wird, dass eine Insolvenz bevorstehe oder sehr wahrscheinlich sei. Bereits die Ausfüllung der Begriffe "bevorstehen" und "sehr wahrscheinlich" offenbart die Schwierigkeiten einer einheitlichen und damit vorhersehbaren Handhabung der Kriterien.
In der Ausgangsentscheidung *International Shoe* konnte der *Supreme Court* immerhin auf eine Vielzahl von Indizien zurückgreifen, die das unmittelbare Bevorstehen des Scheiterns von *Mc Elwain* ankündigten. Die Gesellschaft hatte sehr hohe Verbindlichkeiten und war insgesamt in Höhe von 17 Mio. US$ verschuldet. Sie hatte ihre Gewinnrücklagen ausgeschöpft und die Zahlung der Dividenden bis auf die für erstrangige Vorzugsaktien eingestellt. Gleichzeitig plante sie aber, auch deren Dividendenzahlungen einzustellen und konnte schließlich alle ihre Verbindlichkeiten nicht mehr erfüllen, als diese fällig wurden[175].

In der Folge dieser Entscheidung wurde in vielen Fällen die Voraussetzung der Insolvenz i.S.v. Zahlungsunfähigkeit sehr stark betont[176]. In *United States v. Black and Decker Mfg. Co.*[177] stellte das Gericht auf 32 Millionen Dollar Verlust während der letzten 11 Jahre, eine negative Entwicklung in der Rücklagenbildung, niedriges Betriebskapital, Verzug in der Rückzahlung primärer Kredite und auf die Tatsache ab, dass die Wirtschaftsprüfer einen laufenden Betrieb nicht bestätigen wollten. In dem Fall *United States v. M.P.M.*[178] konstatierte das

---

174 *Areeda*, Antitrust, Rdnr. 926a; *Correira*, 64 Antitrust L. J., 683, 691f. (1996); *Paredes*, 13 Yale J. Reg., 347, 353 (1996).
175 280 U.S. 291, 299 f.
176 Vgl. *FTC v. Great Lakes Chem. Corp.*, 528 F.Supp. 84, 96ff. (N.D. Ill. 1981).
177 430 F.Supp. 729, 778ff. (D. Md. 1976).
178 397 F.Supp. 78, 98ff. (D. Colo. 1975).

Gericht Zahlungsunfähigkeit, zurückgezogene Kredite, manipulierte Konten und einen unmittelbar bevorstehenden Zusammenbruch. Erst eine "hoffnungslose Zahlungsunfähigkeit" und hohe Verschuldung veranlassten das Gericht in der Entscheidung *United States v. Maryland & Virginia Milk Producers Assn.*[179] zu der Annahme, dass das Unternehmen an der Schwelle zum Konkurs stehe, und somit eine *Failing Company* darstelle. Auch in der jüngeren Entscheidung *California v. Sutter Health System*[180] erhielt das Gericht die hohen Voraussetzungen, an die die Feststellung einer *Failure* geknüpft ist, aufrecht. Eine *Failure* wurde gleichwohl bejaht, weil der Wert der Verbindlichkeiten den Wert des Unternehmens überstieg, weil Zahlungen in Höhe von 8,9 Mio. US$ fällig waren und die Wirtschaftsprüfer einen laufenden Betrieb nicht bestätigt haben. Zudem konnte sich das Unternehmen nicht mehr weiter verschulden und erhielt nur noch Ware bei sofortiger Bezahlung.
Auch die *Federal Trade Commission* betonte in der *SKF Indus.*-Entscheidung die Kriterien, die als Anzeichen für eine bereits bestehende Insolvenz gelten[181]: am „Abgrund" des Konkurses, ein negativer *cash flow*, nahezu alle Vermögenswerte verpfändet und selbst keine Fodrerungen mehr oder vergleichbare Möglichkeiten, Liquidität zu erlangen.

Problematisch an diesen Entscheidungen ist, dass den Gerichten häufig das Bevorstehen der Insolvenz als nicht ausreichend erschien und sie allzu oft eine aktuelle Insolvenz verlangten[182]. Oftmals versagten die Gerichte Zusammenschlüsse, weil sie in den Fällen nicht zur Überzeugung gelangten, dass ein Zusammenbruch unmittelbar bevorstehe, in denen ein Unternehmen gewinnbringende Aussichten hatte[183], als kreditwürdig galt[184], noch zahlungsfähig war[185] oder zur Zeit der Entscheidung noch einen Gewinn erziele[186].

Von den Kriterien, die auf eine aktuelle Insolvenz hindeuten, sind diejenigen zu unterscheiden, die lediglich Ausweis solcher finanzieller oder wirtschaftlicher Schwierigkeiten sind, die nahezu jedes Unternehmen zeitweise durchlebt. Sinkende Verkaufszahlen oder steigende Kosten mögen dabei die Unternehmensgewinne schrumpfen lassen. Verluste können aber auch auf dem Wege auftreten, dass die Erträge hinter den Investitionskosten zurückbleiben. Vereinzelt kann es

---

179 167 F.Supp. 799, 808 (D. D.C. 1958).
180 130 F. Supp. 2d 1109 (N.D. Cal. 2001).
181 1979 Trade Reg. Rep. 21724.
182 Vgl. *United States v. Heileman Brewing Co.*, 345 F.Supp. 117, 122f. (E.D. Mich. 1972).
183 *Papercraft Corp.*, 78 F.T.C. 1352, 1408.
184 *United States v. Pabst Brewing Co.*, 296 F.Supp. 994, 1000 (E.D. Wis. 1969).
185 *F.T.C. v. Food Town Stores*, 539 F.2d 1339, 1345 (4th Cir.).
186 *United States v. Greater Buffalo Press*, 402 U.S. 549, 555; *United States v. Phillips Petroleum Co.*, 367 F.Supp. 1226, 1259f. (C.D. Cal. 1973) (Missachtung der Verluste nach dem Erwerb); *United States v. Reed Roller Bit Co.*, 274 F.Supp. 573, 584 (W.D. Okla. 1967).

zu Schwierigkeiten in der Finanzierung von Expansionsplänen kommen. Konjunkturbedingte Einbrüche betreffen schließlich in der Regel alle Marktteilnehmer in gleichem Maße. In vielen Fällen werden diese Schwierigkeiten ohne Insolvenz oder Konkurs gelöst, und die Unternehmen bleiben dem Markt als starke Wettbewerber erhalten. Konsequenterweise haben die Gerichte deshalb das Vorliegen einer *Failing Company* bei bloß sinkenden Verkaufszahlen[187], sinkendem Gewinn[188], gegenwärtigen Verlusten[189], überflüssigen Produktionsanlagen[190] oder Änderungen des Geschäftsfeldes[191] verneint.
In *Tenet Healthcare* erkannte das Gericht die geltend gemachten Argumente nicht an. Das Krankenhaus erwirtschaftete noch einen Gewinn und konnte seine Schulden zurückzahlen[192].
Auch Management-Schwierigkeiten[193] oder die Tatsache, dass der Eigentümer des Unternehmens an einer unheilbaren Krankheit leidet[194], bilden bei entsprechend ausreichenden wirtschaftlichen Daten keinen hinreichenden Grund, um eine bevorstehende *Failure* eines Unternehmens anzunehmen[195].

Fraglich ist auch, ob es für die Anwendung der *Failing Company Defense* ausreicht, dass der Eigentümer eines Unternehmens dieses vorzugsweise verkaufen möchte. Dies wird in den Fällen abzulehnen sein, in denen der Eigentümer sich ohne guten Grund erfolgversprechenden Maßnahmen zur Neuausrichtung oder Sanierung verschlossen hat[196] oder gar kein Grund für eine Veräußerung be-

---

[187] *United States v. Phillips Petroleum Co.*, 367 F.Supp. 1226, 1259 (C.D. Cal. 1973); *United States v. Pabst Brewing Co.*, 296 F.Supp. 994, 999f. (E.D. Wis. 1969); *United States v. Jos. Schlitz Brewing Co.*, 253 F.Supp. 129, 148 (N.D. Cal. 1966).
[188] *United States v. Pabst Brewing Co.*, 296 F.Supp. 994, 1000 (E.D. Wis. 1969); *United Sates v. Jos. Schlitz Brewing Co.*, 253 F.Supp. 129, 148 (N.D. Cal. 1966).
[189] *United States v. Blue Bell*, 395 F.Supp. 538, 550; *United States v. American Technical Indus.*, 1974 Trade Cas. No. 74873, 95874 (M.D. Pa. 1974); *Calnetics Corp. v. Volkswagen*, 348 F.Supp. 606 (C.D. Cal. 1972); *Papercraft Corp.*, 78 F.T.C. 1352, 1407.
[190] *United States v. Pabst Brewing Co.*, 296 F.Supp. 994, 1001 (E.D. Wis. 1969); *United States v. Greater Buffalo Press*, 402 U.S. 549, 555 (U.S.N.Y. 1971); *Crown Zellerbach Corp. v. F.T.C.*, 296 F.2d 800, 831f. (9th Cir. 1971); *Diamond Alkali Co.*, 72 F.T.C. 700, 740; *Dean Foods*, 70 F.T.C. 1146, 1280f.
[191] *Dean Foods*, 70 F.T.C. 1146, 1286f.
[192] *FTC v. Tenet Healthcare Corp.*, 17 F.Supp. 2d 937, 945 (E.D. Mo. 1998).
[193] *United States v. Third National Bank in Nashville*, 390 U.S. 171, 188f.; *Papercraft Corp.*, 78 F.T.C. 1352, 1407.
[194] *Ekco Prods. Co. v. F.T.C.*, Trade Reg. Rep. (CCH) 16,879, 21,908 (FTC 1964), 347 F.2d 745 (7th Cir. 1965).
[195] *Crown Zellerbach Corp. v. F.T.C.*, 296 F.2d 800, 831 f. (9th Cir. 1961), *cert. denied*, 370 U.S. 937 (1962); vgl. *United States v. Third National Bank in Nashville*, 390 U.S. 171, 176 (1968); *Papercraft Corp.*, Trade Reg. Rep. (CCH) 19,725 (FTC 1971).
[196] *United States v. Greater Buffalo Press*, 402 U.S. 549, 555 (U.S.N.Y. 1971); *Crown Zellerbach Corp. v. F.T.C.*, 296 F.2d 800, 831 (9th Cir. 1961).

steht[197]. In den Fällen aber, in denen alternative Erneuerungskonzepte nicht vorhanden sind oder zurecht verworfen wurden, ließ zumindest die *Federal Trade Commission* durchblicken, dass sie ein Unternehmen als *failing* einstufen könnte[198].

Bei der Beurteilung bevorstehender Insolvenz muss also eine Fortführungsprognose getroffen werden, ob das Unternehmen eine Schwächephase durchlebt, aus der es sich aus eigener Kraft wieder aufzurichten vermag, oder ob der Zustand des Unternehmens eine Rettung ohne Übernahme ausschließt. Es muss folglich hinreichend feststehen, dass sich das Unternehmen alleinstehend nicht mehr als „going concern" auf dem Markt halten kann[199]. Andererseits vernichtet eine zu späte Anerkennung der Sanierungsbedürftigkeit nur unnötig weiteres Kapital des angeschlagenen Unternehmens und macht somit den Erwerb weiter unattraktiv. Die in dieser Situation zu findende Balance besteht darin, den Zeitpunkt zu treffen, ab welchem der Eintritt des Insolvenzfalles als wahrscheinlichere Alternative gilt.

bb. *Failure* ohne bevorstehende Insolvenz

Eine bevorstehende Insolvenz ist nicht das einzige Anzeichen für eine *Failure*. So verweisen vor allem Stimmen in der Literatur darauf, dass eine Gesellschaft sehr wohl noch zahlungsfähig sein, aber nicht mehr zu weiteren Investitionen, die für das Bestehen auf dem Markt notwendig seien, in der Lage sein könne. Damit sei ein in weiterer Zukunft liegender Marktaustritt wahrscheinlich. Das Scheitern eines Unternehmens und sein Verschwinden vom Markt sei somit auch in Fällen denkbar, in denen eine Insolvenz als eher unwahrscheinlich anzusehen sei. So resultiere finanzielles Scheitern häufig aus der Unfähigkeit, fällig werdende Verbindlichkeiten zu begleichen. Die Kapitalausstattung eines Unternehmens könne sich z.B. ganz oder überwiegend auf das Eigenkapital des Unternehmens beschränken. In solch einem Fall werde das Unternehmen zwar die laufenden Kosten aus den Erträgen bestreiten können; für überlebenswichtige Investitionen werde die Kapitalausstattung aber fehlen. In der weiteren Folge sei das Unternehmen gezwungen, auf den Ersatz veralteter Produktionsanlagen zu verzichten und werde somit früher oder später in Ermangelung von Anlagen seine Produktion einstellen müssen. Auch wenn in solchen Fällen erhebliche Beweisprobleme aufträten, so solle doch die Möglichkeit einer solchen *Defense* nicht von vornherein verbaut werden[200].

---

197 *Erie Sand & Gravel Co. v. F.T.C.*, 291 F.2d 279 (3rd Cir. 1961).

198 Vgl. *Diamond Alkali Co.*, 72 F.T.C. 700, 741.

199 Zur *Financial Weakness* und deren fusionskontrollrechtlicher Behandlung, s.u. 3. Kapitel, II.

200 Areeda, Antitrust, Rdnr. 953a.

Den Gerichten hingegen fiel die Erkenntnis, dass die Annahme des Scheiterns eines Unternehmens nicht zwangsläufig mit aktuell bevorstehender Insolvenz verknüpft sein müsse, schwer. In der *United States v. Reed Roller Bit Co.*-Entscheidung[201] wurde das Bestehen einer *Failing Company* zurückgewiesen, weil das Unternehmen noch einen geringen Gewinn erzielte und über eine gute innere Organisationsstruktur verfügte. Die schlechte geographische Lage des Unternehmens und ein Wechsel im Geschäftsverhalten seiner Zulieferer und Abnehmer legten hingegen den Schluss nahe, dass das Unternehmen seine wirtschaftliche Bedeutung in Kürze einbüßen musste. In diesem Fall aber hätte dann eine bevorstehende *Failure* des Unternehmens zumindest bedacht werden müssen.
Auch im *United States v. Pabst Brewing Co.*-Fall[202] verneinte das Gericht eine *Failure* des Unternehmens trotz eines um 45% gesunkenen Absatzes und eines jährlichen Verlustes von 3 Mio. US$. Zwar bestätigte das Gericht die Einschätzung, dass Produktionsstätten und Ausstattung in einem "jämmerlichen" Zustand seien, dass die Vertriebsorganisation zusammenbreche und dass sich das Ansehen der einzigen Marke in ernstzunehmender Weise verschlechtert habe. Den Silberstreif am Horizont vermochte das Gericht aber in der hohen Kreditwürdigkeit des Unternehmens, einer möglichen Verbesserung der Öffentlichkeitsarbeit und schließlich in der Tatsache zu erkennen, dass eine Abwicklung des Unternehmens nicht unmittelbar bevorstand und somit eine Möglichkeit zur Neuausrichtung des Unternehmens gegeben war.
In der *United States v. Heileman Brewing Co.*-Entscheidung[203] waren dagegen keine solche positiven Anhaltspunkte zu finden. Das Unternehmen, um das es ging, stand kurz davor, die langfristigen Darlehen nicht mehr zurückzahlen zu können. Auch die benötigte Finanzierung war praktisch nicht zu erhalten. Obgleich der *District Court* die Lage richtig einschätzte und nur geringe Anzeichen dafür fand, die die Annahme eines Verbleibens des Unternehmens im Markt gerechtfertigt hätten, ging er offensichtlich von dem Erfordernis unmittelbar bevorstehender Insolvenz aus und befand in einem *obiter dictum*, dass die *Failing Company Defense* keinen Erfolg haben könne.

Diese Fälle verdeutlichen, dass das Problem hier erst recht darin besteht, sowohl eine zutreffende Einschätzung der schwierigen Verfassung des Unternehmens, als auch die Wahrscheinlichkeit einer zufriedenstellenden Lösung ohne den Zusammenschluss präzise vorherzusagen. Eine bevorstehende Insolvenz bietet insofern zumindest einen gewichtigen Anhaltspunkt. Je mehr alternative Zukunftsszenarien denkbar sind, desto weniger zwingend ist die Annahme von *Failure*.

---

[201] *United States v. Reed Roller Bit Co.*, 274 F.Supp. 573, 582-584 (W.D. Okla. 1967).
[202] *United States v. Pabst Brewing Co.*, 296 F.Supp. 994, 999ff. E.D. Wis. 1969).
[203] *United States v. Heileman Brewing Co.* , 345 F.Supp. 117, 122f. (E.D. Mich. 1972).

Es bleibt festzuhalten, dass diese Entscheidung eine Prognose erfordert, die nur aufgrund genauer Kenntnis der Unternehmens- und der Marktsituation getroffen werden kann und daher nur im Einzelfall entschieden werden kann. In Zweifelsfällen entscheiden die Gerichte sich aber gegen die Annahme einer *Failure.*

cc. Restrukturierungsmöglichkeit

Seit der Entscheidung *Citizen Publishing Co. v. United States*[204] zählt das Erfordernis, dass eine Restrukturierung des Unternehmens im Insolvenzverfahren nicht möglich gewesen sei, zu den Voraussetzungen einer *Failing Company.* Es wird jedoch kontrovers diskutiert.

Ausgangspunkt ist die Überlegung, dass Finanzschwäche nicht stets dazu führen muss, dass ein Unternehmen den Markt verlässt, sondern dass es nach einer erfolgreichen Restrukturierung als schlagkräftiger Wettbewerber dem Markt erhalten bleibt. In der Entscheidung *Citizen Publishing Co. v. United States*[205] stellte der *Supreme Court* fest, dass Gesellschaften, die durch Zwangsverwaltung oder durch die *Chapter* 10, 11 *Bancruptcy Act* restrukturiert werden, häufig als Wettbewerber wiedererstarken[206]. Daher müssten die Aussichten des finanzschwachen Unternehmens auf eine erfolgreiche Restrukturierung schon sehr schlecht oder aussichtslos sein, um eine *Failing Company Defense* zuzulassen[207]. Die Einführung dieses zusätzlichen Kriteriums durch die *Citizen Publishing*-Entscheidung führte zu einem erheblichen Rückgang in der Anwendung der *Failing Company Defense.* Tatsächlich ergingen die meisten Entscheidungen, in denen eine *Failing Company Defense* als vereinbar mit *Section 7 Clayton Act* erklärt und somit zugelassen wurde, vor *Citizen Publishing.*

Indes wurde bei der späteren Übernahme dieser Voraussetzung durch andere Gerichte[208] nicht dem besonderen Umstand Rechnung getragen, dass dem *Supreme Court* in *Citizen Publishing* ein Fall vorgelegen hatte, der im Genehmigungsfalle zu einer Monopolstellung geführt hätte. Die dadurch entstehende Marktkonzentration rechtfertigte besonders strenge Anforderungen, so dass eine Restrukturierung auf jeden Fall vorzuziehen war.

Nach dieser Einschränkung bleibt weiterhin fraglich, ob der Nachweis nahezu aussichtsloser Restrukturierungsmöglichkeiten grundsätzlich ein Tatbestands-

---

204 *Citizen Publishing*, 394 U.S. 131 (1969); vgl. ferner die 1984 und 1992 *Merger Guidelines* und die Literatur.

205 394 U.S. 131, 89 S.Ct. 927, 22 L. Ed. 2d 148 (1969).

206 „*We know from the broad experience of the business community since 1930, the year when the International Shoe case was decided, that companies reorganized through receivership, or through Chapter 10 or Chapter 11 of the Bankruptcy Act, often emerged as strong competitive companies.*", 394 U.S. 131, 138.

207 Id., 138: „*dim or nonexistent*".

208 *United States Steel Corp. v. FTC*, 426 F. 2d 592, 608f (6th Cir. 1970); *United States v. Phillips Petroleum Co.*, 367 F.Supp. 1226, 1259 (C.D. Cal. 1973).

merkmal einer *Failing Company* sein sollte. Ohne Begründung ließ der *Supreme Court* in seinen beiden letzten Entscheidungen zur *Failing Company Defense* dieses Kriterium unerwähnt und vermied damit eine Auseinandersetzung mit abweichenden Meinungen[209].
Tatsächlich wurde das Kriterium der mangelnden Restrukturierbarkeit von verschiedenen *District Courts* als verzichtbar angesehen[210]. In der Entscheidung *United States v. M.P.M., Inc.*[211] reichte es dem Gericht aus, dass das Unternehmen hoch verschuldet war, sein Wert beständig sank und es kurz vor dem Zusammenbruch stand. Das Unternehmen hatte zudem für die letzten Geschäftsjahre keinen Gewinn mehr ausgewiesen, sein Marktanteil war geschrumpft und das Verhältnis des Unternehmenswerts zu den Verbindlichkeiten entwickelte sich sehr ungünstig. Schließlich drohte der Hauptgläubiger, die Kredite fällig zu stellen; die Geschäftsausgaben konnten nur noch durch eine Manipulation der Konten bestritten werden. Bei dieser Beweislage verzichtete das Gericht auf einen Nachweis, dass die Aussichten für eine Restrukturierung gemäss dem *Bankruptcy Act* trübe oder nicht vorhanden seien.
In der *Sutter Health System*-Entscheidung[212] ließ das Gericht die Frage ausdrücklich offen, da die Voraussetzungen seines Erachtens ohnedies erfüllt waren.

Es gibt gute Gründe, die auch bei weniger eindeutigen Sachverhalten für einen Verzicht auf die Voraussetzung mangelnder Restrukturierungsmöglichkeit sprechen[213]. So ist es nach neueren empirischen Studien zum amerikanischen Insolvenzrecht eher unwahrscheinlich, dass Unternehmen gestärkt aus einem Insolvenzverfahren oder aus einer Restrukturierung hervorgehen[214]. Bei dieser Ausgangslage ist es kaum verständlich, warum den Parteien die Beweislast nicht nur dafür übertragen wird, zu zeigen, dass Insolvenz- oder Konkursverfahren unmittelbar bevorstehen, sondern zusätzlich noch dafür, dass sie ein Restrukturierungsverfahren nicht überstehen werden[215]. Auch die komplizierte Natur und die Dauer von Restrukturierungsverfahren tragen ebenso wie der geringe dauer-

---

209 *United States v. Greater Buffalo Press, Inc.*, 402 U.S. 549, 555 (1970); *United States v. General Dynamics Corp.*, 415 U.S. 486, 507 (1974).
210 Den Verzicht auf diese Voraussetzung ausführlich begründend: *United States v. M.P.M., Inc.*, 397 F.Supp. 78, 97 (D. Colo. 1975); *United States v. Black & Decker Mfg. Co.*, 430 F.Supp. 729, 778 (D. Md. 1976).
211 *United States v. M.P.M.*, Inc., 397 F.Supp. 78 (D. Colo. 1975).
212 *California v. Sutter Health System*, 130 F. Supp. 2d 1109 (N.D. Cal. 2001).
213 Vgl. *Posner*, Antitrust, S. 21: "*purpose of defense is precisely to avert bankruptcy*".
214 *Bradley/Rosenzweig*, 101 Yale L. J. 1043, 1075 (1992).
215 Vgl. *International Shoe*, in welcher der *Supreme Court* dieses Kriterium noch als zu spekulativ zurückgewiesen hat.

hafte Erfolg[216] der getroffenen Maßnahmen dazu bei, diese Voraussetzung kritisch zu betrachten[217].
Problematisch an dieser Voraussetzung ist zudem, dass ein Unternehmen schon im Falle einer „*prima facie*"-Wettbewerbswidrigkeit der geplanten Fusion, also bereits in einem Zweifelsfall, gezwungen sein könnte, Restrukturierungsmaßnahmen zu ergreifen. Diese schaden jedenfalls dem Ansehen des Unternehmens und fügen möglicherweise sogar dem Betriebsvermögen Schaden zu[218]. Ein solcher Fall ist z.B. dann gegeben, wenn besonders vorsichtige Gläubiger infolge eingeleiteter Restrukturierungsmaßnahmen auf der sofortigen Begleichung der ihnen gegenüber bestehenden Verbindlichkeiten bestehen oder weitere Lieferungen von zusätzlichen Sicherheiten abhängig machen. Auch die Flucht des Eigenkapitals aus dem Unternehmen ist in einem solchen Fall vorhersehbar, verbunden mit sinkenden Börsennotierungen. Dass in allen Fällen, in denen eine *Failing Company Defense* erhoben wird, ein solches Risiko für die Unternehmenswerte einzugehen ist, ist kaum vermittelbar.
Vernünftiger erscheint der Vorschlag, diese Anforderung erst dann zu stellen, wenn eine schwerwiegende Beeinträchtigung des Wettbewerbs zu befürchten ist und ansonsten aber den Beweis der bevorstehenden Insolvenz oder des Konkurses ausreichen zu lassen[219].
In der Literatur wird gefordert, dieses Kriterium aufgrund seiner Unbestimmtheit ganz entfallen zu lassen. Dieser Auffassung schließen sich auch diejenigen Praktiker an, die vor allem die Unmöglichkeit einer akkuraten Beratung ins Feld führen[220].

d. *Failure* eines Tochterunternehmens oder Geschäftsbereiches

aa. US-amerikanisches Recht

Ähnlichen wie den zuvor geschilderten Problemen kann ein Unternehmen begegnen, welches mehrere Produkte herstellt und, obschon im Ganzen profitabel, ein verlustbringenden Geschäftsbereich besitzt. Um einen solchen Fall ging es in der Entscheidung *F.T.C. v. Great Lakes Chemical Corporation*[221]. In dieser Entscheidung stellte der zuständige *District Court* fest, dass der Bromidge-

---

216 So zumindest, wenn man den empirischen Untersuchungen von *Bradley/Rosenzweig*, Fn. 195, folgt.
217 *Altman*, S. 10 ff., 64.
218 *Correira*, 64 Antitrust L.J. 683, 692 (1996); *Areeda*, Antitrust, Rdnr. 953b.
219 Vgl. zu den Details *Areeda*, der dieses Kriterium von der Veränderung im *HHI* abhängig machen möchte.
220 *Boast*, Hearings on the Changing Nature of Competition (www.ftc.gov/opp/global/c184104.htm); *McDavid*, Efficiencies, Failing Firms, and the General Dynamics Defense (www.ftc.gov/opp/global/194817.htm).
221 528 F.Supp. 84 (N.D. Ill. 1981).

schäftsbereich des Unternehmens eine *Failing Company* darstelle, da diese seit fünf Jahren keine Gewinne mehr ausgewiesen hatte. In dem letzten Jahr vor dem Verkauf wies die Abteilung einen Verlust in der Größenordnung von einem Zehntel des Betriebsvermögens auf. Infolge von Gift- und Umweltkatastrophen hatte das Unternehmen seine Hauptabsatzmärkte eingebüßt, litt unter einer e-normen Prozessbelastung und musste schließlich eine seiner Produktionsanlagen ganz schließen. Dies hatte zur Folge, dass die Kunden dem Unternehmen nicht mehr zutrauten, eine langfristige Belieferung sicherzustellen, so dass schließlich nur noch ein nennenswerter Abnehmer für das Bromidprodukt übrig blieb.
Trotz anfänglich großer Bedenken gegen diese sogenannte *Failing Division Defense*[222] schloss sich auch die *Federal Trade Commission* der Auffassung der Gerichte an[223], der betreffenden Konzernmutter zumindest die Möglichkeit einzuräumen, das Vorliegen der Voraussetzungen einer *Failing Division Defense* darzulegen.

Die besondere Problematik einer *Failing Division Defense* besteht darin, dass eine Konzernmutter die Kapitalstruktur einer beherrschten Konzerntochter ohne Risiko manipulieren kann. Sie kann eine Insolvenz nämlich stets dadurch abwehren, dass sie nicht auf der Begleichung der ihr gegenüber bestehenden Verbindlichkeiten des Konzernunternehmens besteht oder dass sie die Dritten gegenüber bestehenden Verbindlichkeiten des Konzernunternehmens selbst begleicht[224]. Somit kann die Konzernmutter eine finanzielle Verfassung des beherrschten Unternehmens schaffen und aufrecht erhalten, die unter allen Umständen zur Annahme einer Sanierungsbedürftigkeit dieses beherrschten Unternehmens führt. Auf diese Weise kann sie beim Verkauf des beherrschten Unternehmens stets eine *Failing Division Defense* geltend machen[225].

Die 1992 *Merger Guidelines* erklären die *Failing Division Defense* im Grundsatz für zulässig, berücksichtigen aber die Gefahr, dass die Konzernmutter die finanzielle Verfassung der Tochtergesellschaft derart manipulieren kann, indem sie Beweise[226] für das Vorliegen einer *Failure* und den baldigen Marktaustritt

---

222 *Farm Journal*, 53 F.T.C. 26, 47f. (1958); *Dean Foods*, 70 F.T.C. 1146, 1277f., 1281f.
223 Vgl. die Entscheidungen *California v. Sutter Health System*, 130 F. Supp. 2d 1109 (N.D. Cal. 2001); *United States v. Reed Roller Bit Co.*, 274 F. Supp. 573, 584 n. 1 (W.D. Okla. 1967); *United States v. Lever Bros.*, 216 F. Supp. 887, 898f. (S.D. N.Y. 1963).
224 Das hohe Insolvenzrisiko einer solchen Kapitalstruktur, die durch eine hohe Fremd- und eine geringe Eigenkapitalquote geprägt ist, schließt es nahezu aus, dass ein unabhängiges Unternehmen diese Strategie verfolgt.
225 *Areeda*, Antitrust, Rdnr. 953e.
226 Vgl. auch die *Horizontal Merger Guidelines of the National Association of Attorneys General*, § 6 n. 52: "*clear and convincing evidence*".

verlangen, die über bloße Pläne des Managements, welche ebenfalls als manipulierbar eingeschätzt werden, hinausgehen[227].

bb. Europäisches Recht

Während die amerikanische Genehmigungspraxis somit in Anlehnung an die *Merger Guidelines* den Begriff der *Failing Company* mitunter auch auf die *Failing Division* erstreckt, begegnet dieses Verständnis im europäischen Recht Bedenken. Die Kommission machte in den Entscheidungen *Bertelsmann/Kirch/Premiere*[228] und *Rewe/Meinl*[229] deutlich, dass sie prinzipiell nicht gewillt ist, eine solche Erweiterung ihrer Genehmigungspraxis zuzulassen. Im Fall einer *Failing Division Defense* seien besonders hohe Anforderungen an den Nachweis zu stellen, dass die Voraussetzungen des Einwandes fehlender Kausalität vorlägen. Im Zuge anhaltender Restrukturierungsmaßnahmen der Unternehmen könne ansonsten jeder fusionskontrollrechtlich bedenkliche Übergang eines Unternehmensteils damit gerechtfertigt werden, dass der Veräußerer erkläre, ohne den Übergang müsse dieser Bereich seiner geschäftlichen Aktivität eingestellt werden[230].
Die Vorbehalte der europäischen Kommission gegen eine *Failing Division Defense* sind nachvollziehbar. Allerdings ist es grundsätzlich nicht gerechtfertigt, Gesellschaften ausschließlich deshalb anders zu beurteilen, weil sie in einen Konzern eingegliedert sind. Auch in einem solchen Fall können diese Gesellschaften sanierungsbedürftig werden. Es kann von einer Konzernmutter nicht verlangt werden, stets die Verluste ihrer Töchter auszugleichen oder mit dem Fortführen einer Gesellschaft ein Risiko einzugehen, welches ein unabhängiges Unternehmen durch einen Zusammenschluss mit einem anderen Unternehmen vermeiden kann.

Die Lösung für diesen Konflikt liegt nach dem oben Gesagten in einer genauen Analyse der Finanzverfassung der *Failing Division*. Bietet diese keinen Anlass für die Annahme, hier sei manipuliert worden, unterscheidet sich die Unternehmensfinanzierung z.B. nicht oder nur gering von der ihrer Wettbewerber und bestehen aus anderen Gründen keine Bedenken, z.B. gegen das Verhältnis von Fremd- zu Eigenkapital oder gegen die Leitung des abhängigen Unternehmens, so besteht wenig Grund, das Tochterunternehmen anders zu behandeln als ein eigenständiges.

---

227 1992 *Horizontal Merger Guidelines*, § 5.2.
228 Entscheidung vom 27.5.1998 (IV/M.993), ABl. 1999 L 53/1, Rdnr. 71.
229 Entscheidung vom 3.2.1999 (IV/M.1221), ABl. 1999 L 274/1, Rdnr. 65.
230 Entscheidung vom 27.5.1998 *Bertelsmann/Kirch/Premiere* (IV/M.993), ABl. 1999 L 53/1, Rdnr. 71.

Der praktische Nachteil dieser Lösung ist, dass die Kommission eine genaue Analyse der Finanzverfassungen der Unternehmen (einschließlich Tochterunternehmen), die in diesem Marktsegment tätig sind, vornehmen müsste, um eine eventuelle Anomalie bei der *Failing Division* aufzudecken. Dies erfordert einen sehr hohen Aufwand, der nur in Einzelfällen von der Kommission verlangt werden kann.

2. Keine weniger wettbewerbsschädliche Alternative

a. Das Kriterium im europäischen Recht

aa. Allgemeines

Als zweites Kriterium für eine erfolgreiche *Failing Company Defense* forderte die Kommission von den zusammenschlusswilligen Unternehmen den Nachweis, dass es keine weniger wettbewerbsschädliche Erwerbsalternative geben dürfe. Dieses Kriterium, das einige Fragen dogmatischer und praktischer Natur aufwirft[231], nennt die Kommission „Alternativerwerber“, *alternative purchasers*[232]. Das Erfordernis, nach einem Erwerber zu suchen, mit welchem ein Zusammenschluss weniger wettbewerbsschädlich wäre, wird als Ausprägung des Verhältnismäßigkeitsgrundsatzes und als wirksamer Schutz vor einer Wettbewerbsverschlechterung verstanden. Da die *Failing Company Defense* eine *ultima ratio* darstelle, erfordere der Verhältnismäßigkeitsgrundsatz eine Untersagung der Fusion, wenn der Zweck des Unternehmenserhalts auch auf eine weniger wettbewerbsbeeinträchtige Weise zu verwirklichen sei.

Bereits in der *de Havilland*-Entscheidung betonte die Kommission, dass die beiden erwerbswilligen Parteien nicht als die einzigen Kaufaspiranten gehandelt wurden[233]. Unter anderem aus diesem Grund versagte sie dem Zusammenschluss die Genehmigung.

Eine ausführliche Stellungnahme der Kommission zu diesem Kriterium ist auch der *Kali & Salz/MdK/ Treuhand*-Entscheidung zu entnehmen[234].
In dieser Entscheidung konnte die Kommission mit ausreichender Sicherheit davon ausgehen, dass der Erwerb von MdK oder eines Teils von MdK durch ein anderes Unternehmen als K&S ausgeschlossen werden konnte. Dafür war in erster Linie der hohe Aufwand bei der Suche nach einem potentiellen Käufer ver-

---

[231] Vgl. nachfolgend bei der Kausalitätsfrage; *Kauper* bezeichnet das *alternative purchaser requirement* als einen „*institutional nightmare*“, 71 Cal. L. Rev. 497, 529 (1983).
[232] Entscheidung vom 14.12.1993 (IV/M.308), ABl. 1994 L 136/38, vor Rdnr. 80.
[233] *Alenia-Aerospatiale/de Havilland*, WuW EV 1675, 1685, Rdnr. 31.
[234] Entscheidung vom 14.12.1993 (IV/M.308), ABl. 1994 L 136/38, Rdnr. 80 ff.

antwortlich. Zu Beginn des Privatisierungsprozesses wurden von der beauftragten Investmentbank 48 potentielle Erwerber weltweit angesprochen. Von diesen erhielten die 19, die ein ernsthaftes Interesse bekundet hatten, detailliertere und vertrauliche Informationen über die Erwerbsbedingungen. Schließlich bekundeten nur noch drei Unternehmen, ein kanadisches, ein französisches und *Kali & Salz* ernsthaftes Interesse am Erwerb. Die Verhandlungen mit den ersten beiden gelangten jedoch niemals über das Anfangsstadium hinaus. Die beauftragte Bank hatte in der Darstellung der Kommission große Anstrengungen unternommen, um so viele Unternehmen wie möglich zu interessieren. Auch das Angebot der Treuhandanstalt, die Finanzbeihilfen bei jedem denkbaren Zusammenschluss aufrechtzuerhalten, vermochte aber keinen weiteren Bewerber zu einem Alternativangebot zu bewegen.

bb. Veräußerung in Teilen als Alternative

Die Kommission vertrat den Standpunkt, dass, auch wenn für die Treuhandanstalt die Privatisierung des gesamten Unternehmens im Vordergrund stand, sie den Verkauf nur wesentlicher Teile des Unternehmens bevorzugt hätte, um zu einer wettbewerbsrechtlich vernünftigeren Lösung zu gelangen. In Hinblick auf einen teilweisen Erwerb der Unternehmenseinrichtungen führte die Kommission aus: „Unter Berücksichtigung der Kausalitätserwägungen muss ein Zusammenschluss, der zur Verstärkung einer marktbeherrschenden Position führt, so erfolgen, dass der geringst mögliche Schaden für den Wettbewerb entsteht. Dies bedeutet, dass jede alternative Veräußerung nur eines Teils des Unternehmens, die die Konzentration des Wettbewerbs reduziert, grundsätzlich bevorzugt behandelt werden muss, wenn der restliche Zusammenschluss unter der Fusionskontroll-VO akzeptiert werden soll“[235]. Im vorliegenden Fall stand aber nur der Erwerb einer von vier Minen zur Disposition. Die Kommission erachtete die Unterschiede in der Größe der Angebote für zu groß, um in dem zweiten Angebot ein ernsthaft in Erwägung zu ziehendes Alternativangebot zu sehen. Dafür müsse das Alternativangebot, selbst wenn es anders oder auf einen geringeren Teil des Unternehmens begrenzt sei, doch mindestens einen wesentlichen Teil des Betriebsvermögens abdecken[236]. Unter dieser Einschränkung sei auch an einem Teilerwerb nur *Kali & Salz* interessiert gewesen[237].

Es bleibt festzuhalten, dass die Kommission eine Teilveräußerung grundsätzlich als zu bevorzugende Variante betrachtet, da diese in der Regel weniger wettbewerbsschädlich ist. Die Frage, die sich in diesem Fall stellt, ist nur, wie groß dieser Teil des Unternehmens sein muss, um als reale Alternative in Betracht zu

---

[235] Entscheidung vom 14.12.1993 (IV/M.308), ABl. 1994 L 136/38, Rdnr. 87.
[236] Entscheidung vom 14.12.1993 (IV/M.308), ABl. 1994 L 136/38, Rdnr. 89, 90.
[237] Entscheidung vom 14.12.1993 (IV/M.308), ABl. 1994 L 136/38, Rdnr. 81, 82.

ziehen zu sein. Die Kommission beantwortete die Frage nur für den konkreten Fall, indem sie im Erwerb einer von vier Produktionsstätten noch keine hinreichende Alternative zu einem vollständigen Erwerb sah. Dieser Gedanke ist aus wettbewerbsrechtlicher Sicht nicht unproblematisch, denn auch beim Erwerb nur eines Teils der Produktionsstätten wäre eine geringere Marktkonzentration das Resultat gewesen[238]. Diese Entscheidung der Kommission kann also nur so verstanden werden, dass die Interessen des Unternehmens am Erhalt der Unternehmenseinheit oder private Interessen auch eine Rolle im Genehmigungsverfahren spielten[239].

cc. Verspätetes Angebot

Auch die Möglichkeit, dass noch ein späteres Angebot eintrifft, ließ die Kommission nicht unbeachtet. In Anbetracht der zusätzlichen Schwierigkeiten und Verluste, in die diese vage Möglichkeit die beiden zusammenschlusswilligen Unternehmen brächte, erachtete es die Kommission als nicht vertretbar, einen weiteren Aufschub des Zusammenschlusses anzuordnen[240]. Sie nahm allerdings nicht zu der Frage Stellung, was mit einem nachträglich eintreffenden Angebot nach Vollzug des Zusammenschlusses geschehen solle. Während in der amerikanischen Diskussion hier die Möglichkeit, noch nachträglich den günstigeren Zusammenschluss zu bevorzugen, erörtert wird[241], scheint dies für die Kommission unter Berufung auf die Interessen der beteiligten Unternehmen erst recht nicht in Betracht zu ziehen zu sein.

dd. Erfordernis hoher Transparenz

Es verwundert wenig, dass die Kommission im *Kali & Salz/MdK/Treuhand*-Fall unter den gegebenen Umständen das Erfordernis, keinen Alternativbewerber zu finden, als erfüllt angesehen hat. Die Besonderheit des *Kali & Salz*-Falles liegt darin, dass das Unternehmen schon von Anbeginn auf einem freien Markt zum Kauf angeboten wurde und somit eine besonders hohe Transparenz hinsichtlich der erfolgten Bemühungen bestand. Wenn das Unternehmen nachweisen kann, dass viele potentielle Erwerber kontaktiert wurden, so wird die Suche auch den

---

238 Dies steht im Widerspruch zu der Aussage von *Kali & Salz*, die geltend machten, sie hätten den gesamten Marktanteil auch ohnedies übernommen. Für den Fall des teilweisen Alternativerwerbers hätte dies nicht gegolten. Ein geringer konzentrierter Markt wäre die Folge gewesen.

239 Dazu mehr unten im 5. Kapitel.

240 Entscheidung vom 14.12.1993 (IV/M.308), ABl. 1994 L 136/38, Rdnr. 85.

241 Vgl. Unten b, bb, (3).

strengen Maßstäben des Alternativerwerbererfordernisses gerecht[242]. Daran ändert dann auch eine magere Ausbeute dieser Bemühungen nichts.

Eine vergleichbare Transparenz der Verkaufsbemühungen lag im *BASF/Eurodiol/Pantochim*-Fall vor[243]. Dort hatten die vom Gericht bestellten Verwalter unmittelbar nach Eröffnung der Vorinsolvenz den Auftrag erhalten, nach geeigneten Käufern Ausschau zu halten. Obwohl in der Folge einige Unternehmen ihr Interesse bekundeten und vereinzelt *due diligence*-Prüfungen vornahmen, legte keines dieser Unternehmen ein wirksames Erwerbsangebot vor. Bereits aufgrund dieser Tatsache hätte die Kommission das Vorliegen der zweiten Voraussetzung in diesem Fall bejaht[244]. Als aber auch ein weiteres, von der Kommission selbst angesprochenes südafrikanisches Unternehmen ein ernsthaftes Kaufinteresse verneinte, da ihm das finanzielle Engagement zu hoch sei, stand für die Kommission endgültig fest, dass kein alternativer Erwerber für *Eurodiol* und *Pantochim* zu finden sei[245]. Begünstigt wurde diese Entscheidung auch durch den engen Zeitrahmen, der durch den Ablauf der Frist für die Vorinsolvenz gesetzt worden war.

ee. Erfolglose Nachweise

In der *Blokker/Toys'R'Us*-Entscheidung vermisste die Kommission hingegen den Nachweis, dass kein den Wettbewerb weniger beeinträchtigender Käufer existiere. Dabei kritisierte sie vor allem das Vorgehen von *Toys'R'Us* bei der Auswahl der Alternativerwerber. Von vornherein schloss *Toys'R'Us* nämlich alle die Unternehmen als potentielle Käufer aus, die über mangelnde Erfahrung auf dem hier relevanten Spielwarenmarkt in Benelux verfügten oder potentielle Wettbewerber in anderen Mitgliedstaaten waren. Damit hatte *Toys'R'Us* nach Auffassung der Kommission den Nachweis mangelnder anderer potentieller Käufer nicht geführt. Denn diese könnten unabhängig von diesen Einschränkungen vorhanden sein[246].

An der Verhandlungsposition von *Kirch*, nicht auf eine Mehrheitsbeteiligung an *DF 1* zu verzichten, scheiterte unter anderem auch der Nachweis eines fehlenden geeigneten Alternativerwerbers im Fall *Bertelsmann/Kirch/Premiere*[247]. Eine Verhandlung hätte nach Ansicht der Kommission auch unter dem Gesichtspunkt einer gemeinsamen Kontrolle geführt werden müssen.

242 Aussagekräftiger als der eindeutige Sachverhalt wäre eine fraglichere Entscheidung gewesen.
243 Entscheidung vom 11.7.2001 (IV/M.2314), WuW 2002, 90, 95 Rdnr. 146f.
244 Id., Rdnr. 146.
245 Id., Rdnr. 147.
246 Kommission, Entscheidung vom 26.61997 (IV/M.801), ABl. 1998 L 316/1, Rdnr. 113.
247 Entscheidung vom 27.5.1998 (IV/M.993), ABl. 1999 L 53/1, Rdnr. 75.

Zudem sei ein bloßer Hinweis auf die erfolglosen Bemühungen von *Kirch* nicht ausreichend. Die Parteien hätten zudem mindestens deutlich machen müssen, mit welchen Partnern *Kirch* verhandelt habe und warum die Verhandlungen erfolglos verlaufen seien.

ff. Zwischenergebnis

Aus diesen Entscheidungen lassen sich die Grundzüge der Handhabung dieses Kriteriums durch die Kommission herauslesen. Zum einen verlangt die Kommission das unvoreingenommene und ernsthafte Herantreten des sanierungsbedürftigen Unternehmens an eine größere Anzahl potentieller, unter Umständen auch marktfremder Kaufinteressenten. Zum zweiten muss das sanierungsbedürftige Unternehmen nachweisen, dass es keinen Anklang bei den potentiellen Alternativerwerbern gefunden hat. An diesen Nachweis stellt die Kommission hohe Anforderungen.

Gerade im Rahmen des Alternativerwerbererfordernisses ergeben sich aus der Verpflichtung des sanierungsbedürftigen Unternehmens zur Suche alternativer Käufer zahlreiche Fragen. Um die Problembereiche, die sich im Rahmen des Alternativerwerbererfordernisses auftun, zu verdeutlichen, soll nachfolgend auf das *alternative purchaser requirement* des amerikanischen Rechts eingegangen werden. Auch dort sind die fusionierenden Unternehmen gehalten, den Nachweis über das Fehlen eines alternativen Käufers, dessen Erwerb eine geringere Wettbewerbsbeeinträchtigung nach sich zöge, zu führen.

b. Das *Alternative Purchaser Requirement* im US-amerikanischen Recht

Dieses Kriterium geht ebenfalls auf die *International Shoe*-Entscheidung[248] zurück. Demzufolge muss das aufnehmende Unternehmen der einzige vorhandene Erwerber sein[249]. Diese Voraussetzung ist so zu lesen, dass kein weniger wettbewerbsschädlicher Zusammenschluss mit einem alternativen Erwerber möglich gewesen sein darf.

aa. Definition des zu bevorzugenden Alternativerwerbers

Um die Voraussetzungen des *alternative purchaser requirements* zu erfüllen, muss der zu bevorzugende Erwerber aus wettbewerbsrechtlicher Sicht bedeutsam attraktiver sein als der ursprünglich vorgesehene. Lediglich geringe Unterschiede dürften die Verweigerung einer Genehmigung nicht rechtfertigen, vor

---

248 S.o. 1. Kapitel, II, 1, b, bb.

249 So auch: *Citizen Publishing Co. v. United States*, 394 U.S. 131, 138 (1967); *Golden Grain Macaroni Co. v. FTC*, 472 F. 2d 882, 887 (9th Cir. 1972).

allem nicht, wenn die Angebote vergleichbar sind und den privaten Interessen in gleicher Weise gedient wird.

(1) Ein Erwerber kann nur dann zu bevorzugen sein, wenn er beabsichtigt, im Markt zu verbleiben

Wenn ein Alternativerwerber erwägt, sich selbst vom Markt zurückzuziehen, wären die Auswirkungen auf den Markt mit denen einer Liquidation vergleichbar. Der einzige Vorteil unter Wettbewerbsgesichtspunkten wäre, dass sich die Kunden des sanierungsbedürftigen Unternehmens wahrscheinlich auf eine größere Anzahl von verbleibenden Mitbewerbern verteilen würden. Damit verlöre der Erwerber seinerseits aber einen Hauptvorteil, den der Zusammenschluss für ihn gehabt hätte.
Beabsichtigt der Alternativerwerber, das sanierungsbedürftige Unternehmen vom Markt zu nehmen, so kann dies auch ein Hinweis darauf sein, dass das sanierungsbedürftige Unternehmen vor einer Liquidation steht oder dass zumindest der ursprüngliche Erwerber keinen nennenswerten Vorteil aus dem Erwerb zu ziehen vermag und dass somit der Alternativerwerber nicht bevorzugt werden muss. Dies heißt im Gegenzug freilich nicht, dass der Alternativerwerber alle Vermögenswerte des sanierungsbedürftigen Unternehmens in diesem Markt nutzen muss. Möglicherweise ist es sinnvoller, einen Teil der Produktion oder andere Aktivitäten an anderweitige Einrichtungen zu verlegen. Es ist auch nicht praktikabel, von dem Alternativerwerber eine Zusage zu verlangen, dass er eine bestimmte Zeitdauer in dem Markt verbleibt, da sich die Umstände verschlechtern können. Als Erfordernis reicht es daher aus, dass der Erwerber beabsichtigt, auf dem Markt zu verbleiben.

(2) "Bevorzugter" Erwerber

Wie oben[250] definiert, wird unter einem zu bevorzugenden Erwerber derjenige verstanden, der aus wettbewerbsrechtlicher Sicht wesentlich vorteilhafter ist als der ursprüngliche. Im weiteren Verlauf der Darstellung soll nun untersucht werden, welche einzelnen Fälle darunter zu fassen sind. Die Definition der *Failing Company Defense* lässt eigentlich nur zwei Varianten zu: Entweder ist der Erwerb wettbewerblich voraussichtlich nicht zu beanstanden (dazu (a)) oder auch der Zusammenschluss mit dem alternativen Erwerber würde zu einer Wettbewerbsbeeinträchtigung führen (dazu (b)). In diesem Fall wäre er unter Umständen selbst auf die *Failing Company Defense* angewiesen und unterläge somit auch dem *alternative purchaser* Erfordernis.

---

[250] S. 2. Kapitel, I, 2, b, aa.

(a) Alternativerwerb voraussichtlich wettbewerbskonform

Der einfachste Fall ist der des Alternativerwerbers, dessen Erwerb unabhängig von der *Failing Company Defense* rechtmäßig wäre. Dieser per se erlaubte Erwerb ist wettbewerbsrechtlich deutlich vorteilhafter als der durch den ursprünglichen Erwerber. Gleiches gilt grundsätzlich auch für einen Erwerber, dessen Erwerb zu einem vertikalen oder konglomeraten Zusammenschluss führt, da jede dieser beiden Zusammenschlussformen das sanierungsbedürftige Unternehmen als unabhängigen Wettbewerber in seinem Markt belässt und somit keine Gefahr für den Wettbewerb aufgrund erhöhter Marktkonzentration besteht.

(b) Alternativerwerb unterläge selbst dem *alternative purchaser*-Erfordernis

Die Einschätzung, ob ein Alternativerwerber zu bevorzugen ist, gestaltet sich unter Umständen schwierig, wenn der alternative Erwerber selbst dem *alternative purchaser*-Erfordernis untersteht. Dies ist dann der Fall, wenn auch der Alternativerwerb zu einer Wettbewerbsbeeinträchtigung führen würde.
Problematisch an dieser Konstellation ist, dass ein Erwerb durch einen solchen alternativen Erwerber möglicherweise nur geringfügig verbesserte Wettbewerbsverhältnisse zur Folge hat, die sich nicht nennenswert von denen infolge des ursprüngliche anvisierten Erwerbs unterscheiden. Im Zusammenhang damit stellt sich die Frage, anhand welcher Kriterien dann eine Rangliste der „Erwünschtheit“ der anderen Erwerber untereinander oder im Verhältnis zum ursprünglichen Erwerber aufgestellt werden soll.
Bei einem alternativen horizontalen Erwerber sollte dieser nur dann zu bevorzugen sein, wenn sein Marktanteil deutlich unter dem des ursprünglich vorgeschlagenen Erwerbers liegt. Wie groß der Unterschied hier sein muss, ist eine Einzelfallentscheidung; 5 % Differenz werden aber das absolute Minimum darstellen.
Ein alternativer vertikaler Erwerber wird nahezu immer einem horizontalen vorzuziehen sein, selbst wenn auch dieser Zusammenschluss dem *alternative purchaser* Erfordernis unterliegt. Dies kann aber nur dann der Fall sein, wenn das sanierungsbedürftige Unternehmen sehr groß ist und deswegen seinem Erwerb durch einen finanzstarken Marktaußenseiter die Gefahr einer erhöhten Marktkonzentration immanent wäre. Aber selbst in diesem Fall wäre in der Regel der vertikale Zusammenschluss vorzuziehen, der die gegenwärtige Marktkonzentration zunächst beizubehalten hilft.
Ähnliche Erwägungen führen bei einem alternativen konglomeraten Zusammenschluss zum gleichen Ergebnis. Zwar ist in diesem Fall auch denkbar, dass der Markteintritt eines Konglomerats zu einer größeren Beeinträchtigung führt als ein horizontaler Zusammenschluss oder dass die bloße Ankündigung des Marktzutritts größere Auswirkungen auf die Preisentwicklung hat als der horizontale

Zusammenschluss und die Sanierung des Unternehmens. Beide Fälle dürften aber selten und vor allem schwierig nachzuweisen sein. Somit dürfte auch die Bildung eines Konglomerats dem horizontalen Zusammenschluss vorzuziehen sein.

bb. Die erforderliche Sorgfalt in der Auswahl des Erwerbers

Als Grundgedanke des *alternative purchaser*-Erfordernisses lässt sich die Verpflichtung der am Zusammenschluss beteiligten Unternehmen feststellen, mit hinreichender Sicherheit auszuschließen, dass es weniger wettbewerbsbeeinträchtigende Alternativerwerber gegeben hätte. Dafür wird ihnen in der Regel die Beweislast übertragen[251]. Es schließt sich die Frage an, wann die am Zusammenschluss beteiligten Unternehmen diesen Beweis erbracht haben.

(1) Vollständige Suche

Von einem sanierungsbedürftigen Unternehmen kann vernünftigerweise nicht verlangt werden, jeden potentiellen Erwerber aufzuspüren und für sich zu werben. Die Verpflichtung sollte daher so ausgestaltet sein, dass das Unternehmen nur bis zu dem Grad Nachforschungen anstellen und bei potentiellen Alternativerwerbern anfragen sollte, bis es glaubhaft machen kann, dass weitere Versuche wahrscheinlich fruchtlos sein würden[252]. Es sollte vernünftige Untersuchungen innerhalb des gleichen Industriezweiges, zumindest aber innerhalb des gleichen sachlichen Marktes anstellen. Kommen nur wenige Erwerber als Alternative in Frage, so ist an sie alle heranzutreten[253]. Ein Gericht formulierte, dass das Unternehmen "ausreichend deutlich zeigen müsse", dass es "eine wohlüberlegte und sorgfältige Überprüfung der Industriebranche unternommen habe, um lebensfähige alternative Partner für einen Zusammenschluss aufzuspüren"[254]. Der Nachweis ist dann geführt, wenn es entweder keinen alternativen Erwerber gibt oder diese kein ernsthaftes Angebot zum Erwerb der *Failing Company* abgegeben haben[255].

---

[251] *Citizen Publishing Co. v. United States*, 394 U.S. 131, 138f. (1969); *United States v. American Technical Industries*, 1974 Trade Cas. Rdnr. 74873 (M.D. Pa. 1974); *United States v. Reed Roller Bit Co.*, 274 F. Supp. 573, 584 (W.D. Okla. 1967); *Golden Grain Macaroni*, 78 F.T.C. 63, 174.

[252] *United States v. Diebold, Inc.*, 369 U.S.654, 655 (1962); *United States v. M.P.M., Inc.*, 397 F. Supp. 78, 101 (D. Colo. 1975).

[253] *United States v. Greater Buffalo Press*, 402 U.S. 549, 556; der *Supreme Court* wies die *Failing Company Defense* hier aus dem Grunde zurück, dass mehrere kleinere Wettbewerber nicht angesprochen wurden.

[254] *United States v. Pabst Brewing Co.*, 296 F. Supp. 994, 1002 (E.D. Wis. 1969).

[255] Nicht ausreichend ist die Bekundung ernsthaften Interesses, *United States v. Culbro Corp.*, 504 F. Supp. 661, 669 (S.D. N.Y. 1981); *United States v. M.P.M., Inc.*, 397 F. Supp.

Es stellt sich die Frage, wie weit auch außerhalb der Industriebranche stehende Unternehmen bei dieser Untersuchung zu berücksichtigen sind[256]. Der Zuwachs an konglomerater Unternehmensdiversifizierung vergrößert zum einen den Kreis der möglichen Alternativerwerber. Andererseits sind die Motive für eine Diversifizierung höchst unterschiedlich. Einige, wenn nicht sogar die meisten konglomeraten Unternehmen erwerben nur solche Unternehmen, deren Produkte in einer wirtschaftlichen Beziehung zu den eigenen stehen. Der andere Teil der Unternehmen wird in aller Regel nur profitable Unternehmen und nicht Sanierungsfälle zur Diversifizierung suchen. Und selbst wenn es dennoch übernahmewillige Kandidaten gäbe, so wäre es doch möglicherweise unbillig, vom sanierungsbedürftigen Unternehmen[257] zu verlangen, sie alle herauszufinden und zu interessieren. Dabei ist vor allem auf den begrenzten Zeitraum als Beschränkung des Umfangs hinzuweisen. Denn je enger die Voraussetzung der unmittelbar bevorstehenden Sanierungsbedürftigkeit ausgelegt wird, desto weniger Zeit verbleibt zur Suche des Alternativerwerbers. Und dann treten ebenfalls die Folgen ein, die eine *Failing Company Defense* zu verhindern sucht[258].

Schließlich wird vorgeschlagen, dass eine Veröffentlichung des Aufrufs an Alternativerwerber eine Alternative darstellt, die Erfolg verspricht[259].
Dies ist aber eine zumindest zweifelhafte Maßnahme. Zum einen ist fraglich, ob dadurch tatsächlich mehr ernsthafte Erwerbskandidaten herangezogen würden als auf dem bisherigen Wege. Denn die auf einem Markt tätigen Unternehmen oder zumindest deren Berater dürften die Verhältnisse auf dem entsprechenden Markt oder benachbarten Märkten einschätzen können. Somit ist zu erwarten, dass eine solche Maßnahme ausschließlich der Information marktfremder Unternehmen dient. Zum zweiten erscheint dies in Anbetracht der Interessen des sanierungsbedürftigen Unternehmens und des aufnehmenden Unternehmens als

---

78, 101 (D. Colo. 1975); *California v. Sutter Health System*, 130 F. Supp. 2d 1109 (N.D. Cal. 2001).

256 Zunehmend bedeutsamer wird die Frage, ob eine *Failing Company* auch verpflichtet werden sollte, Angebote ausländischer Wettbewerber einzuholen. Die Antwort hängt wesentlich von dem Industriezweig ab. Es treten dabei dann vor allem Fragen der *public policy* i.w.S. auf. Fragen des Arbeitsrechts, der Rohstoffversorgung, Handelsbarrieren, Produktstandards, sowie sonstige regulatorische, allgemein- und sicherheitspolitische Probleme sind, wie bei jedem grenzüberschreitenden Unternehmenszusammenschluss zu beachten. In Anbetracht der weltweiten Verflechtung von Unternehmensbeteiligungen sollte diese Möglichkeit unbedingt ausgelotet worden sein, da der Marktzutritt eines ausländischen Unternehmens die Marktverhältnisse klar verbessert.

257 Bzw. dem Broker; vgl. *Calnetics Corporation v. Volkswagen*, 348 F. Supp. 606, 622 (C.D. Cal. 1972).

258 Mit dem Einreichen des Insolvenzantrags wird die Spirale in Gang gesetzt: wichtige Mitglieder des Managements verlassen das Unternehmen, die Investoren verlieren ihr Vertrauen, etc .

259 *Note*, 68 Yale L. J. 1959, 1627,1667f.

unverantwortlich. Man vergegenwärtige sich nur, welch abschreckende Wirkung negative Unternehmensmeldungen auf den Absatz der Produkte des Unternehmens haben. Gerade die Anschaffung haltbarer Güter, die in geraumer Zeit noch ergänzt und gewartet werden sollen, wird in der Sorge, dass das Unternehmen in Zukunft keine Ersatz- und Ergänzungsteile sowie Wartungsarbeiten mehr leisten kann, nicht mehr *von diesem Unternehmen* erwogen[260]. Gleiches gilt für Produkte, die eine längere Lieferfrist haben. Auch hier werden Kunden oder Zwischenhändler in der Befürchtung, nicht mehr beliefert zu werden, auf Konkurrenzunternehmen ausweichen. Diese dann fehlende Nachfrage würde zu einer Verringerung des Marktanteils und somit zu einem weiter sinkenden Wert des Unternehmens für zukünftige Erwerber führen.
Auch sektorspezifische Besonderheiten verbieten einen solchen Gedanken: In der Bank- und Versicherungswirtschaft hat sich gezeigt, dass bereits aufkommende Spekulationen über die mangelnde Zahlungsfähigkeit eines Unternehmens zu einem schlagartigen Verlust an Kunden geführt hat. In bestimmten Industriezweigen ist gerade die Stabilität ein wichtiger Wettbewerbsvorteil (z.B. bei medizinischen Dienstleistungen oder der Herstellung bestimmter hochspezialisierter Bauteile)[261]. Zudem hängt der Wert eines Markennamens erheblich von der Verfassung des Unternehmens ab.
All dies führt dazu, dass das Unternehmen zu einem noch viel weniger attraktiven Übernahmekandidaten (auch für Alternativerwerber) wird als es ohnedies schon ist. Die Veröffentlichung eines entsprechenden Aufrufs sollte daher unterbleiben.

(2) Vernünftige Anzahl von Anfragen

Die vorangehenden Betrachtungen befreien das sanierungsbedürftige Unternehmen indes nicht von einem ernsthaften Versuch, alternative Erwerber zu suchen, „*good faith efforts*“[262]. Auch wenn das Unternehmen wegen des strikten Zeitrahmens zurecht eine vernünftige Frist für den Eingang von Angeboten setzt, so ist die bloße Anfrage bei einer größeren Anzahl von möglichen Erwerbern nicht sehr zeitaufwendig. In dem Fall, dass die Anzahl der Anfragen völlig unangemessen erscheint, sollte das sanierungsbedürftige Unternehmen also nicht die

---

260 Vgl. z.B. den Niedergang von *Apple Computer* in den 90er Jahren, die als Computerhersteller besonders auf Netzwerkeffekte angewiesen sind, oder die Werbeanzeigen eines von der Insolvenz bedrohten Autoherstellers, in denen er mit einer garantierten 10-jährigen Ersatzteilversorgung wirbt.

261 *Boast*, Hearings on the Changing Nature of Competition (www.ftc.gov/opp/global/c184104.htm).

262 Vgl. 1992 *Merger Guidelines* § 5.1; *United States v. Diebold, Inc.*, 369 U.S.654, 655 (1962); *United States v. Pabst Brewing Co.*, 296 F. Supp. 994, 1002 (E.D. Wis. 1969); *California v. Sutter Health System*, 130 F. Supp. 2d 1109 (N.D. Ca. 2001).

Möglichkeit haben, sich mittels einer Sachverständigenaussage, dass jede Suche sinnlos gewesen sei, zu entlasten.

In der Praxis ist die Motivationslage der sanierungsbedürftigen Unternehmen zu beachten. Diese werden sich nur mit Unlust auf die Suche begeben, da ja bereits ein finanziell zufriedenstellendes Angebot vorliegt, das alle anderen (möglichen) Alternativangebote übersteigt. Das Interesse sanierungsbedürftiger Unternehmen wird also dahin gehen, den Kontakt zu einer ausreichenden Anzahl an Alternativerwerbern nachzuweisen, aber gleichzeitig sicherzustellen, dass diese kein ernsthaftes Interesse bekunden. Die Möglichkeit der Genehmigungsbehörden zur Überprüfung sind hier zeitlich und inhaltlich begrenzt, da das Interesse der Alternativerwerber meist nur auf den Informationen beruht, die das sanierungsbedürftige Unternehmen preisgegeben hat[263].

(3) Freiwillige Angebote

Eine weitere Frage stellt sich im Zusammenhang mit freiwilligen alternativen Übernahmeangeboten. Ein potentieller Übernahmekandidat mag, obwohl er vom sanierungsbedürftigen Unternehmen nicht angesprochen wurde, dennoch von dessen Verfügbarkeit erfahren und infolgedessen entweder sein Interesse kundtun oder bereits ein konkretes Angebot vorlegen[264].
Für das Erscheinen des freiwilligen Kandidaten sind zwei Zeitpunkte zu unterscheiden: während der Suchphase vor dem "Zuschlag" an einen potentiellen Erwerber und danach.
Es ist nicht ersichtlich, warum ein freiwilliges Angebot, das während der Suchphase unterbreitet wird, anders als die anderen möglichen Angebote behandelt werden soll. Auch soll das Unternehmen ernst gemeinte Anfragen nicht missachten dürfen, schließlich findet diese Suchphase in erster Linie zum Wohle des Wettbewerbs und nicht zum Wohle des Unternehmens statt. Aus diesem Grund sollte dem interessierten Unternehmen auch hier die angemessene Zeit zugebilligt werden, um eine *Due Diligence*-Prüfung durchzuführen und ein konkretes Angebot zu unterbreiten. So kam das Gericht im Fall *United States v. Black and Decker Mfg. Co.* zu dem Ergebnis, dass dem Unternehmen die *Failing Company Defense* versagt bleiben sollte, weil es ein Zusammenschlussangebot ohne Verhandlungen zurückgewiesen hatte. Dies nämlich sei Ausdruck einer negativen Haltung gegenüber der Suche nach einem Alternativerwerber[265].

---

263 *Kauper*, 71 Cal. L. Rev. 497, 530 (1983).
264 Das Erscheinen von Freiwilligen muss nicht notwendigerweise auf eine mangelnde Sorgfalt bei der Suche nach einem alternativen Erwerber schließen lassen, da dieser sich schließlich auch außerhalb der oben erwähnten Kriterien befinden kann. Dies ist z. B. der Fall bei einem Erwerber, der auf dem relevanten Markt nicht präsent ist und auch keinerlei engere Verbindung zu diesem unterhält.
265 *United States v. Black and Decker Mfg. Co.*, 430 F. Supp. 729, 782 (D. Md. 1976).

Somit kommt einem vor der Entscheidung eingehenden freiwilligem Angebot grundsätzlich die gleiche Wirkung zu wie allen anderen eingeholten Angeboten.

Größere Schwierigkeiten birgt der Fall, dass ein freiwilliges Angebot erst nach Abschluss des Fusionsvertrages eingeht. Eine nachträgliche Unwirksamkeit dieses Vertrages ist für den Erwerber oder die Eigentümer des sanierungsbedürftigen Unternehmens häufig mit hohen Kosten verbunden, da dessen Wert mit zunehmender Zeit ohnehin fällt. Zudem würde das Risiko, dass ein zu bevorzugender Erwerber später erscheint, dazu führen, dass ein früherer Erwerber von vornherein dieses Risiko miteinkalkuliert und ein niedrigeres Angebot unterbreitet. Schließlich besteht die Gefahr, dass der freiwillige Erwerber erst einmal abwartet und auf eine günstige Gelegenheit hofft, falls sich kein anderer Übernahmekandidat findet. Es wäre ungerecht, diese Kosten auf das sanierungsbedürftige Unternehmen abzuwälzen, welches ernsthaft um einen Alternativbewerber bemüht war.
Andererseits gilt auch hier das Argument, dass die Suche nach einem Alternativbewerber nicht dem sanierungsbedürftigen Unternehmen, sondern dem Wettbewerb zugute kommen soll. Und das wettbewerbsrechtliche Interesse an einem Verkauf an den wettbewerblich günstigsten Alternativbewerber verbleibt unabhängig vom Zeitpunkt das gleiche. Im übrigen steht der Vollzug eines Unternehmenskaufvertrages, der kartellrechtliche Probleme aufwirft, nahezu immer unter dem Vorbehalt einer Freigabeentscheidung der entsprechenden Behörden. Wirft diese Freigabe aber, wie im Fall der Geltendmachung einer *Failing Company Defense*, Probleme auf, so haben die beteiligten Unternehmen kein schützenswertes Vertauen darauf, dass der Zusammenschluss auch wirklich vollzogen werden kann.
Einem eventuellen Missbrauch durch den freiwilligen Erwerber und höheren Kosten für das sanierungsbedürftige Unternehmen kann dadurch begegnet werden, dass der freiwillige Erwerber sein Interesse ohne schuldhaftes Zögern nach Erlangung der Kenntnis von der Verfügbarkeit des sanierungsbedürftigen Unternehmens kundtun und ein Angebot unterbreiten muss. Den Interessen des sanierungsbedürftigen Unternehmens wird bereits dadurch Rechnung getragen, dass es nicht gehalten ist, seine Verfügbarkeit zu veröffentlichen und dass die Auswahl der zu kontaktierenden Alternativerwerber auf eine angemessene Anzahl beschränkt bleibt. Somit sollte grundsätzlich auch ein nach dem Abschluss des Übernahmevertrages eintreffendes freiwilliges Angebot Berücksichtigung finden und nicht unter dem Hinweis auf eine bereits erfolgte angemessene Suche und einen bereits abgeschlossenen Übernahmevertrag zurückgewiesen werden können.

cc. Unannehmbar niedrige Alternativangebote

Das Angebot eines zu bevorzugenden Erwerbers für die Aktien oder die Vermögenswerte kann erheblich unter dem Angebot des ursprünglich vorgesehenen Erwerbers liegen. Die *1992 Merger Guidelines* verlangen lediglich, dass der Wert des Angebots über dem voraussichtlichen Liquidationserlös liegt. Die Tatsache, dass das Angebot sehr gering ist, kann alleine die Genehmigung des ursprünglichen Zusammenschlusses nicht rechtfertigen, da das höhere Angebot des Erwerbers häufig ein *Market Power Premium*, das Interesse an einem später eingeschränkten Wettbewerb mit den sich dann ergebenden Gewinnmöglichkeiten, reflektiert. Damit übersteigt dieses Angebot den Marktpreis, den der Alternativerwerber zu zahlen gewillt ist. Das niedrigere Angebot des zu bevorzugenden Erwerbers mag hingegen auch Ausweis eines eventuellen Risikos sein, das ein Erwerber beim Betreten eines ihm fremden Marktes empfindet.
Andererseits mag das Angebot des Alternativerwerbers möglicherweise zu gar keiner nennenswerten Verbesserung der Wettbewerbssituation im Vergleich zu der Situation nach dem Erwerb durch den ursprünglichen Erwerber führen. Zudem kann das Angebot des (dann nur knapp) aus wettbewerblichen Gründen vorzuziehenden Alternativerwerbers bereits deutlich unter dem liegen, was der ursprüngliche Erwerber zu zahlen bereit gewesen wäre. Dies kann in dem Fall schon allein darin seine Ursache finden, dass der alternative Erwerber sicher sein kann, dass das *alternative purchaser*-Erfordernis den Ersterwerber disqualifiziert oder dass das Unternehmen für andere Alternativerwerber einen nochmals deutlich geringeren Wert repräsentiert. Fraglich ist dann, ob der geringe wettbewerbliche Nutzen der Fusion mit dem Alternativerwerber den dann deutlich geringeren Kaufpreis aufwiegen kann.

(1) Angebot unter Wert nicht zwangsläufig unangemessen niedrig

Die bloße Tatsache, dass ein Angebot unter dem Wert des sanierungsbedürftigen Unternehmens liegt, macht es noch nicht unangemessen. Derjenige, der die Verhandlungen um den Erwerb der Aktien oder Vermögenswerte eines Unternehmens für sich entscheiden kann, wird meistens weniger zahlen als er damit erwirtschaften kann. Wenn z.B., die freie Erwerbsmöglichkeit unterstellt, das sanierungsbedürftige Unternehmen 10 Mio. für den Erwerber A, 9 Mio. für den Erwerber B und 8 Mio. für den Erwerber C wert ist, so würde A das Unternehmen für etwas mehr als 9 Mio. erwerben können, beinahe 1 Mio. unter seinem Wert. Dieser Preis ist keineswegs unangemessen niedrig, sondern ein sich aus Angebot und Nachfrage ergebender Marktpreis, wobei A lediglich seinen Gewinn realisiert.
Die gleiche Betrachtung behält ihre Gültigkeit auch dann, wenn der Erwerb von A dem *alternative purchaser*-Erfordernis unterläge und B ein zu bevorzugender

Erwerber wäre. In einem durch Angebot und Nachfrage bestimmten Preis würde B nur noch etwas mehr als 8 Mio. für das Unternehmen zahlen müssen; wohl ein günstiges Angebot, aber nicht so günstig wie für A, wenn A mitbieten dürfte. Der reduzierte Preis ergibt sich aus dem Ausschluss von A. Sogar wenn B der einzige Bieter wäre, so wäre der Preis doch ein Marktpreis. Allerdings verbleibt eine Untergrenze für den Preis. Ein Angebot von B müsste zumindest das umfassen, was Aktionäre und Gläubiger aus einer Restrukturierung nach *Chapter* 11 *Bankruptcy Act* oder einer Schuldenregelung erhielten. Jeder darüber hinausgehende Preis ist Verhandlungssache.
Somit kann festgehalten werden, dass ein Angebot nicht allein deshalb unangemessen niedrig ist, weil es nicht dem Wert entspricht, den das Unternehmen für den Erwerber verkörpert.

(2) Erhebliche Unterschiede sind unwahrscheinlich

Das obige Beispiel hat bereits gezeigt, dass B's Gebot für das sanierungsbedürftige Unternehmen bei 9 Mio. endet, A's Gebot läge dann nur knapp darüber, da keine Veranlassung besteht, noch höher zu bieten. Somit ergibt sich hinsichtlich der Höhe der Angebote kein erheblicher Unterschied.
Gegen diese Annahme spricht, dass sie eine Transparenz des Marktes voraussetzt. Jedes Unternehmen wird aber durch den Zeitdruck gezwungen sein, seine Karten sehr früh auf den Tisch zu legen und nicht lange andere Angebote abzuwarten. Hierdurch können sich theoretisch schon substantielle Unterschiede in den Angeboten ergeben. In der Praxis wird den potentiellen Erwerbern aber zumindest die Zeit für eine *Due Diligence*-Prüfung zugestanden werden, woraus sich auch annähernd vergleichbare Angebote ergeben dürften.

(3) Definition von „unangemessenem" Angebot

Wie voranstehend dargestellt, ist ein Angebot nicht lediglich deshalb schon unangemessen niedrig, weil es dem Wert, den das Unternehmen für den Erwerbenden verkörpert, nicht entspricht. Dies wird (vor allem unter Berücksichtigung von *market power*- oder *efficiency-premium*[266]) den Regelfall darstellen. Dem Erwerber kann auch nicht vorgeworfen werden, dass er einen ungerechtfertigt günstigen Kauf getätigt hat, nur weil sein Angebot deutlich unter dem des ursprünglichen Erwerbers liegt.
Von "Unangemessenheit" kann daher nur dann gesprochen werden, wenn das Angebot deutlich unter dem Wert des Unternehmens für den Erwerber bleibt. Die wirft zwei schwierige Vergleichsfragen auf: Wie wird der Wert der Unternehmen richtig verglichen? Wie wird die Höhe der Angebote verglichen?

---

266 S.u. ff.

Die Schwierigkeit der ersten Frage liegt darin, die Kriterien zu bestimmen, anhand welcher der genaue Wert des sanierungsbedürftigen Unternehmens zu taxieren ist. Objektive Parameter, wie der Börsenpreis oder der zu erwartende Liquidationserlös, helfen nicht weiter, da sie ohnedies zu niedrig sind und keine Differenzierung ermöglichen. Außer dem Erwerber selbst wird niemand mit hinreichender Präzision den Wert bestimmen können, da nur er die eigenen Fähigkeiten bei der Verwendung der Vermögenswerte des sanierungsbedürftigen Unternehmens am besten einschätzen kann. Allerdings ist er ein voreingenommener Bewerter. Sein eigenes Interesse würde ihn im Zweifelsfall zu einer Unterbewertung veranlassen. Zudem ist bereits der Begriff „Wert" zu komplex und von so vielen verschiedenen unvorhersehbaren Faktoren abhängig, dass eine Bezifferung sehr schwer fällt.
Die zweite Frage widmet sich dem Tatbestandsmerkmal der „Unangemessenheit" und stellt auf die unterschiedliche Höhe der beiden Angebote ab. Hier wird es schwierig sein, die Größe des Unterschieds zu bemessen, da in den seltensten Fällen beide Angebote in Bargeld gemacht werden. Wie wird beispielsweise ein Angebot des einen Unternehmens, gegen Stammaktien zu tauschen, mit dem Angebot des anderen Unternehmens verglichen, gegen Vorzugsaktien mit Umtauschrecht, Schuldverschreibungen oder Bargeld einzutauschen? Festzuhalten bleibt, dass es aufgrund der Komplexität der Fragen nahezu ausgeschlossen ist, hier Richtlinien aufzustellen, anhand derer eine Entscheidung getroffen werden kann.

Alle diese Gründe führen nur zu dem Ergebnis, dass die unterschiedliche Höhe der Angebote bei der Entscheidung über das *alternative purchaser*-Erfordernis am besten außer acht gelassen wird. Inwiefern den damit verbundenen privaten Interessen entsprochen werden kann, ist eine andere Frage, zu deren Beantwortung zunächst die grundsätzliche Bedeutung privater Interessen erörtert werden muss[267].

dd. Alternativangebote, die sich nur auf Teile des Unternehmens beziehen

Die vorangehende Betrachtung hat vorausgesetzt, dass das Angebot des alternativen Erwerbers sich stets auf die Gesamtheit der Aktien oder das gesamte Betriebsvermögen bezieht. Daraus ergibt sich die Frage, ob ein Erwerber auch dann bevorzugt werden soll, wenn er nur Teile der Aktien oder des Betriebsvermögens erwerben will[268].

---

267 S.u. 5. Kapitel.

268 Dieser Fall ist von der *Failing Division* zu unterscheiden, in welcher nur die *Division* sanierungsbedürftig ist und dann wie eine *Failing Company* behandelt wird. Hier hiergegen geht es um den Erwerb einzelner Vermögenswerte der *Failing Company*.

Die teilweise Veräußerung des Betriebsvermögens liegt vielfach nicht im Interesse des sanierungsbedürftigen Unternehmens. Dieses wird als Einheit gesprengt. Zurecht wird zwar darauf hingewiesen, dass ein alternativer Erwerber[269], der ausschließlich ein Interesse an einem Warenzeichen, einem Patent oder einer bestimmten Produktionsstätte haben mag, damit er z.B. die Produktion und den Vertrieb schneller und billiger in seine existierenden Anlagen eingliedern kann, sich auch um den Verkauf derjenigen Teile des Betriebsvermögens kümmern kann, für die er keine Verwendung hat[270]. Auf der anderen Seite ist der Verkauf des Unternehmens in Teilen aber wettbewerbsrechtlich vorzuziehen[271]. Zum einen gestattet dieser Verkauf einem jeden Wettbewerber, den für ihn günstigsten Teil des Unternehmens zu erwerben. Zum zweiten führt dieser Verkauf des Unternehmens an einen Alternativerwerber zu einer ausgewogeneren Verteilung der entstehenden Marktkonzentration.
Innerhalb dieses Kriteriums spiegelt sich der eingangs aufgezeigte Konflikt wider. Je nachdem, ob Unternehmens- oder Wettbewerbsinteressen der Vorzug gegeben werden soll, sollte dann auch die Möglichkeit von *piecemeal sales* unter dem Gesichtspunkt des *alternative purchaser*-Erfordernisses berücksichtigt werden.
Weniger bedenklich erscheint hingegen die teilweise Übernahme der Unternehmensanteile durch einen zu bevorzugenden Erwerber, wenn diese nicht zu einer Kontrollerlangung führt und ferner geeignet ist, eine bevorstehende Sanierungsbedürftigkeit abzuwenden. Wo das der Fall ist, besteht keine Veranlassung, den Fall anders zu behandeln als den, in dem das sanierungsbedürftige Unternehmen Zugang zu Anleihen oder zu sonstigem Risikokapital erhält, welches eine Insolvenz abwenden würde. In diesem Fall wäre also gar keine *Failing Company Defense* mehr erforderlich.

ee. Berücksichtigung des Fortbestandes des Unternehmens nach vollzogenem Zusammenschluss

Ein zentrales Problem des Alternativerwerbererfordernisses in seiner gegenwärtigen Form ist gegeben, wenn der Alternativerwerber im Hinblick auf eine Verbesserung der Unternehmensstruktur viel weniger zu bieten hat als der potentielle Erwerber. Die *Merger Guidelines* sehen nur vor, dass der Alternativerwerber mehr als den Liquidationserlös zu zahlen bereit ist und sich ferner dazu bereit erklärt, die Produktionsmittel der *Failing Company* in dem betreffenden Markt zu belassen.
Keine Berücksichtigung findet bislang hingegen die Frage, ob der Alternativerwerber über die Möglichkeit verfügt, die *Failing Company* als einen wettbe-

---

269 Der zudem noch von seinem Status als zu bevorzugendes Unternehmen profitiert.
270 *Areeda*, Antitrust, Rdnr. 931.
271 S.o., 1. Kapitel, III, 6.

werbsfähigen, funktionierenden Betrieb fortzuführen. Dies setzt u.a. auch voraus, dass der Alternativerwerber über die finanziellen Mittel verfügt, um Forschung und Entwicklung voranzutreiben oder um in neue Produktionsstätten zu investieren[272]. Wird dies nicht getan, so ist die Insolvenz der *Failing Company* nur noch eine Frage der Zeit, genauer, des Zeitraums, in dem der Alternativerwerber noch eventuell ausstehende Gewinne realisiert[273]. In diesem Fall ist dann aber keine wettbewerbsfreundlichere Alternative gegeben.

Eine mögliche Lösung könnte hier in einer Parallele zum Vorgehen der *Federal Trade Commission* bei der Bewertung zukünftiger Erwerber von entflochtenen Unternehmen bzw. Unternehmenszweigen eines Konzerns zu finden sein[274]. Neben der Berücksichtigung des Umfangs der Entflechtung und der Qualität der entflochtenen Betriebe/Betriebsteile nimmt die *Federal Trade Commission* hierbei zusätzlich eine Analyse vor, ob der mögliche Erwerber die Voraussetzungen mitbringt, um ein effektiver Wettbewerber zu werden. Zu diesem Zweck untersucht sie, ob der Erwerber die finanziellen Mittel aufbringen kann, über hinreichendes technisches Potential und befähigtes Management verfügt, und ob bereits eine gewisse Bindung zu dem Markt besteht, auf dem er sich durch den Erwerb engagieren möchte[275]. So könnte auch bei der *Failing Company Defense* zu berücksichtigen sein, ob ein aufnehmendes Unternehmen bereits zum Zeitpunkt des Erwerbs hinreichende Vorsorge für die Zukunft des zu erwerbenden Unternehmens getroffen hat. Dies ließe sich z.B. aus den Übernahmeplänen entnehmen, aus der Personalplanung oder daraus, wie der Erwerb der *Failing Company* in den Bilanzen des Geschäftsjahres auftaucht, z.B. in der Form von Rücklagenbildung.

Der Verkauf an einen außerhalb des Industriezweigs stehenden Erwerber ist nicht weniger wettbewerbsschädlich als die Veräußerung an einen Marktteilnehmer, wenn das zu erwerbende Unternehmen schließlich dennoch in Konkurs fällt. Um dies zu vermeiden, sollte nicht unberücksichtigt bleiben, ob hinreichende Anzeichen dafür vorliegen, dass der Alternativerwerber, und das gilt strenggenommen für jeden Erwerber, das Unternehmen effektiv und konkurrenzfähig führen und in seine Zukunft investieren will, oder ob das Unterneh-

---

272 *Mc David*, Efficiencies, Failing Firms, and the General Dynamics Defense (www.ftc.gov/opp/global/194817.htm).

273 Vgl. dazu die Untersuchung von *Baer*, Report on Recent Antitrust Developments at the Federal Trade Commission, vom 9.8.1995, der zu dem Ergebnis gelangt, dass der Verkauf an jemanden, der den Industriezweig kennt, in der Regel weniger Probleme aufwirft, als der Verkauf an einen Außenstehenden.

274 So der Vorschlag von *McDavid*, Efficiencies, Failing Firms, and the General Dynamics Defense (www.ftc.gov/opp/global/194817.htm).

275 Dazu i.E.: *Steptoe*, The FTC's Merger Program: New Remedies and Increased Enforcement, 14.3.1995.

men lediglich noch die ausstehenden Erträge, falls vorhanden, oder sogar in Teile zergliedert veräußert werden soll.

ff. Das Market Power Premium

Der höhere Preis, den ein Erwerber zu zahlen bereit ist, kann ein sogenanntes *Market Power Premium* enthalten und somit als Indiz dafür gelten, dass der Zusammenschluss voraussichtlich wettbewerbswidrig sein wird. Bei dem *Market Power Premium* handelt es sich um den Mehrbetrag, um den das Angebot des Wettbewerbers gegenüber dem des Alternativerwerbers höher ist, weil es den Zuschlag für die Entstehung oder Vergrößerung der Marktmacht beinhaltet. Die wettbewerbsrechtliche Befürchtung besteht also darin, dass es sich um eine vorweggenommene Zahlung für den künftigen Zuwachs an Marktmacht handelt, die sich später in Form höherer Preise auszahlen soll[276].

Dieser Befürchtung entgegen steht eine zweite Interpretation eines solchen höheren Angebots. Demzufolge handelt es sich um ein *Efficiency Premium*[277], mithin um den Wert des addierten Einsparpotentials, welches sich im Falle eines Zusammenschlusses z.B. durch Synergien realisieren ließe. Eine Trennung und eine Einschätzung, welcher der beiden möglichen Gründe als ursächlich für den höheren Preis anzusehen ist, ist schwierig[278].

Entscheidend dürfte sein, ob die äußeren Umstände, vor allem der Grad der Marktkonzentration, die Interpretation im Sinne eines *Market Power Premium* zulassen. Ein aufnehmendes Unternehmen, welches zur Zahlung eines *Market Power Premium* gewillt ist, muss sich auf höhere Preise infolge der erhöhten Marktkonzentration z.B. durch die Abhängigkeit der Oligopolisten untereinander verlassen können. Dies ist beim Entstehen des höchsten Konzentrationsgrads, dem Monopol, wie es in der Entscheidung *Michigan Citizens for an Independent Press v. Thornburgh*[279] deutlich wird, besonders offensichtlich.

Zwei Argumente sprechen indes gegen die vorschnelle Annahme eines *Market Power Premium*. Zum einen darf die Zeitdauer nicht unterschätzt werden, in welcher sich der konzentrierte Wettbewerb über höhere Preise für ein Unternehmen so vorteilhaft darstellt, dass sich damit die Kosten für den Erwerb und die Investitionen in die Produktionseinrichtungen auszahlen. Zum zweiten besteht das Risiko, dass bei einem zu offensichtlichen *Market Power Premium* den Genehmigungsbehörden Anhaltspunkte für den Umfang der zu erwartenden

---

276 *Correira*, 64 Antitrust L.J. 683, 684 (1996); *Friedman*, Texas L. Rev. 1375, 1403 (1986); *Areeda*, Antitrust, Rdnr. 930a; unklar in: *FTC v. University Health, Inc.* 938 F.2d 1206, 1222 (11th Cir. 1991).

277 Zum *Efficiency*-Gedanken ausführlich unten im 5. Kapitel, III.

278 *McChesney*, 65 Nebr. L. Rev., 1, 17 (1986); *Blumenthal*, 38 Antitrust Bull. 593, 616 (1993); *Correira*, 64 Antitrust L.J., 683, 694 (1996).

279 *Michigan Citizens for an Independent Press v. Thornburgh*, 868 F.2d 1285 (DC Cir. 1989), aff'd, 493 U.S. 38 (1989).

Marktkonzentration geliefert werden, die das Risiko einer Untersagung des Zusammenschlusses erhöht.
In weniger konzentrierten Märkten liegt ohnedies die Annahme eines *Efficiency Premium* näher. Bei ausreichendem Wettbewerb wird für das aufnehmende Unternehmen die Senkung der Kosten oder die Realisierung sonstiger Synergien als Antrieb für den Zusammenschluss im Vordergrund stehen.
Es hängt mithin vom bestehenden Konzentrationsgrad auf dem betreffenden Markt ab, wie das erhöhte Angebot des ursprünglichen Erwerbers zu berücksichtigen ist. Generell dürfte aber das Vorbringen, es handle sich um antizipierte Einsparungen, glaubwürdig sein und damit nicht zu Lasten der *Failing Company Defense* wiegen.

gg. *Areedas* Vorschlag

Areeda schlägt einen teilweisen Verzicht auf das *alternative purchaser requirement* dergestalt vor, dass die Voraussetzungen der *Failing Company Defense* so gehandhabt werden, dass sie sich gemäß den zu erwartenden Auswirkungen des Zusammenschlusses auf den Wettbewerb anpassen. Wo die Wahrscheinlichkeit einer bedeutenden Beeinträchtigung des Wettbewerbs nur gering sei, sei das Alternativerwerbererfordernis verzichtbar und ausreichend, dass eines der Unternehmen zeige, dass es sanierungsbedürftig sei. Nur in den Fällen, in denen eine stärkere Beeinträchtigung bestehe oder vermutet werde, sollte der Beweis, dass kein alternativer, zu bevorzugender Wettbewerber vorhanden ist, erbracht werden.
Unter den gegebenen Beschränkungen schlägt *Areeda* vor, dass einer *Failing Company Defense* ohne *alternative purchaser*-Erfordernis stattgegeben werden solle, wenn bewiesen werde, dass der HHI[280] nach dem Zusammenschluss zwar größer als 1800 Punkte, aber nur ein Anstieg von unter 50 Punkten erfolgt sei, oder alternativ der HHI zwischen 1000 und 1800 und der Anstieg bei unter 100 liege. Der zusätzliche Nachweis, dass kein bevorzugter Erwerber ersichtlich sei, sei nur dann erforderlich, wenn eine höhere Marktkonzentration drohe, wenn also die Grenze von 1800 Punkten mit einem Zuwachs von über 50 Punkten überschritten werde oder zwischen 1000 und 1800 Punkte aus dem Zusammenschluss hervorgingen und gleichzeitig ein Anstieg von mehr als 100 Punkten vorliege.

Das Problem an *Areedas* Vorschlag besteht darin, dass die verschiedenen Fälle, in denen die Voraussetzungen angewandt werden sollen, einzig anhand der Marktanteile zu bestimmen sein sollen. Ob das europäische Fusionskontrollrecht seinem schematischen Ansatz folgen kann, wird unten[281] behandelt.

---

280 *Herfindahl-Hirschman-Index*, s.o. FN 55.
281 Siehe unten 3. Kapitel, II.

3. Marktposition des erworbenen Unternehmens fiele im Falle seines Ausscheidens dem aufnehmenden Unternehmen zu

Das Kriterium, dass die Marktposition des erworbenen Unternehmens auch im Falle seines Ausscheidens dem aufnehmenden Unternehmen ohnedies zufallen müsse, hat kein entsprechendes Pendant in der amerikanischen Fusionskontrolle[282]. Es trägt dem eingangs erwähnten Kausalitätsargument Rechnung, auf dem die *Failing Company Defense* im europäischen Recht aufbaut. Es verlangt, dass die Marktposition des erworbenen Unternehmens im Falle seines Ausscheidens aus dem Markt dem aufnehmenden Unternehmen zuwachsen würde. Die genaue wettbewerbsrechtliche Bedeutung dieser Formulierung soll im Rahmen der Darstellung des Kausalitätsarguments im Verhältnis zu anderen Erklärungsmodellen unten im 4. Kapitel analysiert werde. An dieser Stelle sei dennoch kurz auf das Verständnis der europäischen Genehmigungsbehörden von diesem Kriterium anhand der bisher getroffenen Entscheidungen eingegangen.

Die Einführung dieses Kriteriums bietet nach Ansicht des EuGH in ausreichendem Maße „mit Gewähr für" die marktstrukturelle Neutralität des Zusammenschlusses[283]. Damit macht der EuGH zugleich sehr deutlich, dass er den Vorgang vor allem im Hinblick auf seine Auswirkungen auf die Marktstruktur beurteilt und kaum gewillt ist, eine weitere Verschlechterung der Marktstruktur hinzunehmen.

Der EuGH führte zur Notwendigkeit dieses Kriteriums aus:
"[O]hne dieses Kriterium [könnte] ein Zusammenschluss, sofern die übrigen Kriterien erfüllt wären, selbst dann nicht als kausal für die Verschlechterung der Wettbewerbsstruktur des Marktes angesehen werden, wenn sich zeigen würde, dass das aufnehmende Unternehmen ohne den Zusammenschluss nicht den gesamten Marktanteil des erworbenen Unternehmens erhielte. So könnte das Vorliegen eines Kausalzusammenhanges zwischen dem Zusammenschluss und der Verschlechterung der Wettbewerbsstruktur des Marktes selbst dann verneint werden, wenn ohne den Zusammenschluss die Verschlechterung der Wettbewerbsstruktur des Marktes geringer ausfiele."[284]

Der EuGH trat einer solch vorschnellen Verneinung der Kausalität dezidiert entgegen und stellte fest, dass die Einführung dieses dritten Kriteriums gewährleisten sollte, dass das Vorliegen eines Kausalzusammenhangs zwischen dem Zu-

---

282 Dort gibt es mit der Voraussetzung, dass die *Assets* des sanierungsbedürftigen Unternehmens den Markt komplett verlassen müssten, eine vergleichsweise großzügige Regelung.

283 EuGH – verb. Rs. *Frz. Republik/Kommission*, C-68/94 und *SCPA* und *EMC/Kommission*, C-30/95 – Slg. 1998 I-1375, Rdnr. 116.

284 Id., Rdnr. 114.

sammenschluss und der Verschlechterung der Wettbewerbsstruktur des Marktes nur dann ausgeschlossen werden könne, wenn die Verschlechterung der Wettbewerbsstruktur, zu der es nach dem Zusammenschluss komme, auch ohne diesen „in gleicher Weise" eintreten würde.[285]

In den Kommissionsentscheidungen spielte dieses Kriterium zum Teil eine erhebliche Rolle.
In die wettbewerbsrechtliche Beurteilung des Zusammenschlusses *Mercedes-Benz/Kässbohrer*[286] fand das Argument der Sanierungsfusion kein Gehör, weil die Marktposition *Kässbohrers* im Konkursfall nicht allein *Mercedes-Benz* zugewachsen wäre.

Die Kommission schätzte die Situation wie folgt ein:
Auf dem Sektor der Überlandbusse hätte der Zusammenschluss zu einem rechnerischen Marktanteil von 73, 7 % gegenüber den Konkurrenten mit 17, 7 %, respektive 6, 5 % Marktanteil geführt. Bei einem Konkurs *Kässbohrers* hingegen hätten sich Anteile von 56, 8 % für *Mercedes-Benz* und 29, 1 %, bzw. 10, 7 % für die Konkurrenzunternehmen ergeben. Der beabsichtigte Zusammenschluss hätte somit eine deutliche Verstärkung der ohnehin zu erwartenden Marktbeherrschung zur Folge. Zudem hätte, so die Kommission, *Mercedes-Benz* im Konkursfall nicht über ein wettbewerbsfähiges Angebot bei Überlandbussen verfügt, so dass der Marktanteilszuwachs voraussichtlich unterdurchschnittlich ausgefallen wäre.
Die Marktanteile bei Reisebussen wären im Fusionsfalle wie folgt verteilt: *Mercedes-Benz/Kässbohrer* hätte seinen Marktanteil nahezu verdoppelt und 54 %, die anderen Wettbewerber 4, 3 % und 27,8 % erreicht. Selbst wenn auf dem Reisebussektor wegen der technischen, qualitativen und preislichen Nähe zu *Mercedes-Benz* ein überproportionaler Marktanteilszuwachs auch im Konkursfall wahrscheinlich gewesen wäre, so sei doch unwahrscheinlich gewesen, dass *Mercedes Benz* seinen Marktanteil verdoppelt hätte. Auch hier führe also der Konkurs von *Kässbohrer* zu einem wesentlich geringeren Marktanteilszuwachs als der Zusammenschluss mit *Mercedes-Benz.*

Eine genauere Betrachtung zeigt also, dass sich die allgemeine Wettbewerbssituation nach einem Konkurs *Kässbohrers* wahrscheinlich positiver dargestellt hätte als im Falle einer Fusion mit *Mercedes-Benz.*
Nach Ansicht der beteiligten Unternehmen hätten sich die jeweils entstehenden Marktpositionen nicht wesentlich unterschieden, weil im Falle einer Fusion durch den Marktzutritt neuer Wettbewerber mit erheblichen Abschmelzungsef-

---

[285] Id., Rdnr. 115.
[286] Entscheidung vom 14.2.1995 (IV/M.477), ABl. 1995 L 211/1, vgl. hierzu *Monopolkommission*, Hauptgutachten 1994/1995, Rdnr. 698.

fekten, im Fall eines Konkurses aber mit überproportionalen Marktanteilsgewinnen zu rechnen gewesen sei. Beide Prognosen begründete *Mercedes-Benz* mit denselben Argumenten: sich überschneidende Kundenkreise, vergleichbare Produktprogramme, ähnliches Image sowie Ausstattung der *Kässbohrer*-Busse mit *Mercedes-Benz*-Motoren.

In der Kommissionsentscheidung *Kali & Salz/Mdk/Treuhand* kam die Kommission im Hinblick auf den deutschen Pottaschemarkt zu dem Ergebnis, dass der Marktanteil von *Mdk* im Insolvenzfall in vollem Umfang *Kali & Salz* zufallen werde[287], was mit der besonderen Struktur des deutschen Pottaschemarktes begründet wurde, der de facto gegenüber ausländischen Wettbewerbern abgeschirmt gewesen sei. *Kali & Salz*, so die Kommission weiter, sei auch durchaus in der Lage, die Produktion entsprechend schnell zu erhöhen, um den Markt abdecken zu können[288]. Der EuGH bemängelte später an dieser Entscheidung, dass die Abschottung des deutschen Marktes ohne nähere Begründung als Gegebenheit vorausgesetzt und das Szenario im Falle einer Marktöffnung nicht ausreichend von der Kommission berücksichtigt worden sei[289].
Im Hinblick auf den restlichen Binnenmarkt kam die Kommission jedoch zu dem gegenteiligen Ergebnis. Es sei nicht in ausreichendem Maße klar, dass die wettbewerbsrechtliche Situation nach einem Zusammenschluss genau der nach dem Verlassen des Marktes seitens *Mdk* entspreche. Zwar argumentierten die Parteien hier, dass die Ähnlichkeit der Produkte von *Mdk* und *Kali & Salz* einen Wechsel nur auf diesen Anbieter zuließ. Auch dies verneinte die Kommission jedoch unter Hinweis darauf, dass der Großteil der Exportware gerade nicht dieses spezielle, sondern ein auch von anderen Anbietern vorgehaltenes Produkt umfasse[290].
Interessant an dieser Entscheidung ist die Tatsache, dass für die Auswirkungen auf den Wettbewerb nur auf den nationalen Markt eines Mitgliedsstaates abgestellt wurde und die drohende Marktbeherrschung auf diesem ausreichte, um die Voraussetzungen für ein Eingreifen der *Failing Company Defense* zu begründen. Diese Beschränkung ist aber nur dann statthaft, wenn einzig auf diesem Markt eine Einschränkung des Wettbewerbs durch den Zusammenschluss droht.

In der Entscheidung *Saint Gobain/Wacker-Chemie/NOM* kam die Kommission zu dem Schluss, dass, selbst wenn *Wacker-Chemie* die Siliziumcarbidproduktion vollständig einstellen müsste, sich die Wettbewerbssituation vorteilhafter darstellen würde als im Falle einer Genehmigung des Zusammenschlusses. Dabei

287 Entscheidung vom 14.12.1993 (IV/M.308), ABl. 1994 L 136/38, Rdnr. 77f.
288 Entscheidung vom 14.12.1993 (IV/M.308), ABl. 1994 L 136/38, Rdnr. 78.
289 EuGH – verb. Rs. *Frz. Republik/Kommission*, C-68/94 und *SCPA* und *EMC/Kommission*, C-30/95 – Slg. 1998 I-1375, Rdnr. 70ff., vgl. ausführlich dazu unten 4. Kapitel, I.
290 Entscheidung vom 14.12.1993 (IV/M.308), ABl. 1994 L 136/38, Rdnr. 79.

ging die Kommission davon aus, dass *St. Gobain* bereits die Kapazitäten fehlten, um im Insolvenzfall den gesamten Marktanteil von Wacker-Chemie aufzufangen, was einen deutlichen Preisanstieg zur Folge gehabt hätte, welcher wiederum zur Vergrößerung der Importmenge an Konkurrenzprodukten geführt hätte. Diese Entwicklung hätte in letzter Konsequenz zu einem niedrigeren Marktanteil von *St. Gobain* geführt als im Falle eines Zusammenschlusses realisiert worden wäre[291].

Die Kommission hielt auch in der *Blokker/Toys'R'Us*-Entscheidung an dieser strengen Voraussetzung fest und ließ sich nicht auf eine großzügigere Handhabung dieses Kriteriums ein. *Toys'R'Us* erklärte in seiner ersten Antwort, dass sein Anteil auf dem Markt der Spielwarengroßmärkte unweigerlich an *Blokker* gehen würde. In einem späteren Schreiben schwächte es die Aussage dahingehend ab, dass *Blokker* den größten Teil des Marktanteils von *Toys'R'Us* erhalten werde[292]. Diesen letzten Vortrag ließ die Kommission nicht ausreichen. Es sei damit nicht hinreichend glaubhaft gemacht, dass der gesamte Marktanteil von *Toys'R'Us* an *Blokker* gegangen wäre. Damit sei aber die fehlende Kausalität nicht nachgewiesen worden. Unter Hinweis auf die Begründung der *Failing Company Defense* als Frage eines alternativen Kausalverlaufs lehnte es die Kommission somit ab, bereits auch bei z.B. überproportionalem Marktzuwachs der *Defense* stattzugeben.

Auch in der *Bertelsmann/Kirch/Premiere*[293] Entscheidung verneinte die Kommission das Vorliegen dieser letzten Voraussetzung. Die Parteien hatten vorgetragen, dass die durch das Ausscheiden von *DF 1* freiwerdenden Marktanteile auf jeden Fall *Premiere* als einzigem Anbieter von Abonnementfernsehen auf dem deutschen Markt zufallen würden. Diese Auffassung teilte die Kommission nicht. Sie stellte dabei auf potentielle Pay-TV-Veranstalter ab, die auf der Grundlage von *Kirchs* Verwertungsrechten nun in den Wettbewerb mit Premiere eintreten könnten, wodurch sich die Wettbewerbssituation günstiger darstelle.

Die Entscheidung der Kommission in dem Verfahren *BASF/Eurodiol/Pantochim* wich hinsichtlich des hier behandelten Kriteriums erheblich von den Vorgaben des EuGH, die dieser in der *Kali&Salz*-Entscheidung[294] gemacht hatte, ab[295]. Die Kommission räumte ein, dass *BASF* nicht den ganzen Marktanteil von *Eurodiol* erhielte, wenn es den Markt verließe. Doch bewertet die Kommission die

---

291 Vgl. *Snelders*, 22 E.L.Rev. CC 87.

292 *Blokker/Toys 'R' Us*, Entscheidung vom 26.6.1997 (IV/M.801), ABl. 1998 L 316/1, Rdnr. 109.

293 Entscheidung vom 27.5.1998 (IV/M.993), ABl. 1999 L 53/1, Rdnr. 74.

294 EuGH – verb. Rs. *Frz. Republik/Kommission*, C-68/94 und *SCPA* und *EMC/Kommission*, C-30/95 – Slg. 1998 I-1375.

295 Entscheidung vom 11.7.2001 (IV/M.2314), WuW 2002, 90, 95 Rdnr. 149ff.

Vermeidung der sonstigen Nachteile, die auf dem Markt einträten, wenn *Eurodiol* ihn mit seinen Produktionsanlagen verließe, als ebenso gewichtig wie den Übergang der Marktanteile.
Verließen *Eurodiol* und *Pantochim* den Markt, würde dies zu einer erheblichen Kapazitätsverringerung auf dem Markt der von ihnen hergestellten Produkte führen, die auch auf absehbare Zeit nicht zu kompensieren sei[296]. Dabei sei auch die Besonderheit des Marktes dieser betreffenden Produkte zu berücksichtigen, bei dem selbst ein zehnprozentiger Preisanstieg die derzeitigen Marktteilnehmer nicht dazu bewegen könnte, größere Mengen anzubieten. Insofern sei, da zudem die Nachfrage unelastisch sei, eine erhebliche Preissteigerung infolge des Verlustes der Produktionskapazität von *Eurodiol* und *Pantochim* zu befürchten[297]. Im Gegensatz dazu bewertete die Kommission in diesem Fall die durch den Zusammenschluss entstehenden Marktbedingungen, insbesondere die Liefersituation und die sinkenden Preise, als positiv für die Abnehmer. Die Prognose, dass die Preise für die Produkte sinken würden, stützte die Kommission auf die Annahme, dass *BASF* nach der Übernahme alle Fabriken auslasten würde. Die Wettbewerbsstruktur würde, so die Kommission, im Falle des Zusammenschlusses in geringerem Ausmaße verschlechtert als ohne[298].
Fraglich ist somit, ob es sich bei dieser Entscheidung überhaupt um einen Fall der *Failing Company Defense* handelt, da sie im Hinblick auf das letzte Kriterium erheblich von den Vorgaben des EuGH abweicht und statt dessen an den Marktaustritt der *assets* eines Unternehmens anknüpft. Die genaue Bedeutung dieser Abweichung der Kommission wird später vertieft behandelt[299].

Das zusätzliche Erfordernis der Kommission und des EuGH, dass die Marktanteile des sanierungsbedürftigen Unternehmens auch ohne Übernahme auf das aufnehmende Unternehmen übergehen müssten, stellt eine hohe Hürde für die erfolgreiche Geltendmachung der *Failing Company Defense* dar. Im Gegensatz zu den Voraussetzungen im US-Antitrustrecht, ist in dieser Voraussetzung aber eine Berücksichtigung marktstruktureller Kriterien in der Prüfung zu sehen.

II. Kritik an den Voraussetzungen

In der *International Shoe Co.*-Entscheidung entwickelte der *Supreme Court* zwei bis heute gültige Charakteristika der *Failing Company Defense*. Das erste Element berücksichtigt die angespannte finanzielle Lage der *Failing Company*, die deren Scheitern in nächster Zeit als unabwendbar erscheinen lässt. Als zweite Voraussetzung darf es keine weniger wettbewerbsschädliche Alternative gege-

---

296 Entscheidung vom 11.7.2001 (IV/M.2314), WuW 2002, 90, 95 Rdnr. 157.
297 Id., Rdnr. 159.
298 Id. Rdnr. 162.
299 S. Ausführungen zur *Efficicency Defense*, 5. Kapitel, III.

ben haben. Hätte der Erwerb durch ein anderes Unternehmen den Wettbewerb also in geringerem Maße beeinflusst, so kann die *Failing Company Defense* nicht zum Erfolg führen. Zusätzlich mag auch ein nachgewiesen wettbewerbsfeindlicher Zweck des Zusammenschlusses dessen Genehmigung unterminieren[300]. Hinzu kommt, dass im US-amerikanischen Recht keine Marktanteilsschwellenprüfung stattfindet und dieses somit auch auf vergleichsweise kleine Zusammenschlüsse Anwendung findet.

1. Enge Auslegung

Die genannten Voraussetzungen werden von *FTC*, Kommission und Gerichten eng ausgelegt. Die Praxis in der europäischen Fusionskontrolle orientiert sich dabei an der restriktiven Auslegung im US-Antitrustrecht. Dort soll damit sichergestellt werden, dass die *Failing Company Defense ultima ratio* und auf wenige relativ eindeutige Fallkonstellationen beschränkt bleibt[301]. Dahinter steht der Gedanke, dass eine *Failing Company Defense* eine systemwidrige Ausnahme darstellt, die, um eine Zunahme wettbewerbswidriger Fusionen zu vermeiden, eng auszulegen ist[302]. In der Praxis führen diese strikten Kriterien jedoch häufig dazu, dass nicht die bevorstehende Insolvenz, sondern häufig einzig eine bereits eingetretene Insolvenz zur Voraussetzung für eine Genehmigung erhoben wird[303]. Auch das Alternativerwerbererfordernis wird, soweit ersichtlich[304], sehr streng gehandhabt.

Ob die strikten Voraussetzungen auch im europäischen Recht geboten sind, hängt maßgeblich von der Rechtfertigung der *Failing Company Defense* und von dem Ziel, das mit ihrer Hilfe erreicht werden soll, ab.

Handelt es sich bei der Failing Company Defense um ein Mittel, um außerwettbewerbliche Argumente einzubringen, ist die enge Fassung der Kriterien schon allein zur Wahrung der Wettbewerbsinteressen geboten. Im Gegenzug stellt sich dann die Frage, ob durch die enge Auslegung diese außerwettbewerblichen Argumente auch in adäquatem Umfang berücksichtigt werden können.

---

300 Vgl. *Fox*, in: Fox/Fox, § 8.11 [3][d].

301 *Kaplan*, 4 Hofstra L. Rev. 643, 646 (1976); vgl. *Löffler*, FusionskontrollVO, Art. 2 Rdnr. 171: „Ausnahmecharakter der Entscheidung".

302 Vgl. die 1982 und 1984 Merger Guidelines: „*Because the defense can immunize significantly anticompetitive mergers, the Department will construe its elements strictly.*"; *Note*, 92 Harv. L. Rev. 491, 499 (1978).

303 *Boast*, Hearings on the Changing Nature of Competition (www.ftc.gov/opp/global/c184104.htm).

304 In den meisten Fällen wird bereits das Vorliegen einer Failing Company abgelehnt. Daher finden sich zum *alternative purchaser*-Erfordernis nur wenige Aussagen der Gerichte.

2. Kein Wettbewerbsbezug der Voraussetzungen

Eine Begründung, die auf die Berücksichtigung außerwettbewerblicher Argumente abstellt, würde auch die Auswahl der Voraussetzungen erklären. Denn die Voraussetzungen, die das amerikanische Recht an die *Failing Company Defense* stellt, untersuchen die allgemeine finanzielle Verfassung eines Unternehmens. So wird gefragt, wie unmittelbar das Unternehmen vor dem finanziellen Scheitern steht, wie wahrscheinlich also der Marktaustritt des besagten Unternehmens ist und ob die Möglichkeit einer unternehmensinternen Restrukturierung besteht. Erstaunlich ist das geringe Gewicht, das wettbewerbsspezifischen Faktoren in der Entscheidung zukommt. So sollte anzunehmen sein, dass bei der Frage, ob ein Zusammenschluss sich als wettbewerbswidrig erweist, marktspezifische Daten eine Rolle spielen, die über die bloße *prima facie* Annahme einer bestimmten Marktmacht aufgrund bestimmter Marktanteile hinausgehen und die bei der Feststellung der *Failing Company Defense* gar nicht mehr berücksichtigt werden.

Auch kann es für eine wettbewerbliche Prognoseentscheidung nicht unbedeutend sein, warum das Unternehmen in den Zustand der Sanierungsbedürftigkeit geraten ist. Danach wird aber nicht gefragt. Von Bedeutung ist die Frage nach dem Grund für die *Failure* im US-Antitrustrecht ausschließlich, um die Wahrscheinlichkeit einer *bevorstehenden Failure* auszumachen. Dies darf aber nicht darüber hinwegtäuschen, dass es im Rahmen der *Failing Company Defense* irrelevant ist, warum das Unternehmen sich in einem sanierungsbedürftigen Zustand befindet.

Dies überrascht um so mehr, als der *Failing Company Defense* in den USA der Charakter einer absoluten *Defense* zukommt und den Genehmigungsbehörden beim Vorliegen der Voraussetzungen folglich kein Beurteilungsspielraum mehr verbleibt, um eine Genehmigung abzuwenden. Wenn die Parteien also die strengen Voraussetzungen erfüllen, wird kein weiterer Blick auf die Marktverhältnisse mehr geworfen, sondern der *Defense* stattgegeben und der Zusammenschluss genehmigt[305]. Aber auch eine Verneinung der *Defense* wird einzig von dem Nichtvorliegen einer der Voraussetzungen abhängig gemacht[306]. Weder existieren Fälle, in denen eine *Failing Company Defense* trotz Nichtvorliegens der

---

305 Vgl. *F.T.C.* v. *Great Lakes Chemical Corp.*, 528 F. Supp. 84, 95-99 (N.D. Ill. 1981); *U.S.* v. *Diebold, Inc.*, 197 F. Supp. 902, 907 (S.D. Ohio 1961); *Granader* v. *Public Bank*, 281 F. Supp. 120, 123 (E.D. Mich. 1967).

306 Vgl. *Golden Grain Macaroni Co. v. FTC*, 472 F.2d 882, 887 (9th Cir. 1972); *Dr. Pepper/Seven-Up Companies, Inc. v. FTC*, 798 F.Supp. 762, 779f. (D. D.C. 1992); *FTC v. Harbour Group Investments, L.P.*, 1990-2 Trade Cas. (CCH) Rdnr. 64,915ff. (D. D.C. 1990); *Joseph Ciccone & Sons, Inc. v. Eastern Indus., Inc.*, 537 F.Supp. 623, 628 (E.D. Pa. 1982); *United States v. Black & Decker Mfg. Co.*, 430 F.Supp. 729, 781f. (D. Md. 1976); *Treadway Companies v. Brunswick Corp.*, 364 F.Supp. 316, 321f. (D. N.J. 1973).

Voraussetzungen angenommen wurde[307], noch solche, in denen das Vorliegen der *Defense* verneint wurde, obwohl die Voraussetzungen vorlagen.

Der EuGH und die europäische Kommission deuteten in ihren bisherigen Entscheidungen an, dass sie auf die strenge Einhaltung der von ihnen aufgestellten Kriterien bedacht sein werden. Dies findet auch Beifall in der Literatur.
Da die wettbewerblichen Faktoren höchstens dann unbeachtlich sind, wenn die *Failing Company Defense* ihre Rechtfertigung nicht aus der wettbewerbsrechtlichen Unbedenklichkeit ihres Resultats erfährt, muss sich ihre Rechtfertigung aus dem Vorrang anderer, im Einzelfall möglicherweise höher zu bewertender Interessen ergeben, die sich allein an dem Fortbestehen der Unternehmenseinheit festmachen lassen. Denn diese Interessen, bestünden sie nun in Arbeitsplatzerhaltung, Strukturpolitik oder Rationalisierungsvorteilen, bestehen einzig an den Auswirkungen des Unternehmenszusammenbruchs, nicht hingegen an den genauen Gründen dafür. Wenn ein Unternehmen sanierungsbedürftig wird, so interessiert Arbeitnehmer und Standortgemeinden nicht, warum diese Situation eintrat, sondern einzig, dass dem so ist und wie das Unternehmen zu retten ist[308].
Die Auswahl und Auslegung der Kriterien legt also eine Rechtfertigung der *Failing Company Defense* mit außerwettbewerblichen Gesichtspunkten und damit eine Güterabwägung nahe. Dies gilt uneingeschränkt für das amerikanische Recht, dem nach der *Citizen Publishing* Entscheidung bereits vorgeworfen wurde, dass die *Failing Company Defense* deshalb so enge Voraussetzungen habe, um für die Nichtberücksichtigung wettbewerblicher Kriterien zu entschädigen[309].

3. Besonderheit im europäischen Recht

Widersprüchlicher präsentieren sich die Voraussetzungen der europäischen *Failing Company Defense.* Denn Kommission und EuGH betonen nachdrücklich, dass die *Failing Company Defense* eine reine Kausalitätsproblematik darstellt. Und dort findet sich auch mit dem Hinweis auf die vollständige Übernahme der Marktposition der *Failing Company* ein zusätzliches marktstrukturbezogenes Kriterium, das auf eine wettbewerbsinterne Begründung für die *Failing Company Defense* hindeuten könnte. Aber auch hier ist dann fraglich, ob dieses Kriterium wettbewerbliche Begebenheiten in ausreichendem Maße berücksichtigen kann, welche Rolle dann den übrigen Voraussetzungen (*Failure* und Alternativerwerbererfordernis) zukommt und ob deren enge Fassung tatsächlich geboten

[307] Ausgenommen das umstrittene Restrukturierungskriterium.
[308] Gleiches gilt für eine Rechtfertigung mit Rationalisierungsgewinnen, deren vorrangiges Ziel in dem Erhalt der Produktionsanlagen für den Markt besteht.
[309] *Diamant*, 47 Fordham L. Rev., 872, 890 (1979).

ist. Zudem ist zu prüfen, welche Bedeutung der letzten Kommissionsentscheidung *BASF/Eurodiol/Pantochim*[310] zukommt.

Nach alledem stellt sich die Frage, auf welche Art Sanierungsgesichtspunkte im Genehmigungsverfahren zu berücksichtigen sind.

III. Zum weiteren Gang der Darstellung

Dadurch, dass die europäische Kommission und der EuGH auf den Begriff der *Failing Company Defense* abstellen, legen sie ein dem amerikanischen Recht vergleichbares Verständnis dieser Rechtsfigur nahe. Demnach wäre die *Failing Company Defense* eine absolute *Defense*, die einen an sich wettbewerbswidrigen Zusammenschluss aus außerwettbewerblichen Gründen von einer Untersagung freistellt. Sie wäre somit erst und nur dann zu prüfen, wenn die Wettbewerbswidrigkeit des Zusammenschlusses bejaht würde. Diesem „klassischen" Verständnis der *Failing Company Defense* widmet sich die Untersuchung im fünften Kapitel. Zuvor ist zu untersuchen, ob Sanierungsgesichtspunkte nicht bereits Eingang in die wettbewerbliche Entscheidung finden können. Darauf weist zumindest der Kausalitätsansatz, den die europäischen Genehmigungsbehörden gewählt haben, hin. Diese Untersuchung wird Gegenstand der nächsten zwei Kapitel sein.

IV. Ergebnis

1. Die europäische *Failing Company Defense* setzt drei Kriterien voraus. Das sanierungsbedürftige Unternehmen muss kurz vor dem Marktaustritt stehen, es darf keinen Alternativerwerber geben, mit dem zu fusionieren weniger wettbewerbsschädlich wäre, und das aufnehmende Unternehmen würde auch ohne Fusion den Marktanteil des sanierungsbedürftigen Unternehmens übernehmen.
2. Die ersten beiden Voraussetzungen entsprechen den Mindestvoraussetzungen des amerikanischen Rechts. Dort muss mindestens eine *Failing Company* bestehen und kein *alternative purchaser* ersichtlich sein. Über die Notwendigkeit weiterer Voraussetzungen besteht Unklarheit.
3. Die Definition einer *Failing Company* erfordert eine präzise Bestimmung des Zeitpunkts, in welchem einerseits eine Insolvenz noch nicht eingetreten ist, in welchem es andererseits aber als unumgänglich anzusehen ist, dass das Unternehmen den Markt verlassen wird. Die amerikanische Rechtsprechung stellt hohe Anforderungen an die Annahme einer *Failure*, vergleichbar ist die Entwicklung im europäischen Recht.

---

310 Entscheidung vom 11.7.2001 (IV/M.2314), WuW 2002, 90.

4. Das Erfordernis, zuerst keinen alternativen Erwerbskandidaten präsentieren zu können, stellt sich vor allem wegen der Beweislastverteilung ebenfalls als sehr schwierig heraus. Aber auch diesem Kriterium kommt im europäischen Recht einiges Gewicht zu.
5. Die enge Auslegung im amerikanischen Recht ist vor allem eine Reaktion auf die weitreichenden Folgen der *Defense*, mit welcher ein wettbewerbswidriger Zusammenschluss genehmigt werden kann. Die Rechtsprechung wollte damit die Geister, die sie gerufen hatte, wieder loswerden.
6. Die enge Fassung der Kriterien deutet darauf hin, dass es sich bei der *Failing Company Defense* zumindest im amerikanischen Recht um einen Ausnahmetatbestand zur Berücksichtigung wettbewerbsfremder Ziele handelt. Anders stellt sich die Rechtslage unter Umständen im europäischen Recht dar, wo das Kriterium des Übergangs der Marktanteile auch auf eine rein wettbewerbsinterne Berücksichtigung von Sanierungsargumenten hindeuten kann.

3. Kapitel: Genehmigung in Ermangelung entstehender Marktbeherrschung – Berücksichtigung von Sanierungsaspekten im Zuge der Feststellung einer marktbeherrschenden Stellung

I. Einleitung

Die *Failing Company Defense*, dies hat der Gang der Darstellung im vorherigen Kapitel gezeigt, erfasst im europäischen Kartellrecht nur die Fälle, die eine Berücksichtigung von Sanierungsargumenten im Falle festgestellter Marktbeherrschung vorsehen. Dabei haben die voranstehenden Überlegungen unter anderem gezeigt, dass aufgrund der strikten Kriterien Sanierungsgesichtspunkte bei festgestellter Marktbeherrschung nur in seltenen Fällen bedeutsam werden und kaum zur Genehmigung eines Zusammenschlusses führen können[311]. Dies bedeutet, dass eine einmal erfolgte Feststellung einer entstehenden oder verstärkten marktbeherrschenden Stellung von Seiten der Genehmigungsbehörden oder Gerichte in der Regel nicht mehr anzugreifen ist und aufgrund der Wettbewerbswidrigkeit zu einer Untersagung führt.
Vor diesem Hintergrund ist ein Nachdenken über eine Ausweitung oder Sonderbehandlung für Zusammenschlüsse von sanierungsbedürftigen Unternehmen nur dann angezeigt, wenn es keine Möglichkeit gibt, zunächst auf wettbewerbskonformem Wege das Interesse an der Erhaltung des Unternehmens in die Entscheidung mit einzubeziehen. Dieser Gedanke wird im Folgenden in zwei Schritten vollzogen. In einem ersten Schritt verdient besonders die noch nicht untersuchte Auswirkung von Sanierungsgesichtspunkten bereits auf die Feststellung des Entstehens oder der Verstärkung einer marktbeherrschenden Stellung Beachtung. Denn Sanierungsgesichtspunkte können sich dergestalt auswirken, dass bereits die Annahme des Entstehens oder Verstärkens einer marktbeherrschenden Stellung unterminiert wird. Das nächste Kapitel widmet sich hernach der Frage, ob Sanierungsgesichtspunkte trotz entstehender Marktbeherrschung im Ergebnis der Feststellung einer Wettbewerbsbeeinträchtigung entgegenstehen können.

II. Relativierung der addierten Marktanteile

1. Marktbeherrschende Stellung

Die FusionskontrollVO hat zum Ziel, das Entstehen einer verschlechterten Marktstruktur zu verhindern. Dies erklärt sich aus der Aufgabe der Fusionskontrolle, das Entstehen konzentrationsbedingter Marktmacht zu vereiteln (Konzentrationsabwehr)[312]. Im Unterschied zum Marktverhalten[313], das sich jeder-

---

[311] Siehe dazu ausführlich unten 5. Kapitel.

[312] Kommission, Entscheidung vom 13.10.1999 *Telia/Telenor*, ABl. 2000 L 40/1 Rdnr. 152;

zeit ändern kann, ermöglicht einzig die Strukturbetrachtung die Untersuchung solcher Faktoren, die längerfristig die Möglichkeiten für einen wirksamen Wettbewerb beeinflussen[314]. Auch die Veränderung der Marktverhältnisse durch einen Unternehmenszusammenschluss bemisst sich folglich aufgrund marktstruktureller und nicht verhaltensabhängiger Kriterien[315].
Eine marktbeherrschende Stellung nimmt der EuGH in ständiger Rechtsprechung an, „wenn ein Unternehmen eine wirtschaftliche Machtstellung besitzt, die es in die Lage versetzt, die Aufrechterhaltung eines wirksamen Wettbewerbs auf dem relevanten Markt zu verhindern, indem sie ihm die Möglichkeit verschafft, sich seinen Wettbewerbern, seinen Abnehmern und letztlich dem Verbraucher gegenüber in einem wesentlichen Umfang unabhängig zu verhalten"[316]. Wichtigstes Kriterium zur Ermittlung von Marktbeherrschung stellt, wie bei Art. 82 EGV, der Marktanteil dar[317]. Darüber hinaus enthält Art. 2 Abs. 1 lit. b weitere Marktstrukturkriterien anhand derer das Entstehen oder Verstärken einer marktbeherrschenden Stellung festgestellt wird[318]. Dabei kommt einem hohen Marktanteil zwar eine Indizwirkung für das Entstehen oder Verstärken einer marktbeherrschenden Stellung zu, doch können die anderen Bewertungskriterien dazu führen, dass trotz hohen Marktanteils eine marktbeherrschende Stellung weder begründet noch verstärkt wird[319]. Eine solche Relativierung hoher Marktanteile ist bei vielen Kommissionsentscheidungen festzustellen[320]. Ein Beispiel aus neuerer Zeit stellt die *Mercedes-Benz/Kässbohrer-*

Immenga, in: Immenga/Mestmäcker, EG-Wettbewerbsrecht, Art. 2 FusionskontrollVO, Rdnr. 2; *Mestmäcker*, Medienkonzentration, S. 129.

313 Auf das Marktergebnis als 3. Marktfaktor ist ebenfalls nicht einzugehen, obwohl dies gerade im Hinblick auf die letzten zwei Beurteilungskriterien im Rahmen des Art. 2 Abs. 1 b) FusionskontrollVO nicht unstreitig ist.

314 *Rösler*, in: FK, Art. 2 FusionskontrollVO, Rdnr. 128; G/T/E-*Albers*, Fusionskontrollverordnung, Art. 2, Rdnr. 10.

315 Vgl. auch Erwägungsgründe 7 und 9.

316 Seit EuGH – *Hoffmann-LaRoche*, Rs. 85/76 – Slg. 1979, 461, 520, Rdnr. 39; EuGH – *L'Oréal*, Rs. 31/80 – Slg. 1980, 3775, 3793; EuGH – *United Brands*, Rs. 27/76 – Slg. 1978, 207, 286; EuGH – *Michelin/Kommission*, Rs. 322/81 – Slg. 1983, 3461, 3503ff.; vgl. EU-Kommission, Entscheidung vom 7.11.1990 *Renault/Volvo* (IV/M 004); *Immenga*, in: Immenga/Mestmäcker, EG-Wettbewerbsrecht, Art. 2 FusionskontrollVO, Rdnr. 14ff.; *Downes/MacDougall*, E.L.Rev. 1994, 286, 287.

317 Vgl. G/T/E-*Albers*, Art. 2 FusionskontrollVO, Rdnr. 26, 181; *Immenga*, in: Immenga/Mestmäcker, EG-Wettbewerbsrecht, Art. 2 FusionskontrollVO , Rdnr. 101; *Löffler*, FusionskontrollVO Art. 2, Rdnr. 12, 116.

318 *Afonso*, 33 Harv. Int'l L.J. 1, 19f. (1992), s.u. 4. Kapitel, II.

319 G/T/E-*Albers*, Art. 2 FusionskontrollVO, Rdnr. 205ff.; *Löffler*, FusionskontrollVO, Art. 2, Rdnr. 119; zuletzt *Emmerich*, AG 2001, 605, 611.

320 S.u. ausführlich 4. Kapitel; vgl. z.B. Entscheidungen vom 8.2.1991 *Fiat Geotech/Ford New Holland* (IV/M.009); vom 12.4.1991 *Alcatel/Telettra* (IV/M.042); vom 10.6.1991 *Sanofi/Sterling Drug* (IV/M.072); vom 19.12.1991 *Courtaulds/SNIA* (IV/M.113); vom 23.9.1991 *Mannesmann/Boge* (IV/M.134); vom 23.3.1992 *Henkel/Nobel* (IV/M.186); vom 12.11.1992

Entscheidung der Kommission dar. Die Kommission genehmigte den Zusammenschluss trotz des entstehenden unbestritten hohen Marktanteils unter Berufung auf die niedrigen Marktzutrittsschranken[321].

Im Rahmen dieser Arbeit stellt sich zunächst die Frage, ob es sanierungsspezifische Gesichtspunkte gibt, die zu dem Ergebnis führen, dass den kombinierten Marktanteilen der fusionierenden Unternehmen keine hinreichende Aussagekraft hinsichtlich des Entstehens einer marktbeherrschenden Stellung zukommt. Dies ist z.B. dann der Fall, wenn die Sanierungsbedürftigkeit eines der Unternehmens den Rückschluss auf einen künftig gleichbleibenden Marktanteil nicht zulässt. Dieser Gedanke wurde erstmalig in der sogenannten *General Dynamics Defense* des US-Antitrustrechts vorgebracht.

2. Die *General Dynamics*-Argumentation im amerikanischen Recht

Im amerikanischen Fusionskontrollrecht rückte der *Supreme Court* mit ausdrücklicher Billigung der Literatur ab etwa 1970 von seiner Fixierung auf die Bedeutung gegenwärtiger Marktanteile und die Konzentration des Marktes ab. An ihre Stelle trat zunehmend, so z.B. verdeutlicht in den *Merger Guidelines* von 1992, eine präzisere Berücksichtigung der vorauszusehenden zukünftigen Marktmacht der fusionierenden Unternehmen[322]. Besonderen Anteil an dieser Entwicklung hatten die Entscheidungen *Brown Shoe v. United States*[323] und *United States v. General Dynamics Corp.*[324]. Dabei eröffnen die *Merger Guidelines* ausdrücklich die Möglichkeit, die vermittels des *HHI*[325] festgestellte Marktkonzentration einer Billigkeitskorrektur zu unterziehen, wenn die Umstände im Einzelfall dies nahelegen. Als ein solcher korrigierender Umstand wurde zunehmend die finanzielle Situation oder strategische Lage eines Unternehmens im Wettbewerb angesehen. Somit überrascht nicht, dass im Zuge dieser Entwicklung die *Failing Company Defense* im amerikanischen Fusionskontrollrecht zunehmend als verzichtbar betrachtet wurde[326]. Die Grundlagen für

---

Mannesmann/Hoesch, ABl. 1992 114/34; vom 28.4.1994 *Allied Lyons/HWE-Pedro Domecq* (IV/M.400); vom 5.9.1994 *Vesuvius/Wülfrath* (IV/M.472); vom 22.12.1994 *Shell Chimie/ELF Atochem* (IV/M.475); vom 9.10.1996 *Baxter/Immuno* (IV/M.821).

321 Entscheidung vom 14.2.1995 (IV/M.477), ABl. 1995 L 211/1. Die Problematik der *Failing Company Defense* wurde nicht in diesem Zusammenhang erörtert, da die Marktanteile nicht aufgrund der Sanierungsbedürftigkeit in Frage gestellt wurden.

322 Vgl. *United States v. Syufy Enterprises*, 903 F.2d 659, 665 (9th Cir. 1990): „*In evaluating monopoly power, it is not market share that counts, but the ability to maintain market share.*"

323 370 U.S. 294 (1962).

324 415 U.S. 486 (1974).

325 Herfindahl-Hirschman-Index, s.o. Fn. 59.

326 Vgl. *Diamant*, 47 Fordham L. Rev. 872, 882 (1979): "*piece of excess baggage*".

diese Argumentation legte der *Supreme Court* im Jahr 1974 in der Entscheidung *United States v. General Dynamics Corp.*[327].

a. Vorgeschichte: *Brown Shoe* und *Philadelphia National Bank*

Die Entscheidung *Brown Shoe v. United States*[328] ist dadurch gekennzeichnet, dass sie einen ersten nachhaltigen *Rule of Reason*-Ansatz im amerikanischen Fusionskontrollrecht vertrat. Der *Supreme Court* berücksichtigte in dieser Entscheidung erstmals sorgfältig die Auswirkungen der tatsächlichen Marktverhältnisse auf die durch den Zusammenschluss entstehende Wettbewerbssituation. Bei Entscheidungen gemäß *Section* 7 *Clayton Act* müsse ein Ansatz gewählt werden, der dem Einzelfall gerecht werde, ohne übertriebenes Augenmerk auf die Marktanteile zu richten.

In der Begründung dieser Auffassung führte der *Supreme Court* aus, dass es der Wille des Kongresses gewesen sei, eine funktionelle, im Kontext der gesamten Industrie erfolgende Betrachtung eines Unternehmenszusammenschlusses anzustellen[329]. Anderenfalls hätte der Kongress quantitative oder qualitative Kriterien nennen müssen, anhand derer die zuständigen Behörden und Gerichte hätten bestimmen können, ob ein bestimmter Zusammenschluss den Wettbewerb „nachhaltig“[330] beeinflusse oder ob das Entstehen eines Monopols drohe[331]. Der *Supreme Court* führte beispielhaft aus, welche Faktoren, mit jeweils unterschiedlicher Gewichtung, bei dieser „funktionellen“ Betrachtung von Bedeutung sein könnten[332]. Demzufolge sei zu berücksichtigen, ob der Zusammenschluss in einem Industriebereich erfolge, der eher zersplittert oder konzentriert sei, der von wenigen Unternehmen beherrscht werde oder durch gleich große Marktanteile der Wettbewerber charakterisiert sei, der einen leichten Marktzugang für neue Wettbewerber ermögliche oder hohe Schranken für mögliche Wettbewerber aufweise, und wie hoch die vertikale Konzentration in dem gegebenen Markt sei[333], kurz: die flexible Berücksichtigung von Marktstrukturkriterien. In einer Fußnote zu diesem Absatz formulierte der *Supreme Court* den Gedanken, der später die Grundlage für seine *General Dynamics*-Rechtsprechung darstellen sollte[334]. Die Gerichte hätten die Tragweite und Bedeutung wirtschaftlicher Daten in der Fusionskontrolle längst anerkannt. Diese berücksichtigten aber bei einem jeden Zusammenschluss die unvermeidlichen Besonder-

327 415 U.S. 486 (1974).
328 370 U.S. 294 (1962).
329 370 U.S. 294, 321.
330 *Section 7 Clayton Act*: „*substantially*“.
331 S. oben, 2. Kapitel.
332 370 U.S. 294, 322.
333 370 U.S. 294, 322.
334 370 U.S. 294, 322 Fn. 38.

heiten der jeweiligen Industriebranche. Es sei zwar richtig, dass die Bedeutung von Marktanteilen, wie sie in Statistiken ausgewiesen werden, den überwiegenden Anteil an der Bestimmung eventueller Marktmacht habe, jedoch könne nur eine darüber hinaus gehende Untersuchung des betroffenen Marktes, seiner Struktur, seiner Vergangenheit *und seiner wahrscheinlichen Zukunft*, zu einer angemessenen Beurteilung der Auswirkungen des Zusammenschlusses auf den Wettbewerb führen[335].

In unmittelbarer Folge dieser Entscheidungen griffen der *Supreme Court*[336] und unterinstanzliche Bundesgerichte[337] den Ansatz der *Brown Shoe*-Entscheidung auf und berücksichtigten jeweils auch die Besonderheiten des betroffenen Marktes neben den Marktanteilen und dem Konzentrationsgrad bei der Interpretation von Marktdaten und bei der Bestimmung der *prima facie* Wettbewerbswidrigkeit.

In einer kurz darauf ergangenen Entscheidung nahm der *Supreme Court* jedoch wieder Abstand von diesem Ansatz und beschränkte sich bei der Feststellung, ob ein Zusammenschluss voraussichtlich wettbewerbsschädlich sei, auf die Betrachtung der Marktanteile. So steht vor allem die Entscheidung *United States v. Philadelphia National Bank*[338] für eine vorübergehende Abkehr von diesem Ansatz. Darin entschied sich der *Supreme Court* für die Rückkehr zum althergebrachtem Prinzip, das die Anwendung einfacher Richtlinien einer arbeitsaufwendigen Auseinandersetzung mit den Fakten des Falles vorzog. Der Sup*reme Court* führte aus, dass ein Zusammenschluss, der zum Entstehen eines Unternehmens, das einen unverhältnismäßig großen Marktanteil habe, und zu einer bedeutsamen Marktkonzentration führe, so wahrscheinlich eine Verschlechterung der Wettbewerbssituation auf dem Markt zur Folge habe, dass davon auszugehen sei, dass der Zusammenschluss wettbewerbswidrig sei[339]. Der *Supre-*

---

335 370 U.S. 294, 322 Fn. 38, mit Zitaten der unterinstanzlichen Entscheidungen: *United States v. Jerrold Electronics Corp.*, 187 F. Supp. 545 (E.D. Pa. 1960); *United States v. Bethlehem Steel Corp.*, 168 F. Supp. 576 (S.D. N.Y. 1958).

336 In den Entscheidungen *United States v. Continental Can Co.*, 378 U.S. 441, 458 (1964) und *United States v. Aluminium Co. of America*, 377 U.S. 271, 280f.

337 *Allis-Chalmers Mfg. Co. v. White Consolidated Indus.*, 414 F.2d 506, 520 (3rd Cir. 1969); *International Telephone & Telegraph Corp. v. General Telephone & Electronics Corp.*, 351 F. Supp. 1153, 1187 (D. Haw. 1972); *United States v. Tidewater Marine Service*, 284 F. Supp. 324, 329ff. (E.D. La. 1968); *United States v. Manufacturers Hanover Trust Co.*, 240 F. Supp. 867, 927 (S.D. N.Y. 1965).

338 374 U.S. 321 (1963).

339 374 U.S. 321, 362 (1963); zu welchen Auswüchsen diese Beschränkung führen konnte, zeigt der Fall *United States v. Von's Grocery Store*, in welcher ein Marktanteil von 7,5% auf dem Lebensmitteleinzelhandelsmarkt von Los Angeles als ausreichend angesehen wurde, um eine Wettbewerbsbeschränkung anzunehmen, 384 U.S. 270 (1966). In seinem abweichenden Votum kommentierte *Justice Stewart* diese Praxis wie folgt: „*The sole consistency that I can*

me Court begründete seine Umkehr mit der besseren Vorhersehbarkeit der Resultate und dem gesetzgeberischen Ziel, der Konzentrationsflut Einhalt zu gebieten[340].

Dieses Verständnis gab der *Supreme Court* bereits im Jahr 1974 in der *General Dynamics*-Entscheidung wieder auf und kehrte zu der Einzelfallananlyse von *Brown Shoe* zurück.

b. *United States v. General Dynamics Corp.*

Die besondere Bedeutung der Entscheidung *United States v. General Dynamics Corp.*[341] besteht darin, dass es sich um die letzte *Supreme Court*-Entscheidung zu der Behandlung sanierungsbedürftiger oder angeschlagener Unternehmen handelt und insoweit immer noch den gegenwärtigen Stand der höchstrichterlichen Rechtsprechung zu dieser Problematik enthält.
In der Entscheidung ging es um folgenden Sachverhalt: *Material Service Corporation*, ein Kohleproduzent, erwarb *United Electric Coal Companies*-Aktien, die zu einer faktischen Kontrollmehrheit führten. Innerhalb weniger Monate wurde *Material Service* von *General Dynamics* übernommen. Die *Federal Trade Commission* sah in dem Zusammenschluss eine Verletzung von *Section 7 Clayton Act*, weil dadurch der Wettbewerb in der kohleproduzierenden Industrie nachhaltig beeinträchtigt wurde[342]. Im Vertrauen auf die *Philadelphia National Bank*-Rechtsprechung des *Supreme Court* stützte die *Federal Trade Commission* ihre Klage, es liege eine *prima facie* Wettbewerbswidrigkeit vor, lediglich auf statistisches Material, das die in der Vergangenheit erzielten Verkaufszahlen und den Umsatz der betreffenden Unternehmen auswies. Eine Addition beider Marktanteile legte eine Wettbewerbswidrigkeit nahe.
Die Marktdaten in der Vergangenheit alleine genügten dem *Supreme Court* nicht. *Brown Shoe* zitierend[343] stellte dieser fest, dass nur eine darüber hinaus gehende Untersuchung des betroffenen Marktes, seiner Struktur, seiner Vergangenheit und seiner wahrscheinlichen Zukunft, zu einer angemessenen Beurteilung der negativen Auswirkungen des Zusammenschlusses auf den Wettbewerb führen könne[344].
Nach eingehender Untersuchung einer Vielzahl von wirtschaftlichen Daten und Beweisen wies der *Supreme Court* die Behauptung der *Federal Trade Commis-*

---

find is that in litigation under Section 7, the Government always wins", id. 301. *Justice Stewart* sollte auch die *General Dynamics* Entscheidung verfassen.

[340] *United States v. Philadelphia National Bank*, 374 U.S. 321, 362f. (1963).

[341] 415 U.S. 486 (1974).

[342] 415 U.S. 486, 488 ff.

[343] Vgl. oben Fn. 310.

[344] 415 U.S. 486, 498.

sion, es liege eine *prima facie* Wettbewerbswidrigkeit vor, zurück. Zur Begründung verwies der *Supreme Court* auf seine Untersuchung des Kohlemarktes. Die Menge seiner nicht erschlossenen Kohlereserven stelle ein aussagekräftigeres Indiz für die Fähigkeit eines kohleproduzierenden Unternehmens, auch zukünftig am Wettbewerb teilzunehmen, dar, als dessen Produktionsmenge in der Vergangenheit[345]. Eine Prognose über eine künftige Wettbewerbsbeeinträchtigung erfordere vor allem auch eine Prognose über die künftige Wettbewerbsfähigkeit des Unternehmens und nicht über dessen Wettbewerbsfähigkeit in der Vergangenheit.
Diese zukünftige Wettbewerbsfähigkeit bezweifelte der *Supreme Court* im Fall von *General Dynamics*. Die Reserven von *United Electric* seien so knapp bemessen, dass dessen zukünftige Bedeutung für den Wettbewerb weit überschätzt würde, wenn ihr der in der Vergangenheit erzielte Marktanteil zugrunde gelegt werde. Zudem habe eine nähere Untersuchung der Marktstruktur ergeben, dass die Anzahl der Kohleproduzenten sich aufgrund geänderten Nachfrageverhaltens verringern werde. Da der *Supreme Court* die Einschätzung der *Federal Trade Commission* über das Entstehen zukünftiger Marktmacht nicht teilte, stellte er fest, dass der Erwerb durch *General Dynamics* den Wettbewerb nicht nachhaltig verschlechtern werde und somit bereits gar keine *prima facie* Wettbewerbsfähigkeit vorliege.
Wie sich aus zahlreichen Entscheidungen ergibt, scheinen seit dieser Wiederbelebung einer dynamischen Marktanteilsbetrachtung sowohl der *Supreme Court*, als auch vor allem die unterinstanzlichen Gerichte diesen Ansatz akzeptiert zu haben. In der Folgezeit haben die Gerichte ökonomische Gesichtspunkte nicht nur dazu herangezogen, den Wert einer auf die Betrachtung von Marktanteilen alleine gestützten Vorhersage über die wahrscheinliche Wettbewerbswidrigkeit zu unterminieren[346]. Der Einfluss der Gegebenheiten des jeweiligen Marktes wurde vor allem bei der Frage berücksichtigt, ob ein Unternehmenszusammenschluss trotz seines gegenwärtig wettbewerbswidrig hohen Marktanteils überhaupt zum Entstehen zukünftiger Marktmacht führen kann.

---

345 415 U.S. 486, 502.

346 *United States v. Citizens & Southern Int'l Bank*, 422 U.S. 86 (1975); *Dr. Pepper/Seven-Up Companies, Inc. v. Federal Trade Commission*, 991 F.2d 859 (D.C. Cir. 1993); *Olin Corp. v. Federal Trade Commission*, 986 F.2d 1295 (9th Cir. 1993); *United States v. Syufy Enterprises*, 903 F.2d 659 (9th Cir. 1993); *United States v. Waste Management, Inc.*, 743 F.2d 976 (2nd Cir. 1984); *Kaiser Aluminium & Chem. Corp. v. Federal Trade Commission*, 652 F.2d 1324 (7th Cir. 1981); *Lektro-Vend Corp. v. Vendo Co.*, 660 F.2d 255 (7th Cir. 1981); *Federal Trade Commission v. National Tea Co.*, 603 F.2d 694 (8th Cir. 1979); *F.M. Schaeffer Corp. v. C. Schmidt & Sons, Inc.*, 597 F.2d 814 (2nd Cir. 1979); *United States v. International Harvester Co.*, 564 F.2d 769 (7th Cir. 1977); *Coca-Cola Bottling Co. of New York, Inc.*, 93 Federal Trade Commission 110 (1979).

c. 1992 *Merger Guidelines*

Diese Änderung in der Rechtsprechung blieb nicht ohne Auswirkung auf die *Merger Guidelines*. So wiesen bereits die 1984 *Guidelines* explizit darauf hin, dass sie eine schwache finanzielle Verfassung als Ausweis einer strukturellen Schwäche des Unternehmens berücksichtigen können, die sich auf die Berechnung der künftigen Marktanteile niederschlägt[347].
Die 1992 *Guidelines* bringen zum Ausdruck, dass sowohl die *Federal Trade Commission*, als auch das Justizministerium ein Herangehen an *Section 7 Clayton Act* bevorzugen, das alle relevanten Umstände des Einzelfalles berücksichtigt: „*ultimate inquiry in market analysis: whether the market is likely to create or enhance market power or to facilitate its exercise*"[348]. In ihrer detaillierteren Stellungnahme weisen sie darauf hin, dass eine schematische Anwendung der in den *Guidelines* vorgesehenen spezifischen Standards in einzelnen Fällen zu fehlerhaften Lösungen für die Fragen, die sich aus den Fusionskontrollvorschriften ergeben, führen könnte. Zudem sei das Bild der Wettbewerbsbedingungen, das sich aus historischen Daten ergebe, häufig unvollständig und biete infolgedessen auch keine erschöpfende Antwort auf die zukunftsgerichtete Untersuchung, die die *Guidelines* vorsehen. Daher verpflichteten sich die FTC und Justizministerium, die Vorgaben der *Guidelines* „mit Vernunft" und den besonderen Tatsachen und Umständen des jeweiligen Zusammenschlusses angemessen anzuwenden[349].
Dieser Vorsatz der Genehmigungsbehörden wird durch die detailliertere Analyse der *Guidelines* bestätigt. Diesen ist erstens zu entnehmen, dass Marktanteile und *HHI* nur den Ausgangspunkt für die Analyse der Auswirkungen des Zusammenschlusses auf den Wettbewerb darstellen können[350]. Zudem stellen die *Guidelines* recht ausführlich andere Marktfaktoren auf, die die Behörden voraussichtlich bei ihrer Beurteilung, ob ein *prima facie* Wettbewerbsverstoß vorliegt, berücksichtigen werden[351]. Zweitens verinnerlichen die *Guidelines* seit

---

347 1984 Merger Guidelines, Rdnr. 20,561: „*The Department will consider the financial condition of a merging firm or any firm in the relevant market, to the extent that it is relevant to an analysis of the firm's likely future competitive significance. If the financial difficulties of a firm cannot be explained as phenomena of, for example, the business cycle but clearly reflect any underlying structural weakness of the firm, the firm's current market share may overstate its likely future competitive significance.*"
348 Merger Guidelines, Rdnr. 41,553.
349 Merger Guidelines, Rdnr. 41,553.
350 Merger Guidelines, Rdnr. 41,558.
351 Vgl. 1992 *Merger Guidelines* Rdnr. 41,558 bis 41,560: „*Lessening of Competition Through Coordinated Interaction*"; „*Conditions Conductive to Reaching Terms of Coordination*"; „*Conditions Conductive to Detecting and Punishing Deviations*"; „*Firms Distinguished Primarily by Differentiated Products*"; „*Closeness of the Products to the Merging Firms*"; „*Ability of Rival Sellers to Replace Lost Competition*"; „*Firms Distinguished Primarily by*

1984 die *General Dynamics* Rechtsprechung und berücksichtigen nun explizit mögliche Veränderungen im relevanten Markt und strukturelle Nachteile, die ein Zeichen für eine Überbewertung der Marktanteile eines Unternehmens im Hinblick auf dessen zukünftige Bedeutung als Wettbewerber sein können[352].

Auch zwei unmittelbar nach *General Dynamics* entschiedene Fälle brachten diesen neuen Ansatz des *Supreme Court* deutlich zum Ausdruck[353]. In beiden Entscheidungen wurde den Marktanteilen keine entscheidende Bedeutung beigemessen, weil sie kein getreues Abbild der ökonomischen Realität lieferten. Sie stellten vielmehr lediglich einen ersten Ansatzpunkt für eine wettbewerbsrechtliche Beurteilung dar. Diesen Entscheidungen sind die unterinstanzlichen Gerichte bislang gefolgt.

d. Dynamische Betrachtung der Marktanteile

Mit der *General Dynamics*-Entscheidung legte der *Supreme Court* somit den Grundstein für eine dynamische Betrachtung der gegenwärtigen Marktanteile. Daraus ergibt sich auch eine Hilfestellung für die Bedeutung und die Möglichkeiten der Marktanteilsrelativierung im europäischen Recht.

3. Die *General Dynamics* Argumentation im Europäischen Fusionskontrollrecht

Die vorgenannte Berücksichtigung bestimmter Marktstrukturkriterien für die Prognoseentscheidung, wie sich die Wettbewerbssituation nach dem Zusammenschluss darstellen wird, könnte auch im europäischen Fusionskontrollrecht geeignet sein, der Situation eines angeschlagenen Unternehmens in angemessenem Umfang gerecht zu werden. Dies setzt zunächst voraus, dass die FusionskontrollVO eine solche Prognose verlangt bzw. ermöglicht.

a. Rechtliche Grundlage

Die *General Dynamics Defense* führt in der amerikanischen Fusionskontrolle zur Berücksichtigung von Zweifeln am Entstehen einer wettbewerbsbeschrän-

---

Their Capacities". Vgl. dazu ferner die jüngeren Entscheidungen *United States v. Baker Hughes Inc.*, 908 F.2d 981, 985 ff. (D.C. Cir. 1990); *United States v. Syufy Enterprises*, 903 F.2d 659, 664 (9th Cir. 1990); *Hospital Corp. of America v. Federal Trade Commission*, 807 F.2d 1381, 1386 ff. (7th Cir. 1986); *Grumman Corp. v. LTV Corp.*, 665 F.2d 10, 15 (2nd Cir. 1981); *Kaiser Aluminium & Chem. Corp. v. Federal Trade Commission*, 652 F.2d 1324, 1341 (7th Cir. 1981); *United States v. International Harvester*, 564 F.2d 769, 778 (7th Cir. 1977).

352 1992 Merger Guidelines, Rdnr. 41,557.

353 *United States v. Marine Bancorporation*, 418 U.S. 602 (1974); *United States v. Citizens & Southern National Bank*, 422 U.S. 86 (1975).

kenden Marktmacht. Übertragen auf die europäische Fusionskontrolle hieße dies, unter Umständen wegen einer Sanierungsbedürftigkeit des zu übernehmenden Unternehmens bereits das Entstehen oder Verstärken einer marktbeherrschenden Stellung zu verneinen.

Im Unterschied zum US-Fusionskontrollrecht in der Form der *1992 Merger Guidelines* schreibt die europäische FusionskontrollVO nicht vor, welche Bewertungskriterien in welcher Reihenfolge über die Vereinbarkeit eines Zusammenschlusses mit dem Fusionskontrollrecht entscheiden. Die EU-Kommission hat zwar auch im Rahmen der FusionskontrollVO eine Reihenfolge bestimmter Prüfungskriterien festgelegt[354], doch sind diese letztlich nicht verbindlich.

Dem Wortlaut der FusionskontrollVO ist kein ausdrücklicher Hinweis darauf zu entnehmen, dass die Genehmigungsbehörden eine Prognose darüber anzustellen haben, ob eine marktbeherrschende Stellung entstehen oder verstärkt wird[355]. Dennoch findet auch hier eine Prognose statt, da im Zeitpunkt der Entscheidung genau zu ermitteln ist, welche strukturellen Veränderungen infolge des Zusammenschlusses auf dem relevanten Markt feststellbar sein werden[356]. Darin liegt ein dynamisches, in die Zukunft gerichtetes Moment. In der Praxis umfasst diese vorausschauende Betrachtung einen Zeitraum, innerhalb dessen noch eine Abschätzung der Auswirkungen möglich ist, i.d.R. zwei, maximal fünf Jahre[357]. Dabei bleiben hypothetische Entwicklungen, z.B. eigene Prognosen der Beteiligten, grundsätzlich unbeachtet[358]. *Im Gegensatz zu § 19 Abs. 3 GWB beinhaltet die FusionskontrollVO auch keine Vermutung für eine entstehende Marktbeherrschung.*

Auch für die Bestimmung der zukünftigen Entwicklung der Marktanteile ist die Prognose von Bedeutung. Entscheidend ist hier im Rahmen der Prognose die zutreffende Einschätzung des in den derzeitigen Marktanteilen zum Ausdruck kommenden künftigen wettbewerblichen Potentials. Die Kommission betont, dass sie die Entwicklung des Marktanteils in der Vergangenheit und für die Zu-

---

354 G/T/E-*Albers*, Art. 2 FusionskontrollVO, Rdnr. 18: Höhe des Marktanteils, Stärke der Wettbewerber, Stärke der Abnehmer, potentieller Wettbewerb.
355 Rösler, in: FK, Art. 2 FusionskontrollVO, Rdnr. 131.
356 *Immenga*, in: Immenga/Mestmäcker, EG-Wettbewerbsrecht, Art. 2 FusionskontrollVO, Rdnr. 23; vgl. EuGH – verb. Rs. *Frz. Republik/Kommission*, C-68/94 und *SCPA* und *EMC/Kommission*, C-30/95 – Slg. 1998 I-1375, Rdnr. 120: „Prognose der Kommission".
357 *Immenga*, in: Immenga/Mestmäcker, EG-Wettbewerbsrecht, Art. 2 FusionskontrollVO, Rdnr. 23; *Löffler*, FusionskontrollVO Art. 2, Rdnr. 132.
358 EuG, Urteil vom 19.5.1994 – *Air France/Kommission*, Rs. T-2/93 – Slg. 1994 II – 323, 349, Rdnr. 70-72; einen etwas großzügigeren Maßstab legt das Bundeskartellamt an, welches auch wahrscheinliche Verbesserungen in die Prognose einbezieht, vgl. *RWE/VEW* WuW/E DEV 301, 312, Rdnr. 327ff.

kunft untersucht[359]. Daher sind die Marktanteilsdaten in der Kommissionspraxis auch zumeist nicht mehr als ein Ausgangspunkt für die Analyse, ob ein Zusammenschluss zur Entstehung oder Verstärkung einer marktbeherrschenden Stellung beiträgt[360]. So erkennt die Kommission an, dass selbst bei sehr hohen Marktanteilen nicht zwingend davon ausgegangen werden könne, dass eine marktbeherrschende Stellung daraus resultiere[361]. Vielmehr komme den derzeit existierenden Marktanteilen nur die Bedeutung einer Momentaufnahme und damit maximal eine sehr starke Präjudizwirkung dafür zu, dass künftig eine marktbeherrschende Stellung entstehe. Diese Momentaufnahme sei aber nur so lange entscheidungsrelevant, wie sich in ihr nicht nur die gegenwärtigen Marktzustände, sondern auch die zukünftigen Entwicklungen des Marktes mit hinreichender Sicherheit widerspiegeln[362]. Denn selbst wenn zur Zeit des Zusammenschlusses eine Marktbeherrschung zu bejahen sei, so müsse diese nicht während des Prognosezeitraums bestehen bleiben[363]. So hat die Kommission vor allem in jungen Märkten die Beobachtung gemacht, dass es nicht unwahrscheinlich ist, dass Marktanteile und Marktführerschaft häufig wechseln. In der Entscheidung *Digital/Kienzle* kam die Kommission zu dem Schluss, dass ein hoher Marktanteil eines Unternehmens zu einer bestimmten Zeit kein getreues Abbild der grundsätzlichen Stärke des Unternehmens darstelle und somit nur begrenze Aussagekraft im Hinblick auf eine künftige Marktbeherrschung habe[364]. Diese dynamische Bewertung gegenwärtiger Marktanteile entspricht dem *General Dynamics* Gedanken und kann auch als Grundlage für eine Berücksichtigung von Sanierungsargumenten dienen. Anhand einzelner Kommissionsentscheidungen soll nachstehend nachvollzogen werden, inwieweit die Kommission bereits eine Dynamik bei der Bewertung der festgestellten Marktanteile berücksichtigt.

b. Entscheidungen der Kommission

aa. Die Entscheidung *Mannesmann/VDO* der EU-Kommission

Bereits in ihrer keinen Sanierungssachverhalt betreffenden Entscheidung vom 13.12.1991[365] prognostizierte die Kommission, dass der Marktanteil von *VDO* innerhalb der nächsten Jahre erheblich zurückgehen werde, weil sich die Anfor-

---

359 XXII. Wettbewerbsbericht der Kommission, Rdnr. 249.

360 *Cook/Kerse*, Merger Conrol, 5.4.2.; *Immenga*, in: EG-Wettbewerbsrecht, Art. 2 FusionskontrollVO, Rdnr. 118ff.; *Koch*, EWS 1990, 65, 69.

361 *Tetra Pak/Alfa-Laval*, ABl. 1991 L 290/35, Rdnr. 23.

362 Entscheidung vom 12.11.1992 *Mannesmann/Hoesch*, ABl. L 114/35, Rdnr. 91.

363 Entscheidunge vom 1.10.1993 *American Cyanamid/Shell*, Rdnr. 33.

364 *Digital/Kienzle* ABl. 1991 L 56/16, Rdnr. 20.

365 Entscheidung vom 13.12.1991 *Mannesmann/VDO* (IV/M 164), ABl. 1992 L 88/13.

derungen und Vorlieben der Abnehmer geändert hätten[366]. Auch *Mannesmanns* Finanzkraft wurde in dieser Entscheidung nicht als ausreichend angesehen, um den Marktanteil von *VDO* zu erhalten, womit eine Addition der gegenwärtigen Marktanteile nicht dem tatsächlichen zukünftigen Marktanteil des durch die Fusion entstehenden Unternehmens entsprochen hätte[367]. Die Kommission verneinte auf diese Weise das Entstehen einer marktbeherrschenden Stellung.

bb. Weitere Entscheidungen

Auch in der Entscheidung *Pepsico/Kas* stellte die Kommission fest, dass die Marktanteile die wettbewerbliche Bedeutung überbewerten[368] .
In der Entscheidung *Rhône-Poulenc-SNIA/Nordfaser*[369] ging die Kommission von einem strukturellen Wandel auf dem Bekleidungsmarkt aus, welcher zu Überkapazitäten führen werde. Bereits zum Zeitpunkt der Entscheidung waren die Fabriken des zu übernehmenden Unternehmens nur zu 60% ausgelastet und eine weiter sinkende Quote war zu erwarten.
Damit rechtfertigte die Kommission ihre Feststellung, dass der Marktanteil mittelfristig nicht mit dem gegenwärtigen (hohen) gleichgesetzt werden könne, sondern bedeutend niedriger sei und somit keine zwingenden Rückschlüsse auf die zukünftige Marktbeherrschung zulasse.

Eine mutige Prognose wagte die Kommission in der *Noranda Forest/Glunz*-Entscheidung[370], in welcher sie aufgrund geänderten Nachfrageverhaltens eine Umsatzsteigerung beim Konkurrenzprodukt um 500% verteilt auf die nächsten 10 Jahre vorhersagte. Dies erschien ihr ausreichend, um die Aussagekraft des hohen kombinierten Marktanteils in Frage zu stellen.
Über einen „Lehrbuchfall“[371] hatte die Kommission in *Röhm/Rohm und Haas*[372] zu entscheiden. Dort konnten die bisherigen Marktanteile nicht als Referenz genommen werden, weil die Patente des zu übernehmenden Unternehmens in der näheren Zukunft ausliefen.

Ein ähnliches Konzept verfolgte die Kommission auch in der Entscheidung *Société Générale de Belgique/Générale de Banque* vom 3.8.1993, in welchem sie darauf hinwies, dass die Vorhersagekraft der Marktanteile nur begrenzt sei, weil

---

366 Id., Rdnr. 22.
367 Id., Rdnr. 28, 37.
368 Entscheidung vom 21.12.1992 *Pepsico/Kas* (IV/M.289), ABl. 1993, L 8/2.
369 Entscheidung vom 3.2.1994 (IV/M.399), ABl. 1994 L 42/13, dort Rdnr. 22.
370 Entscheidung vom 8.9.1995 (IV/M.599), ABl. 1995 L 207, Rdnr. 34.
371 Vgl. *Areeda*, Antitrust, Rdnr. 962a.
372 Entscheidung vom 28.6.1996 (IV/M.719), ABl. 1996 L 226/4, Rdnr. 14.

der hohe Marktanteil vor allem auf historischen Gründen beruhe, die sich jederzeit ändern könnten[373].

cc. Die Entscheidung *Elf Aquitaine-Thyssen/Minol* der EU-Kommission

Von besonderem Interesse in diesem Zusammenhang ist die Entscheidung der Kommission in dem Zusammenschlussverfahren *Elf Aquitaine-Thyssen/Minol* vom 4.9.1992[374]. Dieser Entscheidung lag eine Fallkonstellation zugrunde, die der der *Kali & Salz*-Entscheidung vergleichbar war. *Elf Aquitaine* wollte das Tankstellennetz der ostdeutschen *Minol* übernehmen und sah sich wettbewerblichen Bedenken ausgesetzt, weil *Minol* als ehemaliger Monopolist auf dem ostdeutschen Markt zur Zeit der Wiedervereinigung über ein flächendeckendes Tankstellennetz und einen Marktanteil von über 90% verfügte. In den Ziffern 10-15 führte die Kommission aus, warum ihrer Ansicht nach diesem anfänglich von *Minol* gehaltenen Marktanteil keine Bedeutung für die Zukunft zukommt. So stellte die Kommission fest, dass sich das ostdeutsche Tankstellennetz binnen kurzer Zeit verändern werde und dass bei vielen Tankstellen fraglich sei, ob sie überhaupt überlebensfähig seien. Die Marktentwicklung von *Minol* in Ostdeutschland sei bereits im ersten Jahr so rückläufig gewesen, dass ihr Marktanteil von 85% auf 65% gefallen sei. Daraus könne geschlossen werden, dass *Minols* gegenwärtiger Marktanteil einem Abwärtstrend folge und die tatsächliche Marktmacht von *Minol* durch die derzeit ausgewiesenen Marktanteile somit überbewertet werde[375].

c. Ergebnis

Im europäischen Fusionskontrollrecht ist tatsächlich eine mit dem *General Dynamics*-Ansatz vergleichbare Argumentation auszumachen. Die europäische FusionskontrollVO ermöglicht eine präzise Berücksichtigung der Marktgegebenheiten und verschließt sich schematischen Lösungen in einem noch höheren Maße als das US-Fusionskontrollrecht. Von dieser Möglichkeit macht die Praxis im Rahmen der zulässigen Prognose Gebrauch. Dies bleibt nicht ohne Auswirkungen auf die Feststellung der zukünftigen Marktanteile, die anhand einer wertenden Betrachtung unter besonderer Berücksichtigung des ihnen zukommenden Wettbewerbspotentials bestimmt werden.

---

373 (IV/ M 343), Rdnr. 19.

374 Entscheidung vom 4.9.1992 *Elf Aquitaine-Thyssen/Minol* (IV/M.235), ABl. 1992 L 232/14.

375 Id., Rdnr. 11.

III. Das Verhältnis der *General Dynamics Defense* zur *Failing Company Defense*

1. Einleitung

Nicht nur die letztgenannten Entscheidungen werfen die Frage auf, in welchem Verhältnis die *General Dynamics „Defense"* zur *Failing Company Defense* steht[376]. In beiden Fällen steht der Erwerb von mehr oder weniger sanierungsbedürftigen Unternehmen zur Diskussion. Beide Fälle scheinen zudem eine Lösung für vergleichbare auszugleichende Interessen bereitzuhalten, obgleich beide *defenses* dogmatisch nicht im Entferntesten miteinander verwandt sind. Bei der *Failing Company Defense* handelt es sich um eine echte *defense*, die einen festgestellten wettbewerbswidrigen Zusammenschluss gegen ein Verbot immunisiert. Die *General Dynamics „Defense"* ist strenggenommen gar keine *defense*[377], „verteidigt" sie doch nicht den Zusammenschluss gegen eine unzweifelhafte Wettbewerbswidrigkeit, sondern hält lediglich eine Korrektur der *prima facie* Annahme einer solchen bereit[378]. Sie führt im Ergebnis – einen Schritt vorher – dazu, dass schon gar keine Wettbewerbswidrigkeit des Zusammenschlusses festgestellt wird.
Beide Rechtsfiguren führen aber zur Genehmigung eines Zusammenschlusses, wenn ein sanierungsbedürftiges Unternehmen im engeren Sinne beteiligt ist.

Die 1984 und 1992 *Merger Guidelines* erkennen sowohl die *General Dynamics* Argumentation, als auch die *Failing Company Defense* explizit an und stellen damit zugleich die Frage nach der Abgrenzung[379]. Die 1984 *Guidelines* begnügen sich diesbezüglich mit der Feststellung, dass die *General Dynamics*-Argumentation konzeptionell von der *Failing Company* Doktrin zu unterscheiden sei[380]. Das Dilemma offenbart sich ebenso in den Ausführungen der *Federal Trade Commission* zum *Boeing/McDonnell-Douglas*-Zusammenschluss, in denen die *Federal Trade Commission* ausdrücklich zurückweist, dass *McDonnell-Douglas* eine *Failing Company* ist. Die Begründung dafür ist freilich sehr formalistisch: Zum einen lägen die Voraussetzungen für eine *Failing Company Defense* nicht vor[381], zum anderen setze eine *Failing Company Defense* voraus, dass der Zusammenschluss mit hoher Wahrscheinlichkeit wettbewerbswidrig

---

[376] Vgl. zu dieser Thematik: *Note*, 92 Harv. L. Rev., 491ff. (1978); *Diamant*, 47 Fordham L. Rev., 872ff. (1979).

[377] Sie wird in der Literatur bisweilen als solche bezeichnet. Das ist vertretbar, wenn dem der weite Begriff der *defense* zugrundegelegt wird.

[378] *United States v. General Dynamics Corp.*, 415 U.S. 486, 503f. (1974), *Note*, 92 Harv. L. Rev., 491, 503 (1978).

[379] 1984 *Merger Guidelines*, Sec. 3.21, 3.22.

[380] Id.

[381] Keine baldige Liquidation, Betriebsvermögen bleibt im Markt.

sei, was im gegebenen Fall gerade nicht erwartet werden könne[382].
Relativ einfach ist dabei noch die Frage zu beantworten, welche Fälle die *Failing Company Defense* nicht erfasst, die aber unter die *General Dynamics* Argumentation fallen. Wenn die *General Dynamics* Argumentation erfolgreich berücksichtigt wurde, dann entfällt in Ermangelung einer wesentlichen Wettbewerbsbeeinträchtigung die Notwendigkeit für die Geltendmachung der *Failing Company Defense*. Dieser Fall lässt bereits Bedenken hinsichtlich der Erforderlichkeit einer *Failing Company Defense* überhaupt aufkommen und mündet schließlich in der Frage, welche Anwendungsfälle für die *Failing Company Defense* verbleiben, die nicht auch mit *General Dynamics* hätten erreicht werden können.

Die notwendige Relativierung künftig entstehender addierter Marktanteile wirft auch im europäischen Recht die Frage nach dem Verhältnis der *Failing Company Defense* im Sinne einer Rechtfertigung von zu Marktbeherrschung führenden Zusammenschlüssen zur Berücksichtigung von Sanierungsargumenten im Zuge der Einzelfallbetrachtung hinsichtlich künftig entstehender Marktbeherrschung i.S.v. *General Dynamics* auf. Denn wenn die finanzielle Schwäche eines Unternehmens bereits bei der Frage der entstehenden Marktbeherrschung Berücksichtigung findet, dann könnte es einer *Failing Company Defense* nicht mehr bedürfen. In der Folge kann sich somit die Frage stellen, ob eine genaue Analyse zukünftiger Marktanteile nicht auch zu einer angemesseneren Berücksichtigung von Aspekten der Sanierungsbedürftigkeit führt und somit letztlich das Ziel der *Failing Company Defense* bereits im Rahmen der wettbewerblichen Betrachtung erreicht.

In beiden untersuchten Rechtsordnungen stellt sich damit die Frage nach dem Verhältnis von der *General Dynamics Defense* zur *Failing Company Defense*.

2. Die Grenzen von *General Dynamics*

a. Von *General Dynamics* zur *Financial Weakness Defense*

Obwohl beide *defenses* einen jeweils anderen Weg einschlagen, können sie beide zu dem Ergebnis führen, dass ein Zusammenschluss aufgrund der Sanierungsbedürftigkeit eines Unternehmens genehmigt wird. Die theoretische Abgrenzung zwischen ihnen verliert aber weiter an Schärfe, wenn *General Dynamics* extensiv ausgelegt wird und alle Fälle finanziellen Scheiterns umfassen soll.
Eine solch extensive Interpretation der *General Dynamics* Entscheidung führte

[382] Vgl. zur Praxis *Leeds*, The Failing Firm Defense (www.ftc.gov/opp/global/lleeds.htm).

zum Entstehen der sogenannten *Financial Weakness Defense*[383]. Bei dieser verneinten einige Gerichte das Entstehen eines wettbewerbswidrigen Zustandes, weil sie davon ausgingen, dass finanzielle Schwierigkeiten beim zu erwerbenden Unternehmen, die noch keine *failure* bedeuteten, dennoch eine Schwäche darstellen könnten, die die zukünftige Wettbewerbsfähigkeit des fusionierten Unternehmens schmälerte[384]. *General Dynamics* sei nicht auf die Fälle fehlender Rohstoffvorkommen beschränkt, sondern erfasse jeden Fall, in welchem bestimmte Umstände oder das Vorbringen bestimmter Beweise die Annahme nahelegten, dass die in der Vergangenheit gewonnen Marktdaten der Genehmigungsbehörde nicht ausreichten, um ein genaues Abbild des zukünftigen Marktes zu prognostizieren. Die angeschlagene Finanzsituation sei genau solch ein Umstand, da sie die Position des Unternehmens im zukünftigen Wettbewerb nachhaltig beeinträchtigen könne. Damit komme diesem Unternehmen im zukünftigen Wettbewerb unter Umständen aber eine schwächere Stellung zu als in der Vergangenheit. Diese Annahme wurde dahingehend weiterentwickelt, dass bereits die Schwierigkeiten eines Unternehmens, am Wettbewerb künftig aktiv teilzunehmen, eine Schwäche darstellen könne, die einen Zusammenschluss generell nicht wettbewerbswidrig mache[385].

So stellte der *Court of Appeal* in der Entscheidung *United States v. International Harvester Co.* fest, dass die geschwächte finanzielle Verfassung des zu erwerbenden Unternehmens diesem einen wettbewerblichen Nachteil gegenüber seinen Konkurrenten einbringe[386]. Dabei hatte das zu erwerbende „geschwächte" Unternehmen in *International Harvester* genügend finanzielle Reserven für den laufenden Betrieb. Das einzige Indiz für eine Angeschlagenheit bestand in der Schwierigkeit, an Kapital zu Expansionszwecken zu gelangen. Doch dies reichte dem Gericht aus, um festzustellen, dass die schwachen finanziellen Reserven ebenso wie die mangelnden Kohlevorräte in *General Dynamics* es dem Unternehmen unmöglich machten, ein so starker zukünftiger Wettbewerber zu sein, wie dies aus dem Vorbringen der Genehmigungsbehörden hervorgehe[387]. Damit verlor deren Argumentation ihre Grundlage und der Zusammenschluss wurde genehmigt.

---

383 In Anlehnung an die *Failing Company Defense* auch „*Flailing*" *Company Defense* genannt; Fox/Fox § 8.11 [4].

384 Vor allem *United States v. International Harvester Co.*, 564 F.2d 769, 773 Fn.7 (7th Cir. 1977).

385 *United States v. International Harvester Co.*, 564 F.2d 769, 774 (7th Cir. 1977); *United States v. Consolidated Foods Corp.*, 455 F.Supp. 108, 136 (E.D. Pa 1978); *United States v. Amax, Inc.* 402 F.Supp. 956, 970 (D. Conn. 1975).

386 *United States v. International Harvester Co.*, 564 F.2d 769, 775f. und Fn.12, 13 (7th Cir. 1977).

387 Id., 773.

In *United States v. Consolidated Foods Corp.*[388] war der Absatzrückgang des zu erwerbenden Unternehmens auf technologische Schwierigkeiten und eine beschränkte Angebotspalette zurückzuführen. Die daraus resultierende Beeinträchtigung der Wettbewerbsfähigkeit reichte dem *District Court*, um zu der Annahme zu gelangen, dieses Unternehmen könne zukünftig nicht mehr wirkungsvoll am Wettbewerb teilhaben.

b. Kritik

Aufgrund dieses Verständnisses wurde mit der finanziellen Verfassung eines Unternehmens eine Voraussetzung der *Failing Company Defense* zur alleinigen Voraussetzung für die *General Dynamics*-Argumentation.
Zudem erforderte diese einen geringeren Grad der finanziellen Schwierigkeiten. Bei ernsten finanziellen Problemen, die auf ein Scheitern des Unternehmens hindeuten, findet die *Failing Company Defense* Anwendung. Weniger ernste Probleme führen zur Anwendung der *General Dynamics* Argumentation. Viele Sachverhalte werden indes die Frage nach der Anwendbarkeit beider *Defenses* erheben[389]. Lediglich finanziell angeschlagenen Unternehmen wird der Weg zur Genehmigung des Zusammenschlusses über eine Abwägung möglicher wettbewerblicher Auswirkungen ermöglicht, wohingegen tatsächlich sanierungsbedürftige Unternehmen auf das Vorliegen der Voraussetzungen einer *Failing Company Defense* angewiesen wären.
Letztere böte zwar den Vorteil, eine absolute *Defense* darzustellen, trüge aber schwer an ihrem größten Nachteil, den strikten Voraussetzungen. Während die *Failing Company Defense* von den Parteien verlangt, dass kein alternativer Erwerber auffindbar ist, dessen Übernahme zu einer nochmals verbesserten wettbewerblichen Situation führt, haben der *Court of Appeal* in *International Harvester*[390] und der *Supreme Court* in *General Dynamics*[391] festgestellt, dass eine *Financial Weakness Defense* nicht die Suche nach einem alternativen Erwerber zur Voraussetzung erhebt. Dieses Nebeneinander beider Gedanken beinhaltet einen offensichtlichen Wertungswiderspruch. Die Anforderungen, die ein Unternehmen erfüllen muss, das sich in der schlimmeren Situation des Scheiterns befindet, sind höher, als die, die an ein Unternehmen gestellt werden, das sich in der weniger schlimmen Situation, der Gefahr sinkender wettbewerblicher Bedeutung, befindet.
In der amerikanischen Literatur werden verschiedene Lösungen zur Auflösung dieses Wertungswiderspruches vorgeschlagen:

---

388 *United States v. Consolidated Foods Corp.*, 455 F.Supp. 108, 136 (E.D. Pa 1978).

389 Zumal jedes „ernste" finanzielle Scheitern zumindest den Fall des „weniger ernsten" finanziellen Scheiterns mit umfasst.

390 *United States v. International Harvester Co.*, 564 F.2d 769, 779 (7th Cir. 1977).

391 *United States v. General Dynamics Corp.*, 415 U.S. 486, 507.

Areeda bezweifelt die Relevanz von finanziellen Schwierigkeiten und deren Vergleichbarkeit mit den zur Neige gehenden Rohstoffvorräten eines Kohleunternehmens[392]. Vor allem sei fraglich, wie finanzielle Schwierigkeiten die Bedeutung gegenwärtiger Marktanteile als Bemessungsgrundlage für zukünftige Wettbewerbsfähigkeit unterminieren könnte. Diese könnten nämlich grundsätzlich nur dann von Bedeutung sein, wenn sie zum einen Ausdruck einer zukünftig sinkenden Entwicklung der Marktanteile wären und zum anderen ausreichten, um den Zusammenschluss schon von vorne herein gar nicht wettbewerbswidrig sein zu lassen. Seien die finanziellen Schwierigkeiten aber nicht groß genug, um eine *failure* hervorzurufen, so werde in der Regel die Feststellung, dass der Marktanteil zukünftig erheblich zurückgehen werde, nur mühsam gelingen. Zudem spiele auch hier das Argument eine Rolle, dass ein Zusammenschluss den Wettbewerb auf Dauer beeinträchtige, dass finanzielle Schwächeperioden aber zumeist mittelfristig überwunden werden könnten. Aus diesem Grund spricht sich *Areeda* für eine nur eingeschränkte Berücksichtigung finanzieller Schwierigkeiten aus. Diese sollen nur dann für die Prognose der künftigen Marktanteile herangezogen werden können, wenn die Situation der einer *Failing Company* ähnlich zu werden droht und kein Alternativerwerber auszumachen ist[393].

Während *Areeda* die Bedeutung von *General Dynamics* für Fälle finanzieller Schwierigkeiten einschränken will, geht *Correira*[394] den umgekehrten Weg. Die Failing Company Defense müsse in die wettbewerbliche Bewertung der Auswirkungen des Zusammenschlusses mit einfließen. Das Ergebnis von *Areeda* ist für ihn nicht zufriedenstellend, um den grundsätzlich anderen Charakter der *defense* zu rechtfertigen. Es sei unlogisch, dass die Gerichte im Falle einer *Failing Company* einen ganz anderen Bewertungsmaßstab zugrunde legten und die Auswirkungen auf den Wettbewerb gar nicht mehr berücksichtigt würden, wohingegen im Falle der *Financial Weakness* eine Abwägung möglicher wettbewerblicher Szenarien erfolge[395]. Etwas resignativ liest sich seine Schlussfolgerung: da es nun zu spät sei, um die *Failing Company Defense* in die Analyse der Auswirkungen des Zusammenschlusses auf den Wettbewerb zu integrieren, müsse sie jedenfalls weniger streng gehandhabt werden und eine Abwägung zwischen der Wahrscheinlichkeit des Marktaustritts und dem Ausmaß des Schadens eines Zusammenschlusses für den Wettbewerb ermöglichen.

---

392 *Areeda*, Antitrust, Rdnr. 963a3.

393 *Areeda* bleibt freilich im Unklaren darüber, ob er mit seinem Vorschlag nur eine echte *Weakness Defense*, oder auch den Beurteilungsspielraum bei der Ermittlung zukünftiger Marktanteile einschränken wollen, vgl. Rdnr. 963a3 einerseits, Rdnr. 963c andererseits.

394 *Correira*, 64 Antitrust L.J. 683, 689 (1996).

395 *Correira*, 64 Antitrust L.J. 683, 689 (1996).

Zu einem vergleichbaren Ergebnis gelangen *Paredes* und *Diamant*[396]. Auch sie schlagen zur besseren Abstimmung zwischen beiden *Defenses* gewisse Veränderungen an der *Failing Company Defense* vor. So halten sie vor allem die Konstruktion der *Failing Company Defense* als *absolute defense* für verfehlt und schlagen statt dessen eine Untersuchung der ökonomischen und wettbewerblichen Begleitumstände des Zusammenschlusses vor.
Die solcherart angemahnte Änderung der *Failing Company Defense* würde diese von den starren Kriterien des derzeitigen US-Antitrustrechts entfernen, um sie einer wettbewerbskonformen Analyse anzunähern.

3. Sanierungsbedürftigkeit kein hinreichender Grund

In dieser Diskussion müssen zwei Gesichtspunkte auseinander gehalten werden. Zum einen geht es um die Frage des Verhältnisses von *General Dynamics* zur *Failing Company Defense*. Beide Argumentationen unterscheiden sich in Bezug auf ihre Voraussetzungen, ihre Verortung und ihre Wirkung. Die Resultate beider *Defenses* hingegen können sich insofern gleichen, als ein eigentlich zum Entstehen einer marktbeherrschenden Stellung führender Zusammenschluss aufgrund der angeschlagenen Situation eines der beteiligten Unternehmen genehmigt wird. Dies gilt vor allem im Falle der *Financial Weakness Defense*, deren Begründung einzig auf die finanzielle Schwäche des zu erwerbenden Unternehmens abstellt. Fraglich ist somit zum anderen, ob finanzielle Schwierigkeiten des zu erwerbenden Unternehmens allein ausreichen können, um die Höhe des zukünftigen Marktanteils des fusionierten Unternehmens zu unterminieren

a. Ansatz

Ausgangspunkt für die folgende Überlegung ist die Tatsache, dass die Bestimmung der zukünftigen Marktanteile im Wege einer Prognose erfolgt, für welche eine hinreichende Gewähr vorhanden sein muss. Die Kommission muss also die Feststellung treffen, dass die Marktanteile eines Unternehmens dessen zukünftige wettbewerbliche Bedeutung überbewerten, muss zugleich aber ausschließen, dass diese in der Hand eines Wettbewerbers wiedererstarken. Denn in diesem Fall bewahrheitet sich die Prognose über sinkende Marktanteile nicht. Zu fragen ist, in welchen Situationen die Prognose über die sinkenden Marktanteile unter den prognostizierten Umständen Bestand hat. Damit scheidet aber z.B. eine Berücksichtigung von Schwierigkeiten des Unternehmens aufgrund einer lediglich schlechten Finanzsituation ebenso aus wie sonstige „hausgemachte" Probleme, einschließlich veralteter oder unbrauchbarer Produktionsanlagen, die Festlegung auf die Herstellung bestimmter oder zu vieler verschiedener Produkte, schlech-

---

[396] *Paredes*, 13 Yale J. Reg. 347, 380 (1996); *Diamant*, 47 Fordham L. Rev., 872, 892 (1979).

tes Management, schlechte Werbung oder operative Entscheidungen, die den Finanzrahmen beschneiden. Diese mögen aus wirtschaftlicher Sicht Sinn ergeben, können aber keinen Rückschluss auf eine dauerhafte Verschlechterung der Marktposition und damit eine entsprechende Prognose rechtfertigen. Denn diese Entscheidungen bzw. Zustände können nach einem Zusammenschluss schnell rückgängig gemacht bzw. verändert werden[397].

Zur Lösung des Problems muss vielmehr auf den Grund für die finanzielle Schwäche näher eingegangen werden[398], womit die bereits oben[399] kritisierte Beschränkung auf die Frage, ob das Unternehmen in einer *failing condition* ist, entfällt. Die Feststellung finanzieller Schwierigkeiten eines Unternehmens darf nur den ersten Untersuchungsschritt darstellen. Diese sind nur dann von Bedeutung für die Bestimmung zukünftiger Marktanteile, wenn sie Ausdruck einer Schwäche sind, die gerade nicht mit finanziellen Mitteln beseitigt werden können. Letzteres ist aber nur dann zu erwarten, wenn weder das Unternehmen selbst, noch sein Erwerber voraussichtlich in der Lage sein werden, diese Schwierigkeiten zu überwinden.

Anzusetzen ist dabei bei der Marktstrukturorientierung der Fusionskontrolle. Eine zuverlässige Aussage über die zukünftige Höhe des Marktanteils kann nur solchen Daten entnommen werden, die auf marktstrukturellen Kriterien beruhen[400].

b. Verschlechterung der Marktstruktur

Der Gedanke von *General Dynamics* muss somit auf Defizite aufgrund der Marktstruktur beschränkt bleiben, die das einzelne Unternehmen nicht beeinflussen kann. Er umfasst gerade nicht jede Form des finanziellen Scheiterns[401]. Der vermeintliche Blick auf den Zustand des Unternehmens muss folglich in Wirklichkeit ein Blick durch dieses hindurch auf den Markt sein.

---

397 *Malester*, 759 PLI/Corp. 75, 81.

398 In der Definition von *Failure* bedarf es keines Eingehens auf den Grund. Dieses erfolgt dennoch meist an jener Stelle, um die Wahrscheinlichkeit einer *bevorstehenden* Failure auszumachen. Dies darf aber nicht darüber hinwegtäuschen, dass die herkömmliche *Failing Company Defense* keinen Wert darauf legt, warum das Unternehmen in einem sanierungsbedürftigen Zustand ist. Denn eine Rechtfertigung mit außerwettbewerblichen Interessen ist nur interessiert an den Auswirkungen der *Failure* auf diese Interessen. Wenn ein Unternehmen sanierungsbedürftig wird, so interessiert die Arbeitnehmer, die ihre Arbeitsplätze verlieren, nicht warum das Unternehmen in Konkurs fällt. Gleiches gilt für Rationalisierungsargumente.

399 S. 1. Kapitel, II., 2.

400 G/T/E-*Albers*, FusionskontrollVO Art. 2, Rdnr. 10.

401 Vgl. *Diamant*, 47 Fordham L.Rev., 872, 881 (1979); *Malester*, 759 PLI/Corp. 75, 81; *Paredes*, 13 Yale J. Reg., 347 (1996); *Note*, 92 Harv. L. Rev. 491, 510f. (1978).

Finanzielle Schwierigkeiten können somit nur als ein erster Hinweis, als eine „Reaktion" des Unternehmens auf einen strukturellen Nachteil oder eine strukturelle Unausgewogenheit des Marktes von Bedeutung sein. Über die Bedeutung eines Indizes für eine für das Unternehmen negative Veränderung der Markstruktur darf die Feststellung einer Schwierigkeit des Unternehmens jedoch nicht hinausgehen.
An diese Feststellung muss sich stets die Frage anschließen, ob diese Schwäche auf besagten strukturellen Nachteilen beruht und dadurch die Wettbewerbsfähigkeit des Unternehmens dauerhaft und nachhaltig beeinträchtigt wird.

Das Problem der *Financial Weakness Defense* besteht mithin in einer unsauberen Analyse des Präzedenzfalls *General Dynamics*. Diese Entscheidung beinhaltete einen Hinweis auf *United Electric*'s „Schwäche als Wettbewerber"[402], welcher die Schlussfolgerung, dass der Wettbewerb nicht beeinträchtigt werde, untermauerte. Diese Aussage muss aber in ihrem Kontext gelesen werden. Die Schwäche als Wettbewerber stellte in der *General Dynamics* Entscheidung selbst keinen eigenständigen Grund dar, sondern war ausschließlich die Folge der fehlenden Kohlereserven und somit lediglich ein gedanklicher Zwischenschritt. Dieser Schwäche war nämlich nicht abzuhelfen und einzig die Tatsache, dass das Unternehmen über keine Rohstoffreserven mehr verfügte, rechtfertigte die Annahme, dass die wettbewerbliche Bedeutung des Unternehmens durch die gegenwärtigen Marktanteile überbewertet wurde. Aus diesem Grund nahm der *Supreme Court* in *General Dynamics* an, dass der Erwerb die Marktposition der Erwerbers nicht nennenswert vergrößern werde, und zeigte sich zuversichtlich, dass der künftige Wettbewerb nicht ungebührlich beeinträchtigt werde[403].
Demgegenüber handelte es sich im Fall *International Harvester* um eine finanzielle Schwäche, die nicht auf externe Faktoren zurückzuführen war.
Eine solche Schwäche ist aber mittels einer Kapitalzuführung durch das übernehmende Unternehmen in der Regel zu beheben, wodurch in der Folge keine negative Entwicklung der Marktposition mehr zu erwarten ist[404].

c. Kriterien

Auf Seiten des in Schwierigkeiten geratenen Unternehmens muss ein Unvermögen, weiterhin am Wettbewerb teilzunehmen, vorliegen, das vom Markt vorgegeben wird und das nicht behoben werden kann. Als einfacher Test ist zu fra-

---

402 Weakness as a competitor.
403 In der Entscheidung *American Gen. Ins. Co.*, 89 Federal Trade Commission 557, 642 (1977) wurde *General Dynamics* ebenso interpretiert.
404 In der Tat vergrößerte sich der Marktanteil von *Steiger Tractor* nach dem Zusammenschluss von 15,9% auf 22,4%. Dies war vorherzusehen, benötigte Steiger das Kapital doch zur Expansion!

gen: Könnte das Unternehmen bei ausreichenden finanziellen Mitteln im Markt verbleiben? Im *General Dynamics* Fall ist diese Frage zu verneinen[405], bei *International Harvester* zu bejahen.

In den folgenden Fallgruppen ist es beispielsweise denkbar, bereits die Vorhersagekraft der Marktanteile für das Entstehen einer marktbeherrschenden Stellung zu verneinen:

1. fehlender Zugang zu Rohstoffen oder zu Ausrüstung, der auch nicht mit finanziellen Mitteln erlangt werden kann;
2. ein vertikaler Zusammenschluss des einzig möglichen Lieferanten oder Abnehmers[406] mit einem Wettbewerber;
3. fehlender Zugang zu „*essential facilities*“[407], wenn kein Anspruch auf Zugang durch die strengen Voraussetzungen der *essential facilities doctrine* vermittelt wird;
4. fehlende technologische Voraussetzungen (z.B. Patente der Wettbewerber);
5. Marktstruktur, die nur einen oder einige wenige Wettbewerber ermöglicht (einem natürlichen Monopol vergleichbar), z.B. Regionalzeitungen;
6. sich dauerhaft veränderndes Nachfrageverhalten der Kunden;
7. vorherzusehende Öffnung eines bisher abgeschotteten Marktes, z.B. Öffnung für Anbieter aus anderen EU-Mitgliedsstaaten[408];
8. sich vollziehender struktureller Wandel;
9. unmittelbar bevorstehende Gesetzesänderungen, die Auswirkungen auf die Marktstruktur haben.

Wenn ein Unternehmen wegen einer strukturellen Schwäche als sanierungsbedürftig eingeordnet wird, dann und nur dann ist dies Hinweis genug, dass der gegenwärtige Marktanteil des Unternehmens keine Rückschlüsse auf das Entstehen einer zukünftigen dominanten Stellung zulässt. Weil das Unternehmen, wenn es kurz vor dem Austritt aus dem Markt steht, in der Zukunft gar nicht mehr konkurrieren wird, ist sein Marktanteil im Hinblick auf eine zukünftige beherrschende Stellung sehr viel geringer als zum Zeitpunkt des Kontrollverfahrens[409]. Denn in diesem Fall spiegelt sich dann in der zu vernachlässigenden

---

405 In der Tat handelte es sich bei *General Dynamics* um ein finanziell gesundes Unternehmen.

406 *Areeda*, Antitrust, Rdnr. 962c, 962d.

407 Vgl. Entscheidung der Kommission vom 27.11.1992 *British Airways/TAT* (IV/M.259), fehlende *Slots* an Flughäfen, vor allem im Zusammenhang mit sogenannten *Grandfather Rights* bei der Neuvergabe, vgl. Monopolkommission Hauptgutachten 1990/1991, Tz. 590.

408 Vgl. Kommission, Entscheidungen vom 24.2.1992 *Torras/Sarrio* (IV/M.166), Rn. 40.

409 Die gedankliche Schwierigkeit dieser Lösung gegenüber der *Failing Company Defense* besteht darin, sich von den Alternativen „Verlassen des Marktes“ und „Zusammenschluss“ zu lösen. Wenn der Zusammenschluss schon gar nicht zum Entstehen einer marktbeherrschen-

wettbewerblichen Bedeutung der Marktanteile der *Failing Firm* der Marktanteil wider, den die Produktionsanlagen der *Failing Firm* unabhängig von ihrem Eigentümer zulassen. Dann ist es aber auch ohne Belang, wem sie gehören. Das Unternehmen ist mit anderen Worten in niemandes Händen ein ernsthafter Wettbewerber und sein Erwerb somit für das Entstehen einer marktbeherrschenden Stellung nicht ursächlich.

4. Übertragbarkeit der Lösung auf das Europäische Recht

Wie die bisherige Entscheidungspraxis der Kommission zeigt, berücksichtigt diese bei der Bewertung der Marktanteile bereits aufgrund der Vorgaben in Art. 2 Abs.1 FusionskontrollVO nur solche Einflussfaktoren, die sich auf die Marktstruktur auswirken[410].
Somit ergibt sich anhand dieser Kriterien eine berücksichtigungsfähige *Financial Weakness Defense* nur, wenn der angeschlagene finanzielle Zustand seine Ursache in einer für das Unternehmen negativen Veränderung der Marktstruktur hat. Dies zeigen auch die oben angeführten Beispielsfälle[411]. Einzelne Kommentatoren wollen allerdings die grundsätzliche Finanzschwäche eines Unternehmens zur Rechtfertigung eines Zusammenschlusses ausreichen lassen[412]. Für das europäische Recht muss hier aber ebenfalls gelten, dass es sich um eine nicht durch operative Entscheidungen zu behebende finanzielle Schwäche handeln muss. Allein die Aussage, dass eine solche Schwäche besteht, ist für die Feststellung einer zukünftigen wettbewerblichen Unbedenklichkeit nicht hinreichend.

Wenn ein Unternehmen schweren strukturellen Nachteilen entgegensieht, so bedeutet dies somit in der Regel, dass sein derzeitiger Marktanteil gerade nicht zum Gradmesser für künftige Marktanteile gemacht werden kann. Mit Hilfe dieser Argumentation kann es somit gelingen, den Prognosewert der Marktanteile, die den Ausgangspunkt für wettbewerbsrechtliche Bedenken bilden, zu korrigieren und damit das Entstehen einer marktbeherrschenden Stellung in Frage zu stellen.

Auch das Problem der Abgrenzung, die sich im US-Recht mit der Anerkennung der *General Dynamics* Argumentation ergibt, weil dadurch die strengen Krite-

---

den Stellung führt, dann ist es auch unbeachtlich, ob ein Verlassen des Marktes besser für den Wettbewerb gewesen wäre. Nicht allein die Tatsache, dass ein Marktaustritt vom wettbewerblichen Gesichtspunkt zu bevorzugen ist, macht den Zusammenschluss wettbewerbswidrig.

410 Vgl. Entscheidung der Kommission vom 12.11.1992 *Mannesmann/Hoesch* (IV/M.222), ABl. 1992 L 114/34.

411 Vgl. oben 2 a, b, c.

412 *Cook/Kerse*, Merger Control, 5.5.3. a.E.

rien der *Failing Company Defense* umgangen werden könnten, stellt sich im europäischen Recht unter Umständen gar nicht. Denn dieser strengen Kriterien bedarf es überhaupt nur, wenn dadurch sichergestellt werden soll, dass die *defense* aufgrund ihrer Systemwidrigkeit nur in Ausnahmefällen Anwendung findet. Im europäischen Recht wird dieser Konflikt möglicherweise bereits dadurch entschärft, dass die *Failing Company Defense* keine Ausnahme darstellt, sondern Eingang in die wettbewerbliche Entscheidung findet[413].

5. Das Merkmal der „Verstärkung" einer marktbeherrschenden Stellung

Diese Diskussion ist auch auf das Kriterium der Verstärkung einer marktbeherrschenden Stellung übertragbar. Auch in diesem Fall kann die Addition der Marktanteile dazu führen, dass im Falle eines in der Zukunft unwiderruflich sinkenden Marktanteils daraus eine nur unerhebliche, wettbewerbsrechtlich kaum ins Gewicht fallende Steigerung des Marktanteils oder sogar ein Marktanteilsrückgang resultiert.

Einen solchen Fall nahm die Kommission im Jahr 1982 im Genehmigungsverfahren *Allianz Versicherung/Eagle Star* an. Die Kommission sah hier keine Notwendigkeit einer weitergehenden Untersuchung, weil, selbst wenn *Allianz* eine marktbeherrschende Stellung auf dem deutschen Versicherungsmarkt innegehabt hätte, der Erwerb von *Eagle Star* diese Position nicht nennenswert gestärkt hätte[414]. Dazu bedarf es aber des einschränkenden Hinweises, dass diesem Verfahren noch Art. 86 a. F. EGV zugrunde gelegen hatte.

In der Kommissionsentscheidung *Blokker/Toys 'R' Us*[415] trugen die Parteien unter anderem vor, dass der Marktanteilsgewinn unerheblich sei und nicht als ein Faktor angesehen werden könne, der eine beherrschende Stellung verstärke[416]. Nach Ansicht der Kommission lag hier gerade der entgegengesetzte Fall vor. Der Marktanteilszuwachs von *Blokker* wäre durch den Zusammenschluss stärker gewesen als es die Marktanteilszahlen ausdrückten, weil das Potential der übernommenen Geschäfte wesentlich größer gewesen sei als im gegenwärtigen Marktanteil widergespiegelt[417].

Die Problematik dieser Argumentation im Rahmen der Frage nach einer Verschlechterung der Marktstrukturkriterien besteht darin, dass realistischerweise immer zunächst ein zumindest minimaler Marktanteilszuwachs zu beobachten sein dürfte. Mit einer Verschlechterung der Marktstruktur liegt aber bereits immer eine Verstärkung einer marktbeherrschenden Stellung vor, womit die *General Dynamics* Argumentation zumindest diesbezüglich im europäischen Recht

---

413 S.u. 4. Kapitel.

414 12. Wettbewerbsbericht der EG-Kommission 1983, Tz. 103.

415 Entscheidung vom 26.6.1997 (IV/M.801), ABl. 1998 L 316/1.

416 Id., Tz. 87.

417 Id., Tz. 88.

erfolglos sein dürfte. Denn einzig ein nicht vorhandener Marktanteilszuwachs könnte den Zusammenschluss im Falle einer bereits bestehenden Marktbeherrschung genehmigungsfähig machen. Jedes andere Ergebnis würde zu einer Verstärkung der marktbeherrschenden Stellung führen[418]. Aber auch hier kann eine längerfristige Prognose letztendlich eine Verringerung des künftigen Marktanteils ergeben.
Etwas anders stellt sich die Situation im amerikanischen Recht dar, wo der Zusammenschluss den Wettbewerb nicht wesentlich verschlechtern darf. In diesem Fall existieren die Ermessensspielräume, um geringe Marktanteilszuwächse als unbeachtlich zu behandeln.

6. Die Fusionskontrollentscheidung *Boeing Company/McDonnell-Douglas Corporation*

Die Entscheidung über den Zusammenschluss von *Boeing* und *McDonnell-Douglas* ist ein gutes Beispiel dafür, wie problematisch eine Anwendung der *General Dynamics* Defense aufgrund der mit ihr verknüpften Beurteilungsspielräume ist. In dieser Entscheidung gelangten *Federal Trade Commission* und EU-Kommission trotz annähernd gleicher Ergebnisse hinsichtlich der derzeitigen Marktanteile zu unterschiedlichen Prognosen über die zukünftige wettbewerbliche Bedeutung von *McDonnell-Douglas*.
In dieser Entscheidung ging es um die Genehmigung des Zusammenschlusses der Flugzeughersteller *Boeing Company* und *McDonnell-Douglas Corporation*. Von den weltweit verbliebenen drei Herstellern größerer Verkehrsflugzeuge wollten *Boeing* als größter und *McDonnell-Douglas* als Nummer Drei fusionieren. Der Zusammenschluss wurde von den Genehmigungsbehörden in den USA und in der EU aufgrund der entstehenden Größe und Marktkonzentration skeptisch betrachtet. Während die *Federal Trade Commission* ihre Entscheidung als von der *General Dynamics*-Argumentation umfasst ansah, versagte die EU-Kommission die Anerkennung der Genehmigung.

a. Die Entscheidung der *Federal Trade Commission*

Am 1. Juli 1997 veröffentlichte die *Federal Trade Commission* entgegen ihrer sonstigen Gepflogenheiten eine Stellungnahme, in der sie die Einstellung des Verfahrens gegen *Boeing Company/McDonnel-Douglas Corporation* begründete[419].
Die *Federal Trade Commission* veröffentlichte keine präzise Angabe der

---

[418] Vgl. aber andererseits *Löffler*, Art. 2 FusionskontrollVO, Rdnr. 136, wonach zumindest ein Marktanteilszuwachs von 0,5% zu geringfügig ist, um ins Gewicht zu fallen; vgl. Kommission, Entscheidung vom 28.9.1995 *Upjohn/Parmacia*, WuW 96,110.
[419] F.T.C. File No. 971-0051, 5 CCH Trade Reg. Rep., Rdnr. 24,295 vom 1.7.1997.

Marktanteile der einzelnen Wettbewerber. So wurde der Marktanteil von *Boeing* mit „ungefähr 60%" angegeben; der von *McDonnell-Douglas* ging aus den Unterlagen überhaupt nicht hervor. Die *Federal Trade Commission* ging aber von einem Marktanteil von ca. 4% aus[420]. Ein Zusammenschluss hätte den *HHI* von 4912 auf 5392 Punkte erhöht[421], was eine extreme Konzentration auf einem bereits sehr konzentrierten Markt bedeutete. Die *Federal Trade Commission* kam deshalb einstimmig zu dem Ergebnis, dass *prima facie* ein wettbewerbsbeschränkender Zusammenschluss vorlag. Unter Berücksichtigung der *General Dynamics* Argumentation[422] fand die *Federal Trade Commission* im Hinblick auf den Markt für Verkehrsflugzeuge aber ausreichende Beweise für die Annahme, dass *McDonnell-Douglas* zukünftig keinen bedeutsamen Wettbewerber mehr darstellen würde und dass es keine wirtschaftlich plausible Strategie gebe, die an diesen Aussichten etwas zu ändern vermöge[423]. Das Unternehmen sei in Anbetracht der Unternehmensdaten nicht länger in der Lage, den Wettbewerb auf dem Verkehrsflugzeugmarkt zu beeinflussen.

Die sich verschlechternde Marktposition von *McDonnell-Douglas* ergab sich nach Auffassung der *Federal Trade Commission* aus der Unfähigkeit, in neue Produkte zu investieren, die Infrastruktur zu erhalten und die hohen Entwicklungskosten zu tragen. Dies war laut der *Federal Trade Commission* ausreichend, um trotz vorhandener Aufträge und der Tatsache, dass *McDonnell-Douglas* einer von nur drei Anbietern war, zu dem Ergebnis zu gelangen, dass *McDonnell-Douglas* keine wettbewerbliche Bedeutung mehr zukomme. Damit aber sei, so die Überlegung der Kommission, der Marktanteil von *McDonnell-Douglas* für den Zweck der Fusion mit Null gleichzusetzen und der Zusammenschluss zu genehmigen.

---

420 Abweichendes Votum der Kommissarin *Azcuenaga* (www.ftc.gov/opa/1997/9707/ma.htm); *Pitofsky*, Staples Speech (www.ftc.gov/speeches/pitofsky/STAPLESspc.htm).

421 Marktanteile von 60%, 36% und 4% resultieren in einem HHI von 3600+1296+16=4912 Punkten. Nach dem Zusammenschluss ergeben Marktanteile von 64% und 36% einen HHI von 4096+1296=5392 Punkten. Die Differenz beträgt 480 Punkte. Zur Erinnerung: ab 100 Punkten Anstieg geht die Federal Trade Commission von einer wettbewerbswidrigen Konzentrationswirkung aus.

422 Vgl. *Azcuenega*; *Pitofski*, id. Fn. 390: *„the teachings of General Dynamics – that future potential is a critical factor rather than past market shares"*.

423 Zu diesem Ergebnis gelangte die *Federal Trade Commission* nach der Befragung von über 40 Fluggesellschaften, die übereinstimmend erklärten, *McDonnell-Douglas* nicht mehr als Anbieter in Betracht zu ziehen. Ursächlich dafür war, dass *McDonnell-Douglas* seit mehreren Jahrzehnten deutlich weniger in die Entwicklung neuer Produkte investiert hatte, und diese demgemäß technisch und ökonomisch hinter die der Wettbewerber *Boeing Company* und *Airbus Industrie* zurückfielen.

b. Die Entscheidung der EU-Kommission

Die EU-Kommission hat in der Vergangenheit bereits Marktstrukturkriterien herangezogen, um die sich aus den gegenwärtigen Marktanteilen ergebende zukünftige Marktbeherrschung eines Unternehmens in Frage zu stellen[424]. Wie allerdings aus der *Boeing/McDonnell-Douglas* Entscheidung der EU-Kommission deutlich hervorgeht[425], sieht sie finanzielle Schwierigkeiten allein nicht als ausreichend an, um die Vorhersagekraft bestimmter Marktanteile in Frage zu stellen. So wich die Bewertung des *Boeing/McDonnell-Douglas* Zusammenschlusses von Seiten der EU-Kommission erheblich von der der *Federal Trade Commission* ab.

Auch die Kommission gelangte nach der Bewertung der Marktanteile zu dem Ergebnis, dass diese allein eine Marktbeherrschungsvermutung rechtfertigen[426]. Abweichend von der *Federal Trade Commission* stellte die EU-Kommission aufgrund der ihr vorliegenden Studien hingegen fest, dass die Bedeutung von *McDonnell-Douglas* für den Wettbewerb in der Vergangenheit sogar größer war, als dessen (kontinuierlich sinkender) Marktanteil es auszudrücken vermochte. Dennoch schloss sie sich zunächst der Einschätzung an, dass *McDonnell-Douglas* zum Zeitpunkt der Entscheidung kein ernstzunehmender Wettbewerber mehr auf dem Markt für Verkehrsflugzeuge war[427]. *McDonnell-Douglas* habe sehr wenige neue Aufträge erhalten und in dem Jahr vor der Entscheidung bereits viele seiner Stammkunden verloren. Dies alles musste den Anschein erwecken, dass *McDonnell-Douglas* keine Zukunft auf dem Markt mehr hatte[428]. Hier ergab sich aber der entscheidende Unterschied: Die Kommission beschränkte diese Stellungnahme ausdrücklich auf den Fall, dass *McDonnell-Douglas* selbständig bliebe, bezweifelte diese Einschätzung aber für den Fall der Übernahme durch *Boeing*[429]. In dem Fall sei der gegenwärtige Marktanteil von *McDonnell-Douglas* nicht übertrieben, da *Boeing* über das Ersatzteil- und Wartungsgeschäft den Zugriff auf das Kundennetz von *McDonnell-Douglas* erhalte und somit die Marktmacht auf diesem Markt als Hebel für den Markt der Neuerwerbungen benutzen (*leveragen*) könne[430]. In Anbetracht der Tatsache, dass 24% der weltweit eingesetzten Verkehrsflugzeuge von *McDonnell-Douglas* produziert worden seien, sei dieser bevorzugte Zugang zu Kunden nicht zu unterschätzen und gebe *Boeing* zusammen mit den neu erworbenen

---

424 S.o. 3. a, b, c.

425 Entscheidung der Kommission vom 30.7.1997 (IV/M.877), ABl. 1997 L 336/16.

426 Nach Berechnungen der Kommission lag der derzeitige kombinierte Marktanteil beider Unternehmen sogar bei 73%.

427 Id. Rdnr. 58, 59.

428 Id. Rdnr. 59.

429 Id. Rdnr. 58.

430 Id. Rdnr. 61 ff.

Produktionskapazitäten und Fachpersonal[431] einen Vorteil bei neuen Aufträgen, der die gegenwärtige Bedeutung von *McDonnell-Douglas* sogar noch übertreffe. Zudem entfalle die Zurückhaltung der Kunden hinsichtlich der *McDonnell-Douglas*-Produkte, wenn feststehe, dass ein finanzstarkes Unternehmen für den Markterhalt dieser Produkte sorge[432].
Die Kommission sperrte sich in ihrer Entscheidung somit dagegen, den *General Dynamics* Gedanken unter den gegebenen Umständen nachzuvollziehen. Der Gegensatz zur *Federal Trade Commission* bestand in der zu Eingang der Entscheidung gewählten Art, die zukünftigen Marktanteile zu prognostizieren.

c. Vergleich

Unabhängig von den politischen Implikationen[433] und dem Aufeinanderprallen der unterschiedlichen fusionskontrollrechtlichen Philosophien, die sich in diesen Entscheidungen widerspiegeln[434], ist auffallend, zu welch unterschiedlichen Ergebnissen die *Federal Trade Commission* und die EU-Kommission bei der Bewertung der Marktanteilsentwicklung gelangen. Unter dem engen Gesichtspunkt dieser Arbeit, die an dieser Stelle einzig auf die *General Dynamics* Argumentation in dieser Entscheidung gerichtet ist, verbietet sich zwar eine Antwort auf die Frage, welche Entscheidung nun im Ganzen richtig ist[435]. Eine Beschränkung auf die Analyse der *General Dynamics* Argumentation führt aber zu dem Resultat, dass sich das Ergebnis der EU-Kommission eher mit den oben[436] aufgestellten Grundsätzen zu der Bedeutung der *Financial Weakness Defense* verträgt als die Lösung der US-Behörden.
In Anbetracht des hohen absoluten Marktanteils von *Boeing* müsste der Marktanteilszuwachs durch den Erwerb von *McDonnell-Douglas* erstens von 4% auf weniger als 1% heruntergerechnet werden können, um eine Genehmigung zu rechtfertigen. Um diesen Schritt nachvollziehbar zu machen, müsste *McDonnell-Douglas* an einer Schwäche leiden, die auch *Boeing* nicht beheben könnte, bzw. die auch nicht durch zusätzliche Kapitalzufuhr ausgeglichen werden könnte. Eine solche Prognose entbehrte in Anbetracht der Situation von *McDonnell-*

---

431 Id. Rdnr. 67.

432 Id. Rdnr. 61.

433 Vgl. dazu *Haid/Hornschild*, DIW-Wochenbericht 37/97 (www.diw-berlin.de/diwwbd/97-37-1.html).

434 Das amerikanische Fusionskontrollrecht sieht seine Aufgabe primär in der Verhinderung von möglichen Kartell- und Oligopolsituationen und weniger in der Verhinderung von Marktbeherrschung eines Einzelunternehmens. Insofern wurde die Gefahr für den Wettbewerb als nicht so erheblich eingeschätzt. Im Gegensatz dazu versucht die europäische FusionskontrollVO eher, das Entstehen marktbeherrschender Stellungen gerade von Einzelunternehmen zu verhindern.

435 Eine ausführliche Rezension erfolgt z.B. bei *Stock*, 20 U. Pa. J. Int't Econ. L. 825 (1999).

436 S.o. S. 115f.

Douglas aber jeglicher Grundlage. *McDonnell-Douglas* abnehmender Marktanteil war nicht durch die Struktur des Marktes für Verkehrsflugzeuge vorgezeichnet. Es gibt keine Anhaltspunkte dafür, dass dieser Markt ausschließlich in Form eines natürlichen Duopols ausgestaltet sein muss.
Die Probleme von *McDonnell-Douglas* waren nicht primär auf die Marktstruktur zurückzuführen. Vielmehr wurden Investitionen in neue Modelle und Infrastruktur unterlassen[437]. Erst infolgedessen brach die Nachfrage ein. Dies war aber ein Versäumnis, das sich durch die Zuführung finanzieller Mittel zumindest über einen längeren Zeitraum beheben ließ und das nicht mit den strukturellen Problemen zu vergleichen ist, die eine weitere Verschlechterung der Marktanteile unter allen Umständen unumgänglich macht. Da vielmehr zu erwarten war, dass *Boeing* diese Mittel bereithielt, war auch die Vorhersage der EU-Kommission gerechtfertigt, *McDonnell-Douglas*' Marktanteil würde nicht weiter schwinden und schon gar nicht gegen Null gehen. Die *Federal Trade Commission* beging in dieser Entscheidung also den Fehler, eine generelle *Financial Weakness Defense* anzunehmen, aber die Ursachen für die Schwäche nicht näher zu analysieren. Diese hätte ihr gezeigt, dass *McDonnell-Douglas*' Marktanteil in den Händen von *Boeing* durchaus seinen gegenwärtigen Wert beibehalten hätte. *McDonnell-Douglas' goodwill* und seine intakten Produktionsanlagen waren für einen finanzstarken Erwerber zu attraktiv, um die Bedeutung der Marktanteile für die Annahme einer marktbeherrschenden Stellung zu korrigieren.

7. Grenzen der Relativierung gegenwärtiger Marktanteile

Die obigen Feststellungen sind indes einzuschränken. Die Tatsache, dass ein anderes Unternehmen ein solcherart geschwächtes Unternehmen übernehmen möchte, wird in der Regel gegen die Annahme eines solchen strukturellen Grundes sprechen. Zumindest sind in dem Fall Zweifel an der Unabänderlichkeit des sinkenden Marktanteils angebracht. Denn eine Investition in das in Schwierigkeiten geratene Unternehmen würde sich für das erwerbende Unternehmen nur lohnen, wenn es daran etwas ändern könnte[438]. Allerdings zeigt der *Fall General Dynamics* selbst, dass sogar in einer hoffnungslosen Situation ein Erwerber vorhanden sein kann.

Die Feststellung, dass Marktanteile die Bedeutung eines Unternehmens für den Wettbewerb überbewerten, ist spätestens nach der *Boeing/McDonnell-Douglas*-

---

437 Wohl nicht ganz grundlos wird behauptet, die Investitionen in neue Modelle wurden aus strategischen Gründen ab dem Zeitpunkt unterlassen, ab dem ein Zusammenschluss mit Boeing geplant wurde, vgl. FTC, Joint Statement in the Matter of Boeing/McDonnell Douglas, Fn. 2.

438 Vgl. *Bok*, 74 Harv. L. Rev. 226, 345 (1960); *Diamant*, 47 Fordham L. Rev., 872, 886 (1979).

Entscheidung der Kommission nur statthaft, wenn das Unternehmen an der Marktstruktur scheitert. Denn nur dann steht mit hinreichender Sicherheit fest, dass auch der Erwerber an diesem Zustand nicht viel zu ändern vermag. Damit ist im europäischen Fusionskontrollrecht die Argumentation von *International Harvester*, bei der Ermittlung der zukünftigen wettbewerblichen Bedeutung sei finanzielles Scheitern den zur Neige gehenden Rohstoffvorräten gleichzusetzen, in dieser Einfachheit nicht möglich. Erforderlich ist eine Untersuchung der Gründe für das finanzielle Scheitern. Liegen diese in der Marktstruktur, so ist die Parallele statthaft, liegt „lediglich" finanzielles Scheitern vor, dann nicht.
Dieser Ansatz ist zudem nicht ausreichend, um der *Failing Company* den Weg zur Genehmigung eines Zusammenschlusses zu ebnen, wenn sich anhand der Prognose herausstellen sollte, dass dieser Zusammenschluss dennoch zum Entstehen einer marktbeherrschenden Stellung führt.
Damit sind auch die beiden Haupteinwände gegen diese Lösung der *Failing Company* Problematik erhoben. Zum einen muss eine Analyse der Marktstruktur ergeben, dass die *failure* des Unternehmens darauf beruht und nicht auf sonstigen Gründen, wie z.B. Verhaltensgesichtspunkten. Zum anderen ist diese Lösung unangebracht, wenn ein Unternehmen bereits vor dem Zusammenschluss eine marktbeherrschende Stellung innehat oder beide Unternehmen selbst unter Berücksichtigung abnehmender Marktanteile über der Schwelle der Marktbeherrschungsvermutung liegen[439].

IV. Keine Marktbeherrschung trotz festgestellt hoher Marktanteile

Es bleiben die denkbaren Fälle, in welchen ein zur Untersagung führender hoher Marktanteil unstreitig festgestellt wird, sanierungsbedingte Umstände das Entstehen einer marktbeherrschenden Stellung aber als unwahrscheinlich erscheinen lassen. Diese Fälle unterscheiden sich von *General Dynamics* dadurch, dass diese Umstände sich nicht auf die Höhe der zukünftigen Marktanteile auswirken.

So ist denkbar, dass der Marktzutritt dritter Unternehmen bei Zulassung einer Sanierungsfusion erleichtert wird, weil für ein zutrittswilliges Unternehmen die Hemmschwelle für eine Investition im Zutrittsmarkt sinkt[440]. Vor allem kleine Unternehmen mögen eine Investitionsentscheidung leichter treffen, wenn sie von vorn herein wissen, dass ihre Verluste dadurch minimiert werden können, dass im Sanierungsfalle ein anderes Unternehmen das eigene übernehmen darf. Gleiches könnte für Finanzinvestoren gelten, die sichergehen möchten, dass ein

---

439 Vgl. *Areeda*, Antitrust, Rdnr. 962a.: „[b]*ut where correctly determined shares fall below the threshold of presumptive illegality, that is the end of the case*".

440 Vgl. *Blum*, 16 B.C. Indus & Com. L.Rev. 75 (1974); *Low*, 38 Fordham L. Rev. 425, 432 (1967); *Diamant*, 47 Fordham L. Rev. 872, 887 (1978).

Ausstieg aus ihrem Investment in einigen Jahren möglich ist. Eine Berücksichtigung von Sanierungsargumenten könnte also eine Initiativwirkung auf potentielle Marktteilnehmer ausüben, bzw. den Kreis potentieller Marktteilnehmer erweitern, da dadurch die Marktaustrittskosten reduziert werden.
Diese vereinzelt in der amerikanischen Literatur und Rechtsprechung vertretene Auffassung ist sehr spekulativ. Denn zu einen ist es sehr fraglich, ob die Aussicht, einen Erwerber im Scheiternsfall zu finden, eine Investitionsentscheidung maßgeblich zu beeinflussen vermag. Zum zweiten gibt es andere Steuermechanismen, die eine Investitionsentscheidung erleichtern, z.B. auf den Gebieten des Steuer- oder Kapitalmarktrechts. Es dürfte somit kaum zu bemessen sein, inwieweit eine Sanierungsfusion anderer Unternehmen, die ja zudem zu einer erhöhten Marktmacht führt, tatsächlichen Einfluss auf eine Investitionsentscheidung nimmt.
In Anbetracht der wettbewerbsbeschränkenden Wirkung des Zusammenschlusses ist es somit unwahrscheinlich, dass die vage Aussicht auf Rettung einer Investition geeignet ist um die Marktzutrittsschranken in einem Maße zu senken, das ausreicht, um die Marktanteilserhöhung zu kompensieren.

Darüber hinaus ist es schwierig, sanierungsspezifische Gesichtspunkte zu isolieren, die die Präjudizwirkung festgestellter hoher Marktanteile unterminieren. Denn diese sind häufig eng mit der Berechnung der Marktanteile verknüpft und lassen sich nur schwer von der Bestimmung der Marktanteile trennen. Eine Verbesserung der anderen Marktstrukturkriterien wirkt sich in der Regel negativ auf die Größe der Marktanteile aus. Daher liegt in diesem Kapitel der Schwerpunkt auf der Auswirkung von Sanierungsargumenten auf die Berechnung bzw. Aussagekraft der Marktanteile.

V. Ergebnis

1. Die bisherige Betrachtung von Sanierungsfällen ging einseitig von der Situation einer zumindest entstehenden Marktbeherrschung aus und wurde infolgedessen, unabhängig von der gewählten Rechtfertigung, als ein diese Marktbeherrschung kompensierendes Element verstanden.
2. Nur vergleichsweise wenige Fälle sind aber überhaupt marktbeherrschungsrelevant und gelangen so in die Reichweite einer Sanierungsfusion. Zu diesem Ergebnis trägt bei, dass die Sanierungsbedürftigkeit eines Unternehmens sich bereits auf die Feststellung einer marktbeherrschenden Stellung auswirken kann.
3. Besonderes Interesse verdient die Überlegung, dass die kombinierten Marktanteile ein falsches Bild der zukünftigen wettbewerblichen Situation darstellen, weil sie die zukünftige Bedeutung des Unternehmens überbewerten. Dieser Gedanke entstammt dem amerikanischen Fusionskontrollrecht und ist

dort unter dem Begriff *General Dynamics Defense* bekannt. Auch Sanierungsgesichtspunkte können zu einer solchen Relativierung der kombinierten Marktanteile führen.

4. Eine *Financial Weakness Defense* dergestalt, dass finanzielle Schwierigkeiten stets ein Anzeichen für einen sinkenden zukünftigen Marktanteil darstellen, ist hingegen nicht anzuerkennen. Die finanzielle Schwäche kann nur als Indiz für die Feststellung herangezogen werden, ob eine strukturelle Schwäche existiert, aus der das Unternehmen sich weder aus eigener Kraft, noch mit fremder Hilfe befreien kann. Nur in diesem Fall ist eine negative Prognose der Marktanteilsentwicklung hinreichend substantiiert.
5. Diese letztere Einschränkung ist notwendig, um der Marktstrukturorientierung der Fusionskontrolle auch bei Sanierungsfällen gerecht zu werden.
6. Gelangen die Genehmigungsbehörden unter Rückgriff auf die *General Dynamics Defense* zu dem Ergebnis, dass bereits gar keine marktbeherrschende Stellung entsteht oder verstärkt wird, so erübrigt sich die Frage nach einer Sanierungsfusion ohnehin. Anderenfalls können Sanierungsgesichtspunkte sodann im Rahmen der nachfolgenden wettbewerblichen Analyse trotz entstehender Marktbeherrschung zu berücksichtigen sein.

4. Kapitel: Genehmigung trotz entstehender Marktbeherrschung – Kausalität und die Bedeutung der Sanierungsbedürftigkeit für die Feststellung einer Wettbewerbsbeeinträchtigung

Ausgangspunkt der sich anschließenden Überlegungen sind die Ausführungen der Kommission und des EuGH, den Sanierungsgedanken anlässlich der Frage zu behandeln, ob ein Zurechnungszusammenhang zwischen Fusion und entstehender oder verstärkter marktbeherrschender Stellung besteht[441]. Im amerikanischen Recht hingegen besteht aufgrund des typisierten Vorrangs wettbewerbsfremder Gesichtspunkte kaum Veranlassung, die *Failing Company Defense* unter dem Gesichtspunkt der Zurechenbarkeit zu betrachten. Konsequenterweise wurde somit im amerikanischen Recht die *Failing Company Defense* nicht – oder höchstens in den Jahren vor dem Inkrafttreten des *Celler-Kefauver-Amendments*[442] – als Kausalitätsproblem betrachtet.

I. Kausalität

Zunächst widmet sich dieses Kapitel der von der Kommission und dem EuGH vorgenommenen Einordnung der *Failing Company Defense* als Problem des Kausalverlaufs und versucht, diese Einordnung in einen wettbewerblichen Kontext zu setzen.

1. Fragestellung

Eine Berücksichtigung des Kausalverlaufs bietet sich als Ansatz insofern an, als der Wortlaut des Art. 2 Abs. 3 FusionskontrollVO die Untersagung eines Zusammenschlusses nur dann fordert, wenn die Begründung oder Verstärkung einer marktbeherrschenden Stellung *durch* den Zusammenschluss bewirkt wird. Entsteht umgekehrt die marktbeherrschende Stellung auch ohne den Unternehmenszusammenschluss, dann kann die Untersagung an der Verschlechterung der Marktsituation nichts mehr ändern, sondern nimmt die ohnehin eintretende Konzentration nur vorweg, verwirklicht sie früher. Im Rahmen dieser Kausalitätsbetrachtung ist zunächst der vom EuGH geprägte Begriff der „Marktsituation" einzugrenzen und zu fragen, anhand welcher Kriterien eine Verschlechterung der Marktsituation festzustellen ist.

---

441 EuGH – verb. Rs. *Frz. Republik/Kommission*, C-68/94 und *SCPA* und *EMC/Kommission*, C-30/95 – Slg. 1998 I-1375, bestätigend: Kommission Entscheidung vom 26.6.1997 *Blokker/Toys 'R 'Us* (IV/M.801) ABl. 1998, L 316/1, Rdnr. 111; vgl. *Löffler*, FusionskontrollVO, Art.2 Rdnr. 169. In der Kommentarliteratur gibt es Stimmen, die der Kommission vorwerfen, sie habe mit der Einordnung der Problematik als alternativem Kausalverlauf eine Aussage zum Rechtfertigungsproblem vermieden, z.B. *Fox*, Anmerkung zu de Havilland, MCR Case Note; *Monti/Rousseva*, 24 E.L.Rev. 38, 54 (1999).

442 Vgl. *International Shoe*: „keine Wettbewerbsverschlechterung", s.o. 1. Kapitel, III.

Auch für die Kausalbetrachtung zur Rechtfertigung der *Failing Company Defense* gilt, dass nur auf eine Veränderung der Marktstrukturkriterien abzustellen ist[443]. Ein Unternehmenszusammenschluss ist dann kausal für das Entstehen oder die Verstärkung einer marktbeherrschenden Stellung, wenn durch ihn die Marktstrukturkriterien in einer entsprechenden Weise verändert werden.

Die Besonderheit der Betrachtung des alternativen Kausalverlaufs bei der *Failing Company Defense* besteht darin, dass es nicht ausreicht, die Veränderungen der Marktstruktur allein anhand der Zahl der Marktteilnehmer zu bestimmen. Im regulären Fusionsfall zweier gesunder Unternehmen ergeben sich schon bei der Betrachtung der Marktteilnehmer in den Fällen mit/ohne Zusammenschluss stets zwei deutlich verschiedene Marktstrukturen, da die Marktkonzentration zunimmt, wenn zwei Unternehmen fusionieren. Im Sanierungsfall hingegen nimmt die Konzentration des Marktes ohnedies zu, da sich die Zahl der Marktteilnehmer durch das Ausscheiden des sanierungsbedürftigen Unternehmens auf jeden Fall um einen vermindert. Ob dieses ausgeschiedene Unternehmen dann den Markt verlässt oder mit einem anderen Unternehmen fusioniert, ist für die Feststellung der Anzahl der verbleibenden Marktteilnehmer unerheblich. Damit fehlt es, gemessen an der Anzahl der Marktteilnehmer, an der Kausalität des Zusammenschlusses für die Konzentration.
Die Betrachtung der Anzahl der Marktteilnehmer ist grundsätzlich schon nicht ausreichend für die Analyse einer durch eine Fusion entstehenden Marktstruktur. Denn die Marktstruktur wird nicht nur durch die Anzahl der Marktteilnehmer bestimmt, sondern in erheblichem Umfang auch durch weitere Kriterien, die in Art. 2 Abs.1 lit. b FusionskontrollVO aufgeführt sind[444]. Gleiches muss dann aber erst recht im Fall der Sanierungsfusion gelten, wo sich Unterschiede in den Szenarien mit/ohne Zusammenschluss ausschließlich auf der Ebene der restlichen Strukturmerkmale auswirken können[445]. Dieser Vergleich der Entwicklung der verbleibenden Strukturmerkmale ist bei der Beteiligung eines sanierungsbedürftigen Unternehmens also unbedingt erforderlich und stellt die besondere Zurechnungsproblematik im Rahmen der *Failing Company Defense* dar.

---

443 Zwar sind die in Art. 2 Abs. 2 lit. b FusionskontrollVO genannten Kriterien nicht nur markt-, sondern auch unternehmensbezogen, doch dienen sie lediglich der Ermittlung einer marktbeherrschenden Stellung. Letztlich gilt also auch hier, dass diese Kriterien nur zur Feststellung der Marktstruktur heranzuziehen sind.

444 S.o. 3. Kapitel II, 1.

445 *Gröner/Köhler*, ORDO 31 (1980), 87, 95 bezeichnen den Sanierungsfall aus Sicht der Anzahl der Marktteilnehmer als eine notwendige, aber noch keine hinreichende Bedingung für das Entstehen oder die Verstärkung einer marktbeherrschenden Stellung.

2. Besonderheiten bei der Zurechnung

Die Marktstellung ist anhand des Kriterienkatalogs des Art. 2 Abs. 1 lit. a und b FusionskontrollVO zu beurteilen. Dabei muss eine Kausalität des Zusammenschlussvorhabens für die Verschlechterung der Marktstruktur schon dann bejaht werden, wenn sich eines dieser Strukturkriterien im Genehmigungsfalle negativer entwickeln würde als im Untersagungsfalle[446].

Der Begriff der „Marktstellung" meint zuallererst den (relativ einfach festzustellenden) Marktanteil[447]. Es gibt aber keine Marktbeherrschungsvermutung aufgrund bestimmter Marktanteile. Vielmehr betonen EuGH und Kommission, dass die Betrachtung der Marktanteile nur den Ausgangspunkt für die fusionskontrollrechtliche Beurteilung darstellt[448].

Darüber hinaus verpflichtet Art. 2 Abs. 1 lit. b die europäische Kommission, anhand der übrigen Marktstrukturkriterien sorgfältig zu ermitteln, ob eine marktbeherrschende Stellung entsteht oder verstärkt wird[449]. Bei der Prüfung des Zusammenschlusses hat die Kommission gem. Art. 2 Abs. 1 lit. b) FusionskontrollVO die wirtschaftliche Macht und Finanzkraft der beteiligten Unternehmen, die Wahlmöglichkeiten der Lieferanten und Abnehmer, ihren Zugang zu den Beschaffungs- und Absatzmärkten, die rechtlichen oder tatsächlichen Marktzutrittsschranken, die Entwicklung des Angebots und der Nachfrage bei den jeweiligen Erzeugnissen und Dienstleistungen sowie die Interessen der Zwischen- und Endverbraucher zu berücksichtigen.

Die Entscheidungen der Kommission und des EuGH zeigen deutlich, dass in der Praxis dem Kriterium der Erhöhung des Marktanteils die größte Bedeutung zukommt[450]. So geht Ziff. 15 der Erwägungsgründe davon aus, dass alleine ein Marktanteil von unter 25 % für eine Vereinbarkeit des Zusammenschlusses mit dem Gemeinsamen Markt spricht[451]. In der *Kali & Salz*-Entscheidung stellte der EuGH nahezu ausschließlich auf die vergleichbare Höhe der Marktanteile ab und verneinte eine Kausalität einzig aus dem Grund, dass *Kali&Salz* so oder

---

446 S.o. I, 1.

447 *Löffler*, FusionskontrollVO Art. 2, Rdnr. 149.

448 EuGH – *Hoffmann-LaRoche*, Rs. 85/76 – Slg. 1979, 461, Rdnr. 39; Lediglich als Faustregel gilt mit *Venit*, 27 C.M.L.Rev. 7, 34 (1990), dass die Bedeutung der anderen Kriterien proportional zur Höhe des Marktanteils abnimmt. So betonte die Kommission in der Entscheidung *Tetra Pak/Alfa-Laval* vom 19.7.1991 (IV/M 068), dass sogar ein Marktanteil von 90% noch keine Garantie für das Vorliegen einer marktbeherrschenden Stellung darstelle, vgl. ferner die Entscheidungen *GE/CIGI* vom 29.8.1964 (IV/M 465) oder *Rhône-Poulenc/SNIA II* vom 8.9.1993 (IV/M 355).

449 *Afonso*, 33 Harv. Int'l L.J. 1, 19f. (1992).

450 *Löffler*, FusionskontrollVO Art. 2, Rdnr. 12, 116; G/T/E-*Albers*, Art. 2 FusionskontrollVO, Rdnr. 26; *Immenga*, in: Immenga/Mestmäcker, EG-Wettbewerbsrecht, Art. 2 FusionskontrollVO, Rdnr. 101ff.; *Venit* 27 C.M.L.Rev. 7, 34 (1990).

451 *Hawk/Huser*, 30 C.M.L.R. 155, 171 (1993).

so den gleichen Marktanteil erworben hätte[452]. Daher wird im folgenden zunächst auf die Veränderungen bezüglich der Marktanteile eingegangen.

a. Marktanteile

Unter normalen Umständen ergibt sich im Sanierungsfall für die Entwicklung der Marktanteile folgendes Bild: Im Ausscheidensfall werden die betroffenen Kapazitäten stillgelegt bzw. im Insolvenzverfahren abgebaut; die hierdurch freiwerdende Nachfrage verteilt sich entsprechend den Marktverhältnissen auf die übrigen Marktteilnehmer. Dies hat in der Regel zur Konsequenz, dass der Marktanteil des sanierungsbedürftigen Unternehmens aufgespalten wird und jeder der Wettbewerber ein Stück erhält[453]. Es ist sogar zu erwarten, dass um die freiwerdenden Kunden ein verschärfter Wettbewerb entbrennen wird, da sowohl die auf dem Markt verbliebenen, als auch die den Markt erstmalig betretenden Unternehmen rasch erkennen werden, dass dieses Kundenpotential höhere zukünftige Marktanteile verspricht. Der so zusätzlich entstehende Wettbewerb kann die Unternehmen zu internem Wachstum oder Produktivitätserhöhungen zwingen und den Kunden bessere Produkte oder niedrigere Preise bescheren[454].
Demgegenüber ist naheliegend, dass bei einer Fusion das aufnehmende Unternehmen den Marktanteil des sanierungsbedürftigen Konkurrenten zumindest zu einem beträchtlichen Teil an sich zieht und sich die Wettbewerbssituation gegenüber der zuvor dargestellten Szenerie deutlich verschlechtert. Zwar ist vereinzelten Kritikern dieser Zwangsläufigkeit[455] zuzugeben, dass das übernehmende Unternehmen mit dem Betriebsvermögen nicht automatisch auch die Kunden erwirbt und sich so eine Addition der Marktanteile verbietet. Dennoch lässt sich im Regelfall feststellen, dass der Übernahme eines Unternehmens auch die Kunden des übernommenen Unternehmens folgen. Zumindest hat das übernehmende Unternehmen diesbezüglich einen auf *goodwill* oder Markennamen gegründeten Vorteil gegenüber den Wettbewerbern oder markteintrittswilligen Unternehmen. Vor allem die Bedeutung von Marken und Warenzeichen kann nicht überschätzt werden. Auch über den Markt für Ersatzteil- und Reparaturgeschäfte lässt sich eine Bindung zu den Kunden des übernommenen Unternehmens herstellen, die dem übernehmenden Unternehmen einen Vorteil auf dem benachbarten Markt neuer Produkte beschert (*Leverage*)[456].
Zudem vergrößert sich die Produktionskapazität des aufnehmenden Unterneh-

---

452 *Venit*, 35 C.M.L.Rev. 1101, 1107, Fn. 16 (1998).
453 Siehe das Beispiel von *Posner/Easterbrook* im 1. Kapitel, III.
454 S.o., 1. Kapitel, III, 2, 3.
455 *McChesney*, 65 Nebr. L. Rev., 1, 16 (1986).
456 Dies war einer der größten Vorbehalte gegen die *Boeing/McDonnell Douglas* Fusion, s.o. 3. Kapitel, II, 6.

mens um die des sanierungsbedürftigen Unternehmens[457] und verschafft ihm (zumindest beim Erwerb der *assets*) die freie Dispositionsmöglichkeit darüber[458]. Da die Wettbewerber nur selten über entsprechende Überkapazitäten verfügen werden, könnte die zusätzliche Kapazität des erwerbenden Unternehmens bereits ausreichen, um dieses als einziges in die Lage zu versetzen, die freiwerdende Nachfrage rasch zu befriedigen und damit die Kunden an sich zu binden. Somit gilt für die *Failing Company Defense*, dass eine Kausalität des Zusammenschlusses für eine entstehende Marktbeherrschung in der Regel schon bejaht werden muss, wenn das Unternehmen im Genehmigungsfall einen überproportionalen[459] Marktanteilszuwachs erhielte. Davon kann aufgrund der vorgenannten[460] Kriterien grundsätzlich ausgegangen werden.
Die Kommission hat in der *Mercedes-Benz/Kässbohrer*-Entscheidung[461] auch eine gegenteilige Überlegung gebilligt. Dort wurde der Fusion prognostiziert, dass sie zu Abschmelzungseffekten beim kombinierten Marktanteil führen werde, da die Beschaffungsstrategie der Busunternehmer darauf abziele, Abhängigkeiten von einzelnen Lieferanten zu vermeiden[462]. Doch selbst unter Ausklammerung solch einzelfallbedingter Einschränkungen lehrt die Praxis, dass ein Zusammenschluss die Kunden beider Unternehmen weitestgehend auf das neu entstehende Unternehmen vereint.

Bereits eine Betrachtung der vorhersehbaren Entwicklung der Marktanteile alleine kann und wird in der Regel zu dem Schluss führen, dass sich die Wettbewerbssituation ohne Zusammenschluss günstiger entwickelt als im Fusionsfall. Denn in den meisten Fällen wird die Kausalität des Zusammenschlusses für das Entstehen der Marktbeherrschung festzustellen und damit der Einwand der *Failing Company Defense* als unbeachtlich zu behandeln sein.

---

457 Zumindest wenn nicht gerade ein wesentlicher Grund für die *Failure* in der fehlenden Kapazität zu finden ist.

458 Vgl. *Areeda*, Antitrust, Rdnr. 927d, *United States Steel Corp.*, 74 F.T.C. 1270, 1289 (1968): „*or consider a situation where a dominant firm purchased the assets of a dying firm thereby increasing capacity to satisfy orders which it would have been otherwise unable to accept; the acquisition thus foreclosing competing firms from handling the surplus of business that would have resulted absent the acquisition.*"

459 „Überproportional" bedeutet: größerer Zuwachs als im Ausscheidensfalle zu erwarten. Ein Beispiel: Hält das übernehmende Unternehmen 50% Marktanteil und alle anderen, das zu übernehmende eingeschlossen, jeweils 10%, so ist im Ausscheidensfall (gerundet) folgende Verteilung zu erwarten: 56%, 11%, 11%, 11%, 11%. Erwirbt das Unternehmen im Zusammenschlussfall hingegen mehr als 56%, so ist die Ursächlichkeit des Zusammenschlusses zu bejahen. Dieses Ergebnis gilt natürlich vorbehaltlich abweichender Marktrealitäten.

460 Vgl. auch 1. Kapitel, III 2.

461 Entscheidung vom 14.2.1995 (IV/M.477), ABl. 1995 L 211/1.

462 Diese Annahme hat sich in diesem Fall nicht bewahrheitet, soll aber bei dem Zusammenschluss von *British Leyland/Volvo* in Großbritannien zu beobachten gewesen sein.

Damit verbleiben wenige Anwendungsfälle, in denen diese Analyse nicht ausreicht. Dies betrifft zum einen den Fall eines sanierungsbedürftigen Duopolisten, zum anderen besondere, nachfolgend näher aufgeführte atypische Marktverhältnisse.

Die Voraussetzungen eines fehlenden Kausalzusammenhangs sind vor allem dann erfüllt, wenn der Zusammenschluss auf dem relevanten Markt zu einem (faktischen) Monopol führte[463]. Denn im Fall nur zweier Wettbewerber ist die Kausalität für eine Verschlechterung der Marktstruktur beim Marktaustritt eines Unternehmens anhand des Kriteriums der Marktanteile nicht feststellbar und ein Fall der *Failing Company Defense* gegeben. Denn das einzige Unternehmen, das den freiwerdenden Marktanteil überhaupt übernehmen kann, ist der verbleibende Monopolist. Damit erhält dieser seine Monopolstellung durch den Marktaustritt des sanierungsbedürftigen Unternehmens ohnehin und nicht erst durch die Fusion.

Weniger deutlich feststellbar, aber mit vergleichbarem Resultat entfällt die Kausalität hinsichtlich der Marktanteile, wenn das übernehmende Unternehmen als ohnedies einziges in der Lage wäre, auch ohne Zusammenschluss die Marktanteile des sanierungsbedürftigen Unternehmens zu übernehmen, z.B. weil es als einziges über die entsprechende freie Kapazität zur kurzfristigen Befriedigung der Nachfrage oder das Kapital zum schnellen internen Wachstum verfügt[464]. Es ist auch denkbar, dass dieses Unternehmen eine geographisch günstigere Lage aufweist[465]. Gleiches gilt, wenn im Falle einer weiten Definition des sachlichen Marktes das übernehmende Unternehmen das beliebteste Substitutionsprodukt herstellt. Eine vergleichbare Möglichkeit nimmt *Möschel* für den Fall an, dass zu erwarten sei, dass das übernehmende Unternehmen aufgrund des von ihm geforderten günstigeren Preises für das entsprechende Produkt den Marktanteil des ausscheidenden Unternehmens auch ohne Fusion in voller Höhe übernehmen werde[466]. Zurecht wird diese Argumentation aber mit dem Hinweis auf die mangelnde Vergleichbarkeit dieses Falles angezweifelt[467]. Denn bei niedrigen Preisen kann es sich nur um eine Reaktion auf entsprechende Über-

---

463 Entscheidung der Kommission vom 14.12.1993 „*Kali&Salz*“ (IV/M.308), ABl. 1994 L 136/38, Rdnr. 70ff., bestätigt insoweit durch EuGH – verb. Rs. *Frz. Republik/Kommission*, C-68/94 und *SCPA* und *EMC/Kommission*, C-30/95 – Slg. 1998 I-1375, Rdnr. 114 ff.; bestätigend *Monopolkommission*, Hauptgutachten 1992/1993, Rz. 603; *Cohen-Tanugi* et al., Pratique communautaire, S. 84.

464 Vgl. dazu die Argumentation der Kommission im Fall *St. Gobain/Wacker Chemie/NOM*, Entscheidung vom 4.12.1996 (IV/M.774), ABl. 1997 L 247/1, vgl, 2. Kapitel, I, 3.

465 *Note*, 68 Yale L.J. 1627, 1664 (1959).

466 *Möschel*, FS für Fischer, S. 495.

467 *Gröner/Köhler*, ORDO 31 (1980), 87, 104.

oder freie Kapazitäten handeln, andernfalls ist kaum zu verstehen, warum das Unternehmen bislang zum Marktpreis verkauft hat.
Aber auch sonstige atypische Marktverhältnisse können zu einer Vergleichbarkeit des Marktanteils mit und ohne Zusammenschluss führen. Beispielhaft sei eine Kombination aus Abschmelzungseffekten im Fusionsfall mit einem erwiesen überdurchschnittlichen Zuwachs im Falle des Marktaustritts[468] genannt.

Eine Beschränkung auf den Vergleich der Marktanteile würde bedeuten, dass ausgerechnet im Falle der stärksten Marktkonzentration, nämlich des entstehenden Monopols, die Kausalität entfiele und ein Zusammenschluss genehmigt werden würde[469]. Das Entstehen oder die Verstärkung einer marktbeherrschenden Stellung ist bereits ein wettbewerbsrechtlich sehr bedenklicher Vorgang, an dessen Verhinderung hohe Maßstäbe gesetzt werden sollten. Die Möglichkeiten, die eine Betrachtung der übrigen Marktstrukturkriterien bietet, müssten in einem solchen Fall schon restlos ausgeschöpft werden. Es bedarf einer sorgfältigen Prüfung, ob sich bei vergleichbaren Marktanteilen die verbleibenden Marktstrukturkriterien durch das fusionsbedingte Entstehen eines marktbeherrschenden Anbieters tatsächlich im gleichen Maße verschlechtern wie durch das durch einen Marktaustritt bedingte.
Eine besonders strenge Prüfung muss vor allem beim Entstehen eines Monopolisten erfolgen, da an die Verhinderung dieser stärksten Konzentrationsform höchste Anforderungen gestellt werden müssen. Eine Kausalität kann auch hier nur zu verneinen sein, wenn trotz detaillierter Analyse der einzelnen Strukturkriterien keine zusätzliche Verschlechterung der Marktstruktur durch den Zusammenschluss eintritt[470].

b. Marktzutrittsschranken

Eine solche geforderte zusätzliche Verschlechterung könnte sich aus der Berücksichtigung der Marktzutrittsschranken ergeben, welche auch Art. 2 Abs. 1 lit. b FusionskontrollVO als Kriterium vorsieht. Der Marktzutritt ist im Fall der Sanierungsfusion ein besonders wichtiges Kriterium. Denn wenn ein Unternehmen den Markt verlässt und damit eine Lücke im Angebot hinterlässt, wird die Möglichkeit für potentielle Wettbewerber, auf dem Markt Fuß zu fassen, größer. Schließlich müsste auch der nunmehr einzige Anbieter auf dem Markt die durch den Austritt des Wettbewerbers frei werdende Nachfrage erst auf sich vereinen. Fällt diesem hingegen diese Nachfrage durch die Fusion zu, so hat die gestärkte

---

468 Vgl. Kommission, Entscheidung vom 14.2.1995 *Mercedes-Benz/Kässbohrer* (IV/M.477), ABl. 1995 L 211/1.
469 *Jones/González-Diáz*, EEC Merger Control, 11.4.2 , S. 160.
470 Deshalb ist nur schwer nachzuvollziehen, warum der EuGH im Fall *Kali & Salz* seine Kausalitätsbetrachtung offenbar auf den Vergleich der Marktanteile beschränkte.

Marktstellung des übernehmenden Wettbewerbers ausreichend Zeit, sich zu verfestigen. Damit werden die Marktzutrittsschranken für neue, potentielle Wettbewerber sehr hoch. Denn eine Investition in einem Markt, der von einem Unternehmen beherrscht wird, wird sich ein potentieller Wettbewerber vor allem dann sehr genau überlegen, wenn er diesem Unternehmen erst Kunden abwerben muss, anstatt mit diesem in einen Wettbewerb um ungebundene Kunden einzutreten. Nicht nur ein ausgebautes Servicenetz oder Markentreue, sondern auch die sehr hohen Abwerbungskosten (z.B. die Anlaufkosten für Werbung) erschweren den Marktzugang zusätzlich. In diesem Sinne ist auch die Aussage des Vertreters der französischen Regierung in der *Kali & Salz*-Entscheidung zu interpretieren, in welcher er deutlich macht, dass die Kommission den Zusammenschluss eigentlich nur hätte genehmigen dürfen, wenn hinreichende Daten über eine Marktöffnung vorgelegen hätten, z.B. um ausländischen Anbietern den Marktzutritt zu erleichtern[471].
Eine abweichende Entwicklung des Marktes aufgrund potentiellen Wettbewerbs ist hingegen ausgeschlossen, wenn die Marktzutrittsschranken unüberwindbar sind und somit neue Wettbewerber aus faktischen oder rechtlichen Gründen den Markt gar nicht betreten können. Einen solchen Fall, in welchem die Marktzutrittsschranken keine abweichende Marktentwicklung aufgrund potentiellen Wettbewerbs erwarten lassen, stellt die fehlende Lizenz zur Patentnutzung dar. In der amerikanischen Entscheidung *Axis S.p.A. v. Micafl, Inc.*[472] klagte der Kläger gegen den Zusammenschluss zweier Konkurrenten. Der *Court of Appeal* stellte fest, dass der Kläger nicht auf dem Markt vertreten war und den Markt wegen fehlender Patente auch gar nicht hätte betreten können, da die verbliebenen zwei Wettbewerber einer Nutzung ihrer Patente ohnehin nicht zugestimmt hätten. Damit habe der Zusammenschluss keine Auswirkungen auf die Wettbewerbsstruktur des Marktes. Das Beispiel zeigt, dass im Falle grundsätzlich bestehender sehr hoher Marktzutrittsschranken eine Kausalität des Zusammenschlusses für eine Verschlechterung der Marktstruktur eher verneint werden kann als im Falle niedriger Marktzutrittsschranken.

Besondere Vorsicht ist hingegen bei geographisch abgegrenzten Teilmärkten geboten: innerhalb des Binnenmarktes wird einem Unternehmen, das auf einem Teilmarkt tätig ist, der Marktzutritt auf einem anderen Teilmarkt selten so schwer fallen, dass daran allein die Ursächlichkeit des Zusammenschlusses für die Wettbewerbsverschlechterung scheitern kann.

---

471 EuGH – verb. Rs. *Frz. Republik/Kommission*, C-68/94 und *SCPA* und *EMC/Kommission*, C-30/95 – Slg. 1998 I-1375, Rdnr. 99.
472 870 F. 2d 1105 (6th Cir. 1989).

c. Entwicklung des Angebots und der Nachfrage

Ein weiteres Marktstrukturkriterium, dem in der Genehmigungspraxis freilich weniger Bedeutung zugemessen wird, sind die Marktphasen[473]. So schreibt Art. 2 Abs. 1 lit. b FusionskontrollVO die Berücksichtigung der Entwicklung des Angebots und der Nachfrage bei den jeweiligen Erzeugnissen und Dienstleistungen vor. Dabei sind vor allem die zwei Marktphasen der Expansion und der Schrumpfung zu berücksichtigen.

Ein expansiver Markt ist durch hohe Investitionen und rasch aufeinander folgende Innovationen gekennzeichnet, wettbewerblich also besonders aktiv. Eine Sanierungsfusion in dieser Marktphase kann zu einer deutlichen Veränderung der Marktstellung des übernehmenden Unternehmens führen, wenn der Marktaustritt nicht aufgrund unzureichenden technologischen Potentials, sondern z.B. infolge mangelnder Kapitaldeckung oder mangelnder Organisationsflexibilität erfolgte. Derartige Fusionen sind wettbewerbspolitisch besonders bedenklich[474], da gerade die technologische Leistungsfähigkeit des Übernahmekandidaten dazu führen würde, dass dessen Potential im Falle des Marktaustritts nicht einfach zerschlagen, sondern zu einer günstigen Reallokation beitragen würde. Zudem würde das übernehmende Unternehmen zu einem Zeitpunkt in eine marktbeherrschende Stellung aufsteigen, zu dem eine Verfestigung der Marktanteile erfolgt, was zu einer dauerhaften Schädigung des Wettbewerbs führen kann[475]. In expandierenden Märkten ist also die Kausalität des Zusammenschlusses für die Verschlechterung der Wettbewerbsstruktur sehr wahrscheinlich.

Etwas anderes kann sich für schrumpfende Märkte ergeben, da diese in der Regel wegen der verzögerten Anpassung der Unternehmen an eine sinkende Nachfrage durch Überkapazitäten geprägt sind. Daran kann das Kausalitätserfordernis scheitern, wenn die Überkapazitäten des übernehmenden Unternehmens dieses als einziges in die Lage versetzen, den freiwerdenden Marktanteil des ausscheidenden Unternehmens zu besetzen. Denn in diesem Falle vermag die Fusion wenig an der zu erwartenden Marktkonzentration zu ändern[476]. Wenngleich schrumpfende Märkte den „Regelkontext“ für Sanierungsfusionen bilden, so ist doch festzuhalten, dass die genannte Marktsituation insofern als atypisch be-

---

473 *Venit*, CMLR 1990, 7, 32, der diese Einordnung als verfehlt kritisiert und in diesem Kriterium einen Bestandteil der Marktdefinition ausmacht; *Immenga*, in: Immenga/Mestmäcker, EG-Wettbewerbsrecht, Art. 2 FusionskontrollVO, Rdnr. 115; vgl. ferner *Monopolkommission*, Hauptgutachten 2, Rdnr. 423; *Gröner/Köhler*, ORDO 31 (1980), 87, 102.

474 Vgl. *Monopolkommission*, Hauptgutachten 1, Tz. 851 f.

475 *Gröner/Köhler*, ORDO 31 (1980), 87, 102.

476 *Möschel*, FS für Fischer, S. 495.

zeichnet werden kann, als dann selten nur ein Unternehmen über diese Überkapazitäten verfügt.

Auch auf schrumpfenden Märkten ist in aller Regel bei der Annahme einer Sanierungsfusion Vorsicht geboten. Denn der Kontext des schrumpfenden Marktes macht es wahrscheinlich, dass der Marktaustritt des sanierungsbedürftigen Unternehmens eine erwünschte Anpassung an die Marktrealität darstellt und ungenutzte Produktionskapazitäten zurecht dem Markt entzieht. Eine Aufrechterhaltung dieser Kapazitäten durch ein anderes Unternehmen gefährdet aufgrund der dann entstehenden Überkapazitäten die Produktion bei anderen Wettbewerbern[477]. Als Folgewirkung ist zu erwarten, dass einer der anderen Wettbewerber ausscheiden muss, was letztlich eine deutliche Verschlechterung der Marktstruktur darstellt.
Im Falle eines schrumpfenden Marktes spricht zudem immer dann eine Vermutung für eine Verschlechterung der Wettbewerbssituation, wenn vernünftigerweise nicht erwartet werden kann, dass die Fusion zu Einsparungen führt. Denn in diesem Fall steht selten der an sich erwünschte Abbau der Überkapazitäten im Vordergrund, sondern häufig die Erlangung weiterer Marktmacht.

3. Besonderheiten bei vertikalen und konglomeraten Fusionen

a. Vertikale Fusionen

Bei vertikalen Fusionen müsste bei Aufrechterhaltung dieser Argumentation ebenfalls das Verursacherprinzip gelten, sich also die Marktstruktur durch die *Failing Company Defense* stärker verschlechtern, als dies bei einem Marktaustritt des sanierungsbedürftigen Unternehmens der Fall wäre. Die Besonderheit des vertikalen Zusammenschlusses besteht darin, dass auf der Stufe des zu übernehmenden Unternehmens, also des Abnehmers oder Lieferanten, der Kausalitätsvergleich nicht statthaft ist, da im Falle des Ausscheidens dieses Unternehmens „jeder Anknüpfungspunkt für eine Marktbeherrschung eines aufnehmenden Unternehmens entfiele"[478].
In diesem Falle wäre nämlich der potentielle Erwerber gar nicht auf der gleichen Marktstufe vertreten. Daraus ergibt sich aber auch, dass etwas abweichendes gilt, wenn der Erwerber bereits auf der gleichen Marktstufe tätig ist. Dann gelten für die Marktstufe des übernommenen Unternehmens die oben genannten Kriterien[479], da hier der Vergleich der Marktstruktur im Fall der Fusion wie im Fall des Konkurses erfolgen kann.
Für die Marktstufe des übernehmenden Unternehmens muss die Frage gestellt

---

477 Vgl. oben 3. Kapitel, II.
478 *Immenga* ZHR 137 (1973), 334, 337; *Möschel*, FS für Fischer, S. 495.
479 Vgl. das Beispiel bei *Möschel*, FS für Fischer, S. 495.

werden, ob das Entstehen einer marktbeherrschenden Stellung auf den vor- oder nachgelagerten Marktstufen die gleichen Auswirkungen auf die Marktstruktur des Marktes des übernehmenden Unternehmens hätte, unabhängig davon, ob die marktbeherrschende Stellung durch Fusion oder Konkurs entsteht.
Ergibt sich auf einer der beiden Marktstufen eine stärkere Verschlechterung der Marktstruktur im Fusionsfall, so besteht die Kausalität und die Sanierungsfusion kann nicht auf der Unbeachtlichkeit des Kausalverlaufs beruhen.

b. Konglomerate Fusionen

Konglomerate Fusionen bedürfen eines vergleichbaren Begründungsaufwands bei der Kausalbetrachtung. Auch hier ist eine Betrachtung der marktstrukturellen Veränderungen und ihrer wechselseitigen Beziehungen für alle betroffenen Märkte anzustellen.
Als Verbesserung der Marktstruktur stellt sich die Fusion zweier Unternehmen dar, die in unterschiedlichen Branchen tätig sind. Denn dann bleibt dem Markt, auf dem das sanierungsbedürftige Unternehmen tätig ist, dieses als Wettbewerber erhalten. Aber auch auf dem Markt des aufnehmenden Unternehmens sind bei Branchenfremdheit keine negativen Auswirkungen zu erwarten.
Etwas anderes ergibt sich, wenn durch den Zusammenschluss wechselseitige Lieferbeziehungen (*reciprocal dealings*) ermöglicht werden oder das aufnehmende Unternehmen an Diversifikationsmacht zunimmt. Dann können sich die Marktstrukturen auf beiden Märkten dramatisch verschlechtern. In einem solchen Fall kann aber die *Failing Company Defense* keine Anwendung finden. Denn im Falle des Marktaustritts des sanierungsbedürftigen Unternehmens käme es nicht dazu, so dass ein Kausalzusammenhang zwischen Fusion und Verschlechterung der Marktstruktur gegeben ist[480].
Eine davon zu unterscheidende Situation ergibt sich, wenn vom aufnehmenden Unternehmen ein potentieller Wettbewerb ausgeht[481]. Im Fusionsfall wird die Marktstellung des sanierungsbedürftigen Unternehmens gestärkt, wobei zu erwarten ist, dass das übernehmende Unternehmen seine Ambitionen, selbst als Wettbewerber auf diesem Markt aufzutreten, zügeln wird und damit den Wettbewerbsdruck vermindert. Scheidet hingegen das konkursreife Unternehmen aus dem Markt aus, so verringert sich zwar die Zahl der aktuellen Marktteilnehmer, es besteht aber weiterhin die potentielle Konkurrenz des aufnahmebereiten Unternehmens. Für diese Variante ist eine Lösung nur im Einzelfall möglich, wobei für die Kausalitätsfrage von besonderer Bedeutung ist, ob und wie schnell der potentielle Konkurrent zu einem aktuellen wird. Dann ist aber die gleiche Situation wie bei einer horizontalen Fusion gegeben, die anhand der dort genannten Kriterien zu beurteilen ist.

480 *Möschel*, FS für Fischer, S. 496; *Immenga*, ZHR 137 (1973), 334, 340.
481 Vgl. dazu *Immenga*, ZHR 137 (1973), 334, 340.

4. Zwischenergebnis

Die Einordnung der *Failing Company Defense* als Kausalitätsproblem führt zu einem Vergleich der Verschlechterung der Marktstruktur im Fusionsfall mit der im Untersagungsfall.
Schöpft man das Potential zur Bewertung der wettbewerblichen Situation aus, welches durch die Marktstrukturkriterien ermöglicht wird, so bleibt die erfolgreiche Geltendmachung einer alternativen Kausalität auf absolute Ausnahmefälle beschränkt. Denn in aller Regel verschlechtert sich die Wettbewerbssituation durch die Fusion in stärkerem Maße als durch ein Ausscheiden des sanierungsbedürftigen Unternehmens[482]. Es ist nahezu ausgeschlossen, dass die entstehenden Marktstrukturen im Zusammenschlussfall und im Untersagungsfall absolut identisch sind.

5. Die Bedeutung des Alternativerwerbererfordernisses

Die europäische Kommission und der EuGH haben wiederholt und nachdrücklich die *Failing Company Defense* als Kausalitätsproblem eingeordnet[483]. Aus dieser Konstruktion ergibt sich die Frage nach dem Grund für die Suche nach einer weniger wettbewerbsschädlichen Alternative[484]. Deren Sinn resultiert bei der amerikanischen *Failing Company Defense* daraus, dass damit die Verhältnismäßigkeit der Wettbewerbsbeeinträchtigung aufgrund wettbewerbsfremder Kriterien gewahrt bleibt.

Wenn aber aufgrund von Marktstrukturkriterien festgestellt wird, dass im Verhältnis zur Wettbewerbssituation ohne Zusammenschluss keine Verschlechterung eintritt, dann muss nicht nach einem Alternativerwerber gesucht werden. Es mag dann zwar wettbewerbsrechtlich vorteilhaftere Lösungen geben. Auf diese kann es aber nicht ankommen, wenn die Kausalität des Zusammenschlusses für eine Verschlechterung der Wettbewerbssituation verneint wird. Wenn, um in der Terminologie der Kommission und des EuGH zu bleiben, der Zusammenschluss nicht kausal ist für eine Verschlechterung der Wettbewerbssituation, dann kann den sich zusammenschließenden Parteien nicht vorgeworfen werden, dass es wettbewerbsfreundlichere Möglichkeiten gegeben hätte. Für die Feststellung der alternativen Kausalität ist folglich einzig wichtig, ob das Unternehmen den Markt verlassen und wie das die Marktstruktur beeinträchtigen wird. Diese Einschätzung wird von einer Betrachtung sowohl des Wortlauts als

---

482 Siehe dazu auch noch die im 1. Kapitel, III vorgebrachten Bedenken gegen eine Sanierungsfusion.
483 S.o., I, 1.
484 *Monti/Rousseva*, 24 E.L.Rev. 38, 42 (1999).

auch der Zielsetzung der FusionskontrollVO, der repressiven Abwehr wettbewerbsbeschränkender Zusammenschlüsse[485], unterstützt.

Etwas anderes ergäbe sich nur, wenn der europäischen Fusionskontrolle eine über die Verhinderung wettbewerbsverschlechternder Zusammenschlüsse hinausgehende Bedeutung hinsichtlich einer aktiven Rolle bei der Gestaltung besserer Wettbewerbsverhältnisse zugedacht werden soll[486]. Denn obschon wettbewerbsrechtlich neutral, so ist die entstehende marktbeherrschende Stellung im Falle eines Alternativerwerbers doch nur die zweitbeste Variante und wäre, diente der Fall mit Alternativerwerber als Referenzfall, insofern auch kausal für das Entstehen einer marktbeherrschenden Stellung. Indem die Kommission und der EuGH die erfolglose Suche nach einem Alternativerwerber zur Voraussetzung der *Failing Company Defense* erheben[487], würden sie also deutlich machen, dass sie eine Verbesserung der Wettbewerbsbedingungen anstreben oder zumindest eine aus wettbewerblicher Sicht optimalere Lösung suchen[488], und sich nicht auf das bloße Ziel, das Entstehen einer Wettbewerbsverschlechterung zu verhindern, beschränken[489].
Die Diskussion an dieser Stelle erinnert an die Diskussion über die Notwendigkeit einer qualifizierten Kausalität für die Feststellung von Wettbewerbsverbesserungen im Rahmen der Abwägungsklausel im deutschen GWB[490]. Dort geht es allerdings nicht ausschließlich um die Kausalität, sondern um eine wettbewerbliche Bilanz, bei welcher im Rahmen einer Verhältnismäßigkeitsprüfung die am wenigsten wettbewerbsschädliche Alternative zu ermitteln ist. In diesem Kontext ist es sinnvoll, die vergebliche Suche nach einem Alternativerwerber zur Genehmigungsvoraussetzung zu machen. Bei der von EuGH und Kommission gewählten Begründung mit mangelnder Kausalität ist dies hingegen nicht zwingend.

---

485 *Canenbley/Moosecker*, Fusionskontrolle, S. 110.
486 Ähnlich *Mestmäcker*, in: Immenga/Mestmäcker, GWB, 2.Aufl., vor § 23, Rdnr. 202.
487 S. oben, 2. Kapitel, I, 2, a.
488 Dies könnte durch dadurch gerechtfertigt sein, dass die Kommission gem. Art. 2 Abs. 1 lit a. FusionskontrollVO auch gehalten ist, wirksamen Wettbewerb *zu entwickeln*.
489 So meint *Löffler*, Fusionskontrollverordnung Art. 2, Rdnr. 170, dass die Kommission sich neue Tätigkeitsbereiche geschaffen habe, die nicht zum originären Untersuchungsgegenstand der Fusionskontrolle zählten, wie der Betriebsberatung im Sanierungsfalle und vor allem der Vermittlung von Unternehmensakquisitionen.
490 Siehe BGH WuW/E BGH 1539, 1541; vgl. auch GK-*Harms* § 24 Rdnr. 624ff.; *Richter*, in: Wiedemann, § 20 Rdnr. 160; *Büdenbender*, REW 1980, 22, 26.; *Gröner/Köhler*, ORDO 31 (1980), 87, 109, dezidiert in Fn. 7.

II. Vergleich der Wettbewerbszustände nach entstandener Marktbeherrschung - *Rule of Reason*

1. Einleitung

Die *Kali & Salz*-Entscheidung enthält gleichwohl eine für die nachfolgende Überlegung wichtige Feststellung. Sowohl der EuGH als auch die EU-Kommission sind demnach grundsätzlich bereit, einen Zusammenschluss trotz einer entstehenden Marktbeherrschung zu genehmigen. Zu diesem Zweck tragen sie dem Sanierungsgedanken dadurch Rechnung, dass als wettbewerbliche Referenzsituation nicht der Markt vor dem Zusammenschluss, sondern der fiktive Markt ohne Zusammenschluss dient („nachher I – nachher II“ – Vergleich). Sie vergleichen in der Kausalbetrachtung nicht den Ist-Zustand mit einem prognostiziertem, sondern zwei prognostizierte miteinander. Der Zusammenschluss ist trotz entstehender Marktbeherrschung zu genehmigen, wenn sich aus diesem Vergleich keine Verschlechterung der Marktstruktur durch den Zusammenschluss ergibt[491]. Hierbei ist allerdings stets zu berücksichtigen, dass sich durch den Zusammenschluss die marktbeherrschende Stellung in der Regel schneller realisiert als im Falle eines Marktaustritts.

Diese Feststellung des EuGH könnte zu einer umfassenderen Berücksichtigung von Sanierungsargumenten führen, als es die engen Voraussetzungen der *Failing Company Defense* zur Zeit zulassen. Denn auch eine Verbesserung der Marktstruktur durch einen Zusammenschluss mit einem sanierungsbedürftigen Unternehmen ist denkbar[492]. Nach der Feststellung, dass eine marktbeherrschende Stellung entsteht oder verstärkt wird, könnte in einer zweiten Stufe gefragt werden, ob per saldo eine Beeinträchtigung des Wettbewerbs hervorgerufen wird. Bei einem dann anzustellenden umfassenden Vergleich der Strukturmerkmale können, wie in der Kausalargumentation, deren Verschlechterungen, aber zusätzlich auch eventuelle Verbesserungen berücksichtigt werden.
Somit stellt sich die Frage, ob eine Berücksichtigung von Sanierungsgesichtspunkten der von der Kommission aufgestellten und vom EuGH gebilligten Voraussetzungen einer *Failing Company Defense* bedarf oder ob die Berücksichtigung von Sanierungsgesichtspunkten nicht auch im Wege einer allgemeinen wettbewerbsrechtlichen Analyse im Stile einer *Rule of Reason*[493] erfolgen könnte. Die vorgesehene Untersuchung ist einer *Rule-of-Reason* deshalb nicht

---

491 EuGH – verb. Rs. *Frz. Republik/Kommission*, C-68/94 und *SCPA* und *EMC/Kommission*, C-30/95 – Slg. 1998 I-1375; Rdnr. 114; Kommission, Entscheidung vom 11.7.2001 *BASF/Pantochim/Eurodiol* (IV/M.2314), WuW 2002, 90, 93, Rdnr. 143.
492 S. dazu nachstehend 3.
493 So wohl *Afonso*, 33 Harv. Int'l L.J., 1, 2 (1992); *Venit*, 27 C.M.L.Rev. 1990, 7, 23ff.

unähnlich[494], weil im Wege einer korrigierenden Auslegung unter Berücksichtigung aller wettbewerblichen Aspekte eine sachlich nicht gebotene Untersagung eines Zusammenschlusses verhindert würde, die der Wortlaut der FusionskontrollVO zuließe.
Alleiniger Maßstab einer jeden Fusionskontrollentscheidung muss die Verhinderung einer Wettbewerbsbeeinträchtigung sein[495]. Somit müsste auch jede Lösung, die aufgrund der Sanierungsbedürftigkeit eines Unternehmens gefunden wird, zulässig sein, solange sie sich noch innerhalb der von Art. 2 Abs. 2, 3 FusionskontrollVO gezogenen Grenzen der Wettbewerbskonformität bewegt. Eine Beschränkung auf den von den europäischen Genehmigungsbehörden gezeigten Fall der *Failing Company Defense* ist dann nicht gerechtfertigt.

Die Möglichkeit einer Genehmigung trotz entstehender marktbeherrschender Stellung ist demnach der Ansatzpunkt für die folgende Analyse. Zu fragen ist, ob es trotz entstehender Marktbeherrschung noch wettbewerbskonforme Wege gibt, um dem Sanierungsgedanken Rechnung zu tragen.

2. Verhältnis zum Kausalitätsargument

Im Rahmen der oben behandelten Kausalitätsfrage werden ausschließlich zwei denkbare zukünftige Verschlechterungen der Marktstruktur im Hinblick auf eine entstehende Marktbeherrschung, verursacht zum einen durch den Zusammenschluss, zum anderen durch den Marktaustritt, auf einem identischen Markt verglichen. Damit wird das Argument einer alternativen Kausalität auf der ersten Kausalitätsstufe vorgebracht. Eventuell eintretende Verbesserungen der Marktstruktur und die Auswirkungen des Zusammenschlusses auf andere Märkte werden hingegen nicht berücksichtigt. Somit wird nicht angesprochen, ob die entstehende Marktbeherrschung sich auch als ursächlich für eine Wettbewerbsbeeinträchtigung herausstellt.
Die hier zu erörternden Gesichtspunkte erfordern mithin eine weiter gefasste Fragestellung: Gibt es aufgrund der Sanierungsbedürftigkeit eines Unternehmens Einwände gegen die Ursächlichkeit dieses Zusammenschlusses für eine Wettbewerbsverschlechterung im Gemeinsamen Markt und nicht bloß für das Entstehen oder die Verstärkung einer marktbeherrschenden Stellung?

Eine gedankliche Verbindung besteht insoweit, als auch eine mögliche Verbesserung der Marktstruktur *durch* den Zusammenschluss erfolgen muss. Denn wenn die Verbesserung auch ohne den Zusammenschluss eingetreten wäre, dann kann sie nicht zu seinen Gunsten wirken. Dabei dürfte eine Mitursächlichkeit des Zusammenschlusses für eine Verbesserung der Wettbewerbsbedingun-

---

494 Vgl. z.B. *Appalachian Coals, Inc. v. United States*, 288 U.S. 344 (1933).
495 S.o., I.

gen ausreichen, wenn ohne ihn die Verbesserungen nicht eingetreten wären. Die Abwägung ist anhand der gleichen Marktstrukturkriterien vorzunehmen wie die Kausalitätsfrage. Ein genehmigungsfähiger Zusammenschluss muss demzufolge zu strukturellen Veränderungen führen, durch die die Voraussetzungen wirksamen Wettbewerbs wesentlich verbessert werden.
Eine präzise Trennung zwischen der *uno actu* eintretenden Verbesserung und Verschlechterung der Wettbewerbssituation wird in der Regel kaum möglich sein, zumal sich beide Kausalitätsargumentationen der Marktstrukturkriterien bedienen und nicht einen früheren Marktzustand mit einem späteren, sondern zwei alternative prognostizierte Marktzustände miteinander vergleichen. Dementsprechend lautet auch der Haupteinwand gegen diesen Ansatz, dass aus einem Zusammenschluss resultierende Vor- und Nachteile bereits bei der Frage nach dem Entstehen einer marktbeherrschenden Stellung gegeneinander abgewogen werden[496].

3. Rechtliche Grundlage für den Vergleich

Die vorstehenden Überlegungen setzen freilich voraus, dass in der EG-Fusionskontrolle, ebenso wie aufgrund der Abwägungsklausel in § 36 Abs. 1 GWB, eine wettbewerbliche Bilanz in dem Sinne möglich ist, dass wettbewerbliche Nachteile des Zusammenschlusses durch mit ihm verbundene wettbewerbliche Vorteile ausgeglichen werden können. Abweichend von § 36 Abs. 1 GWB enthält der Wortlaut von Art. 2 Abs. 1 lit. a FusionskontrollVO keinerlei expliziten Hinweis auf die grundsätzliche Zulässigkeit einer solchen Abwägung[497].
Vorab ist gedanklich zu trennen. Zum einen kann sich eine wettbewerbliche Bilanz auf nur einen Markt erstrecken und fragen, ob entstehende wettbewerbliche Vorteile die auf dem gleichen Markt entstehenden Nachteile zu kompensieren vermögen (nachfolgend a.). Zum anderen besteht aber auch die Möglichkeit, die Auswirkungen eines Zusammenschlusses auf verschiedenen Märkten zu vergleichen. Eine Verschlechterung der Wettbewerbssituation auf einem Markt könnte durch eine Verbesserung der Wettbewerbssituation auf einem anderen Markt dergestalt kompensiert werden, dass im Ergebnis keine Verschlechterung der Gesamtsituation eintritt (nachfolgend b.).

---

[496] Siehe dazu nachfolgend 3. a. bb.
[497] Vgl. aber den Wortlaut des Art. 2 Abs. 1 lit. a FusionskontrollVO: „Struktur *aller* Märkte“; dazu unten 3. b. aa.

a. Gleichzeitig eintretende Wettbewerbsverbesserungen auf dem gleichen Markt

aa. Rechtliche Zulässigkeit

Dieses erweiterte Verständnis setzt voraus, dass der Test für Marktbeherrschung und für eine Wettbewerbsbehinderung nicht synonym verwendet werden, bzw. dass eine festgestellte marktbeherrschende Stellung keine unwiderlegliche Vermutung für eine Verschlechterung des Wettbewerbs begründet.

Der Wortlaut von Art. 2 Abs. 2, 3 FusionskontrollVO spricht für eine Trennung beider Kriterien. Dieser schreibt die Untersagung eines Zusammenschlusses nämlich als unvereinbar mit dem Gemeinsamen Markt vor, wenn dieser Zusammenschluss zum Entstehen oder der Verstärkung einer marktbeherrschenden Stellung führt *und* „durch die [beherrschende Stellung] wirksamer Wettbewerb im Gemeinsamen Markt oder in einem wesentlichen Teil desselben erheblich behindert würde".

Dennoch behandelt ein Teil der Literatur die zweite Voraussetzung gar nicht oder bejaht ihr Vorliegen automatisch, wenn eine Marktbeherrschung vorliegt[498]. Als Grund hierfür wird vorgebracht, dass die Begründung oder Verstärkung einer marktbeherrschenden Stellung als Konsequenz der Definition einer „marktbeherrschenden Stellung" immer zur Behinderung wirksamen Wettbewerbs führe. Außerdem sei die Begründung „einer" beherrschenden Stellung ausreichend. Schließlich wird darauf verwiesen, dass die Kommission bereits bei Art. 82 EGV nur einen einzigen Test durchführe, bei welchem Wettbewerbswidrigkeit vermutet werde, sobald die Verstärkung oder das Entstehen einer marktbeherrschenden Stellung festgestellt wurde[499].

Eine höchstrichterliche Entscheidung zu dieser Frage liegt noch nicht vor. Das EuGEI ging aber in der Entscheidung *Air France/Kommission* davon aus, dass es sich bei den zwei Voraussetzungen „Marktbeherrschung" und „Wettbewerbsbehinderung" um zu trennende Voraussetzungen handele[500]. Mit diesem Verständnis folgt es der wohl überwiegenden Literaturmeinung[501]. Wider-

---

498 Vgl. *Löffler*, FusionskontrollVO Art. 2 Rn. 130, 174, der feststellt, dass die Feststellung von Marktbeherrschung stets mit der Aussage gekoppelt worden sei, dass hierdurch wirksamer Wettbewerb erheblich behindert werde. Eine Trennung dergestalt, dass zwar Marktbeherrschung vorliege, eine erhebliche Wettbewerbsbehinderung aber nicht feststellbar und deshalb der Zusammenschluss erlaubt sei, komme in der Entscheidungspraxis nicht vor.; *Downes/MacDougall*, E.L.Rev. 1994, 19 (3), 286, 289f.; *Immenga*, in: Immenga/Mestmäcker, EG-Wettbewerbsrecht, Art.2 FusionskontrollVO, Rdnr. 18 ff.; *Stockenhuber*, Europ. Fusionskontrolle, S. 228.

499 *Downes/MacDougall*, E.L.Rev. 1994, 19 (3), 286, 289f.

500 EuG, Entscheidung vom 19.5.1994 – *Air France/Kommission*, T-2/93 – Slg. 1994 II – 323, 352f., Rdnr. 79.

501 *Drauz/Schröder*, Praxis der Fusionskontrolle, S. 68f., 165f.; *Langeheine*, Fordham Corp.

sprüchlicher sind die Aussagen der Kommission. Teilweise verknüpft sie beide Begriffe und formuliert durchgängig[502], teilweise nimmt sie eine solche Differenzierung vor[503]. Diese Praxis lässt aber zumindest darauf schließen, dass die Kommission durchaus eine Differenzierung vornimmt, wenn sie erforderlich sein sollte. Auch eine Parallele zu Art. 82 EGV trägt dieses Ergebnis: dieser sanktioniert auch nicht das Entstehen einer marktbeherrschenden Stellung als solcher, sondern nur den Missbrauch einer marktbeherrschenden Stellung[504]. Das Bestehen eines einzigen Tests widerspricht zudem nicht zwangsläufig der Annahme eines zweiteiligen Verfahrens. So darf die Kommission sich grundsätzlich auf die Vermutung verlassen, dass eine marktbeherrschende Stellung Ausweis einer Beeinträchtigung des Wettbewerbs ist. Jedoch sollte es sich um eine widerlegliche Vermutung handeln, die das Vorbringen anderer Faktoren ermöglicht, falls diese im Ergebnis zu einer positiven wettbewerblichen Bilanz führen[505]. Die Notwendigkeit einer solchen Bilanz ergibt sich zudem aus der Gleichwertigkeit der wettbewerblichen Kriterien, die unter Umständen zu einem Ausgleich gebracht werden müssen[506]. *Bechtold* befürwortet eine solche Abwägung unabhängig davon, ob die zweite Voraussetzung von Art. 2 Abs. 3 FusionskontrollVO ein zusätzliches Tatbestandsmerkmal normiere oder untrennbar mit der Feststellung einer beherrschenden Stellung verbunden sei, da sie das „Spiegelbild" von Art. 2 Abs. 1 lit. a darstelle, der die Notwendigkeit wirksamen Wettbewerb aufrechtzuerhalten als Ziel der Fusionskontrollentscheidung heraushebe[507]. Diesem Ziel sei aber auch gedient, wenn sich per saldo keine Verschlechterung des Wettbewerbs ergebe.

Neben dem klaren Wortlaut von Art. 2 Abs. 2, 3 FusionskontrollVO überzeugt vor allem das Argument, dass es möglich sei, trotz marktbeherrschender Stellung im Ergebnis gar keine Verschlechterung oder sogar eine Verbesserung der Wettbewerbsstruktur der Gemeinschaft festzustellen. Auch dem Schutzzweck

---

L.I. 1990, 481, *Bechtold*, EuZW 1996, 389, 390; *Rösler*, in: FK, Art. 2 FusionskontrollVO, Rdnr. 140ff.; *Fine*, 4 E.C.L.R.148, 153 (1991); *Camesasca*, [1999] E.C.L.R. 14, 21; *Monti/Rousseva*, 24 E.L.Rev. 38, 45 (1999); *Miersch*, FusionskontrollVO, S. 58f.; *Berlin*, Contrôle des concentrations, S. 238 f.

502 Entscheidung vom 2.10.1991 *Aérospatiale/Alenia/deHavilland* (IV/M.053), ABl. 1991 L 334/42, Rdnr. 72.

503 Entscheidung vom 14.12.1993 *Kali*&Salz/MdK/Treuhand (IV/M.308), ABl. 1994 L 136/38; vgl. *Brittan*, 15 E.L.Rev., 351, 352 (1990): „ *a dominant position as such is not prohibited*".

504 *Monti/Rousseva*, 24 E.L.Rev. 38, 46 (1999), ebenso G/T/E-*Albers*, Art. 2 FusionskontrollVO, Rdnr. 477, mit dem Argument der Einheit der Rechtsordnung.

505 *Monti/Rousseva*, 24 E.L.Rev. 38, 47 (1999).

506 Vgl. *Kögel*, Angleichung, S. 157.

507 *Bechtold*, EuZW 1996, 389, 391.

von Art. 2 FusionskontrollVO, der z.B. im 14. Erwägungsgrund zum Ausdruck kommt, wird dieses Resultat also gerecht.

Ist eine solche wettbewerbliche Bilanz aber im Grundsatz möglich, so ist nicht einzusehen, warum sie auf den Vergleich der Marktverhältnisse mehrerer Märkte beschränkt bleiben soll (so die h.M.) und auf die vorgelagerte Feststellung der Marktzustände auf den einzelnen Märkten keine Anwendung finden soll[508]. Besteht also im Hinblick auf die Notwendigkeit, im Gemeinsamen Markt wirksamen Wettbewerb aufrechtzuerhalten und zu entwickeln kein Anlass für ein fusionskontrollrechtliches Verbot, wenn tatsächlich durch einen Zusammenschluss auf dem einen Markt zwar eine beherrschende Stellung entsteht oder verstärkt wird, auf dem anderen aber die Wettbewerbsbedingungen entsprechend und mindestens gleichgewichtig verbessert werden[509], so kann doch eine ausgleichende Verbesserung der Wettbewerbsbedingungen auf dem gleichen Markt erst recht kein fusionskontrollrechtliches Verbot nach sich ziehen.
Es gibt keinen Grund für eine Untersagung, wenn die wettbewerbliche Bilanz des Zusammenschlusses trotz aller negativen Auswirkungen im Ergebnis positiv ist.

bb. Beschränkung auf Ausnahmen

Zunächst widerspricht es der Intuition, dass ein marktbeherrschungsrelevanter Zusammenschluss auf demselben Markt zugleich auch die Wettbewerbsbedingungen verbessern soll. Eine marktbeherrschende Stellung stellt bereits definitionsgemäß eine so umfängliche Wettbewerbsbeeinträchtigung dar, dass es als fraglich angesehen werden muss, ob diese überhaupt zu kompensieren sein kann.
Aber auch die Notwendigkeit einer solchen Abwägung wird bezweifelt[510], da sich die Frage stellt, welche Verbesserungen der Wettbewerbsbedingungen nicht schon in den Marktbeherrschungstest eingehen. Auch dieser greift ausschließlich auf die gleichen Strukturkriterien zurück. Damit liegt die Annahme nahe, dass Wettbewerbsverbesserungen, die auf dem gleichen Markt eintreten wie die Verschlechterungen, sich bereits auf die Feststellung des Entstehens oder der Verstärkung einer marktbeherrschenden Stellung auswirken. Dies stellt tatsächlich den Regelfall dar[511], ist jedoch in den nachfolgend aufgezeigten Fällen nicht ausreichend, in welchen unbestritten eine marktbeherrschende Stellung

---

508 So wohl G/T/E-*Albers*, Art. 2 FusionskontrollVO, Rdnr. 499; *Immenga*, WuW 1990, 171, 176; *Kögel*, Angleichung, S. 157f.
509 So *Bechtold*, RIW 1990, 253, 257.
510 G/T/E-*Albers*, FusionskontrollVO Art.2, Rdnr. 476.
511 Zu dieser Argumentation vgl. unten 4. Kapitel.

entsteht oder verstärkt wird, sich die wettbewerbliche Gesamtsituation aber dennoch verbessert.

cc. Fallgruppen

Eine Verbesserung der Marktstruktur durch die Fusion trotz entstehender Marktbeherrschung ist in Ausnahmefällen denkbar. Wie oben[512] bereits festgestellt wurde, liegt allerdings im bloßen Erhalt eines Marktteilnehmers noch keine Verbesserung der Wettbewerbsbedingungen. Dessen Erhalt wird nämlich mit dem Verlust seiner Selbständigkeit erkauft. Auch eine rechtliche Selbständigkeit ist nicht ausreichend, wenn das Unternehmen von dem erwerbenden Unternehmen faktisch kontrolliert wird. Zwar ist denkbar, dass das aufnehmende Unternehmen dem übernommenen seine Eigenständigkeit lässt, doch ist dies realitätsfern. Es ist vielmehr betriebswirtschaftlich wenig sinnvoll, dass das übernehmende Unternehmen es dem übernommenen gestattet, in einen echten Wettbewerb mit ihm, dem übernehmenden Unternehmen, einzutreten[513].
Auch bloße strukturelle Zusagen dürften nicht ausreichen, um darin schon eine Verbesserung der Wettbewerbsbedingungen zu sehen.

(1) Mehrere Unternehmen müssten den Markt verlassen

Eine Verbesserung der Wettbewerbsbedingungen durch den Erhalt sanierungsbedürftiger Unternehmen wird zumeist angenommen, wenn der Zusammenschluss die Wettbewerbsfähigkeit aller beteiligten Unternehmen langfristig gewährleistet und ohne den Zusammenschluss damit zu rechnen wäre, dass die beteiligten Unternehmen die Wettbewerbsfähigkeit verlieren und durch ihr Ausscheiden aus dem Markt ein noch höherer Konzentrationsgrad bewirkt werden würde[514]. Das durch einen Zusammenschluss gesicherte Überleben mindestens zweier Unternehmen und das Entstehen eines leistungsfähigen neuen Unternehmens würde somit die Marktstruktur verbessern. Dies gilt insbesondere dann, wenn damit zugleich ein Marktanteilszuwachs des marktbeherrschenden Unternehmens verhindert wird.

Ein Beispiel mag dies verdeutlichen[515]:
Auf einem Markt gibt es fünf Anbieter. Zwei dieser Anbieter sind insolvenzreif und können nur durch Fusionen überleben. Würden sie insolvent, so blieben drei Anbieter, fusionierten sie, so verbleiben vier. Auch wenn bei der Fusion ein marktbeherrschendes Unternehmen entsteht, so können sich die Wettbewerbs-

---

512 1. Kapitel, III, 7.
513 *Catranis*, Zusammenschlusskontrolle, S. 90.
514 *Möschel*, FS für Fischer, S. 498; *Baxter*, 50 Antitrust L. J. 247, 251 (1982) .
515 *Bechtold/Kleinmann*, §24 Rdnr. 110.

bedingungen durch die Erhaltung zumindest eines vierten Wettbewerbers verbessern[516].

Die Realitätsnähe dieses Falles darf freilich bezweifelt werden[517]. Zum einen setzt ein gleichzeitiges Ausscheiden aus dem Markt eine Gleichartigkeit der Unternehmen voraus, die in der Form höchstens zufällig vorhanden sein dürfte[518]. Zum zweiten erscheint es unwahrscheinlich, dass ausgerechnet zwei sanierungsbedürftige Unternehmen fusionsbedingt zu einem wettbewerbsfähigen (und marktbeherrschenden) Marktteilnehmer werden.
Dennoch kann sich eine positive wettbewerbliche Bilanz häufig dann ergeben, wenn mehrere beteiligte Unternehmen als sanierungsbedürftig einzustufen sind oder sogar unter Umständen alle Unternehmen aus dem Markt ausscheiden müssten. Viel hängt aber von den Einzelheiten des Marktes ab. So kann es in einer schrumpfenden Marktphase durchaus denkbar sein, dass mehr als ein Unternehmen zeitgleich konkursreif wird.

(2) Verringerung der relativen Konzentration

Eine ausgewogenere Marktstruktur wird vereinzelt auch dann erwartet, wenn der Zusammenschluss den Konzentrationsgrad verringert[519]. Dies wird beispielsweise dann als möglich erachtet, wenn nicht der Marktführer, sondern ein Unternehmen aus der Gruppe der sonstigen großen auf dem Markt vertretenen Unternehmen den Fusionspartner stellt, da in diesem Fall der Konzentrationsgrad gemessen an der relativen Konzentration in der Gruppe der marktstärksten Unternehmen zurückgeht[520]. Denn in diesem Fall wird verhindert, dass der Marktführer zusätzliche Marktanteile erhält. Allerdings gilt diese Beobachtung in der Regel nicht bei einer bereits vorher vorhandenen Marktoligopolisierung. In dem Fall wird das Oligopol im Innenverhältnis zwar symmetrischer. An der festgefügten Oligopolstellung wird sich durch den Zusammenschluss dennoch nur wenig ändern. Der fusionierende Oligopolist wird in der Regel seine marktbeherrschende Stellung beibehalten wollen und somit kaum veranlasst sein, aus dem oligopolistischen Reaktionsverbund auszuscheren. In diesem Fall tritt also

---

516 Dies setzt voraus, dass nicht eines der fusionierenden Unternehmen bereits die Marktführerschaft innehat.

517 *Gröner/Köhler*, ORDO 31 (1980), 87, 111.

518 Der im deutschen Recht in diesem Kontext angeführte *Thyssen/Hüller*-Fall spricht nicht für ein solches Szenario. Denn in diesem Fall drohte Thyssen seinen Rückzug aus diesem Markt an, falls die Angliederung untersagt würde. Dies ist aber eine unternehmenspolitische Entscheidung und erfüllt nicht das Tatbestandsmerkmal *Failing Company*, vergleichbar ist dieser Fall mit dem Vortrag der Parteien in *Bertelsmann/Kirch/Premiere* (s.o.).

519 Vgl. Entscheidung des BKartA *Benteler/Niederrheinstahl*, TB 1976, 44.

520 *Emmerich*, AG 1978, 118, 132.

kein positiver Wettbewerbseffekt ein. Aber auch hier muss die Entscheidung letztlich im Einzelfall getroffen werden.
Bei einer Fusion im Oligopol ist andererseits auch nicht zu erwarten, dass die Marktbeherrschung in Form der *„collcetive dominance“* dadurch, dass sich das Oligopol im Zuge eines Zusammenschlusses verkleinert, noch zusätzlich verstärkt wird.
In einer unlängst ergangenen Entscheidung untersagte der *District Court* des *District of Columbia* eine solche Fusion nicht, in welcher sich der zweit- und der drittgrößte Hersteller von Babynahrungsmitteln zusammenschließen wollten, mit dem Argument, nur auf diese Weise entstehe ein wettbewerbsfähiger Konkurrent, der den Wettbewerb auf dem Markt fördere[521]. Schon zuvor hatte der Supreme Court diesen Gedanken einer solchen *„against giants defense“* aufgegriffen[522].
Grundsätzliche Einwände gegen eine generelle Zulassung von Zusammenschlüssen mit dem Ziel der Verringerung der relativen Konzentration macht hingegen die deutsche Monopolkommission geltend[523]. Sie befürchtet, eine solche Genehmigungspraxis führe zu einer Legitimation aller Zusammenschlüsse, die unterhalb der jeweils erreichten stärksten Marktstellung blieben. Als Ergebnis seien dann aber Aufholfusionen zu erwarten, die zu einer weiteren Konzentration führten.
Dessen ungeachtet hat die Europäische Kommission bereits gezeigt, dass sie gewillt ist, trotz hoher Marktanteile den Zusammenschluss zweier Wettbewerber zu genehmigen, wenn der Markt von einem etablierten Wettbewerber beherrscht wird[524].

(3) Dekonzentration

Eine Verbesserung der Wettbewerbssituation kann sich auch aus sich gegenseitig aufhebenden Konzentrations- und Dekonzentrationsvorgängen ergeben[525]. Besonders auffällig ist dies im Fall der Auflösung oder Umstrukturierung eines Gemeinschaftsunternehmens, bei der ein Partner die Anteile des anderen übernimmt und dadurch z.B. selbst wieder wettbewerbsfähig wird[526].
So nahm die Kommission eine Verbesserung der Marktsituation trotz entstehenden hohen Marktanteils auch im Fall *ABB/Daimler-Benz* an. Zwar werde der

---

521 *F.T.C. v. Heinz. Co.*, 116 F.Supp. 2d, 190, 198 (D. D.C. 2000)

522 *Brown Shoe Co. v. United States, 370 U.S. 294, 319*; vgl. hierzu auch *Immenga/Stopper*, RIW 2001, 512, 514.

523 *Monopolkommission*, Hauptgutachten 2, Rdnr. 428, 435.

524 *Voest Alpine/Davy International* vom 7.7.1995 (IV/M.585); *Allied Signal/Knorr-Bremse* vom 15.10.1993 (IV/M.337).

525 *Emmerich*, Kartellrecht, § 25.9 a.

526 Vgl. *Mestmäcker/Veelken*, in: Immenga/Mestmäcker, GWB, § 36 Rdnr. 306; BKartA, TB 1983/84, 76.

Zusammenschluss zwischen *Daimler-Benz* und *ABB* zu einem hohen kombinierten Marktanteil führen. Gleichzeitig werde aber die Struktur des Marktes für Zuggarnituren verbessert. Denn mit diesem Zusammenschluss erhalte *Daimler-Benz* wieder die mindestoptimale Betriebsgröße, um überhaupt Züge herzustellen[527], und könne somit das Gemeinschaftsunternehmen mit *Siemens* auflösen. Durch diese Auflösung verschärfe sich somit der Wettbewerb zwischen *Daimler-Benz* und *Siemens*[528].

b. Verbesserung der Marktstruktur bei der Betrachtung mehrerer Märkte

aa. Zulässigkeit

Die Zulässigkeit einer wettbewerblichen Bilanz, in welcher Verbesserungen der Wettbewerbsstruktur auf einem Markt mit einer Verschlechterung der Wettbewerbsstruktur auf einem anderen Markt abgewogen werden, ist ebenfalls nicht unumstritten. Sie könnte sich aus der Formulierung von Art. 2 Abs. 1 lit. a FusionskontrollVO ergeben, der ausdrücklich die „Struktur *aller* betroffenen Märkte" bei der Frage der Vereinbarkeit des Zusammenschlusses mit dem Gemeinsamen Markt berücksichtigt. Von einem Zusammenschluss, der mehrere Märkte betrifft, sind somit nicht nur die Märkte betroffen, auf denen die Begründung oder Verstärkung einer marktbeherrschenden Stellung bereits feststeht oder in Betracht kommt, sondern vielmehr alle Märkte, auf denen sich ein Zusammenschluss auswirkt oder auswirken kann[529]. Das beinhaltet dann für die Kommission die Verpflichtung, die Struktur nicht nur der Märkte zu berücksichtigen, für welche die Begründung oder Verstärkung einer marktbeherrschenden Stellung in Betracht kommt, sondern auch aller anderen, durch den Zusammenschluss in irgend einer Weise betroffenen Märkte[530]. Die Aussage, ob ein Zusammenschluss unter Berücksichtigung aller betroffenen, also gegebenenfalls einer Vielzahl von Märkten den Wettbewerb wesentlich behindert, erfordert eine Gewichtung der Auswirkungen auf den einzelnen Märkten und in deren Zusammenfassung eine wettbewerbliche Bilanz, in welcher, wie oben, positive und negative Auswirkungen berücksichtigt werden[531]. Auch wenn dadurch die Rechtsanwendung im Einzelfall erschwert wird, sorgt diese Abwägung doch für

---

527 *Daimler-Benz* ähnelte somit auf dem Markt der Zuggarnituren einer *Failing Company*, obwohl eine *Failing Division* der Sache hier wohl näher kommt.

528 *ABB/Daimler Benz*, Entscheidung vom 18.10.1995 (IV/M.580).

529 *Langeheine*, 1990 Fordham Corp. L. Inst. 491; *Afonso*, 33 Harv. Int'l L. J., 1, 19 (1992); *Bechtold*, EuZW 1996, 389, 390; *ders.*, RIW 1990, 253, 257; *Immenga*, WuW 1990, 371, 373; *ders.* in: Immenga/Mestmäcker, EG-Wettbewerbsrecht, Art. 2 FusionskontrollVO Rdnr. 27ff.; *Kleinmann*, RIW 1992, 345, 350; auch *Venit*, 27 C.M.L.Rev 1990, 7, 20.

530 *Sedemund/Montag*, in: Dauses, Hdb. des EG-WirtschaftsR, H.I. Rdnr. 314.

531 *Sedemund/Montag*, in: Dauses, Hdb. des EG-WirtschaftsR, H.I. Rdnr. 314; *Bechtold*, EuZW 1996, 389, 390.

eine angemessene Berücksichtigung der den Einzelmarkt übergreifenden Wirkungen eines Zusammenschlusses[532].
Die eigentliche Brisanz dieser Abwägung liegt weniger in ihrer praktischen[533] als vielmehr in ihrer politischen Dimension. Denn es wird einem Mitgliedstaat z.B. kaum zu vermitteln sein, dass die Wettbewerbsnachteile auf seinem Markt mit Vorteilen auf einem anderen Markt kompensiert werden[534]. Jedoch ist nicht ersichtlich, warum diese Argumentation von vornherein politischen Erwägungen geopfert werden soll[535].

Davon unabhängig wird auch darauf hingewiesen, dass sich nur mit dem Begriff „erhebliche Behinderung wirksamen Wettbewerbs" in Art. 2 Abs. 3 FusionskontrollVO solche Gesichtspunkte wie die Verbesserung der Wettbewerbsbedingungen auf anderen Märkten erfassen ließen[536]. Die Struktur der Märkte sei als Kriterium nicht ausreichend, da dieses systematisch dem Eingriffstatbestand des Art. 2 Abs. 3 FusionskontrollVO nachgeordnet sei und ihm somit nur begrenzte Aussagekraft zukomme[537]. Dieser Einwand ist aus systematischen Gründen vertretbar, ändert jedoch nicht an dem Ergebnis, dass eine solche Abwägung grundsätzlich zulässig ist.

bb. Fallgruppen

Die Berücksichtigung positiver wettbewerblicher Auswirkungen eines Zusammenschlusses kann in Fällen der *Failing Company Defense* eine entscheidende Rolle spielen. Wenn ein Zusammenschluss mit einem sanierungsbedürftigen Unternehmen auf einem Markt eine marktbeherrschende Stellung begründet, ist im allgemeinen das Argument, dass das sanierungsbedürftige Unternehmen ohne den Zusammenschluss wegfiele, unbeachtlich. Es könnte aber beachtlich sein, wenn der befürchtete Zusammenschluss sich in einem anderen Markt positiv auswirken würde. Denn die Auswirkungen eines Zusammenschlusses können sich auf jedem Markt anders darstellen.

Dazu ein Beispiel[538]:

---

[532] *Immenga*, in: Immenga/Mestmäcker, EG-Wettbewerbsrecht, Art. 2 FusionskontrollVO, Rdnr. 27ff.
[533] S. unten cc.
[534] So zurecht der Einwand von *Wagemann*, in: Wiedemann, § 16 Rdnr. 121.
[535] Im amerikanischen Fusionskontrollrecht wird eine solche Abwägung von der Rechtsprechung nicht zugelassen, vgl. *Professional Engineers*, aber in der Literatur angemahnt, vgl. *Baxter*, 50 Antitrust L. J. 247, 251 (1982).
[536] *Weitbrecht*, EuZW 1990, 18, 20; *Kögel*, Angleichung, S. 160; G/T/E-Albers, Art. 2 FusionskontrollVO, Rdnr. 499; andeutungsweise: *Wagemann*, in: Wiedemann, § 16 Rdnr. 119;
[537] *Kögel*, Angleichung, S. 160.
[538] Beispiel nach *Bechtold*, EuZW 1996, 389, 392.

Der Erwerber *E* will das konkursreife Unternehmen *K* erwerben; dadurch entsteht auf dem Markt X eine Marktanteilsaddition von 70%. Das Vorbringen von *E*, *K* werde sowieso als wettbewerblich selbständige Einheit wegfallen, ist unter Anwendung der strengen europäischen Kriterien in der Regel unbeachtlich, weil dieser Wegfall sich auf dem Markt X positiver auswirken würde als der Erwerb durch *E*. *K* ist aber auch auf einem Markt Y tätig, auf dem der Erwerber *E* nicht tätig ist. *K* hat hier einen Marktanteil von 40%, und die anderen 60% sind bei einem Dritten *D* konzentriert. Auf diesem Markt Y würde der Wegfall von *K*, unterstellt, es gäbe keine potentielle Wettbewerber, zu einer Monopolstellung von *D* führen. In einem solchen Fall muss nun abgewogen werden, ob der Erwerb durch *E* insgesamt wettbewerblich nicht günstiger ist als der Konkurs von *K*. [539]

Beispielhaft ist in diesem Zusammenhang ferner der nach dem deutschen GWB entschiedene Fall *Karstadt/Neckermann*[540], in dem die Verschlechterung der Wettbewerbsbedingungen auf dem Markt für Kaufhäuser durch die Verbesserungen der Wettbewerbsbedingungen im Touristikbereich aufgewogen wurde.

Nach diesen Beispielen sind auch die positiven Auswirkungen eines Zusammenschlusses auf die Wettbewerbsstruktur von Märkten zu berücksichtigen, auf denen eine beherrschende Stellung nicht entsteht und nicht verstärkt wird[541]. Dass auch die Europäische Kommission diese Überlegung grundsätzlich anstellt, geht aus ihren beiden Entscheidungen *Aerospatiale-Alenia/deHavilland* und *Gehe AG/OCP SA* hervor. In der ersten Entscheidung führte die Kommission - ihre Ablehnungsentscheidung bestätigend - an, dass der Zusammenschluss auch nachteilige Wirkungen auf dem benachbarten Markt der Düsenflugzeuge mit 100 Sitzen habe[542]. Die Kommission verzichtete aber auf eine weitere Darstellung der verschiedenen Märkte[543]. Wenngleich diese Überlegung der Kommission nicht die hier diskutierte Situation betrifft, so drückt sie doch die grundsätzliche Bereitschaft aus, die Auswirkungen des Zusammenschlusses auf benachbarten Märkten zu berücksichtigen.
In ihrer Entscheidung *Gehe AG/OCP SA* stellte die Kommission positive Auswirkungen auf einem anderen Markt fest und bejahte in der Folge positive Auswirkungen eines Zusammenschlusses auf die Wettbewerbsbedingungen.

539 Vgl. dazu auch die Entscheidung der Kommission v. 5.4.1993 *Gehe AG/OCP SA*, (IV/M.328), ABl. 1993 L 114/5, Rdnr. 10.
540 BKartA, TB 1976, 80.
541 *Bechtold*, RIW 1990, 253, 257; *Sedemund/Montag*, in: Dauses, Hdb. des EG-WirtschaftsR, H.I., Rdnr. 314; *Immenga*, in: Immenga/Mestmäcker, EG-Wettbewerbsrecht, Art. 2 FusionskontrollVO, Rdnr 27; ausführlich: *Bechtold*, EuZW 1996, 389, 390 ff.
542 Entscheidung vom 2.10.1991 *Aerospatiale/Alenia/deHavilland* (IV/M.053), ABl. 1991 L 334/42, Tz. 71.
543 Dazu die Kritik von *Kleinmann*, RIW 1992, 345, 350.

Gehe könne nämlich die Verbindung mit dem französischen Arzneimittelhersteller *OCP* dazu nutzen, um als Anbieter ihrer Generika auf anderen europäischen Märkten Fuß zu fassen, was den Wettbewerb unter den Arzneimittelherstellern erhöhen würde[544]. Allerdings war die Überlegung der Kommission hier ohne praktische Auswirkungen, da es bereits an einer marktbeherrschenden Stellung fehlte[545].
Ist eine solche Abwägung aber generell zulässig, so bestehen keine Bedenken, diese auch im Falle der Sanierungsbedürftigkeit eines der Unternehmen zuzulassen.

cc. Problembereiche

Die praktische Umsetzung dieses Gedankens bereitet indes Probleme. Bei der Bewertung der Wettbewerbssituation auf verschiedenen Märkten liegt die Frage nahe, wie diese Konzentrationswirkungen miteinander verglichen werden können bzw. wann das Gewicht der Strukturverbesserungen schwerer wiegt als die Nachteile des Zusammenschlusses. Zu verschieden können die Märkte sein und zu unterschiedlich die Auswirkungen des Zusammenschlusses. Daher wird vorgeschlagen, die Märkte abzustufen und zwischen wichtigen und unwichtigen Märkten zu unterscheiden[546]. Dieser Vorschlag überzeugt nicht. Denn auch in einem solchen Fall bleibt das Problem des Vergleichsmaßstabs, da kaum vergleichbare Strukturkriterien auf Märkten, die keinerlei Beziehung zueinander haben, verglichen werden müssten[547].
§ 36 Abs. 1 GWB fordert ein Überwiegen der Vorteile gegenüber den Nachteilen[548]. Zur Bestimmung hat sich dort ein objektiver Maßstab etabliert, der die quantitative Größe der Märkte und Marktanteile berücksichtigt[549]. Dies mag auch im europäischen Fusionskontrollrecht[550] in der Praxis ein gangbarer Weg sein, um auf der sicheren Seite zu stehen und um die notwendige Unschärfe von

---

544 Entscheidung vom 5.4.1993 *Gehe AG/OCP SA* (IV/M.328), ABl. 1993 L 114/5, Rdnr. 10, 14.
545 Vgl. auch Entscheidung vom 29.4.1993 (IV/M.323), Rdnr. 17.
546 Vgl. BGH WuW/E 1854, 1861.
547 *Möschel*, Recht der Wettbewerbsbeschränkungen, Rdnr. 889; *Monopolkommission*, 7. Hauptgutachten, Tz. 387 ff.
548 Krit. *Bechtold*, § 36 Rdnr. 22.
549 KG, WuW/E 3759, 3766; Verbesserungen auf einem Markt der etwa dreimal kleiner ist als der beherrschte Markt , und auf dem die beteiligten Unternehmen 1 bis 2% Marktanteil haben, können gegenüber einem Marktanteil von 36% auf dem beherrschten Markt nicht ins Gewicht fallen.
Ein weiteres Problem ergibt sich aus dem Kriterium der Marktbeherrschung. Kann diese nur durch den Abbau von Marktbeherrschung kompensiert werden oder reicht die Verbesserung der Wettbewerbssituation aus?
550 *Immenga*, WuW 1990, 371, 375, der ein deutliches Überwiegen und eindeutige Nachweise fordert.

Beurteilungsspielräumen zu kompensieren. Demnach wären Verbesserungen auf unbedeutenden nicht beherrschten Märkten kaum geeignet, eine Genehmigung insgesamt herbeizuführen; ein Beitrag zum Abbau von Marktbeherrschung auf einem wichtigen Markt könnte aber hierfür ausreichen[551]. Erforderlich ist eine umfassende Marktanalyse. Als entscheidend wird sich wiederum herausstellen, welche Marktstellung des sanierungsbedürftigen Unternehmens gerettet wird und wie groß der Marktanteilszuwachs des übernehmenden Unternehmens ausfiele.

c. Rationalisierungsgesichtspunkte

Ein weiterer Schwerpunkt auf der „Habenseite" einer wettbewerblichen Bilanz wird häufig in den möglichen positiven Auswirkungen von Rationalisierungsgesichtspunkten gesehen[552].

aa. Grundsätzliches

Ob und wie Rationalisierungsgesichtspunkte geeignet sind, zu einer Verbesserung der Wettbewerbsbedingungen beizutragen, ist umstritten[553]. Steigerungen der internen Unternehmenseffizienz bedeuten noch keine Verbesserung der Wettbewerbsbedingungen auf dem Markt. Diese sind nur dann zu erwarten, wenn die Rationalisierungsvorteile tatsächlich auf dem Zusammenschluss basieren, dauerhaft und nachhaltig an die Marktgegenseite weitergegeben werden und somit zu einer Verschärfung des Wettbewerbs auf dem betreffenden Markt führen. Nur insoweit dies gewährleistet ist, können Rationalisierungsvorteile infolge von Sanierungsfusionen überhaupt Berücksichtigung in einer wettbewerblichen Bilanz finden.

Die Besonderheit der *Failing Company Defense* besteht darin, dass im Sanierungsfall typischerweise Investitionen zur Produktivitätssteigerung unerlässlich sind, um die Leistungsfähigkeit des insolvenzbedrohten Unternehmens zurückzugewinnen. Damit wird die Produktivitätserhöhung regelmäßig größer sein als bei Fusionen, bei denen kein Fusionspartner ein Sanierungsfall ist. Die *Failing Company* stellt gewissermaßen den Idealfall dar, in dem eine *Efficiency Defense* erfolgreich sein kann, da alles, was auf normale Fusionskandidaten im Bezug auf Effizienzsteigerungen zutrifft, in der Regel verstärkt auf Unternehmen zutrifft, die sanierungsbedürftig sind.

---

551 Vgl. *Kögel*, Angleichung, S. 160f.; *Immenga*, WuW 1990, 371, 375; weiter hingegen: *Kleinmann*, RIW 1992, 345, 350.

552 Vgl. *Camesasca*, E.C.L.R. 1999, 14, 21 ; *C. R. Schmidt*, Technischer Fortschritt, S. 110ff.

553 Dazu ausführlich unten 5. Kapitel, III.

Der Eingang von Rationalisierungsargumenten als Gegengewicht zu einer marktbeherrschenden Stellung in der wettbewerblichen Analyse wird zunehmend zum Gegenstand der wissenschaftlichen Diskussion[554]. Es ist denkbar, dass Rationalisierungsgesichtspunkte, die sich förderlich auf den Wettbewerb auswirken, an dieser Stelle Beachtung finden und die Prognose gestatten, dass ein hoher Marktanteil nicht zum Entstehen einer Wettbewerbsbehinderung führt[555]. Kann im Einzelfall dargelegt werden, warum eine Sanierungsfusion zu eben diesen erheblichen Einsparungen führt, so ist nicht ersichtlich, warum eine Genehmigung des Zusammenschlusses aus diesem Grunde unmöglich sein soll. Eine hohe Wahrscheinlichkeit spricht freilich dafür, dass aufgrund der entstehenden Marktbeherrschung die erzielten Einsparungen nicht an die Gegenseite weitergegeben werden und der Markt von dem Zusammenschluss letztlich nicht profitiert. Eine vertiefte Auseinandersetzung mit Rationalisierungsgesichtspunkten wird im nächsten Kapitel bei der Frage erfolgen, ob diese unter Umständen geeignet sind, einem wettbewerbswidrigen Zusammenschluss zur Genehmigung zu verhelfen. Im Kern handelt es sich um außerwettbewerbliche Erwägungen, die sich aber auch auf den Markt auswirken können. Die dortigen Ausführungen gelten somit auch für die hiesige Frage einer Berücksichtigung von Rationalisierungsgesichtspunkten als Teil der wettbewerblichen Bilanz.

bb. Die *BASF/Eurodiol/Pantochim*-Entscheidung

In der *BASF/Eurodiol/Pantochim* Entscheidung[556] war die Kommission davon überzeugt, dass die durch den Zusammenschluss auftretenden Effizienzgewinne sich so positiv auf den Markt auswirken würden, dass sie auch die Verschlechterung der Marktstruktur kompensieren könnten. Die Kommission führte hierzu aus, dass das Ausscheiden von *Eurodiol* und *Pantochim* zu einer größeren Verschlechterung der Marktbedingungen für die Abnehmer führen werde als der Zusammenschluss mit *BASF*. Sie begründet dies damit, dass der Abbau der Produktionsanlagen von *Eurodiol* und *Pantochim* zu einem erheblichen Kapazitätsengpass bei den chemischen Produkten, die beide Unternehmen herstellten, führen würde. Bereits zum Zeitpunkt der Entscheidung sei der Markt von zu geringen Kapazitäten geprägt gewesen. Eine weitere Kapazitätsverringerung wäre innerhalb der nächsten 3 bis 5 Jahre auch durch eine gesteigerte Produktion der verbleibenden Wettbewerber nicht zu kompensieren gewesen[557]. Vielmehr hätte sich bei den hergestellten Produkten eine Verringerung der Ange-

---

554 *Noël*, 8 E.C.L.R. 1997, 498, 503ff.; *Camesasca*, E.C.L.R. 1999, 14, 21 ; *Christian Rudolf Schmidt*, Technischer Fortschritt, S. 110ff.

555 Vgl. *Monti/Rousseva*, 24 E.L.Rev. 1999, 38, 45.

556 Entscheidung der Kommission vom 11.7.2001 *BASF/Eurodiol/Pantochim* (IV/M.2314), WuW 2002, 90, 96, Rdnr. 160; dazu: *Fiedler*, EuZW 2001, 585.

557 Id., Rdnr. 157.

botsmenge um 10-35%, je nach Produkt, und infolge der unelastischen Nachfrage eine erhebliche Preissteigerung als direkte Konsequenz des Marktaustritts von *Eurodiol* eingestellt[558].
Das alternative Szenario für den Übernahmefall kam den Vorstellungen der Kommission näher. Zum einen werde es keinen Kapazitätsengpass geben, zum zweiten sei zu prognostizieren, dass die Preise beibehalten würden.
Dabei widmete die Kommission der Möglichkeit, dass *BASF* aufgrund der hinzugewonnenen Marktmacht die Preise erhöhen könnte, besondere Aufmerksamkeit. Gegen diese Annahme sprach nach Ansicht der Kommission, dass nur ein volles Ausnutzen der hinzugewonnenen Kapazitäten ökonomisch sinnvoll sei, da diese ansonsten nicht profitabel betrieben werden könnten[559]. Für *BASF* sei der Erwerb somit überhaupt nur dann profitabel, wenn es die hinzugewonnenen Produktionsanlagen unter Ausnutzung ihres gesamten Potentials betreiben könne[560].
Auf diese Weise wollte die Kommission also sichergestellt wissen, dass sich die Wettbewerbsstruktur im Zusammenschlussfall zwingend gegenüber derjenigen im Ausscheidensfall verbessert.

Diese Kommissionsentscheidung ist aus zwei Gründen bedeutsam[561]: Zum einen unterstützt sie die hier entwickelte Ansicht, sich im Zuge der Kausalitätsbetrachtung nicht auf die Marktanteilsverschiebung bzw. auf die Verschlechterung der Marktstruktur alleine zu beschränken, sondern auf sämtliche wettbewerblich relevanten Faktoren einzugehen und diese in eine umfassendere wettbewerbliche Bilanz einzustellen, wobei stets die Zustände mit und ohne Zusammenschluss zu vergleichen sind.
Zum zweiten bedeutet diese Entscheidung auch, dass die Kommission sich *Efficicencies* Argumenten öffnet, sofern sich diese wettbewerblich positiv auswirken und dafür eine hinreichende Gewähr vorhanden ist.

cc. Ergebnis

Diese Entscheidung macht es wahrscheinlicher, dass künftig einem Zusammenschluss mit einer *Failing Company*, der zum Entstehen oder Verstärken einer dauerhaften marktbeherrschenden Stellung führt, unter Berufung auf entstehende Rationalisierungsgewinne die wettbewerbsbeeinträchtigende Wirkung abgesprochen wird. Dennoch gilt, dass die Kommission diese Entscheidung unter großen Vorbehalten getroffen hat, und sie, wenn sie das Entstehen oder Verstär-

---

558 Id., Rdnr. 159.
559 Id., Rdnr. 162.
560 Dies wird als eines der Hauptargumente für die grundsätzliche Zulässigkeit der *Efficiency Rationale* angesprochen, s. 5. Kapitel, III.
561 Vgl. auch *Fiedler*, EuZW 2001, 585, 588f.

ken einer marktbeherrschenden Stellung bejaht, auch künftig vermuten wird, dass die entstehenden Rationalisierungsvorteile in der Regel nicht zur Rechtfertigung ausreichen.
Die Möglichkeit der Parteien, einen Gegenbeweis anzutreten, ist aber nunmehr nicht mehr ausgeschlossen, wobei eine bloße Geltendmachung eines Sanierungsfalls aber nicht ausreichend wäre[562].

4. Zwischenergebnis

Dieses Ergebnis führt zu einer weitergehenden Berücksichtigung von Sanierungsgesichtspunkten in der Fusionskontrollentscheidung als die von der Rechtsprechung des EuGH geprägte *Failing Company Defense.*
Dies führt auch zu einer geänderten Bedeutung für die eingangs genannten Voraussetzungen der *Failing Company Defense.* In Übereinstimmung mit den Ergebnissen des 3. Kapitels ist die *Failure* eines Unternehmens auf eine strukturbedingte Sanierungsbedürftigkeit zu beschränken. Dem Alternativerwerbererfordernis soll im Rahmen der Kausalitätsbetrachtung keine Bedeutung zukommen. Die Voraussetzung des vollständigen Übergangs der Marktanteile schließlich geht in einer umfassenden Strukturanalyse beider Marktzustände auf. Dieser Ansatz ist deutlich flexibler als die Failing Company Defense des europäischen Rechts und bringt Wettbewerbsinteressen und die Interessen der betroffenen Unternehmen zu einem besseren Ausgleich.

Zudem löst dieses Vorgehen den Konflikt zwischen der *Failing Company Defense* und der *General Dynamics Defense*. Die hier für die europäische Fusionskontrolle gefundene Lösung wird nicht mit einer Ausnahme von der Dogmatik des Fusionskontrollrechts erkauft, sondern bewegt sich im Rahmen des fusionskontrollrechtlich Zulässigen. Somit ist die *General Dynamics Defense* kein *aliud* zur *Failing Company Defense*, sondern eine logisch vorgelagerte Überlegung. Damit bedarf die Berücksichtigung von Sanierungsgesichtspunkten aber auch keiner prohibitiven Schranken. Es wäre vielmehr unlogisch, bei dieser Frage außer acht zu lassen, wie sich eine Sanierungsbedürftigkeit bereits auf die Marktstrukturkriterien selbst, v.a. die Marktanteile, auswirkt. Somit fügt sich die von *Brown Shoe* und *General Dynamics* vorgeschlagene Analyse aller Marktstrukturkriterien und deren Auswirkung auf die Entwicklung der Marktanteile in das hier bislang erarbeitete Gesamtkonzept des europäischen Rechts.

Dennoch haben auch hier wettbewerbsfremde Erwägungen keinen Platz. Ob nach diesem Ergebnis die Behauptung zutrifft, das System der Fusionskontroll-VO sei einer *Rule of Reason* ähnlicher als dem Verbot mit Erlaubnisvorbehalt

---

562 S.u. 5. Kapitel, III, V.

des Art. 81 EGV[563], hängt nun im Wesentlichen davon ab, ob und bejahendenfalls in welchem Maße ein Zusammenschluss bei festgestellter Wettbewerbswidrigkeit aufgrund wettbewerbsfremder Erwägungen freigegeben werden kann.

V. Ergebnis

1. EuGH und EU-Kommission haben die *Failing Company Defense* als Kausalitätsproblem konstruiert: Wenn ein Unternehmen auch ohne den Zusammenschluss den Markt verlassen müsste und das aufnehmende Unternehmen in diesem Falle ebenfalls eine marktbeherrschende Stellung erhielte oder vergrößerte, so nimmt der Zusammenschluss die ohnedies entstehende Marktbeherrschung nur vorweg. Damit entfällt die Kausalität zwischen Zusammenschluss und entstehender Marktbeherrschung.
2. Eine Prognose hinsichtlich der Marktstrukturkriterien zeigt indes, dass die entstehende Marktsituation ohne Zusammenschluss sich nahezu immer besser darstellt als im Falle des Zusammenschlusses. Nur in Ausnahmefällen, wie z.B. einem entstehenden Monopol, kann sich eine Verschlechterung der Wettbewerbssituation in gleichem Maße ergeben. Aber selbst hier ist bei vollem Ausschöpfen der Marktstrukturkriterien eine Verschlechterung im gleichen Maße unwahrscheinlich.
3. Dem Kriterium der Suche nach einem Alternativerwerber kommt a priori kein Sinn im Rahmen der Kausalitätsargumentation zu. Denn wenn der Zusammenschluss nicht kausal ist für das Entstehen der Marktbeherrschung, dann fehlt der Suche nach einer wettbewerbsfreundlicheren Alternative die gedankliche Grundlage. Anders stellt sich dies dar, wenn das Fusionskontrollrecht als Mittel zur Verwirklichung verbesserter Wettbewerbszustände verstanden wird. Dann rechtfertigt sich immer die Suche nach einer wettbewerbsfreundlicheren Alternative.
4. Die Kausalitätsargumentation hat aber noch eine darüber hinausreichende Bedeutung. Denn mit ihr akzeptieren Kommission und EuGH die Möglichkeit, einen Zusammenschluss trotz des Entstehens oder der Verstärkung einer marktbeherrschenden Stellung zu genehmigen.
5. Aus den Schlussfolgerungen zu 3. und 4. ergibt sich, dass die Berücksichtigung von Sanierungsargumenten nicht auf die Fälle beschränkt bleiben muss, die den Kriterien der „*Failing Company Defense*“ gerecht werden, sondern sich immer dann auswirken, wenn diese trotz einer entstehenden Marktbeherrschung zu dem Ergebnis führen, dass der Zusammenschluss nicht wettbewerbswidrig ist.
6. Diese Vorgabe ermöglicht eine rein wettbewerbsbezogene Abwägung. Somit können die Nachteile eines Zusammenschlusses gegen die sich aus der Sa-

563 So: *Afonso*, 33 Harv. Int'l L.J. 1, 2 (1992); *Venit*, 27 C.M.L.Rev. 1990, 7, 34.

nierungssituation ergebenden Vorteile abgewogen werden. Dabei können Vorteile auf dem gleichen Markt oder auf anderen Märkten Beachtung finden.

7. In diese Abwägung gehen zunächst keine außerwettbewerblichen Erwägungen ein.
8. Auch eine solch umfassendere wettbewerbliche Bilanz führt aber nur selten dazu, eine Sanierungsfusion zuzulassen. Zu stark ist in der Regel die Präjudizwirkung einer marktbeherrschenden Stellung, darunter vor allem eines hohen Marktanteils. Dennoch bietet diese Betrachtung eine größere Flexibilität als die auf die Kausalität beschränkte *Failing Company Defense* und bürgt für mehr Einzelfallgerechtigkeit.
9. Zudem ist in Einzelfällen und unter hohen Beweisanforderungen eine Berücksichtigung von Rationalisierungsgesichtspunkten infolge der Sanierungsfusion möglich.

5. Kapitel: *Failing Company Defense*: Genehmigung trotz entstehender Marktbeherrschung – die Berücksichtigung außerwettbewerblicher Faktoren

I. Einleitung

Die vorangehende Untersuchung hat deutlich gemacht, dass gerade Sanierungssachverhalte häufig Besonderheiten aufweisen, die bereits auf der Stufe der Entscheidung über die Wettbewerbskonformität an verschiedenen Stellen berücksichtigt werden können und eine explizite Abwägung zumindest teilweise entbehrlich machen. Dennoch stößt auch diese interne Berücksichtigung von Sanierungsgesichtspunkten an ihre Grenzen, sobald ein Zusammenschluss zu einer Beeinträchtigung der Wettbewerbssituation im Gemeinsamen Markt führt. Die Ergebnisse der Untersuchungen im 3. und 4. Kapitel haben auch ergeben, dass eine Berücksichtigung von Sanierungsgesichtspunkten nur in Ausnahmefällen erfolgen kann. Für die anderen Fälle stellt sich in Anbetracht des eingangs aufgezeigten Zielkonflikts die Frage, ob das europäische Fusionskontrollrecht den Weg zu einer expliziten Berücksichtigung außerwettbewerblicher Interessen wie in der amerikanischen *Failing Company Defense* eröffnet.

Die *Failing Company Defense* bildet in ihrer ursprünglichen Konzeption im US-Recht einen Ausnahmetatbestand, der es den zusammenschlussbereiten Unternehmen ermöglicht, trotz der festgestellten Wettbewerbswidrigkeit ihres Zusammenschlusses zu fusionieren. Die Besonderheit einer absoluten *Defense* besteht gerade in der Fähigkeit, Zusammenschlüssen zur Genehmigung zu verhelfen, obwohl durch diese eine Beeinträchtigung des Wettbewerbs eintritt. Damit läuft sie dem Zweck einer Fusionskontrolle, Zusammenschlüsse wegen der Gefahr wettbewerbsrechtlich nicht hinzunehmender Konzentrationen zu untersagen, zuwider und verhindert eine in diesem Fall grundsätzlich zu erwartende Untersagung. Gegenstand des folgenden Abschnitts ist die Frage nach dem Grund für eine solche Ausnahme. Die Frage nach der rechtlichen Zulässigkeit einer solchen Genehmigung ist eng damit verbunden.
In den einschlägigen Entscheidungen und Materialien zur Novellierung von *Section 7 Clayton Act* finden sich allenfalls ungenaue Hinweise auf die Rechtfertigung der *Defense*[564]. Es blieb somit vorrangig der Literatur überlassen, mögliche Rechtfertigungen für die Existenz der *Failing Company Defense* zu formulieren[565]. Dabei stehen Rechtfertigungen im Vordergrund, die das Schutzgut Wettbewerb hinter anderen als vordringlich bewerteten außerwettbewerblichen Interessen zurückstehen lassen. Dort zeigt sich eine deutliche Zweiteilung: Eine

---

564 Vgl. aber unten IV, 1, a.
565 *Bok*, 74 Harv. L. Rev. 226, 339f. (1960); *Oppenheim/Weston/ McCarthy*, Federal Antitrust, S. 461.

erste Rechtfertigung betrachtet das Schicksal aller vom Scheitern eines Unternehmens Betroffenen und bewertet diese privaten und öffentlichen Interessen in Einzelfällen höher als das öffentliche Interesse an einer wirksamen Zusammenschlusskontrolle. Diese zumeist als offensichtlich empfundene Rechtfertigung, *Hardship Rationale*, bildete lange die einzige Begründung für eine *Failing Company Defense* im US-Antitrustrecht, und ihr ließen die Gerichte bislang – explizit oder implizit – überwiegende Bedeutung zukommen[566].
Zum zweiten gibt es eine unter dem Einfluss der *Chicago School of Antitrust Analysis* stehende wirtschaftliche Rechtfertigung, die zu dem Ergebnis gelangt, dass ein Unternehmenszusammenschluss in vielen Fällen zu Rationalisierungsvorteilen führen und somit volkswirtschaftlich insgesamt vorteilhafter sein kann als dessen Versagung aus wettbewerbsrechtlichen Gründen. Dies gelte für die *Failing Company Defense* vor allem deswegen, weil als Alternative nur der Marktaustritt des zu erwerbenden Unternehmens verbleibe.

Im folgenden soll diesen außerwettbewerblichen Faktoren nachgegangen werden, die einen Zusammenschluss trotz festgestellter Wettbewerbswidrigkeit unter Umständen rechtfertigen können. Zunächst sollen jeweils die einzelnen Interessen und anschließend ihre Berücksichtigung im US-Recht vorgestellt werden. Diese Untersuchung erfolgt bereits im Hinblick darauf, ob die europäische FusionskontrollVO grundsätzlich die Berücksichtigung außerwettbewerblicher Interessen zur Rechtfertigung eines festgestellt wettbewerbswidrigen Zusammenschlusses zulässt. Wenn dies der Fall ist, dann muss im Anschluss noch geprüft werden, ob die Kriterien der *Failing Company Defense* dazu geeignet sind. Gestattet die FusionskontrollVO diese Berücksichtigung nicht, so ist zu fragen, ob der eingangs angeführte Zielkonflikt in Form einer Sanierungsklausel o.ä. Eingang in das Gesetz finden sollte. Denn die Aussagen der EU-Kommission und des EuGH zu dieser Frage sind nicht minder widersprüchlich.

II. Die sogenannte *Hardship Rationale* zur Berücksichtigung privater Interessen

1. Art und Gewicht der involvierten Interessen

In der *International Shoe*-Entscheidung stellte der *Supreme Court* auf den Schutz der Interessen der Aktionäre und der Gemeinden, in denen das Unternehmen seine Produktionsanlagen betreibt, ab[567]. Obwohl der Supreme Court in den 1960er Jahren kurzfristig von diesem Rechtfertigungsmodell abgewichen ist

---

[566] So wohl auch der *Supreme Court* in *General Dynamics*: „*lesser of two evils*", zit. 415 U.S. 486, 506.
[567] *International Shoe Co. v. United States*, s.o. 1. Kapitel, II, 1, b.

und nur noch auf den Wettbewerb abstellte[568], tauchte spätestens in der *General Dynamics*-Entscheidung[569] der Hinweis auf diesen Schutzzweck der *Failing Company Defense* wieder auf.
Vermutlich hat der *Supreme Court* den Begriff der *community* auch im Sinne der "Gemeinschaft" verstanden und somit auch Angestellte, Gläubiger, Lieferanten und andere gemeint, die vom örtlichen Kaufkraftzuwachs und den Steuermehreinnahmen profitieren, die infolge der Ansiedelung des Unternehmens eingetreten sind[570].
Es ist unstreitig, dass Gläubiger, (Anteils-) Eigentümer, Arbeitnehmer oder sonstige von einer Insolvenz des Unternehmens nachteilig Betroffene ein Interesse daran haben, einen vollständigen Zusammenbruch des Unternehmens zu vermeiden oder einen möglichst hohen Verkaufserlös zu erzielen[571]. Fraglich ist aber, und insoweit hat der *Supreme Court* auch keine Aussage getroffen, ob durch den bevorstehenden Zusammenschluss im einzelnen Fall auch tatsächlich allen diesen Interessen gedient würde. Um diese Frage beantworten zu können, müssen zunächst die unterschiedlichen Interessen analysiert werden.

a. Arbeitsmarktinteressen

Das häufigste Argument zugunsten der *Failing Company Defense* lautet, dass damit die Sicherung von Arbeitsplätzen erreicht werde. Ihm kommt deshalb eine besondere Bedeutung zu, weil nicht nur die beteiligten Unternehmen, sondern zumeist auch die Arbeitnehmer, die Gewerkschaften und die betroffenen Standortgemeinden diesem Argument besondere Beachtung schenken[572].

aa. Erhaltung von Arbeitsplätzen

Im Falle der Nichtgenehmigung wird über das sanierungsbedürftige Unternehmen in der Regel das Insolvenzverfahren eröffnet. Dies geht zumeist mit einem endgültigen Verlust vieler Arbeitsplätze einher und selbst im Falle einer erfolgreichen Restrukturierung findet zumeist ein erheblicher Arbeitsplatzabbau statt. Das vordringlichste Interesse der Arbeitnehmer besteht somit darin, eine drohende Liquidation zu verhindern. Ihren Interessen ist weitestgehend gedient, wenn der Erwerber eine Fortführung der örtlichen Unternehmensaktivitäten im vollen oder nur leicht reduzierten Umfang anstrebt. Aber alle Arbeitnehmer

---

568 *Brown Shoe Co. v. United States*, 370 U.S. 294, 319.
569 *United States v. General Dynamics Corp.*, 415 U.S. 486, 507.
570 Vgl. *Areeda*, Antitrust, Rdnr. 925b.
571 *Bok*, 74 Harv. L. Rev. 226, 340 (1960).
572 Vgl. Kommission, Entscheidung vom 22.7.1992 *Nestlé/Perrier* (IV/M.190), ABl. 1992 L 356/1; *Möschel*, FS für Fischer, S. 487; die *Monopolkommission* wiederholt beständig, dass bei Ministererlaubnisverfahren immer das Argument der Arbeitsplatzerhaltung in den Vordergrund gerückt wird.

würden unter Umständen eine Restrukturierung dem Erwerber vorziehen, der zwar Aktionärs- und Gläubigerinteressen befriedigen mag, aber primär an Patenten, Warenzeichen oder *goodwill* der Kunden interessiert ist. Auch eine Verlagerung der Unternehmensaktivitäten an einen anderen Standort wird in der Regel nicht in ihrem Interesse liegen, da diese, wenn nicht mit einer Verschlankung und damit einem Arbeitsplatzabbau einhergehend, zumindest ein großes Maß an Mobilität auf Seiten der Arbeitnehmer erfordert.
Ob dem Interesse der Arbeitnehmerschaft mit einem Zusammenschluss gedient wird, lässt sich nicht pauschal bestimmen. Hier kommt es auf die Umstände des Einzelfalls an.

bb. Wirtschaftspolitische Zweifel

Arbeitsmarktpolitische Argumente werden grundsätzlich in wirtschaftspolitischer Hinsicht als fragwürdig angesehen, weil von ihnen zumindest in Zeiten hoher Arbeitslosigkeit eine einschüchternde Wirkung ausgeht, welche die Entschließungsfreiheit der Genehmigungsbehörden in deren wettbewerbspolitischer Beurteilung stark einschränken kann[573]. Diese Zielkonflikte werden durch zunehmende Konzentration noch verschärft, da eine drohende Insolvenz zusätzliche Probleme hinsichtlich der Unterbringung der großen Anzahl an Arbeitslosen hervorruft.
Entsprechend großen Vorbehalten begegnet das Arbeitsplatzargument in der Entscheidungspraxis und den Stellungnahmen nationaler Genehmigungsbehörden[574]. Von diesen wird der Erhalt von Arbeitsplätzen zwar grundsätzlich als im Interesse der Allgemeinheit liegend anerkannt, jedoch bezweifelt, dass Fusionen das richtige Mittel zur Durchsetzung dieses Interesses sind. Die Erfahrung habe gezeigt, dass Arbeitsplätze mit oder ohne Zusammenschluss in der Praxis mit großer Wahrscheinlichkeit verloren seien. So begründe die finanzielle Notlage eines Unternehmens gerade keine erhöhte Wahrscheinlichkeit, dass die Fusion zur nachhaltigen Erhaltung von Arbeitsplätzen geeignet sei. Habe das notleidende Unternehmen in der Vergangenheit Rationalisierungen oder Anpassungen an veränderte Marktverhältnisse versäumt, so müssten diese von dem Erwerber in der Regel unter Freisetzung von Arbeitsplätzen nachgeholt werden[575].

Zu dieser Problematik führte der wissenschaftliche Beirat beim Bundeswirtschaftsministerium aus, dass die produktionstechnische Wirkung einer Rationalisierungsinvestition stets in einer Erhöhung der durchschnittlichen Arbeitspro-

---

573 *Ingo Schmidt*, Wettbewerbspolitik, S. 112 f.

574 BMWi WUW/E 155, 156 f.; 159, 162; BKartA TB 1976, 22 ff.; *Monopolkommission*, Sondergutachten 3, Rdnr. 86 f.; Sondergutachten 5, Rdnr. 4; Entscheidungen der *MMC*: *ECS/Furness/Manchester Liners*; *Rockware/United Glass/Redfearn*; Pickering, S. 140.

575 *Monopolkommission* Sondergutachten 5, Rdnr. 4 .

duktivität bestehe. In der Regel würden dabei die Kapitalausstattung pro Arbeitsplatz und der Kapitaleinsatz pro Produkteinheit erhöht[576].
Wird aber der Kapitaleinsatz pro Produkteinheit und pro Arbeitsplatz erhöht, dann bedeutet dies, dass ein Arbeitsplatz zu einer höheren Produktion beiträgt oder umgekehrt, dass die gleiche Produktionsmenge mit weniger Arbeitsplätzen realisiert werden kann. Unter der Annahme, dass die Produktionsmenge gleich bleibt, könnte eine *Failing Company Defense* somit höchstens zu einer vorübergehenden Erhaltung von Arbeitsplätzen beitragen. Auf längere Sicht tritt eine Freisetzung von Arbeitskräften aber sowohl bei Zulassung der *Failing Company Defense* als auch bei ihrer Untersagung ein.
Eine große Einbuße an Arbeitsplätzen ist hingegen dann nicht zu erwarten, wenn das sanierungsbedürftige Unternehmen prinzipiell noch wettbewerbsfähig ist und nur einer Kapitalzufuhr oder eines neuen Managements bedarf. In einem solchen Fall wird freilich nur selten der Tatbestand einer *failing company* erfüllt sein[577]. Denkbar ist dies aber z.B. im Fall eines auf höchstem Entwicklungsstand und Rationalisierungsgrad operierenden Unternehmens, dessen Finanzmittel erschöpft sind.

Für den Fall der Genehmigung stellt sich für die Beurteilung der Situation der Arbeitsplätze somit die Frage nach den Ursachen des Scheiterns des Unternehmens. Wenn in der Vergangenheit Rationalisierungen oder Anpassungen an die Nachfragesituation nicht erfolgten, so wird die Fusion ebenfalls kaum ohne einen Abbau von Arbeitsplätzen Erfolg haben[578]. Dies gilt besonders im Hinblick auf die gewachsene Bedeutung der Aktionärsinteressen. Der Erfolg des Managements eines Unternehmens bemisst sich zu einem großen Teil nach dem *shareholder value*, d.h. der Börsenkapitalisierung und den Ausschüttungen. Produktionsstandorte, die Kostennachteile aufweisen, sind unter dieser Maßgabe nicht mehr zu rechtfertigen. Die dort bestehenden Arbeitsplätze sind dann in höchster Gefahr, wenn das Rationalisiserungspotential ausgeschöpft wird und die Kostenstrukturen optimiert werden[579].
Bei der Bewertung dieses Arbeitsplatzabbaus ist allerdings zu berücksichtigen, dass trotz Abbaus häufig ein Großteil der Arbeitsplätze erhalten und zudem die erhaltenen möglicherweise dauerhaft gesichert werden können. Im Vergleich mit der Untersagung der Fusion kann sich also trotz Arbeitsplatzabbaus unter dem Strich eine Entspannung der Arbeitsmarktsituation ergeben. Einen weiteren bedenkenswerten Aspekt stellt das Zeitmoment dar. Eine schrittweise Reduzie-

---

576 *Wissenschaftlicher Beirat beim Bundeswirtschaftsministerium*, in: Gutachten, 9. Band, S. 839, 840.
577 S.o. 2. Kapitel.
578 *Wissenschaftlicher Beirat beim Bundeswirtschaftsministerium*, in: Gutachten, 9. Band, S. 839, 840; vgl. ferner Zusammenschluß *VAW/Kaiser*, WuW/E BWM 152.
579 Vgl. *Monopolkommission*, Sondergutachten 25, Rdnr. 91.

rung von Arbeitsplätzen hilft häufig, soziale Härten zu vermeiden. Zudem finden sich möglicherweise andere Beschäftigungen für die übernommenen Arbeitnehmer in dem übernehmenden Unternehmen oder dessen Konzerntöchtern. Ferner werden etliche Arbeitskräfte altersbedingt oder aus sonstigen Gründen aus eigenem Antrieb das Unternehmen verlassen. Schließlich kann durch eine Fusion Zeit gewonnen werden, um regionale Auffangmaßnahmen zu konzipieren[580]. Diese Argumente wiegen schwer zugunsten der Genehmigung einer Fusion.

Gerade die Genehmigung von Zusammenschlüssen zugunsten einer kurzfristigen Rettung von Arbeitsplätzen offenbart aber das ganze Dilemma des Arbeitsplatzarguments. Die durch den Zusammenschluss erfolgte Marktkonzentration führt nicht nur zu einer Gefährdung der Arbeitsplätze bei weniger starken Wettbewerbern, sondern tendenziell auch zu einer Verringerung der Wettbewerbsfähigkeit der Unternehmen selbst infolge mangelnder Flexibilität, was langfristig zu einer nachhaltigeren und umfänglicheren Gefährdung von Arbeitsplätzen führen kann[581]. Eine Aufrechterhaltung international nicht wettbewerbsfähiger Strukturen gefährdet im Ergebnis also auch solche Arbeitsplätze, die bei der Durchführung der Anpassungsmaßnahmen (und sei es im Wege der Zerschlagung des Unternehmens) hätten erhalten werden können[582]. Zudem wird die Marktbeherrschung sich auch auf andere Wirtschaftsstufen auswirken, z.B. durch überhöhte Preise für Vorprodukte. Dann werden in diesen Wirtschaftszweigen u.U. auch mehr Arbeitsplätze gefährdet als in dem anderen aufrechterhalten werden[583]. Aus der langfristigen Betrachtung, die sich aus der Irreversibilität der getroffenen Genehmigungsentscheidung und damit einhergehenden dauerhaften Marktkonzentration ergibt, folgt zumindest, dass konjunkturell bedingte Arbeitslosigkeit als Rechtfertigungsgrund nicht ausreichen kann[584]. Diese tritt zyklisch auf und ist in der Regel kurzfristig zu überwinden.

Der Marktaustritt eines Unternehmens hat jedoch auch zur Folge, dass seine Wettbewerber höhere Marktanteile auf sich vereinen. Um die gestiegene Nachfrage nach ihren Produkten befriedigen zu können, werden diese, so lautet ein weiteres Argument, unter Umständen neue Arbeitsplätze schaffen und Arbeitskräfte einstellen müssen. Dieser Gedanke erscheint reizvoll, vermag jedoch aus mehreren Gründen nicht zu überzeugen. Zum einen stellt es zumindest den Regelfall dar[585], dass Branchen, in denen Sanierungsbedarf besteht, durch Überka-

580 *Gröner/Köhler*, ORDO 31 (1980), 86, 116.
581 *Möschel*, FS für Fischer, S. 506.
582 *Monopolkommission*, Hauptgutachten 1996/1997, Rdnr. 394.
583 Vgl. *Monopolkommission*, Sondergutachten 25, Rdnr. 87.
584 *Monopolkommission*, Sondergutachten 3, Rdnr. 91; 5, Rdnr. 4; 6, Rdnr. 43ff.
585 S.o. 1. Kapitel, III, 2, 3.

pazitäten gekennzeichnet sind. Der hinzugewonnene Marktanteil wird ein Unternehmen häufig zunächst dazu veranlassen, seine Überkapazitäten abzubauen, statt neue Kapazitäten einzurichten[586].
Zweitens ist infolge der Immobilität der Arbeitnehmer die Schaffung von Arbeitsplätzen in der einen Region nicht dazu geeignet, den Wegfall von Arbeitsplätzen in einer anderen Region zu kompensieren. Dies gilt in besonderem Maße für große räumliche Märkte wie den europäischen Binnenmarkt, der einer solchen Substitution weit mehr Hindernisse in den Weg stellt als nationale Märkte. Es seien in dem Zusammenhang vor allem die Sprachbarrieren, aber auch die Problematik bei der Anerkennung von Diplomen und Zeugnissen, und die teilweise starke lokale Konzentration bestimmter Industriesektoren (Werften, Schwerindustrie, bestimmte qualifizierte Dienstleistungen) genannt. Es ist also mehr als fraglich, ob sich wieder ein Gleichgewicht einstellt. Im Extremfall reicht die Immobilität so weit, dass die freigesetzten Arbeitnehmer in der Region keine Arbeitsplätze mehr finden und die bei den Wettbewerbern neu geschaffenen Arbeitsplätze in einer anderen Region in Ermangelung qualifizierter Arbeitnehmer nicht besetzt werden können[587].
Selbst wenn jedoch im gesamten Binnenmarkt ein zahlenmäßiges Gleichgewicht wiederhergestellt werden kann, schließt sich die Frage nach der Berücksichtigung regionaler Interessen an. So könnte die Kommission aufgrund der Konvergenzvorschriften der Art. 158 ff. EGV gehalten sein, die regionalen Besonderheiten bei der Beschäftigungspolitik zu berücksichtigen und nicht nur auf die absolute Höhe des Beschäftigungsstandes zu achten. Die Berücksichtigung der regionalen oder sogar lokalen Arbeitsmarktlage in der Prüfung ist also wünschenswert, da nur so auch den Fällen einer auf langfristigen, u.U. regionalen Strukturschwächen beruhenden Arbeitslosigkeit begegnet werden kann[588].
Der europäische Binnenmarkt weist aufgrund der geringen Mobilität und Flexibilität vieler Arbeitskräfte die vorgenannten Kriterien auf, die die Behebung einer strukturellen Arbeitslosigkeit erschweren. Von struktureller Arbeitslosigkeit spricht man in Fällen konzentrierter Arbeitslosigkeit bei bestimmten Problemgruppen aufgrund von Ungleichgewichten in der Struktur zwischen Arbeitsnachfrage und -angebot unter der Voraussetzung von Teilarbeitsmärkten mit geringer Flexibilität und Mobilität. Diese Problemgruppen weisen dabei die Besonderheit auf, dass sie durch eine langfristige Dauer und ein relativ häufiges Risiko von

---

586 *Gröner/Köhler*, ORDO 31 (1980), 86, 118.

587 *Gröner/Köhler*, ORDO 31 (1980), 86, 118, die auch den umgekehrten Fall der Erlaubnis einer Sanierungsfusion bedenken. Bestünden in der Branche Überkapazitäten, könne die Sanierung des gefährdeten Unternehmens zum entsprechenden Arbeitsplatzabbau bei den Wettbewerbern führen; vgl. *Thyssen/Hüller* WuW/E BWM 158, 162: Zu berücksichtigen sei „die Bedeutung, die für die betroffenen Arbeitnehmer [...] die Erhaltung der derzeitigen Arbeitsplätze legitimerweise hat".

588 *Monopolkommission*, Sondergutachten 6, Rdnr. 42 ff.

Arbeitslosigkeit besonders betroffen sind[589]. Zudem gelten hier die bereits angeführten Überlegungen, dass durch eine Rettung des sanierungsbedürftigen Unternehmens der erforderliche Strukturwandel nur herausgezögert wird und in der Zwischenzeit Arbeitsplätze in produktiveren Unternehmen gefährdet werden.

In diesem Zusammenhang ist noch auf die arbeitsplatzerhaltende Bedeutung der *Failing Company Defense* für sonstige Unternehmen, die mit dem sanierungsbedürftigen Unternehmen in Geschäftsbeziehungen stehen, hinzuweisen. Vor allem Zulieferbetriebe werden die Insolvenz des Hauptabnehmers häufig nicht verkraften können und entweder selbst in den Konkurs oder zum dramatischen Arbeitsplatzabbau gezwungen werden. Die Untersagung einer Fusion kann auf diese Art und Weise eine Kettenreaktion hervorrufen, welche die Strukturverschlechterung noch beschleunigt. Aber auch die oben erwähnten negativen Effekte einer entstehenden Marktkonzentration sind zu beachten.

cc. Sicherstellung der Rettung von Arbeitsplätzen

Die entscheidende Schwierigkeit bei der Rechtfertigung der *Failing Company Defense* mit dem Argument der Erhaltung von Arbeitsplätzen stellt die Beurteilung der künftigen Entwicklung der Arbeitsplätze dar. Hier könnte nur die Beobachtung des Beschäftigungsstandes über einen längeren Zeitraum hinreichende Sicherheit darüber bringen, wie viele Arbeitsplätze durch den Zusammenschluss tatsächlich gerettet werden konnten und wie viele im Zuge von Umstrukturierungsmaßnahmen in Folge des Zusammenschlusses noch abgebaut wurden.
Da hier zwei mögliche zukünftige Zustände verglichen werden, bedarf es – ebenso wie in den vorigen Kapiteln für die Beurteilung der wettbewerblichen Auswirkungen – einer hinreichend substantiierten Prognoseentscheidung[590]. Zu dieser Prognose sind in der Regel aber nur die beteiligten Unternehmen selbst in der Lage, da ihnen die Unternehmenspolitik nicht von den Genehmigungsbehörden vorgegeben werden kann. Diese werden aus naheliegenden Gründen keine Prognosen liefern, die die Genehmigung einer Fusion konterkarieren könnten.

Somit stellt sich die Frage, ob und wie verhindert werden kann, dass bei den betreffenden Unternehmen nach Genehmigung der Fusion ein Arbeitsplatzabbau erfolgt und damit strenggenommen der Genehmigungsgrund entfällt.

Eine erste Alternative stellen Beschäftigungsauflagen dar. Ob diese nach Art. 8 Abs. 2 UAbs. 2 FusionskontrollVO zulässig sind, ist unklar.

---

589 *Sanmann*, WuW 1977, 447, 449.

590 Vgl. *Bundeswirtschaftsministerium*, WuW/E BWM 149, 152: Prognose basierte auf unsicheren Annahmen.

Aus dem Regelungszweck der Fusionskontrolle, das Entstehen wettbewerbsbedrohender Marktstrukturen zu verhindern (vgl. Erwägungsgründe 7 und 14), entnehmen Stimmen in der Literatur die grundsätzliche Notwendigkeit, nur strukturelle Zusagen entgegenzunehmen[591]. Bloße Verhaltenszusagen seien ungeeignet, um das strukturelle Problem des Entstehens oder der Verstärkung einer marktbeherrschenden Stellung zu lösen, da sie die durch den Zusammenschluss entstehende Marktstruktur völlig unberührt ließen[592]. Das wettbewerbliche Gefährdungspotential resultiere aber einzig aus der Verschlechterung der Marktstruktur, woraus sich ergebe, dass auch eine positive Prognose nur solche Begebenheiten berücksichtigen könne, die sich auf die Marktstruktur auswirkten. Die Kommissionspraxis zu dieser Frage ist widersprüchlich. In den Entscheidungen *Gencor/Lonrho*[593] und *MSG Media Service*[594] wurde das Erfordernis rein struktureller Zusagen ausdrücklich bestätigt, im *Boeing/McDonnell-Douglas*-Fall[595] hingegen durch die Entgegennahme von Verhaltenszusagen wieder relativiert[596].

Andererseits verbietet die europäische Fusionskontrolle Verhaltenszusagen nicht ausdrücklich[597].
Die in der Literatur vertretene Auffassung, einzig strukturelle Zusagen seien zulässig, verliert zudem dann an Überzeugungskraft, wenn die Zusagen, wie hier, außerwettbewerbliche Aspekte betreffen sollen. Denn in diesem Fall geht es ja gerade nicht um die Aufrechterhaltung wettbewerblicher Strukturen, sondern um die Gewährleistung der Gesichtspunkte, die zur Hinnahme wettbewerblicher Nachteile führen. Trifft das Gesetz, was nachfolgend zu untersuchen sein wird, die Entscheidung, solche Gesichtspunkte zu berücksichtigen, so hat es damit die Ebene der Entscheidung über die Wettbewerbskonformität verlassen, womit auch die geforderte Beschränkung auf strukturelle Zusagen nicht mehr zwingend ist.

---

591 *Fuchs*, WuW 1996, 269, 274ff.; *Jones/Gonzáles-Díaz*, EEC Merger Regulation, S. 223ff.; *Immenga*, in: Immenga/Mestmäcker, EG-Wettbewerbsrecht, Art. 8 FusionskontrollVO, Rdnr. 16 ff.; *Wagemann*, in: Wiedemann, Handbuch des Kartellrechts, § 16 Rdnr. 105f.; zurückhaltend: *Monopolkommission*, Hauptgutachten 1992/93, Tz. 144, 609.

592 *Drauz/Schröder*, Praxis der Fusionskontrolle, S. 213; a.A. *Immenga/Stopper*, RIW 2001, 512, 517, Fn. 58.

593 Entscheidung vom 24.4.1996 (IV/M.619), ABl. 1997 L 11/30.

594 Entscheidung vom 9.11.1994 (IV/M.469), ABl. 1994 L 364/1.

595 Entscheidung vom 30.7.1997 (IV/M.877), ABl. 1997 L 336/16.

596 Häufig gaben die Parteien auch nur die Zusage, ihre marktbeherrschende Stellung nicht zu mißbrauchen. Eine solche Zusage ist verzichtbar, da ohnedies die gesetzliche Verpflichtung dazu besteht, vgl. Entscheidungen vom 9.11.1994 *MSG Media* (IV/M.469), ABl. 1994 L 364/1 und vom 19.7. 1995 *Nordic Satellite Distribution* (IV/M.490), ABl. 1996 L 53/20, Rdnr. 153ff., 159.

597 *Monopolkommission*, Hauptgutachten 1992/93, Rdnr. 144.

Ein Problem bei Verhaltenszusagen betrifft ihre Kontrolle. Diese ist nur eingeschränkt und nur unter großem Aufwand möglich[598].
Zudem ist es problematisch, eine wettbewerbswidrige Genehmigung von einem bestimmten Verhalten des Unternehmens nach der Fusion abhängig zu machen. Das deutsche GWB untersagt in § 40 Abs. 3 S. 2 solche Verhaltenskontrollen aus einem anderen Grund. Ansonsten bestünde nämlich die Gefahr, dass sich marktbeherrschende Unternehmen durch den Erhalt unrentabler Arbeitsplätze (z.B. im Wege des Verzichts auf Rationalisierungsmaßnahmen) von der Fusionskontrolle freikaufen könnten[599].

Ein Widerruf der Genehmigung nach Art. 8 Abs. 5 FusionskontrollVO ist in der Theorie eine Sanktion, lässt sich aufgrund der Schwierigkeit, den Erwerb zusätzlicher Marktanteile tatsächlich wieder rückgängig zu machen, praktisch aber kaum umsetzen[600].

Es verbleiben noch arbeitsrechtliche Garantien. So können sich die Unternehmen gegenüber den Arbeitnehmern vertraglich zur Aufrechterhaltung eines bestimmten Beschäftigungsstandes verpflichten. Dies könnte z.B. im Wege eines Firmentarifvertrages oder einer Betriebsvereinbarung erfolgen. Arbeitsrechtlich ist ein solcher Ausschluß des ordentlichen Kündigungsrechts möglich. Und auch fusionskontrollrechtlich ist diese Vereinbarung unbedenklich, da die Unternehmen ihre Zusagen nicht der Kommission gegenüber abgeben. Damit wäre eine hinreichende Substantiierung erfolgt.
Zusammenfassend stellt sich das Arbeitsplatzargument wie folgt dar: Eine pauschale Aussage darüber, ob eine *Failing Company Defense* grundsätzlich zur Erhaltung von Arbeitsplätzen in hohem Maße geeignet oder ungeeignet ist, ist nicht möglich. Entscheidend ist auch hier eine Analyse des Einzelfalls, die im Wege einer Prognoseentscheidung zu erfolgen hat. Dabei ist als Referenz die Insolvenz heranzuziehen, bei der alle Arbeitsplätze verloren gehen. Dem wird die voraussichtliche Arbeitsmarktsituation nach der genehmigten Fusion gegenübergestellt. Dabei kommt der hinreichenden Glaubhaftmachung seitens des Unternehmens, dass die in Frage stehenden Arbeitsplätze erhalten werden, eine

---

598 Entscheidung vom 19.7. 1995 *Nordic Satellite Distribution* (IV/M.490), ABl. 1996 L 53/20.

599 *Monopolkommission*, Sondergutachten 25, Rdnr. 92.

600 Diese Überlegung hatte eine große Auswirkung in der EuGH-Entscheidung *Kali & Salz*. Dort wurde die Tatsache, dass der Zusammenschluß bereits vor fünf Jahren vollzogen worden war und wohl nicht mehr rückgangig gemacht werden konnte, als mitausschlaggebend für die Aufrechterhaltung der Genehmigung verstanden, EuGH – verb. Rs. *Frz. Republik/Kommission*, C-68/94 und *SCPA* und *EMC/Kommission*, C-30/95 – Slg. 1998 I-1375, Rdnr. ; vgl. zur Problematik *Wagemann*, in: Wiedemann, Handbuch des Kartellrechts, § 16 Rdnr. 142; *Winterstein*, Wichtige Entwicklungen, Fn. 61.

große Bedeutung zu. Es sind hohe Anforderungen an die Glaubhaftmachung zu stellen.

Grundsätzlich bezweckt der EGV in seinen beschäftigungspolitischen Regelungen nicht den Erhalt bestimmter Arbeitsplätze bei einem einzelnen Unternehmen. Ein alleiniges Abstellen auf das Beschäftigungsniveau in der EU insgesamt greift andererseits wegen des Konvergenzgebots zu kurz. Da von einer Mobilität der Arbeitnehmer nicht ausgegangen werden kann, müssen die Auswirkungen auf die betroffenen Regionen ermittelt werden.

Die genauere Untersuchung des Arbeitsplatzarguments lässt Zweifel daran aufkommen, ob eine *Failing Company Defense* zur Erhaltung von Arbeitsplätzen geeignet ist. Denn anders als bei einer normalen Fusion wird bei einem sanierungsbedürftigen Unternehmen der Abbau von Arbeitsplätzen im Zuge der Fusion den Regelfall darstellen. Der Schwerpunkt bei der Bewertung des Arbeitsplatzarguments sollte daher nicht so sehr auf dem Einzelunternehmen, sondern mehr auf den regionalen Auswirkungen i.S.d. Konvergenzgebots liegen.

b. Sonstige Interessen privater Natur

aa. Gläubigerinteressen

Das Interesse der Gläubiger besteht in der Rückzahlung offenstehender Verbindlichkeiten. Daher werden die Gläubiger im Falle des Unternehmenserhalts mit Sicherheit besser gestellt, wenn als einzige Alternative zu einem bestimmten Zusammenschluss eine Befriedigung in Höhe der Insolvenzquote verbleibt. Dies gilt auch für Gläubiger mit einem eingeräumten Sicherungsrecht an bestimmten, sich noch im Vermögen des Unternehmens befindlichen Vermögenswerten. Denn diese ersparen sich auf jeden Fall die Kosten der Rechtsverfolgung oder die Risiken, die im Zusammenhang mit der Verwertung oder mit konkurrierenden Sicherungsnehmern auftreten.

Bei der Berücksichtigung von Gläubigerinteressen sind drei verschiedene Gruppen von Gläubigern zu unterscheiden. Es handelt sich dabei um kleinere (meist Zuliefer-) Betriebe, um größere Betriebe und um Banken. Die Unterscheidung zwischen kleineren und großen Gläubigern rechtfertigt sich insbesondere durch die Art und Professionalität der Vorsorge gegen Unternehmensinsolvenzen. Während kleinere Unternehmen diesen zumeist machtlos gegenüberstehen, verfügen Großunternehmen in der Regel über die finanziellen und juristischen Mittel, um entsprechende Vorsorge zu treffen. Dies kann aber nicht ohne Auswirkungen auf die Schutzbedürftigkeit der jeweiligen Gläubigerinteressen bleiben.

Allen Gläubigern gemeinsam ist, dass sie mit ihren Forderungen gegen das sanierungsbedürftige Unternehmen nicht ausfallen, sondern ihren Anspruch durchsetzen wollen. Im Falle einer Übernahme erhöht sich diese Wahrscheinlichkeit zum Teil beträchtlich. Dafür sorgt zum einen die finanzielle Stärke des aufnehmenden Unternehmens, von der auch das zu übernehmende in der Regel profitiert. Zudem übernimmt das erwerbende Unternehmen häufig (z.B. bei einem Erwerb der Gesellschaftsanteile) die Verbindlichkeiten des zu erwerbenden Unternehmens. Schließlich sieht das Privatrecht häufig eine Haftungsübernahme für die Verbindlichkeiten des erworbenen Unternehmens vor[601], so dass die Gläubiger noch einen weiteren Anspruchsgegener hinzu gewinnen. Der Zusammenschluss eines sanierungsbedürftigen Unternehmens liegt also stets im Interesse der Gläubiger.
Fraglich ist aber, ob dieses Interesse im Rahmen einer Fusionskontrollentscheidung von Bedeutung sein darf. Zum einen stellt sich die Frage nach der Rechtsgrundlage für eine Einbeziehung der Gläubigerinteressen. Zum zweiten besteht für jeden Gläubiger das der Marktwirtschaft immanente Risiko, mit seiner Forderung auszufallen. Es gibt in allen europäischen Mitgliedstaaten die Möglichkeit, sich Sicherungsrechte einräumen zu lassen, eine entsprechende Versicherung abzuschließen oder, wie vor allem bei Banken erfolgt, den entsprechenden Selbsthilfeeinrichtungen beizutreten. Somit besteht grundsätzlich kein Anlass, im Rahmen der Fusionskontrolle auf unterbliebene Sicherungsmaßnahmen Rücksicht zu nehmen und das wirtschaftliche Risiko in letzter Konsequenz der Allgemeinheit zu überbürden.

Etwas anderes könnte sich für kleinere und mittelständische Lieferanten ergeben, da diese sich erfahrungsgemäß häufig nicht in ausreichendem Maße sichern können. Ein Forderungsausfall in größerem Ausmaß kann für diese Betriebe also existenzbedrohend werden und dazu führen, dass sie infolge von mangelnder Zahlungsfähigkeit selbst zum Sanierungsfall werden. Die Folgen wären eine Verschlechterung der Wettbewerbssituation auf dem entsprechenden Zuliefermarkt und wiederum ein Verlust von regionalen Arbeitsplätzen. Damit wirken sich die schutzbedürftigen Gläubigerinteressen aber nur in zwei Bereichen aus, die ohnedies schon im Rahmen der wettbewerblichen Betrachtung[602] (vorgelagerte Märke) bzw. dem Arbeitsplatz- und Kohärenzargument berücksichtigt werden[603] und die sich zudem nicht mehr als „private" Interessen darstellen lassen.
Eine eigenständige Bedeutung der Gläubigerinteressen als Genehmigungsargument entfällt somit meist entweder bereits aufgrund der mangelnden Schutzbe-

---

601 Vgl. im deutschen Recht §§ 25, 28 HGB bei Übernehme der Firma oder beim Erwerb von Gesellschaftsanteilen.
602 S.o. 4. Kapitel, II, 3, b.
603 *Gröner/Köhler*, ORDO 31 (1980), 86, 121.

dürfigkeit der Gläubiger oder aufgrund der anderweitigen Berücksichtigung der schutzwürdigen betroffenen Interessen[604].

bb. Eigentümerinteressen

Die Eigentümer eines sanierungsbedürftigen Unternehmens werden durch die Fusion bedeutend besser gestellt. Gingen sie im Falle eines Konkurs ihres investierten Kapitals zumeist komplett verlustig, so können sie auf diesem Wege zumindest noch einen geringen Erlös erzielen und damit wenigstens einen Teil ihres investierten Vermögens retten. So werden die Aktionäre, die einem geplanten Zusammenschluss zugestimmt haben, dann voraussichtlich einen Preis für ihre Aktien erzielt haben, der das, was andere Anbieter zu zahlen bereit sind, übersteigt.
Im freien Verkauf z. B. an den Aktienmärkten werden die Aktien eines sanierungsbedürftigen Unternehmens hingegen so gut wie unverkäuflich sein. Eine Ausnahme könnte hier für den Fall denkbar sein, dass bereits Übernahmegerüchte den Kurs der Aktie positiv beeinflussen können. Aber dafür bedarf es zunächst eines Übernahmekandidaten, der mindestens die Stimmrechtsmehrheit der Aktien erwirbt. Diese Argumentation läuft somit auf einen Zirkelschluss heraus oder behält nur für Kleinanleger Gültigkeit.
Auch ein möglicher alternativer Liquidationserlös wird, sofern überhaupt zu erzielen, außerordentlich gering sein und deutlich unter dem bleiben, was ein erwerbendes Unternehmen für das sanierungsbedürftige zu zahlen bereit ist[605].
Im Rahmen der Fusionskontrollentscheidung stellt sich neben der Frage der Berücksichtigungsfähigkeit dieser Interessen die Frage nach der Schutzwürdigkeit dieser Interessen. Grundsätzlich trägt in einer freien Marktwirtschaft der Investierende das Risiko, dass seine Investition fehlschlägt. Dieses unternehmerische Risiko betrifft auch Aktionäre als Anteilseigentümer eines Unternehmens und kann nicht in Form einer wettbewerbswidrigen Fusion auf die Allgemeinheit abgewälzt werden. Es kann nicht Aufgabe der Fusionskontrolle sein, das Privateigentum vor der Privatwirtschaft inhärenten und für sie charakteristischen Risiken zu schützen. Aktionäre müssen dem Untergang ihres Unternehmens zudem nicht tatenlos zuschauen, sondern können über die Hauptversammlung und Minderheitsrechte ihre Position kundtun und gegebenenfalls ihr Kapital rechtzeitig aus dem Unternehmen zurückziehen.

---

604 Für die Eigentümerinteressen gilt das unter bb. Dargestellte entsprechend.

605 Vgl. oben 2. Kapitel, I, 1, b, ff: *Efficiency Premium*, *Market Power Premium*, Wert der Unternehmenseinheit.

c. Ausgleich der Interessen

Bei der Frage, ob die hier diskutierten Interessen geeignet sind, eine Einschränkung des Wettbewerbs zu rechtfertigen, ist zu berücksichtigen, dass selten allen diesen Interessen im gleichen Maße gedient werden kann. Damit bestehen aber auch bereits Zweifel an der Praktikabilität dieses Ansatzes.
So könnte ein Verkauf des Unternehmens zu einem geringeren Preis, der nicht im Interesse der Aktionäre läge, durchaus im Interesse der Gläubiger liegen, wenn der potentielle neue Erwerber, obwohl er den Aktionären weniger zahlt, sich ihnen gegenüber doch verpflichtet, die ausstehenden Schulden in voller Höhe zu begleichen. Für die Arbeitnehmer gilt, dass ein Zusammenschluss ihren Interessen im Einzelfall gerecht werden kann oder nicht. Auch für die Interessen der örtlichen Gemeinde und der Region gilt Ähnliches wie für die der Arbeitnehmer. Ein bestimmter Zusammenschluss, der Arbeitsplätze erhält und die Produktion am Ort belässt, wird ihnen gerecht, ein anderer, der dies nicht tut, nicht.

Auf jeden Fall lässt die Rettung eines Unternehmens durch eine erfolgreiche Geltendmachung der *Failing Company Defense* allein noch keine Aussage darüber zu, wessen Interessen gedient wird, da dies von den genauen Modalitäten des Zusammenschlusses abhängt. Folgende Beobachtungen lassen sich aber herausarbeiten: Allen privaten Interessen wird gedient, wenn nur die Liquidation als Alternative verbleibt. Den Interessen von Aktionären und Gläubigern wird sicher und anderen Interessen möglicherweise gedient, wenn die einzige Alternative die finanzielle Restrukturierung darstellt. Verbleibt als einzige mögliche Alternative der Zusammenschluss mit einem anderen Unternehmen, so wird ausschließlich den Aktionärsinteressen mit Sicherheit gedient. Hinsichtlich der anderen Interessen kommt es auf die Umstände des Einzelfalls an.
In Anbetracht der Vielzahl der mitunter stark divergierenden Interessen scheint es darüber hinaus fast unmöglich zu sein, den genauen Wert privater Interessen auszumachen und zwischen widerstreitenden Interessen zu wählen. Die Aufstellung einer Hierarchie der betroffenen Interessen bietet dabei keine brauchbare Hilfestellung. Denn bereits die Gewichtung des Interesses der Inhaber bzw. Aktionäre des sanierungsbedürftigen Unternehmens ist nur schwer durchzuführen. Früher wurde dieses gegenüber den anderen Interessen als bedeutsam angesehen[606]. Da die Aktionäre über ihr Abstimmungsverhalten in der Hauptversammlung aber auch die Mitverantwortung für unternehmerische Entscheidungen tragen, ist es insofern nur billig, ihnen auch das unternehmerische Risiko aufzubürden.

---

606 Vgl. *Note*, 45 Va. L. Rev. 421, 425 (1959); *Bok*, 74 Harv. L. Rev. 226, 340 (1960).

Über die Erhaltung von Arbeitsplätzen kann jedenfalls zum Zeitpunkt des Kontrollverfahrens gleichfalls kaum eine verlässliche Aussage getroffen werden[607]. Realistisch ist jedoch die Annahme, dass es zu einem Abbau von Arbeitsplätzen kommt. Entscheidend für die Bedeutung dieses Arguments ist dann der Umfang des Arbeitsplatzabbaus. Behalten relativ viele Arbeitnehmer ihren Arbeitsplatz, so ist dies ein gewichtiges Argument. Bedenkenswert erscheint aber auch der möglicherweise sozial besser abgesicherte Arbeitsplatzabbau infolge eines Zusammenschlusses gegenüber der Unternehmensinsolvenz.

Allerdings würde es – selbst unter Zugrundelegung einer solchen Hierarchie – sehr schwierig, wenn nicht gar unmöglich sein, strittige Wertentscheidungen zu vermeiden. Denn auch gegenläufige Überlegungen verdienen Beachtung. Zum Beispiel könnte das erwerbende Unternehmen die Produktionsanlagen an einen anderen Ort verbringen, um effizienter zu produzieren und somit überhaupt Arbeitsplätze zu sichern.
Ein potentieller Konflikt besteht dann keineswegs nur zwischen Aktionären auf der einen und Arbeitnehmern und Gemeinden auf der anderen Seite. Arbeitsplätze, die der einen Gemeinde verlorengehen, entstehen möglicherweise in einer anderen Gemeinde neu. Somit würde, sogar bei einer Nichtberücksichtigung der Aktionärsinteressen, die Entscheidung zwischen der einen und der anderen Gemeinde bestehen bleiben.

Damit müssten die Wettbewerbsbehörden schon vor der in der Grauzone ihrer Zuständigkeit befindlichen Abwägung zwischen Wettbewerbs- und sonstigen Interessen Fragen nach der Wertigkeit einzelner privater und öffentlicher Interessen beantworten, die bereits kaum noch in ihrem Zuständigkeitsbereich liegen dürften. Neben dem ohnehin zweifelhaften Wert solcher privater Interessen ergeben sich somit weitere praktische Hindernisse, deren Überwindung auf Kosten der Vorhersehbarkeit und Effizienz fusionskontrollrechtlicher Entscheidungen geht.

III. Ökonomische Rechtfertigung: Die *Efficiency Rationale*

Einem Zusammmenschluss unter Zuhilfenahme einer *Failing Company Defense* werden vor allem von Stimmen aus der amerikanischen Literatur auch erhebliche wirtschaftliche Vorteile gegenüber der Alternative des Marktaustritts nachgesagt[608].
Die Berücksichtigung von Effizienzen im Zusammenhang mit der Failing Company Defense weist gegenüber der reinen Efficiency Defense eine Besonderheit

---

607 S.o. II, 1, a, bb.
608 *Campbell*, 63 Texas L. Rev. 251 (1984); *Shughart/Tollison*, 30 Antitrust Bulletin, 357 (1985); *McChesney*, 65 Nebr. L. Rev. 1 (1986); *Friedman*, 64 Tex. L. Rev. 1375 (1986).

auf. Durch das Heranziehen des Marktes mit einem ausgeschiedenen Unternehmen als Vergleichssituation ergeben sich nicht nur die Rationalisiserungsgewinne, sondern zusätzlich noch gesamtwirtschaftliche Vorteile dadurch, dass die Produktionsstätten des Unternehmens überhaupt noch im Markt verbleiben.
Die ökonomische Rechtfertigung der *Failing Company Defense*, auch als *Efficiency Rationale* bezeichnet, wurde in den 1980er Jahren in Folge des starken Einflusses der *Chicago School of Antitrust Analysis* als Reaktion auf die restriktive Handhabung der *Failing Company Defense* durch die Gerichte und die *Federal Trade Commission* entwickelt. Mit ihr sollte gezeigt werden, dass unter bestimmten wirtschaftlichen Rahmenbedingungen der *Failing Company Defense* eine wirtschaftlich sinnvolle Funktion zukommt. Ausgangspunkt der Betrachtung ist eine von *Williamson* im Jahr 1968 veröffentliche Untersuchung, in der er feststellte, dass horizontale Unternehmenszusammenschlüsse zwar wettbewerbsgefährdend sein könnten, dass diese andererseits aber auch zu erheblichen Kostensenkungen und damit zu Effizienzen führen könnten[609]: Es müsse eine Abwägung zwischen den wettbewerbsfeindlichen Auswirkungen eines Zusammenschlusses, wie z.B. der vergrößerten Marktmacht, die das Unternehmen in die Lage versetzen kann, den Preis heraufzusetzen und das Angebot einzuschränken, und den möglichen Vorteilen, die die Volkswirtschaft vor allem durch die Rationalisierungsvorgänge erfährt, erfolgen. Überwögen die Einsparungen gegenüber den durch die erhöhte Konzentration verursachten Ausgaben, so entstünde zu Gunsten der Volkswirtschaft ein Wohlfahrtsgewinn.
Darauf aufbauend wird die *Failing Company Defense* von den Vertretern dieser Ansicht vor allem als Möglichkeit angesehen, einen solchen Gewinn zu realisieren. Zum einen lasse sie Anlagen und Betriebsvermögen in eben der Produktion, in der sie ihren höchsten Wert hätten und die anderenfalls infolge der Liquidation stillgelegt oder nur einer zweitbesten Verwendung zugeführt worden wären. Zum zweiten würde sie die hohen Kosten und Verluste vermeiden, die mit einer Insolvenz einher gehen[610]. Schließlich stelle eine Failing Company den Idealfall einer Realisierung von Rationalisierungsvorteilen dar[611].

Bevor nachfolgend näher auf den Beitrag der *Failing Company Defense* zur Effizienzsteigerung eingegangen wird, ist an dieser Stelle bereits eine Einschränkung zu formulieren. Diese Rechtfertigung bedient sich eines anderen Verständnisses einer *Failing Company*: Sie fragt nicht nach dem Schicksal des Unternehmens als juristischer oder als Wirtschaftseinheit, sondern allein nach dem Fortbestehen seiner Produktionsfaktoren. Beider Schicksal ist nämlich keineswegs miteinander verknüpft. Selbst wenn die Wirtschaftseinheit die Produktion einstellt, so kann ein anderes Unternehmen, wenn der Markt nicht durch starke

---

609 *Williamson*, 58 A.E.R. 18, 23 (1968).

610 *Hovenkamp*, Federal Antitrust, § 12.8; *Areeda*, Antitrust, Rdnr. 952d.

611 *Gröner/Köhler*, ORDO 31, 87, 119 (1980).

Überkapazitäten geprägt ist, mit Hilfe dieser Produktionsfaktoren die Produktion aufrechterhalten.

1. Rationalisierungsvorteile durch Zusammenschluss mit einer *Failing Company*

a. Zusammenschluss führt zu größerer Produktionsmenge und zu niedrigeren Preisen als Marktaustritt

aa. Abstimmung zwischen gesteigerter Produktionskapazität und gesteigerter Marktmacht

Die Diskussion um diese Form der Rechtfertigung beginnt mit den Erörterungen von *Shughart* und *Tollison*[612] sowie von *Campbell*[613]. Deren Betrachtungen nehmen ihren Ausgang in der Feststellung, dass die – vor allem von *Federal Trade Commission* und Justizministerium in der Zeit seit ca. 1975 vertretene „herrschende“ – ökonomische Analyse des Kartellrechts die *Failing Company Defense* lediglich als Anomalie duldete und keinen Hehl aus ihrer grundsätzlichen Unzufriedenheit mit diesem Rechtsinstitut machte. Dies habe sich in der strikten Interpretation der Voraussetzungen der *Failing Company Defense* manifestiert[614] und zur Folge gehabt, dass es zu überflüssigen Unternehmensschließungen gekommen sei[615]. Auch die Gerichte hätten die Bedeutung ökonomischer Belange bei Fragen der *Failing Company Defense* nur als zweitrangig behandelt, obschon sie die Bedeutung wirtschaftlicher Ziele bei der Anwendung von Section 7 *Clayton Act* grundsätzlich hervorgehoben hätten[616].
Einen neuen Weg gingen deshalb *Shughart/Tollison* und *Campbell*, die eine Abwägung zwischen Produktionskapazität und Marktmacht vornehmen. Anhand vereinfachter Annahmen zeigen sie, dass die produzierte Menge weniger stark zurückgeht und die gesamtvolkswirtschaftlichen Verluste somit weniger stark ausfallen, wenn die *Failing Company* von dem verbliebenen Wettbewerber übernommen wird, als wenn das Produktivvermögen des Unternehmens in einer Insolvenzauseinandersetzung getrennt oder an einen Erwerber außerhalb des Marktes veräußert wird.

---

612 *Shughart/Tollison*, 30 Antitrust Bulletin, 357 (1985).
613 *Campbell*, 63 Texas L. Rev. 251 (1984).
614 Vgl. *U.S. Department of Justice, Merger Guidelines*-1984, 49 Fed.Reg. 26827 ("*Because the defense can immunize significantly anticompetitive mergers, the Department will construe its elements strictly*"); F.T.C., Statement Concerning Horizontal Mergers § V ("*the failing company defense requires a rigorous factual showing*").
615 *Shughart/Tollison*, 30 Antitrust Bulletin 357, 358, Fn. 4. (1985); vgl. auch oben 2. Kapitel, II, 1.
616 Vgl. *v.Kalinowski* § 19.02.

Der Grundgedanke ist der folgende: Wenn ein sanierungsbedürftiges Unternehmen den Markt verlässt, so werden dessen Ressourcen, wenn überhaupt, anderweitig genutzt. Im Zerschlagen der Produktionsanlagen oder auch in deren Verwendung zur Herstellung anderer Waren liegt aber stets ein wirtschaftlicher Verlust, weil die solcherart verwendeten Ressourcen ursprünglich nicht dafür geschaffen wurden und somit in ihrer zweitbesten Verwendung weniger Wert für für ein (anderes) Unternehmen darstellen als in ihrer ursprünglichen Verwendung[617].
Der Fall, dass ein sanierungsbedürftiges Unternehmen aus dem Markt ausscheidet, führt, wenn es nicht anderweitig freie Kapazitäten gibt, zudem in der Regel zu einer Verminderung der gesamten von der Industrie hergestellten Menge zu jedem bestimmten Preis. In der graphischen Darstellung verschiebt sich die Angebotskurve nach links. Dies erhöht den Preis, vermindert die produzierte Menge und reduziert den volkswirtschaftlichen Gewinn. Hervorgerufen wird dieser Effekt durch die verringerte Anzahl von Produzenten, die mit dem marktbeherrschenden Unternehmen konkurrierten.

Der Erwerb eines sanierungsbedürftigen Unternehmens hat zwar grundsätzlich zur Folge, dass das erwerbende Unternehmen seine Marktmacht vergrößert. Daraus ergibt sich nach traditioneller Betrachtung gleichfalls eine geringere Produktionsmenge und ein höherer Preis als im Falle der Eigenständigkeit des sanierungsbedürftigen Unternehmens als Wettbewerber. Dieses Szenario kann im Fall der *Failing Company Defense* aber nicht als Referenz dienen, da das sanierungsbedürftige Unternehmen ja den Markt verlässt.

Waren nur zwei Wettbewerber auf dem Markt, ergibt sich im Ausscheidensfall eine Monopolsituation, in der sich der überlebende Wettbewerber an der Nachfragekurve orientieren wird und nur die Menge zu einem bestimmten Preis produzieren wird, die den maximalen Gewinn erwarten lässt[618]. Das Unternehmen wird seine Produktion also nur so lange erhöhen, bis seine Grenzkosten seinen Grenzerträgen entsprechen, da dies die übliche Preisberechnung eines (dann entstandenen) Monopolisten ist. Dafür bedarf der verbleibende Monopolist, der seine Marktmacht nicht mehr auszubauen braucht, die zusätzlichen Produktivmittel des sanierungsbedürftigen Unternehmens in der Regel nicht.

Im Zusammenschlussfall ergibt sich hingegen ein sogenanntes *Multiplant Monopoly Problem*. Dies bedeutet, dass ein Unternehmen, das in mehreren Produktionsstätten produziert, die Grenzkosten einer jeden Produktionsstätte addiert und den so ermittelten Kostenwert in einer Art auf die einzelnen Produktionsstätten verteilt, dass sie alle an ihren Grenzkosten/-erträgen produzieren. In der

617 *Campbell*, 63 Texas L. Rev. 251, 257 (1984).
618 *Shughart/Tollison*, 30 Antitrust Bulletin 357, 360 (1985).

Regel wird sich so bei gleicher Nachfrage- und Grenzertragskurve eine höhere Produktionsmenge ergeben als bei nur einer Produktionsstätte und infolgedessen niedrigere Preise[619]. Dies bedeutet, dass zumindest im Fall des entstehenden Monopols die durch die Fusion hinzuerlangte Produktionskapazität niedrigere Preise zur Folge hat.

Gleiches gilt für ein marktbeherrschendes Unternehmen[620]. Die sich ergebenden wirtschaftlichen Verluste können graphisch anhand Angebots- und Nachfragekurven dargestellt werden und sind nicht auf den Fall des entstehenden Monopols beschränkt. Denn die Angebotskurve eines ganzen Industriezweigs stellt nichts anderes als die Menge der Waren dar, die bei jedem bestimmten Preis hergestellt werden. Dabei besteht die Angebotskurve aus der Summe der Grenzkostenkurven der einzelnen Unternehmen. Grenzkostenkurven wiederum stellen den Wert der Ressourcen für ein Unternehmen zur Herstellung eines bestimmten Produktes dar, jede Grenzkostenkurve reflektiert somit den Wert der Ressourcen in ihrem nächstbesten Gebrauch.
Wenn ein marktbeherrschendes Unternehmen aber bereits den Preis für den Industriezweig vorgibt, so ist ein Erwerb des sanierungsbedürftigen Unternehmens wirtschaftlich vorteilhafter als dessen Verschwinden vom Markt. Nur wenn das marktbeherrschende Unternehmen das sanierungsbedürftige Unternehmen erwirbt, verschiebt sich nämlich auch die Grenzkostenkurve des marktbeherrschenden Unternehmens in Relation zum Ausscheidensfall nach rechts, da beide Unternehmen zu einem gegebenen Preis auf jeden Fall eine größere Menge produzieren als das marktbeherrschende Unternehmen alleine[621]. Dies bedeutet letztenendes, dass das marktbeherrschende Unternehmen mehr produziert. Dadurch wird die Gesamtproduktion erhöht und gleichzeitig der Preis gesenkt. Daraus ergibt sich, dass durch den Erwerb des sanierungsbedürftigen Unternehmens ein größerer wirtschaftlicher Gewinn entsteht als durch dessen Ausscheiden aus dem Markt.

Ein solches Unternehmen wird zudem in der Regel wissen, was die Kunden bei welchem Preis nachfragen und was die anderen Hersteller zu welchen Kosten herstellen. Diese Differenz wird es als seine eigene Nachfragekurve behandeln. Indem es sich seiner eigenen übriggebliebenen Nachfragekurve gegenüber als Monopolist verhält, sorgt auch ein marktbeherrschendes Unternehmen dafür, dass die Produktion sinkt und der Preis steigt.
In einer graphischen Darstellung bedeutet dies, dass das beherrschende Unternehmen die Summe der Grenzkostenkurven aller anderen Unternehmen von der Nachfragekurve abzieht. Übrig bleibe die Nachfragekurve, die nur von ihm be-

---

619 *Campbell*, 63 Texas L. Rev. 251, 258ff. (1984).
620 *Campbell*, 63 Texas L. Rev. 251 (1984).
621 Vgl. *Shughart/Tollison*, 30 Antitrust Bulletin, 357, 360 (1985).

dient wird. Dieser Nachfragekurve entspricht die neue Grenzeinnahmenkurve dieses Unternehmens.Das Unternehmen wird nun seine Produktionsmenge an den Schnittpunkt seiner Grenzkostenkostenkurve mit seiner Grenzeinnahmenkurve setzen. Der daraus resultierende Preis werde der Marktpreis sein, nach welchem sich auch die produzierte Menge richtet. Dann liegt aber wieder ein Fall des *Multiplant Monopoly Problems* vor.

bb. Kritik an dieser Auffassung

Die Kritik an diesem Ansatz richtet sich vor allem dagegen, dass darin zum einen Ursache und Wirkung verwechselt und zum zweiten nicht deutlich genug zwischen dem Erwerb der Vermögenswerte eines Unternehmens und der Übernahme von dessen Marktanteilen getrennt werde[622].

Zunächst wird bezweifelt, dass das Ausscheiden eines Unternehmens zu einer Reduzierung des volkswirtschaftlichen Nutzens führe. Der Rückgang des Gewinns gehe nicht auf den Marktaustritt des sanierungsbedürftigen Unternehmens zurück, vielmehr sei dieser Marktaustritt selbst die Folge einer von außen kommenden Veränderung der Unternehmenskosten[623]. Hieraus folge, dass sich im Austritt des Unternehmens lediglich eine diesen Industriezweig treffende Kostensteigerung manifestiere. Diese allein sei damit auch für die volkswirtschaftlichen Verluste verantwortlich. Diese Marktveränderung, die durch staatliche Regulierung oder Kostensteigerungen hervorgerufen werden könne, erfolge somit zuerst. Bereits in diesem Augenblick seien aber die Verluste entstanden und ausweisbar. Dem Ausscheiden des dann sanierungsbedürftigen Unternehmens komme dann für diese Frage keine weitere Bedeutung mehr zu, es bestätige lediglich die neu eingetretene Lage. Somit könne kaum davon ausgegangen werden, dass das Ausscheiden des Unternehmens die Ursache für den entstandenen volkswirtschaftlichen Verlust darstelle[624].

Im Monopolfall entstehe zudem, unabhängig davon, ob das Unternehmen den Markt verlasse oder seine Anlagen an den (in diesem Fall: einzigen) Konkurrenten veräußere, ein Monopol, womit der Erwerb wiederum nicht als Ursache für das Entstehen einer Monopolstellung betrachtet werden könne[625].

---

622 *McChesney*, 65 Nebr. L. Rev. 1, 3 (1986).
623 *McChesney*, 65 Nebr. L. Rev. 1, 5 (1986).
624 *McChesney*, 65 Nebr. L. Rev. 1, 6 (1986).
625 *McChesney*, 65 Nebr. L. Rev. 1, 8 (1986).

cc. Ertragssteigerung als Motivation für den Zusammenschluss mit einer Failing Company

Wie bereits ausgeführt, hat der Erwerb eines sanierungsbedürftigen Unternehmens zur Folge, dass das erwerbende Unternehmen mehr produziert als bei Nichterwerb und somit bei konstanter Nachfrage auch die Preise auf dem Markt niedriger sind als im Falle des Ausscheidens. Vor allem bei einem Monopolisten stellt sich die Frage, was ihn zu dem Erwerb veranlasst, könnte er doch ohne den Erwerb des Wettbewerbers eine bequeme Monopolrente beziehen.
Das wahrscheinlichste Ergebnis lautet, dass ein marktbeherrschendes Unternehmen, das die Produktionsanlagen seines letzten Wettbewerbers erwirbt, auch gewillt ist, diese zu verwenden. Die Grenzkosten werden infolge des Erwerbs mit Sicherheit nicht steigen, denn wenn die Nutzung der neuen Kapazitäten für das Unternehmen mit höheren Kosten verbunden ist als eine Produktion mit den alten, so könnte das Unternehmen die neuen Kapazitäten ja ungenutzt lassen. Es ist also denkbar, aber in Anbetracht der Tatsache, dass ein Kaufpreis gezahlt wurde, eher unwahrscheinlich, dass Grenzkosten und Grenzeinnahmen von dem Zusammenschluss gar nicht berührt werden; in einem solchen Fall hätte der Zusammenschluss gar keine Auswirkungen auf den Markt.

Wahrscheinlicher ist aber das andere Resultat: Weil das erwerbende Unternehmen neue Kapazitäten übernommen hat, sind seine Grenzkosten nach dem Zusammenschluss geringer als vorher. Denn das aufnehmende Unternehmen wird den Erwerb des Betriebsvermögens nur dann profitabel finden, wenn die Kosten des Erwerbs geringer sind als das zu erwartende zusätzliche Einkommen aus dem Verkauf der in diesen zusätzlichen Anlagen hergestellten Produkte[626]. Bei diesem Ergebnis werden somit nach dem Zusammenschluss die Grenzerträge bei der gegebenen Menge die Grenzkosten übersteigen. Dies bedeutet, dass das Unternehmen solange auf potentielle Gewinne verzichtet, wie es seine Produktion nicht erhöht. Das erwerbende Unternehmen wird somit die Produktionsmenge soweit erhöhen, bis Grenzkosten und Grenzeinnahmen wieder ausgeglichen sind[627].
Eine Ausweitung der Produktion führt wie gesehen zu einer Senkung der Produktionskosten und im Ergebnis zu mehr Waren bei zugleich niedrigeren Preisen[628]. Somit aber kann der Erwerb eines sanierungsbedürftigen Unternehmens durch seinen einzigen verbliebenen Wettbewerber nur auf Kostensenkungen und somit auf ein volkswirtschaftlich positiv einzuschätzendes Ergebnis hinauslau-

---

626 *Shughart/Tollison*, 30 Antitrust Bulletin 357, 361 (1985).

627 S. dazu auch oben I, a, aa.

628 Die genauen Auswirkungen lassen sich freilich nur erkennen, wenn die zusätzliche Menge und die Nachfrageelastizität feststehen. Dann kann das Ausmaß der Preissenkung bestimmt werden.

fen[629]. Damit aber wird ein Erwerb durch ein marktbeherrschendes Unternehmen grundsätzlich nur dann von diesem angeboten werden, wenn gesamtvolkswirtschaftliche Wohlfahrtsgewinne auftreten. Im Ergebnis besteht in diesem Fall kein Grund, einen Zusammenschluss mit einem marktbeherrschenden Unternehmen zu untersagen. Vielmehr müsste sogar eine Vermutung für die Wettbewerbskonformität des Zusammenschlusses bestehen[630].

McChesney kommt anhand dieser Überlegungen zu dem Ergebnis, dass die einzige Frage, die in einem Kontrollverfahren gestellt werden müsse, die sei, ob mehr oder weniger Produktionskapazität auf einem bestimmten Markt erwünscht sei. Wenn diese Kapazität grundsätzlich bestehe und zu dem Ergebnis führe, dass ein Unternehmen durch eine Fusion seine Kosten senken könne, so gehe der Einwand, dass es sich bei dem erwerbenden Unternehmen dann um einen Monopolisten oder ein marktbeherrschendes Unternehmen handeln werde, fehl. Der Erwerb von Vermögenswerten habe nichts mit den Nachfragebedingungen und vor allem mit dem Entstehen von Marktmacht zu tun. Der Erwerb der Vermögenswerte sei vielmehr stets zum Vorteil der Volkswirtschaft[631].

b. Abwägung Zuwachs an Produktionskapazität beim aufnehmenden Unternehmen mit Abnahme der Produktionskapazität bei den verbliebenen Unternehmen

Auf einem wettbewerblich strukturiertem Markt vergrößert der Erwerb des sanierungsbedürftigen Unternehmens einerseits die Produktionskapazität des aufnehmenden Unternehmens, vermindert andererseits aber nicht die Kapazität der anderen Unternehmen. Somit würde der Erwerb das aufnehmende Unternehmen unter normalen Umständen nicht dazu veranlassen, seine Produktionsmenge unter das Maß zu senken, das vorher seine maximale Herstellungsmenge bedeutete. Denn die anderen Unternehmen wären, die mögliche Ausweitung ihrer Kapazitäten vorausgesetzt, ebenso wie vor dem Erwerb in der Lage, die Mindermenge durch eine gesteigerte Produktion ihrerseits auszugleichen.
Denkbar ist zwar, dass die Produktionsmenge des erwerbenden Unternehmens konstant bleibt, wenn es, was allerdings unwahrscheinlich ist, die neu erworbenen Kapazitäten ungenutzt lässt oder sie nur als Ersatz für die alten Kapazitäten nutzt. Wahrscheinlicher ist, dass das erwerbende Unternehmen die neuerworbenen Kapazitäten dazu nutzt, um zu wachsen. Die vom erwerbenden Unternehmen hergestellte Menge wird zwar nicht im gleichen Maße steigen, wie es bei

---

629 *McChesney*, 65 Nebr. L. Rev. 1, 10 f. (1986).

630 *Kwoka/Warren-Boulton*, 31 Antitrust Bulletin, 431, 447 (1986); vgl. unten die Auswirkungen dieser *efficiency rationale*.

631 Zur genaueren mathematischen Begründung: *McChesney*, 65 Nebr. L. Rev. 1, 10ff., 18 (1986).

der gleichen Produktionskapazität, aber verteilt auf zahlreiche kleinere Unternehmen der Fall wäre. Diese Frage stellt sich laut *Friedman* im Fall der Sanierungsbedürftigkeit des zu erwerbenden Unternehmens aber auch nicht, da nur das erwerbende Unternehmen oder niemand die zusätzliche Kapazität erhalten könne. Vor dem Hintergrund dieser Alternative werde die produzierte Menge in dem Fall größer sein, in dem der Zusammenschluss gestattet werde[632].

Für die Wettwerber stellt sich die Situation dann wie folgt dar: Unter der Annahme einer normalen Nachfragekurve wird die gesteigerte Produktion des erwerbenden Unternehmens zu einer Preissenkung führen, um die Kunden zum Erwerb der zusätzlichen Menge zu verlocken. Andere Unternehmen, deren Grenzkostenkurven unverändert bleiben, werden gezwungen, ihre Waren zu einem geringeren Preis als ihren Grenzkosten zu verkaufen, wenn sie ihre bisherige Produktionsmenge aufrecht erhalten wollen, oder geringere Mengen zu produzieren, um wirtschaftlich zu operieren.
Damit lautet die für den Wettbewerb entscheidende Frage: Ist der Produktionszuwachs auf der einen Seite ebenso groß wie die -verringerung auf der anderen? Weil das erwerbende Unternehmen seine Produktion nach dem Zusammenschluss durch Ausnutzung der Kapazitäten des erworbenen Unternehmens steigern wird, können die anderen Unternehmen ihre Produktionsmenge nicht mehr konstant halten. Täten sie dies dennoch, so würde die im Vergleich zum Marktaustritt gesteigerte Industriegesamtproduktion den Preis drücken, ohne auf Seiten der Unternehmen zu einer entsprechenden Senkung der Grenzkosten zu führen. Dies hätte zur Konsequenz, dass die Unternehmen nicht kostendeckend verkaufen könnten[633]. Gleichwohl zeigt *Friedman*, dass der Zusammenschluss bei den Wettbewerbern nicht zu einem so starken Rückgang der Produktion führt, dass die Industriegesamtproduktion geringer ausfällt als vor dem Zusammenschluss. Dies nämlich würde auf einen höheren Marktpreis als vorher und auf geringere Grenzkosten hinauslaufen, was ein Anzeichen dafür wäre, dass auf wahrscheinliche Gewinne wegen einer übermäßigen Beschränkung der Produktion verzichtet würde.
Angesichts der gesteigerten Produktion des erwerbenden Unternehmens können die verbleibenden Unternehmen ihren Verkaufspreis und ihre Grenzkosten nur dadurch angleichen, dass sie beides senken. Sie müssen somit zwar weniger produzieren als vor dem Zusammenschluss, dennoch ist aufgrund der gesteigerten Produktion des erwerbenden Unternehmens die Industriegesamtproduktion höher als vor dem Zusammenschluss und somit der Preis niedriger. In anderen Worten müssen die verbleibenden Wettbewerber ihre Produktion in geringerem Maße einschränken, als das erwerbende Unternehmen die seinige ausweitet. Für den Kunden bedeutet das, dass unabhängig von den Marktanteilen der beteilig-

632 *Friedman*, 64 Tex. L. Rev., 1375, 1389 (1986).
633 *Friedman*, 64 Tex. L. Rev., 1375, 1390.

ten Unternehmen mehr Produkte zu geringerem Preis als vorher angeboten werden[634].

c. Ergebnis

Die Genehmigung eines Zusammenschlusses aufgrund vorstehender Erwägungen läuft darauf hinaus, dem erwerbenden Unternehmen Zeit und Geld für dessen internes Wachstum zu sparen[635]. Jedenfalls im Falle des Entstehens einer marktbeherrschenden Stellung[636] wirkt sich das auch positiv auf den Markt aus, unabhängig davon, ob die jeweilige Produktionssteigerung und der Zuwachs an Marktmacht oder der Zuwachs an Produktionskapazität bei dem aufnehmenden Unternehmen einerseits mit der Abnahme der Produktionskapazität bei den verbleibenden Unternehmen andererseit verglichen werden.

Die besondere Konstellation der Failing Company Defense führt nach der obigen Argumentation jedenfalls dann zu einer positiverenWettbewerbssituation, wenn anderenfalls auf dem Markt ein Kapazitätsengpass einträte, dem eine unveränderte Nachfrage entgegenstünde. Dies würde zu einer starken Preiserhöhung führen. Ist in einem solchen Fall hingegen gewährleistet, dass das Preisniveau im Übernahmefall geringer wäre, so ist dies aus wettbewerblicher Sicht zu begrüßen.

Ein Vorbehalt richtet sich dagegen, wie sichergestellt werden soll, dass das Unternehmen tatsächlich seine Produktionsmenge vergrößert und nicht nur Überkapazitäten aufbaut, um potentielle Wettbewerber abzuschrecken oder kleinere Wettbewerber zu disziplinieren[637]. Vor allem auf oligopolistischen Märkten kann nicht ausgeschlossen werden, dass ein Unternehmen Produktionsanlagen erwirbt, um Überkapazitäten zu schaffen oder zu erhalten und die Wettbewerber durch Preisdumping aus dem Markt zu treiben[638]. In diesem Fall kommen die entstandenen Wohlfahrtsgewinne nicht der Volkswirtschaft zugute, sondern dienen dem erwerbenden Unternehmen einzig zur Festigung seiner Marktposition.

d. Fragen, die sich aus der ökonomischen Analyse ergeben

Eine strikte Anwendung der oben behandelten Grundsätze müsste zu einigen Veränderungen in der Behandlung der *Failing Company Defense* führen.

---

[634] *Friedman*, 64 Tex. L. Rev., 1375, 1391.

[635] *Kwoka/Warren-Boulton*, 31 Antitrust Bulletin, 431, 445 (1986).

[636] Zur Definition s.o. 3. Kapitel, II, 1.

[637] Zur grds. Nichtberücksichtigung strategischen Verhaltens im Rahmen der *economic analysis* vgl. *Hovenkamp*, 84 Mich. L. Rev., 213, 261ff. (1985).

[638] *Kwoka/Warren-Boulton*, 31 Antitrust Bull., 431, 445, Fn. 20 (1986); *Areeda*, Antitrust, Rdnr. 1137.

aa. Frage der Beweislast

Üblicherweise sollten die sich zusammenschließenden Unternehmen die Beweislast für die Existenz der Sanierungsbedürftigkeit des einen Unternehmens tragen[639]. Traditionell handelt es sich bei der *Failing Company Defense* um eine *affirmative defense*, deren Voraussetzungen von demjenigen zu beweisen sind, der sie erhebt. Solange die Voraussetzungen der *Failing Company Defense* nicht angesprochen werden und ihr Vorliegen anhand entsprechender Beweise dargelegt wird, muss diese unbeachtet bleiben.

Nach dem bisherigen Verständnis müssen die Befürworter des Zusammenschlusses zunächst einmal einräumen, dass der Zusammenschluss tatsächlich negative Auswirkungen auf den Wettbewerb hat, bevor sie dann die "Gnadenfunktion"[640] dieser *Defense* beanspruchen können.

Nach dem hier gefundenen Ergebnis könnte die Frage der Beweislast im Rahmen der *Efficiency Rationale* anders ausfallen. So besteht hiernach die Vermutung, dass sich ein Unternehmenszusammenschluss aufgrund einer *Failing Company Defense* vorteilhafter auf den Markt auswirkt als ein Ausscheiden des sanierungsbedürftigen Unternehmens. Daraus folgt aber die Vermutung , dass ein solcher Zusammenschluss nicht nicht *a priori* wettbewerbswidrig ist. Somit wäre es dann nur konsequent, wenn der das Kontrollverfahren in Gang Setzende, seien es die Genehmigungsbehörden oder (im US-Antitrustrecht) ein Dritter, die Beweislast dafür trägt, dass der Vollzug des Zusammenschlusses den Markt künftig in wettbewerbsbeschränkender Weise beeinträchtigt als eine Untersagung. Die sich zusammenschließenden Unternehmen müssten, auf die Perspektiven bei einem Scheitern des sanierungsbedürftigen Unternehmens angesprochen, nur noch darauf hinweisen, dass die mögliche Zukunft des Marktes ohne den Zusammenschluss keineswegs so günstig für einen freien Wettbewerb ist wie es der das Kontrollverfahren Anregende versteht.

bb. Das *alternative purchaser*-Erfordernis

Wie oben erarbeitet, vermag ein Alternativangebot den Interessen der Beteiligten gerecht zu werden ohne jedoch die gleichen wettbewerbsfeindlichen Konsequenzen zu haben.

Normalerweise muss das sanierungsbedürftige Unternehmen alle möglicherweise erfolgversprechenden Versuche zur Suche eines weniger wettbewerbsbeein-

---

639 *Citizen Publishing Co. v. United States*, 394 U.S. 131, 138 f. ("*The burden of proving that the conditions of the failing company doctrine have been satisfied is on those who seek refuge under it.*"); entscheidend war die Beweislast im Fall *United States v. Reed Roller Bit. Co.*, 274 F. Supp. 573, 584; *Friedman* 64 Texas L. Rev., 1375, 1394 (1986).

640 *Blum*, 6 B.C. Indus. & Com. L. Rev., 75, 84 (1974): "*the mercy function*".

trächtigenden Partners unternommen haben und dies nachweisen können[641]. Für eine Rechtfertigung aufgrund der *Efficiency Rationale* könnte dieser Nachweis nicht erforderlich sein, weil die Vermutung ohnedies für verbesserte Wettbewerbsverhältnisse infolge des Zusammenschlusses spricht. Zu beachten ist hier aber auch, dass ein Zusammenschluss mit einem Alternativerwerber gleichfalls *efficiencies* generiert, ohne dass zugleich eine marktbeherrschende Stellung entsteht.

e. Bedenken gegen eine ökonomische Analyse bei der Sanierungsfusion

Als Zwischenergebnis der *Efficiency Rationale* lässt sich festhalten, dass der Zusammenschluss zweier Unternehmen, von denen eines sanierungsbedürftig ist, vom ökonomischen Standpunkt aus häufig wünschenswerter ist, als die Untersagung dieses Zusammenschlusses. Denn, so das übereinstimmende Ergebnis der Befürworter, im Vergleich zum Marktaustritt werde die in der Industrie gesamt produzierte Menge infolge des Zusammenschlusses zumeist ansteigen und somit der Preis für das einzelne Produkt fallen. Zudem fallen in der Regel noch allgemeine Rationalisierungsvorteile durch den Zusammenschluss an.

Es gibt aber auch gewichtige Vorbehalte gegen die ökonomische Analyse der *Failing Company Defense* in der gezeigten Form.
Zum einen geht die ökonomische Analyse von Voraussetzungen aus, die in der Form in der Realität kaum zutreffen. *Failure* bedeutet hier nicht nur den finanziellen Ruin, sondern den kompletten Verlust der Vermögenswerte des sanierungsbedürftigen Unternehmens für die Industrie[642]. Darin offenbart sich die gedankliche Besonderheit der *Efficiency Rationale*, die einzig das Interesse der Verbraucher an Wohlfahrtsgewinnen berücksichtigt und alle anderen Interessen diesem Ziel unterordnet[643].

Diese Annahme, dass alle Produktivmittel den Markt verlassen müssen, bevor eine *Failure* angenommen werden kann, ist irreführend. Sogar eine Liquidation kann unter Umständen unter dem Gesichtspunkt der ökonomischen Analyse nicht als *Failure* zu betrachten sein, wenn die Vermögenswerte des sanierungsbedürftigen Unternehmens in der Hand anderer Unternehmen diesem Industriezweig erhalten bleiben und somit eine geringere Bedrohung des Wettbewerbs darstellen. Auch in diesem Fall werden die Vermögenswerte des sanierungsbe-

---

641 S.o. 2. Kapitel, 2; vgl. *Friedman*, 64 Tex. L. Rev., 1375, 1406 (1986): "*a firm seeking to invoke [the hardship defense] should have hands not merely clean but specially washed*".
642 Vgl. *Kwoka & Warren-Boulton*, 31 Antitrust Bull., 431, 444 ff. (1986), die vorschlagen, die *Failing Company Defense* in eine "*existing assets*"-Defense umzuwandeln; *Friedman*, 64 Tex. L. Rev., 1375, 1400 (1986).
643 Vgl. *Low*, 35 Fordham L. Rev., 425, 437 (1967).

dürftigen Unternehmens unter geringerer Beeinträchtigung des Wettbewerbs aktiv in ihrer ursprünglchen Verwendung behalten. Somit könnte man die Liquidation als eine Reihe kleinerer, weniger wettbewerbsfeindlicher Teilzusammenschlüsse oder -erwerbe betrachten[644]. Da diese Situation bei einer Liquidation aber nahezu unumgänglich sein wird, ist die Voraussetzung der Failure fast nie gegeben. Zum zweiten stellt sich die Frage, ob diese hohe Abstraktion dem Interesse an dem Erhalt des Unternehmens gerecht wird. Denn nach bisherigem Verständnis geht es bei der *Failing Company Defense* auch um den Erhalt des Unternehmens als Witschaftseinheit und nicht nur um die Fortnutzung seines Produktivkapitals.

Zudem geht diese Rechtfertigung vereinfacht davon aus, dass andere Unternehmen nicht in der Lage sind, die gleichbleibende Nachfrage zu befriedigen. Sind diese es entgegen der Annahme aber doch, so würde sich der Erwerb der *Failing Company* nicht positiv auf die Entwicklung der Preise auswirken, sondern mittelfristig eher negative Konsequenzen haben. Die Vertreter dieser *Rationale* vergleichen ein Unternehmen mit der zusätzlichen Kapazität mit einem Unternehmen ohne diese Kapazität vor dem Hintergrund gleichbleibender Kapazitäten bei den anderen Anbietern. Dabei lassen sie auch unberücksichtigt, dass ein wettbewerblich strukturierter Markt, der anderen Unternehmen die Möglichkeit zum internen Wachstum gibt oder eine geringere Gesamtproduktionsmenge aufweist auch vorteilhafter sein kann, als ein beherrschter Markt.

Ein gewichtiges Argument für die *Efficiency Rationale* gerade bei Sanierungsfusionen besteht schließlich in dem Wert der Erhaltung des Produktivvermögens und einer optimalen Ressourcenallokation[645]. Aber auch diese Annahme ist fraglich. Denn die Tatsache, dass das Unternehmen sanierungsbedürftig wurde, kann gerade Ausweis dessen sein, dass die Produktionsfaktoren eben nicht optimal eingesetzt waren und in einer anderen, nur durch seinen Marktaustritt zu bewerkstelligenden Allokation zu volkswirtschaftlich effizienterer Produktion führen könnten. Zudem büßen in der modernen Industrieproduktion viele Produktionsfaktoren nur unwesentlich an Wert ein, wenn sie anderweitig verwendet werden müssen[646].

2. Vor- und Nachteile einer *Efficiency Defense*

Die gesamte Argumentation zur *Efficiency Rationale* steht und fällt mit der Haltung der jeweiligen Fusionskontrolle zur Berücksichtigung von Rationalisierungsvorteilen.

---

644 *Friedman*, 64 Tex. L. Rev., 1375, 1401 (1986).
645 *Note*, 83 Harv. L. Rev., 672, 677 (1970).
646 Denkbar ist dies z.B. bei hochspezialisierten Betrieben oder bei Forschungsgruppen.

Die Berücksichtigung von Effizienzgewinnen kann grundsätzlich nur dann erfolgen, wenn das Wettbewerbssystem den *Williamson*'schen *trade-off* nachvollzieht und fusionsbereiten Unternehmen die Möglichkeit eröffnet, eine verschlechterte Marktstruktur mit Effizienzgewinnen oder sonstigen wirtschaftlichen Vorteilen zu kompensieren. Dies wiederum hängt im wesentlichen von dem Ziel des Wettbewerbsrechts und dem zugrundeliegenden Verständnis von freiem Wettbewerb und dessen Aufgaben ab. Wird dieses einseitig darin gesehen, dem Verbraucher niedrige Preise und andere Vorteile zu bringen, dann ist die Anerkennung von gesamtvolkswirtschaftlichen Vorteilen wahrscheinlicher als bei einer weniger einseitigen Zielfunktion des Wettbewerbsrechts. Denn die Rechtfertigung der *Failing Company Defense* stellt eine „*Efficiency Defense* durch die Hintertür" dar. Sie ist somit grundsätzlich nur zulässig, wenn das entsprechende Fusionskontrollrecht eine solche *Defense* ge- stattet[647]. Eine eigene Analyse der *Efficiency Defense* würde den Rahmen dieser Darstellung sprengen, doch können die Argumente, die für ineffiziente Unternehmen gelten, natürlich erst recht auch bei sanierungsbedürftigen Unternehmen Verwendung finden.

a. Ziele eines freien Wettbewerbs

Für die Befürworter der ökonomischen Analyse ist diese das einzig geeignete Mittel, um die Vorzüge eines freien Wettbewerbs zu messen. Von großer Bedeutung ist dabei allerdings das der ökonomischen Analyse zugrundeliegende Verständnis eines freien Wettbewerbs, vor allem der Ziele, die mittels eines freien Wettbewerbs erreicht werden sollen. Für sie steht außer Frage, dass das einzige Ziel eines freien Wettbewerbs und damit auch der Handhabung der Antitrustgesetze in der Steigerung der ökonomischen Effizienz besteht[648], von der man sich "*consumer welfare*", also Vorteile für den Konsumenten, verspricht.
Die Hauptfrage für die Akzeptanz dieser *Efficiency Defense* lautet folglich, ob dies tatsächlich als einziges oder zumindest vorrangiges Ziel der Aufrechterhaltung eines freien Wettbewerbs verstanden werden kann[649].

Die Vorteile eines freien Wettbewerbs erschöpfen sich nicht in kurzfristigen Vorteilen für die Verbraucher[650]. Ein freier Wettbewerb als Triebkraft eines

---

647 Eine ausführliche Behandlung der Frage nach einer *efficiency defense* würde den Umfang dieser Arbeit sprengen, zumal sich viele Stimmen aus der Literatur diesem Thema bereits angenommen haben. Vgl. *Noël*, 8 E.C.L.R. 1997, 498; *Camesasca*, E.C.L.R. 1999, 14; *Christian Rudolf Schmidt*, Technischer Fortschritt; *Monopolkommission*, Sondergutachten 17, Tz. 102ff.; *Immenga/Stopper*, RIW 2001, 512.

648 *Baxter*, 71 Calif. L. Rev., 618, 619 (1983); *Kauper*, 71 Calif. L. Rev., 497, 508 Fn.26 (1983); vgl. *Hovenkamp*, 84 Mich. L. Rev., 213, 283f. (1985); *Friedman* 64 Tex. L. Rev., 1375, 1385 (1986).

649 S.o.

Marktes sichert eine bewegliche, produktive Wirtschaft, flexible, innovative Unternehmen, die sich an Veränderungen anpassen, ein hohes Maß an Selbstkorrektur bei fehlender Konkurrenzfähigkeit, wirtschaftliche Möglichkeiten für alle Marktteilnehmer und schließlich auch günstige Preise für Verbraucher und Zwischenhändler[651]. Somit ist das System des freien Wettbewerbs vor allem auch ein fundamentaler Bestandteil einer Wirtschaftspolitik, die mit dem Demokratieverständnis moderner Demokratien harmoniert und diese auch stabilisiert.

b. Überschätzung der Effizienzen infolge von Zusammenschlüssen

Eine effizienzientere Produktion kann auf mehreren Gründen beruhen. Vor allem für größere Unternehmenseinheiten werden zahlreiche Argumente vorgebracht[652].
Vorteile, die mit zunehmender Produktionsgröße auftreten, sind vor allem *economies of scale* und Lernkosteneffekte. Die unterstellte positive Korrelation zwischen Betriebs- und Unternehmensgröße einerseits und der wirtschaftlichen Leistungsfähigkeit eines Unternehmens andererseits wird hauptsächlich an den Kosten und dem Gewinn des Unternehmens festgemacht[653]. Als Ursachen der *economies of scale* werden Einsparungen in den Bereichen Produktion (Spezialisierung, Fachkenntnisse), Absatz, Management und Transport genannt[654]. Die Produktionskosten eines Unternehmens hängen aber nicht nur von der gegenwärtig produzierten Menge, sondern auch von der in der Vergangenheit realisierten Stückzahl ab. Je höher der Output eines Unternehmens in der Vergangenheit war, desto niedriger sind die Stückkosten des Unternehmens, da dieses im Zeitablauf aufgrund sener Erfahrungen lernt, den Produktionsprozess effizienter zu gestalten.

Weitere Kostenvorteile größerer Unternehmen können auch auf Verbundvorteilen, den sog. *economies of scope*, beruhen. Diversifizierte oder konglomerate Unternehmen, die auf verschiedenen Märkten tätig sind, können in bestimmten Funktionsbereichen synergetische Effekte im Sinne von Kosteneinsparungen realisieren, die sich daraus ergeben, dass z.B. die Kosten für zwei verschiedene Produkte durch ein diversifiziertes Unternehmen günstiger sind als durch zwei Einprodukt-Unternehmen[655]. Diese synergetischen Effekte ergeben sich im Falle der verbundenen Produktion von zwei oder mehr Gütern insbesondere beim

---

650 *Fox*, Antitrust and Competitiveness: Efficiencies, Failing Firms, and the World Arena (www.ftc.gov/opp/global/fox.htm).
651 *Fox*, id.
652 Vgl. zu dieser Argumentation: *I. Schmidt*, WuW 1995, 971, 974 ff.
653 *Monopolkommission*, 6. Hauptgutachten , Rdnr. 600 ff.
654 *I. Schmidt*, Wettbewerbspolitik, S. 86 Abb. 8.
655 *Bühner/Spindler*, DB 1986, 601ff.

Einsatz finanzieller, technologischer oder unternehmerischer Ressourcen[656]. Als Beispiele seien Finanzierungsvorteile durch ein geringeres Insolvenzrisiko, Kostenersparnisse bei Forschung und Entwicklung und schließlich die bessere Ausnutzung eines erfolgreichen Managements genannt.
Synergetische Effekte können ferner als Folge positiver *spin-offs* resultieren. Darunter wird die analoge Anwendung neuer Technologien in anderen Produktionsbereichen als denen, für die die Technologien entwickelt wurden, verstanden.

Dem ersten Argument der Kostenersparnisse kann entgegengehalten werden, dass diese sich nicht *ad infinitum* fortsetzen, sondern nach Erreichen der mindestoptimalen Betriebsgröße praktisch nicht mehr realisierbar sind. Vielmehr besteht zunehmend die Gefahr von *diseconomies of scale*, bzw. von *X-inefficiencies* infolge ausufernder unternehmensinterner Bürokratie oder abnehmender Flexibilität aufgrund der erreichten Marktmacht[657]. Zudem ist die Kostenentwicklung nicht vorhersehbar. *X-inefficiencies*, hervorgerufen durch zu eine zu große Unternehmensgröße, können sogar zu einer Erhöhung der Kosten führen. Dies gilt vor allem dann, wenn das Unternehmen seine mindestoptimale Betriebsgröße bereits erreicht hat. So zeigt die Empirie, dass die Verwirklichung von Einsparungen durch Unternehmenszusammenschlüsse kaum vorhersehbar ist, ganz abgesehen von Schätzungen über mögliches Einsparpotential[658].

Auch Lernkosteneffekte sind nicht beliebig vermehrbar, da die ständige Wiederholung der Produktionsabläufe auf Dauer dazu führt, dass sich kaum noch Kosten durch eine Routinisierung der Arbeit einsparen lassen[659]. Zudem werden im Zeitablauf die Produktionserfahrungen eines Unternehmens durch den Wechsel von Mitarbeitern, das Auslaufen von Patenten und die eingesetzten Produktionstechniken publik werden, so dass Kostennachteile der Konkurrenten zunehmend geringer werden. Auch im Falle eines Technologiewechsels können kleinere Unternehmenseinheiten häufig rascher ihre Lernkosten optimieren.
Gegen das Argument der *economies of scope* spricht, dass Unternehmen die Probleme auf unbekannten Geschäftsfeldern oft unterschätzen und infolge ihrer Unerfahrenheit mögliche Synergien nicht zu nutzen verstehen, sog. *diseconomies of scope*. So ist empirischen Untersuchungen zu entnehmen, dass nahezu ein Drittel solcher Zusammenschlüsse zu Verlusten und letztlich wieder zur Entflechtung dieser Fusionen geführt haben[660].

---

656 Vgl. *Monopolkommission*, 5. Hauptgutachten, Rdnr. 732.
657 Vgl. *Monopolkommission*, 6. Hauptgutachten, Rdnr. 589 ff.; *I. Schmidt*, Wettbewerbspolitik, S. 98.
658 *I. Schmidt*, Wettbewerbspolitik, S. 96, 103.
659 *I. Schmidt*, Wettbewerbspolitik, S. 88.
660 Vgl. die Untersuchung von *Ravenscraft/Scherer*.

Im Gegensatz dazu werden die synergetischen Effekte infolge positiver *spin-offs* freilich oft überschätzt, da sich die Übertragung technischer Entwicklungen auf andere Produktbereiche zumeist als schwierig erweist[661]. Auch beim Management und im Vertrieb lassen sich Synergieeffekte nur begrenzt nutzen.

c. Weitere Probleme

Als grundsätzliches Problem der *Efficiency Defense* gilt, dass sie auf berechtigte Skepsis stößt, da sie das wichtigste unternehmerische Motiv für Zusammenschlüsse zur Rechtfertigung eben dieser Zusammenschlüsse instrumentalisiert. Der wirtschaftliche Nutzen eines Zusammenschlusses für die beteiligten Unternehmen kann immens sein. Den Vorteilen eines Zusammenschlusses stehen aber auch die Nachteile gegenüber, die aus der fortschreitenden Marktkonzentration und der damit einher gehenden Einschränkung der Marktfunktion resultieren[662]. Der *Williamson'sche trade-off* kann zudem nicht mehr als eine Momentaufnahme der Wettbewerbssituation bieten[663]. Denn die zusätzlich entstehenden Kosten durch den eingeschränkten Wettbewerb werden sich auch noch dann auswirken, wenn die gegebenenfalls eher kurzfristig anfallenden Effizienzgewinne längst aufgezehrt sind. Zudem ist eine Abwägung zwischen Einsparungen durch den Zusammenschluss und Kosten wegen der Marktkonzentration in der Praxis kaum durchführbar. Diese Abwägung setzt ein „angemaßtes Wissen" der Genehmigungsbehörden voraus, welches diese nicht besitzen[664].
Schließlich kann ein Zusammenschluss auch kurzfristig zu hohen Preisen führen, da Unternehmen auf erhöhte Marktmacht in der Regel schnell reagieren, sich aber bei der Weitergabe von Einsparungen Zeit lassen.

Die mit dem Zusammenschluss verbundenen Vorteile wachsen mit dem Zusammenschluss zunächst ausschließlich den beteiligten Unternehmen zu und werden nur bei funktionierendem Wettbewerb auch an den Verbraucher weitergegeben. Ein Erfolg dieser Rechtfertigung basiert dann im wesentlichen darauf, ob und in welchem Umfang die Unternehmen die erzielten Einsparungen an die Marktgegenseite weiterreichen[665]. Eine solche Weitergabe wird allerdings um so unwahrscheinlicher, je konzentrierter der Markt und dementsprechend geringer der Wettbewerbsdruck ist. Im Falle der Marktbeherrschung ist eine solche Weitergabe nahezu ausgeschlossen.

---

661 *Monopolkommission*, Sondergutachten 18, Rdnr. 106 ff.: „gefordert ist ein geeigneter Übertragungsmechanismus".
662 *Monopolkommission*, Sondergutachten 17, Rdnr. 103.
663 Vgl. *Hovenkamp*, 84 Mich. L. Rev., 213, 256 (1985).
664 *Mestmäcker*, EuR 1988, 349, 357.
665 Siehe dazu unten 2, b, cc, (2).

Die Behörden müssten in ihre Prognose also auch die Überlegung aufnehmen, ob nicht gerade der zu einer marktbeherrschenden Position führende Zusammenschluss dazu führt, dass das aufnehmende Unternehmen die mit dem Zusammenschluss einhergehenden Vorteile nicht mehr an die Verbraucher weitergeben wird. Eine Sonderbehandlung der *Failing Company Defense* wäre nur dann gerechtfertigt, wenn aufgrund der Sanierungssituation die Weitergabe der erzielten Einsparungen an die Wettbewerbsgegenseite sichergestellt wäre. Diese Wahrscheinlichkeit soll sich nach den hier dargelegten Ansichten bereits aus der Tatsache des Erwerbs als solchem ergeben, der ohne eine nachfolgende Produktionssteigerung sinnlos wäre[666].

d. Zwischenergebnis

An den hier erhobenen grundsätzlichen Einwänden vermag hingegen auch die Tatsache nichts zu ändern, dass ein sanierungsbedürftiges Unternehmen an dem Zusammenschluss beteiligt ist. Bislang wurde nämlich nur gezeigt, dass die *Failing Company Defense* grundsätzlich dazu geeignet ist, zu gesamtvolkswirtschaftlichen Produktivitätsgewinnen im Vergleich zum Ausscheidensfall zu kommen, nicht aber, ob diese nach dem entsprechenden Wettbewerbssystem geeignet sind, ein Gegengewicht zu einer entstehenden Wettbewerbswidrigkeit zu bilden.
Dennoch ist festzuhalten, dass ein Zusammenschluss mit einer *Failing Company* zu einer erheblichen Steigerung der unternehmensinternen Effizienz führen und sich in Form des Kapazitätserhalts günstig auf den Markt auswirken kann. Es sollte den Unternehmen somit zumindest im Einzelfall möglich sein, darzulegen, dass dies auch die Wettbewerbssituation positiv beeinflusst.

IV. Die Berücksichtigungsfähigkeit außerwettbewerblicher Interessen im US-Fusionskontrollrecht

1. *Hardship Rationale* im US-amerikanischen Antitrustrecht

Als häufigste Rechtfertigung der *Failing Company Defense* durch die Genehmigungsbehörden im US-Fusionskontrollrecht dient der Schutz des sanierungsbedürftigen Unternehmens vor der Insolvenz. Neben der Erhaltung der unternehmerischen Wirtschaftseinheit liegt ein besonderes Augenmerk darauf, Härtefälle für alle, deren Wohlergehen oder begründetes Interesse an das Schicksal des Unternehmens geknüpft ist, nach Möglichkeit zu vermeiden[667]. Dabei sind vor al-

---

666 S.o. III; *Shughart/Tollison*, 30 Antitrust Bulletin, 357, 361 (1985); *McChesney*, 65 Nebr. L. Rev. 1, 10f. (1986).

667 *Bok*, 74 Harv. L. Rev., 226, 340 (1960); *Diamant*, 47 Fordham L. Rev., 872, 885 (1979); *Kaplan*, 4 Hofstra L. Rev., 643, 647 (1969); *Laurenza*, 65 Va L. Rev., 947, 965 (1979).

lem die Privatinteressen der Arbeiter und Angestellten, deren Arbeitsplätze in Gefahr sind, der Gläubiger, die finanzielle Verluste erleiden würden und der Aktionäre, die finanzielle Verluste vermeiden und einen guten Preis für das Unternehmen erzielen wollen, in Mitleidenschaft gezogen. Aber auch das öffentliche Interesse, z.B. das der betroffenen Standortgemeinden an Arbeitsplätzen und Gewerbesteuer- und sonstigen Einnahmen findet in der Regel Beachtung.
Diese Rechtfertigung scheint in Anbetracht der Art und Bedeutung der beteiligten Interessen, sowie der Unmittelbarkeit der Folgen eines Unternehmenszusammenbruchs von herausgehobener Bedeutung zu sein. Ihre Begründung ist hingegen dem *Clayton Act* unmittelbar nicht zu entnehmen und nach wie vor zweifelhaft. Dies gilt um so mehr, als dem Wortlaut von Section 7 *Clayton Act* keinerlei Hinweis darauf zu entnehmen ist, dass sein ausdrückliches Ziel, die Aufrechterhaltung des freien Wettbewerbs, anderen Interessen untergeordnet oder in dem Sinne gleichgestellt wird, dass eine Abwägung zu erfolgen habe.

a. Historische Entwicklung

Die *Hardship Rationale* bezieht ihre Legitimation vor allem aus der Gesetzesgeschichte. Befürworter dieser Rechtfertigung verweisen darauf, dass der *Supreme Court* in der Entscheidung *International Shoe Co. v. United States* diese Rechtfertigung angesprochen habe[668]. Er habe seine Besorgnis darüber zum Ausdruck gebracht, dass ein Konkurs des Unternehmens Verluste für die Anteilseigner und Schäden für die Gemeinde, in deren Gebiet das Unternehmen seine Produktion unterhalte, mit sich bringe[669]. Ob dieser stets als Grundlage der *Failing Company Defense* zitierten Entscheidung aber tatsächlich zu entnehmen ist, dass außerwettbewerbliche Gesichtspunkte trotz festgestellter Wettbewerbswidrigkeit Berücksichtigung finden, ist unklar. So fallen an der Entscheidung *International Shoe* zwei Besonderheiten auf.
Den Ausführungen des Gerichts schien die Annahme zugrunde gelegen zu haben, dass der Erwerb der *McElwain* Aktien von vornherein nicht wettbewerbswidrig sei und als solcher auch keine wettbewerbswidrigen Konsequenzen haben könne[670]. Darin deckt sich die Einschätzung des *Supreme Courts* mit der der ersten Kommentatoren, die den Erwerb einer Failing Company als nicht wettbewerbsbeschränkend eingestuft haben[671]. Ausschlaggebend für diese Einschätzung könnte aber nicht nur die grundsätzliche Überzeugung, dass der Erwerb einer Failing Company nicht wettbewerbswidrig sein kann, gewesen sein,

---

668 Vgl. dazu im einzelnen aber nachfolgende Diskussion.
669 *International Shoe Co. v. United States*, 280 U.S. 291, 302 ("*resulting loss to its stockholders and injury to the communities where its plants were operated*").
670 „*[Not with] any desire or intention to thereby affect competition*", „ *meet the pressing requirements of its business*".
671 S.o., 1. Kapitel, III.

sondern auch die enge Formulierung des damaligen Section 7 Clayton Act, der nur auf den unmittelbaren Wettbewerb zwischen Erwerber und erworbenem Unternehmen abstellte[672]. Deren interner Wettbewerb endet aber mit oder ohne Zusammenschluss. Nach diesem Verständnis von Section 7 Clayton Act ist die Annahme des Supreme Court, der Wettbewerb werde nicht beeinträchtigt, aufgrund des Wortlauts der Vorschrift und der damals eher unterentwickelten ökonomischen Grundlagen des Wettbewerbsrechts berechtigt.
Wenn der *Supreme Court* allerdings diese Annahme seiner Analyse der *Failing Company Defense* zugrunde legt, so stellt sich die Frage, ob seine Ausführungen zur *Hardship Rationale* nicht unter diesem Vorbehalt zu verstehen sind und in der Form heute noch Bestand haben können. Denn dann hätte der *Supreme Court*, statt eine Rechtfertigung für die *Failing Company Defense* anzubieten, lediglich die positiven Begleiterscheinungen eines (seiner Ansicht nach) ohnehin nicht wettbewerbswidrigen Zusammenschlusses hervorgehoben.

Es ist auffällig, dass der *Supreme Court* in der *International Shoe*-Entscheidung private Interessen berücksichtigt, die von einem Scheitern des Unternehmens betroffen sind, seinen Ausführungen allerdings nicht zu entnehmen ist, ob diesen Interessen unabhängig davon auch dann Rechnung zu tragen ist, wenn der Zusammenschluss wettbewerbswidrig ist. Obwohl der *Supreme Court* durchblicken ließ, dass außerwettbewerbliche Interessen bei der Entscheidung von Zusammenschlüssen eine Rolle spielen könnten, findet sich kein expliziter Hinweis darauf, dass der Wettbewerb anderen Zielen untergeordnet werden könne, wenn sich der Zusammenschluss als grundsätzlich wettbewerbswidrig herausstellt. Da im konkreten Fall ein nach Ansicht des Gerichts wettbewerbskonformer Zusammenschluss erfolgte, kann keine Aussage darüber getroffen werden, ob der *Supreme Court* auch einen wettbewerbswidrigen Erwerb um der an *McElwain* gebundenen Interessen willen gebilligt hätte. Zudem kann der Entscheidung ein Hinweis an andere Gerichte entnommen werden, vorsichtig in der Genehmigung von Zusammenschlüssen um privater Interessen willen zu sein[673].

In dieser Leseart wird offenkundig, dass die Entscheidung des Supreme Court nur dann mit dem Zweck von *Section 7 Clayton Act* zu vereinbaren ist, wenn der Wettbewerb ohnedies nicht beeinträchtigt wird. Somit ist der Entscheidung strenggenommen nicht mehr zu entnehmen, als dass der *Supreme Court* lediglich die zufällig eintretenden sonstigen Vorteile des Zusammenschlusses begrüßte.

---

672 *Clayton Act*, ch. 323 § 7, 38 Stat. 730, 731f. (1914); vgl. auch *Brown Shoe Co. v. United States*, 370 U.S. 294, 312, 317 (1962).
673 Vgl. *Connor*, 49 Geo. L. J., 84, 90 (1960).

Dieses Ergebnis, dass der *Supreme Court* private Interessen nur dann berücksichtigt, wenn der Zusammenschluss ohnehin nicht wettbewerbsgefährdend ist, wird auch von der von ihm in *International Shoe* zitierten Entscheidung *American Press Association v. United States* unterstützt[674].
In dieser Entscheidung heisst es: "*A Law designed to shield the public from injury should not be construed to compel the public to suffer an injury...The Sherman Law...does not require the stockholders of a company...to sustain a loss in 1917 arising with wrongdoing, if that loss can be prevented without injury to the public.*"[675]
Darin liegt aber zumindest noch ein Hinweis darauf, dass die Berücksichtigung privater Interessen im Rahmen einer Entscheidung nach *Section* 7 *Clayton Act* zweitrangig und davon abhängig ist, dass keine Gefahr für die bestehenden Wettbewerbsverhältnisse besteht.

Die *International Shoe* Entscheidung lässt somit letztlich die Frage offen, ob private Interessen auch dann zu berücksichtigen sind, wenn der Erwerb im konkreten Fall wettbewerbsschädlich ist. Im Sinne dieser Überlegungen, der wettbewerbsorientierten Betrachtung der Antitrustgesetze im Allgemeinen und Section 7 *Clayton Act* im Besonderen, sollte eine solche Abwägungsrechtfertigung nicht vorschnell in den Gesetzestext hineingelesen werden, ohne dass eine klare Grundlage in der Entstehungsgeschichte des Gesetzes dies gestattet[676].

Als Grundlage für die Einbeziehung dieser außerhalb der wettbewerbsrechtlichen Betrachtung stehenden Argumente zog der *Supreme Court* zunächst den für die Interpretation des weiten Wortlauts des *Sherman Act* entwickelten Grundsatz der "*Rule of Reason*" heran[677]. Dieser Weg wurde den Gerichten aber spätestens durch die *Professional Engineers* Entscheidung[678] des *Supreme Court* verbaut, in welcher dieser unmissverständlich deutlich machte, dass bei der Anwendung der *Rule of Reason* nur auf wettbewerbsimmanente Kriterien zurückgegriffen werden dürfe und außerwettbewerbliche Argumente im Rahmen dieser Beurteilung außen vor zu bleiben hätten. Zudem wurde das *Celler-Kevauver-Amendment* zu *Section* 7 Clayton Act unter anderem deshalb vom Kongress verabschiedet, um die Anwendung der *Rule of Reason* auf *Section* 7 *Clayton Act* einzudämmen[679]. Dieses *Amendment* dürfe nicht dazu dienen, in

---

674 245 Fed. 91 (1917).
675 *American Press Association v. United States*, 245 Fed. 91, 93f.
676 *Friedman*, 64 Tex. L. Rev., 1375, 1411 (1986).
677 Vgl. *Erie Sand & Gravel Co.*, 56 F.T.C. 437, 454; *Connor*, 49 Geo. L.J., 84, 95 (1960); *Blum*, 6 B. C. Ind. & Com. L. Rev., 1005, 1011 f., Fn. 31 (1974).
678 *Society of Professional Engineers v. United States*, 435 U.S. 679 (1978).
679 S. Rep. No. 1775, 81st Cong., 2d Sess. 4 (1950); vgl. *Brown Shoe Co. v. United States*, 370 U.S. 294, 317 Fn. 30. Man fürchtete sich vor einer zu liberalen Anwendung von *Section* 7 *Clayton Act* und erklärte eine strikte Kontrollpraxis zum gesetzgeberischen Ziel.

Fusionskontrollfällen den Rückgriff auf den *Sherman Act* zuzulassen[680]. Der um eine strikte Einhaltung der Fusionskontrollvorschriften besorgte *Congress* begründete diese Einschränkung damit, dass den Gerichten gerade die Möglichkeit entzogen werden solle, eine Untersuchung öffentlicher Interessen unter dem *Sherman Act* zu vorzunehmen[681].

Im Widerspruch dazu steht, dass der *Congress* die Einbeziehung privater und öffentlicher Interessen in die Entscheidung über das Vorliegen der *Failing Company Defense* ausdrücklich gutgeheißen zu haben schien. Dies kam bereits in der während der Gesetzesberatungen geäußerten Besorgnis über die Anwendbarkeit des *Celler-Kefauver-Amendments* auf den Erwerb von sanierungsbedürftigen Unternehmen zum Ausdruck. Für eine Berücksichtigung der obengenannten außerwettbewerblichen Interessen spricht, dass die Ausschussmitglieder des zuständigen Kongressausschusses die Bedenken ihrer Kollegen dadurch zu mindern versuchten, dass sie ihnen versicherten, *Section 7 Clayton Act* umfasse nicht den Erwerb solcher Unternehmen, die am Rande der Sanierungsbedürftigkeit stehen[682]. So ist dem *House Report* zu entnehmen: „*It is well settled that The Clayton Act does not apply in bankruptcy or receivership cases*“[683]. Die Behandlung in dem Bericht des Repräsentantenhauses zeigt die Bereitschaft, Unternehmen, die als sanierungsbedürftig einzustufen sind, von dem Anwendungsbereich von *Section 7 Clayton Act* auszuschließen. Auch der Bericht des Senats, obgleich sehr viel vorsichtiger formuliert, stützt dieses grundsätzliche Verständnis. Beide Ausschüsse zitierten den Wortlaut der *International Shoe*-Entscheidung, die explizit auf die Vermeidung von durch einen Unternehmenszusammenbruch hervorgerufenen Härtefällen abstellte und somit als die Grundlage dieser Rechtfertigung verstanden wurde. Aber, wie oben bereits gesehen, kam der *Supreme Court* in der *International Shoe*-Entscheidung auch zu dem Ergebnis, dass unter Berücksichtigung einer bevorstehenden Sanierungsbedürftigkeit der Zusammenschluss den Wettbewerb im Sinne dieser Vorschrift nicht beeinträchtigen könne. Offensichtlich wurde auch dieses Argument von dem zuständigen Kommittee zustimmend aufgenommen:

---

680 S. Rep. No. 1775, 81st Cong., 2d Sess. 4 (1950).

681 Vgl. *Connor*, 49 Geo. L. J., 84, 85, 93ff. (1960).

682 H. Rep. No. 81-1191, at 6 (1949).

683 Im einzelnen antwortete das House of Representatives auf die Frage *Would the bill prevent a corporation in failing or bankrupt condition from selling its assets to a competitor?* wie folgt: „*The argument that a company in bankrupt or failing condition ought not be allowed to sell to a competitor that has already been disposed of by the courts. It is well settled that the Clayon Act does not apply in bankruptcy or receivership cases. In the case of International Shoe Co. v. The Federal Trade Commission (280 U.S. 291) the Supreme Court went much further, as is shown by the following excerpt from the decision...*" H. Rep. No. 81-1191, at 6 (1949).

"In my opinion, and in the opinion of the committee which filed the report, a bankruptcy sale would not be affected at all by a sale of assets by a corporation which was in bad financial condition. The language of the bill goes only to those acquisitions which substantially lessen competition, or which tend to effect a monopoly"[684]. Diese Äußerung spricht dafür, dass die Zusammenschlüsse mit einem sanierungsbedürftigen Unternehmen von den Vorschriften des *Clayton Acts* nicht deshalb ausgenommen wurden, weil damit eine politische Entscheidung zugunsten bestimmter Interessen gesehen wurde, sondern weil sie bereits als nicht wettbewerbsgefährdend eingestuft wurden.

Die *International Shoe*-Entscheidung, welche in den Materialien des Kongresses mit Zustimmung zitiert wurde, sowie der Verlauf der Debatte und die Äußerung einiger Kongressmitglieder zeigten die offenkundige Sorge der Abgeordneten für diejenigen, die von einer Geschäftsaufgabe des sanierungsbedürftigen Unternehmens wahrscheinlich betroffen sein würden[685], wobei die besondere gesetzgeberische Neigung dem Schutz der mittelständischen Wirtschaft gegolten haben soll[686].
Seitdem gilt diese Argumentation als in der Gesetzesgeschichte verankert und stellt seit spätestens *Citizen Publishing* und *General Dynamics* die Basis der Rechtsprechung des *Supreme Court* zur *Failing Company Defense* dar[687]. Obwohl ihr infolgedessen auch in der Literatur einiges Gewicht zugestanden wird, wurde doch immer wieder auf das missverständliche Zustandekommen der *Defense* in dieser Form und mit dieser Begründung hingewiesen.

b. Systematik des Antitrustrechts

Nicht nur in der Fusionskontrolle, auch in anderen Bereichen des Antitrustrechts haben die Gerichte die Bedeutung privater Interessen zur Rechtfertigung wettbewerbswidrigen Vorgehens verneint. So entschied der *Supreme Court* in der Entscheidung *National Society of Professional Engeneers v. United States*[688], dass die *Rule of Reason* des *Sherman Act* nicht dazu herangezogen werden könne, die Berücksichtigung nicht-wirtschaftlicher Interessen der Allgemeinheit[689]

684 96 Cong. Rec. 16444 (1950) (Anmerkung des Senators *O'Mahoney*).
685 96 Cong. Rec. 16435 (Anmerkungen des Senators *O'Conor*); 96 Cong. Rec. 16444 f. (Fragen von Senator *Thye*); 81st Congress, 1st & 2d Sess. 79-81 (Fragen von Senator *Donnell*); *Bok*, 74 Harv. L. Rev. 226, 340 (1960); *Laurenza*, 65 Va. Law Rev., 947, 965 (1979).
686 Vgl. *Bok*, Harv. L. Rev., 226, 340 (1960).
687 *Lesser of two evils approach*, vgl. *U.S. v. General Dynamics Corp.*, 415 U.S. 486 , 506 (1974).
688 435 U.S. 679 (1978).
689 Im konkreten Fall die Verhinderung des Preiswettbewerbs unter freien Ingenieuren, um die Qualität der Ingenieursleistung gewährleisten zu können.

auf Kosten des Wettbewerbs zu rechtfertigen[690]. Er wies in dieser Entscheidung den Vorwurf zurück, mit dieser Rechtsprechung den Verbraucher dem Risiko unseriöser und unsicherer Ingenieursleistungen auszusetzen.
Auch im Falle von Preisabsprachen verwarf der *Supreme Court* beständig das Argument, die Freigabe der Preise führe zu einem ruinösen Preiswettkampf, den nur wenige Wettbewerber überleben könnten[691].

Aber auch in verschiedenen Fusionskontrollverfahren hat der *Supreme Court* deutlich gemacht, dass er private Interessen zu opfern bereit ist, um einen wettbewerbswidrigen Zusammenschluss zu sanktionieren. In der Entscheidung *United States v. du Pont*[692] begegnete das Gericht dem Einwand, eine Zerschlagung des Unternehmens führe zu schweren wirtschaftlichen Verlusten der Anteilseigner. "*Wenn andere Maßnahmen nicht ausreichen, um eine Verletzung zu verhindern und die komplette Entflechtung eine notwendige Maßnahme zur Erreichung eines effektiven Rechtsschutzes darstellt, kann der Regierung dieses Rechtsmittel nicht aus dem Grund versagt werden, dass eine wirtschaftliche Härte, wie schwer sie auch sein mag, die Folge wäre. Dies kann die Entscheidung nur dann beeinflussen, wenn [die Regierung] zwischen zwei oder mehr gleich effektiven Rechtsmitteln auswählen kann*"[693].

Der Gedanke der Einheit der Rechtsordnung ist im US-Antitrustrecht zwar kein besonders gewichtiges Argument, dennoch gibt es kaum Anhaltspunkte dafür, dass der Kerngedanke dieser Aussagen nicht auch auf die Anwendung von Section 7 *Clayton Act* übertragen werden könnte[694].

---

690 „*[The Sherman Act's rule of reason] does not open the field of antitrust inquiry to any argument in favour of a challenged restraint that may fall within the realm of reason. Instead, it focuses directly on the challenged restraint's impact on competitive conditions.*", 435 U.S. 679, 688.
Diese Entscheidung ist für die hiesige Problematik von erheblicher Bedeutung. Denn die *International Shoe* Entscheidung beruhte auf einer Anwendung des *Sherman Act* und die Feststellung einer *Failing Company* war nur ein Faktor im Rahmen einer umfassenden *Rule of Reason*-Analyse, die zur damaligen Zeit (1930) noch als Abwägung aller, wettbewerblicher wie außerwettbewerblicher Faktoren, verstanden wurde. Vgl. dazu *Connor*, 49 Geo. L. J., 84, 95 (1960).
691 *United States v. Socony-Vacuum Oil Co.*, 310 U.S. 150, 221 (1940); *United States v. Trans-Missouri Freight Assn.*, 166 U.S. 290 (1897).
692 366 U.S. 316, 327 (1961).
693 *United States v. du Pont*, 366 U.S. 316, 327.
694 *Baxter*, 50 Antitrust L.J., 247, 248ff. (1982); *Friedman*, 64 Tex. L. Rev., 1375, 1410 (1986).

c. Zweck von *Section 7 Clayton Act*

Die US-amerikanischen Gerichte[695], das Justizministerium[696], die *Federal Trade Commission* und der überwiegende Teil der Literatur[697] stimmen darin überein, dass das Ziel von *Section 7 Clayton Act*, sowie des gesamten Antitrustrechts[698], im Schutz und der Aufrechterhaltung eines wirksamen Wettbewerbs liegt. Dieses Ziel ist auch dem Wortlaut von *Section 7 Clayton Act* zu entnehmen, der nur die Zusammenschlüsse und Unternehmenskäufe verbietet, deren Auswirkung darin liegen könnte, dass sie den Wettbewerb erheblich beschränken oder zur Entstehung eines Monopols führen[699]. Im *Clayton Act* findet sich darüber hinaus keinerlei Anhaltspunkt dafür, dass die Anwendung von *Section* 7 wettbewerbliche Gesichtspunkte anderen Zielen unterordnen möge. Vielmehr ergibt sich aus dem Gesetzeswortlaut ausschließlich, dass Gerichte und Behörden den Clayton Act so anwenden müssen, dass die Existenz eines Systems freien Wettbewerbs bestmöglich gesichert wird. Damit ist naheliegend, dass sich eine Untersuchung von Antitrustfällen auf die wettbewerblichen Auswirkungen von Unternehmenszusammenschlüssen auf dem relevanten Markt beschränken sollte.

Da der erklärte Zweck von *Section* 7 in der Förderung eines wirksamen Wettbewerbs liegt, werden die Erwägungen, die der *hardship rationale* zugrundeliegen, diesem Ziel nicht gerecht. Indem diese *Rationale* annimmt, dass die Gesellschaft die Interessen von Aktionären, Gläubigern, Arbeitnehmern und sonstigen Betroffenen höher gewichtet als den Wettbewerb, schwächt sie zugleich die Bedeutung von Wettbewerbsinteressen[700]. Damit stellt sich die Frage, ob dieser

---

695 *Brown Shoe Co. v. United States*, 370 U.S. 294, 320 (*„taken as a whole, the legislative history illuminates congressional concern with the protection of competition, not competitors, and its desire to restrain mergers only to the extent that such combinations tend to lessen competition“*); *International Shoe Co. v. FTC*, 280 U.S. 291, 297f. (*„Section 7 of the Clayton Act, as its terms and the nature of the remedy prescribed plainly suggest, was intended for the protection of the public against the evils which were supposed to flow from the undue lessening of competition.“*).

696 1992 Horizontal Merger Guidelines, 57 Fed. Reg. 41,552, 41,554 (*„the process of assessing market concentration, potential adverse competitive effects, entry, efficiency and failure is a tool that allows the Agency to answer the ultimate inquiry in merger analysis: whether the merger is likely to create or enhance market power or to facilitate its exercise.“*)

697 *Baker & Blumenthal*, 71 Cal. L. Rev., 311, 315 (1983); *Friedman*, 64 Tex. L. Rev., 1375, 1378 (1986).

698 *Continental T.V., Inc. v. GTE Sylvania, Inc.*, 433 U.S. 36 (1977); *Baxter*, 71 Cal. L. Rev. 618, 619 (1983); *Joskow/Klevorick*, 89 Yale L. J., 213, 220.

699 15 U.S.C. § 18 (1988).

700 Vgl. *United States v. General Dynamics Corp.*, 415 U.S. 486, 507 (1974); *United States v. Black & Decker Manufacturing Co.*, 430 F.Supp. 729, 777f. (D. Md. 1976); *Blum*, 6 B.C.

Ansatz tatsächlich geeignet ist, eine *Failing Company Defense* zu rechtfertigen. Eine Stütze findet diese Interpretation weder im Wortlaut der Vorschrift, noch unbedingt in deren Gesetzesgeschichte. Es bleibt die Frage nach Sinn und Zweck von *Section 7 Clayton Act*. Unabhängig davon, ob andere Interessen per se stärker zu gewichten oder gegen Wettbewerbsinteressen abzuwägen sind, wird der Zweck von *Section* 7 unterminiert, da außerwettbewerbliche Ziele auf Kosten des Wettbewerbs verfolgt werden. Damit wird das Risiko eingegangen, dass sich die Gefahr für den Wettbewerb verwirklicht, zu deren Verhinderung das Gesetz ursprünglich erlassen wurde. Weil *Section* 7 bezweckt, den Wettbewerb zu erhalten oder sogar zu stärken, liegen die Argumente, die für eine *Hardship Rationale* angeführt werden, jenseits des Regelungsgehalts von *Section 7 Clayton Act* und können somit keinen Einfluss auf die Handhabung dieser Vorschrift haben.

d. Ergebnis: kritische Betrachtung der *Hardship Rationale*

Die Befürworter dieser Rechtfertigung stützen sich vornehmlich auf die Gesetzesgeschichte, vor allem auf die Interpretation der *International Shoe Co.*-Entscheidung. Dabei wird jedoch die oben[701] festgestellte Grundannahme des Gerichts, dass der Zusammenschluss nicht wettbewerbswidrig ist, verbreitet außer acht gelassen. Wie bereits ausgeführt, lässt sich der Entscheidung definitiv nur die Aussage entnehmen, dass private Interessen dem Gericht die Entscheidung zusätzlich erleichtern können, wenn der Zusammenschluss nicht wettbewerbsschädlich ist. Nur mit Mühe aber lässt sich ihr darüber hinaus entnehmen, dass wettbewerbswidrige Zusammenschlüsse zu genehmigen sind, um private Interessen zur Geltung zu bringen. Indem die Grundannahme des Gerichts, dass der Zusammenschluss ohnehin nicht wettbewerbswidrig ist, umgangen wird, wird der Weg zu einer zu breiten Interpretation der Entscheidung eröffnet.
Auch den Materialien zur Geschichte des Gesetzes lässt sich keine Bevorzugung wettbewerbsfremder gegenüber Wettbewerbsinteressen finden[702]. Dem Kongress war bewusst, dass diese schwerwiegenden Interessen mit der Failure eines Unternehmens verbunden sind. Er schien aber der Auffassung zu sein, dass Section 7 nicht das geeignete Mittel darstellte, um Industrie- oder Beschäftigungspolitik zu betreiben. Wenn der Kongress diesen Interessen verstärkt Rechnung hätte tragen wollen, so hätte ihm die Möglichkeit einer Regelung im Wege der Ergänzung von Section 7 oder zumindest eines deutlichen Hinweises in den Gesetzesmaterialien offengestanden. Wenn dem Kongress aber die konkreten Konsequenzen bekannt waren, so muss die Nichtregelung dieser Frage als bewusst

Indus. & Comm. L. Rev., 75, 84 (1974); *Kaplan*, 4 Hofstra L. Rev., 643, 645 (1976); *Wiley*, 41 B.U.L. Rev., 493, 511 (1961).

701 S.o., a.

702 S.o., b.

bezeichnet werden. Dann kann es aber erst recht nicht im Verantwortungsbereich der Gerichte und der Behörden liegen, die *Failing Company Defense* auf Kosten des Regelungszwecks von Section 7 *Clayton Act* anzuwenden.
Alle diese Erwägungen, verbunden mit den großen praktischen Schwierigkeiten bei der Geltendmachung und Gewichtung dieser Interessen, führen dazu, dass sich die *Failing Company Defense* auch nach dem US-Recht nicht mit dem Schutz privater, sozialer oder regionaler Interessen rechtfertigen lässt.

Es bleibt als einziges Gegenargument das tatsächlich hohe Gewicht dieser Interessen, denen gemeinsam mit den zum Ausdruck gebrachten Bedenken des Kongresses in der amerikanischen Literatur aber immer noch genug Gewicht beigemessen wird, um eine Rechtfertigung darzustellen[703]. Dieses Ergebnis könnte aufgrund einer Wertentscheidung im Wege des Ausgleichs kollidierender Rechtsgüter erzielt werden. Diese Ausnahme ließe sich im amerikanischen Recht mit dem Gedanken der *Equity* begründen.
Überzeugend ist dies nach obiger Argumentation freilich nicht. Zudem muss dann die absolute Wirkung der *Defense* verwundern, da die Kollision zweier Rechtsgüter am besten im konkreten Einzelfall in einer Abwägung aufgelöst wird. Dennoch wurde die Gültigkeit der *Failing Company Defense* seit der *General Dynamics* Entscheidung höchstrichterlich nicht mehr in Zweifel gezogen, so dass sie in der amerikanischen Rechtspraxis als richterrechtlich gesetzte Ausnahme von *Section* 7 *Clayton Act* immer noch Geltung beansprucht. Auch die *Merger Guidelines* sehen die Failing Company als echte Ausnahmeregelung von der wettbewerbsrechtlichen Systematik vor[704].

Aus dieser Analyse lässt sich ein paradoxes Ergebnis gewinnen. Obwohl rechtssystematisch kaum begründbar, besteht ein stillschweigender Konsens der amerikanischen Gerichte, der Genehmigungsbehörden und vieler Kommentatoren, dass die *Failing Company Defense* der Berücksichtigung außerwettbewerblicher Argumente dient[705]. Als Ergebnis lässt sich aber auch festhalten, dass diesem faktischen Konsens zum Trotz die *Hardship Rationale* im US-Antitrustrecht keineswegs so unumstritten ist, wie dies in der europäischen Literatur bisweilen dargestellt wird[706].

---

703 *Areeda*, Antitrust, Rdnr. 952c2.

704 S. dort Ziff. 5.1.

705 Vgl dazu die ersten zwei Zitate eingangs dieser Arbeit.

706 Vgl. *Catranis*, Zusammenschlußkontrolle, S. 67ff. ; *Immenga*, ZHR 137 (1973), 334, 335 ff.

e. Tendenz zur wettbewerbsbezogenen Betrachtung

In der Literatur wird mittlerweile eine Betrachtung der möglichen Auswirkungen auf den Wettbewerb von nahezu allen Autoren als ein besserer Ansatz vorgeschlagen[707]. Ein besonders gutes Gefühl bei der Ausklammerung der privaten Interessen scheint aber keiner von ihnen zu haben, denn alle beziehen diese Rechtfertigung durch die Hintertüre wieder mit ein, sei es im Wege einer generellen Abwägung durch Fallgruppenbildung[708] oder durch eine implizite Berücksichtigung sozialer Kosten[709].

2. Berücksichtigung von Rationalisierungsvorteilen im US-Antitrustrecht

Wie zur *Failing Company Defense*, so schweigt *Section 7 Clayton Act* auch zur Rolle von Rationalisierungsvorteilen im US-Fusionskontrollrecht.
Der Wortlaut des *Clayton Act*, der den freien Wettbewerb schützt und nicht eine effiziente Wirtschaft, widerspricht der Annahme einer *Efficiency Defense*. Vielmehr werden effiziente Märkte und starke Wettbewerber als Ergebnisse eines freien Wettbewerbs erwartet. Die rechtlichen Vorschriften dienen aber dem freien Wettbewerb und lassen damit den Kräften konkurrierender Unternehmen in weitestgehend offenen Märkten Raum.

Die derzeit aktuelle Rechtsprechung des *Supreme Courts* zur Zulässigkeit einer *Efficicency Defense* ist nicht sehr aussagekräftig, da die letzte Entscheidung zu dieser Frage aus dem Jahr 1963 datiert, aus einer Zeit also, als das „*new learning*" der *Chicago School* die Gerichte noch nicht erreicht hatte. In der Entscheidung *Philadelphia National Bank*[710] stellte der *Supreme Court* klar, dass es keine *Efficiency Defense* gebe und ein Zusammenschluss nicht wegen bestimmter ökonomischer Vorteile, wie z.B. Rationalisierungsvorteilen genehmigt werden könne[711]. Eine solche Abwägung wies er als jenseits seiner Kompetenz liegend zurück. Ausdrücklich auf die Berücksichtigung von Effizienzgesichtspunkten angesprochen, stellte der *Supreme Court* 1967 klar: „*possible economies cannot be used as a defense to illegality*"[712]. Und noch immer gilt die Bemerkung: „*an efficicency claim justifying an otherwise illegal merger...will require a Supreme Court finding*"[713].

---

707 Vgl. *Correira*, 64 Antitrust L.J., 683, 689 (1996); *Paredes*, 13 Yale J. Reg., 347, 380 (1996); *Diamant*, 47 Fordham L. Rev., 872, 892 (1979).
708 *Areeda*, Antitrust, Rdnr. 925c.
709 *Correira*, 64 Antitrust L. J., 683, 699f. (1996).
710 374 U.S. 321, 371 (1963).
711 *United States v. Philadelphia National Bank*, 374 U.S. 321, 371.
712 *F.T.C. v. Procter & Gamble Co.*, 386 U.S. 568, 580.
713 *Pitofski*, 81 Geo. L. J., 195, 213 (1992).

Die *1992 Merger Guidelines* sehen in Ziffer 4 eine ausdrückliche Berücksichtigung von *Efficiencies* vor. Die *Merger Guidelines* sind allerdings keine große Hilfe. Sie erkennen zwar an, dass der Hauptvorteil von Unternehmenszusammenschlüssen in der Erzeugung von Rationalisierungsgewinnen besteht. Diese wiederum könnten dazu führen, dass das zusammengeschlossene Unternehmen sich besser im Wettbewerb positionieren könne, was seinerseits zu niedrigeren Preisen, verbesserter Qualität oder zur Entwicklung neuer Produkte führen könne. Andererseits mahnen die Guidelines, dass aller Rationalisierungvorteile zum Trotz ein Zusammenschluss den Wettbewerb verringern und damit selbst wettbewerbswidrig sein könne. Die Guidelines lösen den Zielkonflikt quantitativ, indem sie den Genehmigungsbehörden empfehlen, erkennbare Effizienzvorteile nur dann zu berücksichtigen, wenn sie ausreichen um die wettbewerbsschädlichen Folgen zu neutralisieren. Zudem müssen sie hinreichend quantifiziert sein und gerade auf dem Zusammenschluss beruhen.

Die Diskussion konzentriert sich damit auf die Frage, ob sich in den letzten Jahren im US-Fusionskontrollrecht eine *Efficicency Defense* entwickelt hat[714].
In vereinzelten Entscheidungen haben die US-Gerichte wohl Rationalisierungsvorteile berücksichtigt, in Kenntnis der Präzedenzfälle des *Supreme Court* niemals jedoch mit diesen einen ansonsten wettbewerbswidrigen Zusammenschluss explizit gerechtfertigt. In der Entscheidung *University Health* aus dem Jahr 1990 entschied der *District Court*[715], dass eine explizite Berücksichtigung von *efficiencies* im Sinne einer Abwägung nicht erfolgen könne, dass Rationalisierungsgesichtspunkte gleichwohl in der Frage, wie weit der Zusammenschluss die Wettbewerbssituation beeinträchtige, berücksichtigt werden könnten.
In der Folge erkannten unterinstanzliche Gerichte zwar grundsätzlich die Möglichkeit einer Berücksichtigung von Effizienzen an, ohne in den konkreten Entscheidungen den Effizienzen entscheidendes Gewicht zukommen zu lassen. Verantwortlich hierfür waren die recht strengen Kriterien der *Merger Guidelines*. In der *Tenet Healthcare*-Entscheidung sah das Gericht die Weitergabe der Effizienzen an den Verbraucher nicht als gewährleistet an[716]. In der *Staples*-Entscheidung war das Gericht nicht davon überzeugt, dass die Effizienzen durch den Zusammenschluss bedingt waren und dass sie ausreichten, um die wettbewerblichen Bedenken zu zerstreuen[717]. Mangels Nachweises der Einsparungen versagte das Gericht auch im *Rockford*- Fall[718] seine Zustimmung zu dem Zusammenschluss.

---

714 Hierzu: *Immenga/Stopper*, RIW 2001, 512, 513ff.
715 938 F.2d 1206, 1221 (11th Cir.).
716 *FTC v. Tenet Healthcare Corp.*, 17 F.Supp. 2d 937, 948 (E.D. Mo. 1998).
717 *FTC v. Staples*, 970 F.Supp. 1066, 1089f. (D. D.C. 1997).
718 *United States v. Rockford Memorial Corp.*, 717 F.Supp. 1251, 1288f. (N.D. Ill. 1989).

Als vorsichtiges Ergebnis kann somit festgehalten werden, dass die *FTC* und die Gerichte zwar keine *Efficiency Defense*, aber eine Berücksichtigung von Effizienzen bei der Beurteilung, ob eine Wettbewerbsverschlechterung entstehen wird, grundsätzlich anerkennen, aber fast nie als entscheidungsrelevant berücksichtigen[719].

Dieser Entwicklung wurde auch die *Failing Company Defense* angepasst. Wie oben bereits dargestellt, wurden die *Merger Guidelines* diesbezüglich im Jahr 1992 um eine weitere Voraussetzung ergänzt. Demnach wird ein Zusammenschluss aufgrund einer *Failing Company Defense* nur erlaubt, wenn ohne den Zusammenschluss alle Vermögenswerte (*assets*) der *Failing Company* den betreffenden Markt verlassen würden[720]. Diese Formulierung lässt den Schluss zu, dass einem Zusammenschluss mit einem sanierungsbedürftigen Unternehmen deshalb positive Auswirkungen auf den Wettbewerb attestiert werden, weil alleine der Erhalt der Produktionsstätten zu Vorteilen wie Angebotssicherung oder geringeren Preise führt[721]. Daraus folgt aber, dass in der Praxis der Genehmigungsbehörden Effizienvorteile berücksichtigt werden sollen.

V. Berücksichtigungsfähigkeit außerwettbewerblicher Interessen privater, sozial- und industriepolitischer Natur sowie von Rationalisierungsvorteilen in der Entscheidung nach EU-Recht

1. Einleitung

Allen inhaltlichen Bedenken zum Trotz hat sich gezeigt, dass sowohl die *Efficiencies Rationale* als auch die *Hardship Rationale* bemerkenswerte Argumente für den Erhalt des Unternehmens bzw. zumindest der *assets* im Wege einer Fusion beinhalten. Auch im Rahmen des europäischen Fusionskontrollrechts stellt sich nunmehr die Frage nach der rechtlichen Zulässigkeit einer *Failing Company Defense* auf der Basis sozialer oder regionalpolitischer Interessen sowie aufgrund von Rationalisierungsvorteilen.

a. *Hardship*-Argumente

Obwohl die europäischen Behörden im Zusammenhang mit der *Failing Company Defense* stets das Kausalitätsmoment betonen, so lassen sie dennoch einfließen, dass die Berücksichtigung der Arbeitsmarkt- und regionalen Situation zu-

---

719 Vgl. hierzu: *Noël*, 8 E.C.L.R. 1997, 498, 504; *Camesasca*, E.C.L.R. 1999, 14, 20f.

720 1992 Merger Guidelines, § 5.1.

721 Vgl. *Blumenthal*, 38 Antitrust Bulletin, 593, 634ff. (1993).

mindest nicht ohne jegliche Auswirkung auf die Entscheidung bleibt[722]. Der Schwerpunkt der Betrachtung liegt hier auf der Frage, ob die FusionskontrollVO die Berücksichtigung oben erwähnter Interessen in einem Maße vorsieht, das geeignet ist, trotz des Entstehens einer Wettbewerbsbeeinträchtigung dem Zusammenschlussvorhaben zur Genehmigung zu verhelfen. Die explizite Berücksichtigung außerwettbewerblicher Kriterien zur Rechtfertigung eines solchen wettbewerbswidrigen Zusammenschlusses ist auf zwei Wegen denkbar. Zum einen könnte sich aus der FusionskontrollVO die Grundlage für eine solche Genehmigung ergeben, die sich über wettbewerbliche Bedenken hinwegsetzt. Auf Anhieb ist eine Berücksichtigung wettbewerbsfremder öffentlicher Interessen dem Text der FusionskontrollVO nicht zu entnehmen. Die FusionskontrollVO enthält nur bei näherem Hinsehen zwei Hinweise darauf. Es handelt sich zum einen um die sogenannte „französische" Klausel[723] in Art. 2 Abs. 1 lit. b) a.E. (Fortschrittseinwand) und zum zweiten um den Erwägungsgrund Nr. 13, der auf die allgemeinen Vertragsziele und somit auf allgemeine Vorschriften des EGV verweist. Weiterhin könnte sich eine solche Genehmigung aber auch aus einem Vorrang der Vorschriften des EGV, die regional- oder arbeitsmarktpolitische Belange regeln, vor den Wettbewerbsvorschriften ergeben, der dann im Wege einer praktischen Konkordanz festgestellt wird, da es sich bei den *Hardship*-Argumenten um wettbewerbsfremde Erwägungen handelt.

b. *Efficiencies*-Argumente

Hinsichtlich der *Efficiencies*-Argumente ist zu differenzienen. Rationalisierungsvorteile und *allocative efficiencies* können sich auf zwei Ebenen auswirken[724]. So muss bei der Darstellung dieser Rechtfertigung zwischen Rationalisierungsgesichtspunkten als Begründung für eine *Defense*, d.h. eine Rechtfertigung trotz vorher festgestellter Wettbewerbswidrigkeit, und dem Eingang von Rationalisierungsgesichtspunkten in die Entscheidung, ob es überhaupt zu einer wettbewerbsbeschränkenden Wirkung des Zusammenschlusses kommt, unterschieden werden. Nur die erste Frage wird an dieser Stelle beantwortet. Vorstehend wurde bereits die Frage aufgeworfen, ob *efficiencies* nicht auch schon bei der Frage zu berücksichtigen sind, ob sich die Wettbewerbssituation durch die

---

722 Vgl. Entscheidung der Kommission vom 14.12.1993 *Kali & Salz/MdK/Treuhand* (IV/M.308), ABl. 1994, L 136/38, Rdnr. 99 und die Stellungnahme des Generalanwalts *Tesauro* in den verb. Rs. C-68/94-*Frz. Republik/Kommission* und C-30/95-*SCPA und EMC/Kommission*, Slg. 1998 I-1404, 1408, Rdnr. 56f.; EuG, Urteil vom 27.4.1995 – *Comité Central d'Entreprise de la Société Générale des Grandes Sources u.a./Kommission*, Rs. T-96/92 – Slg. 1995, II-1213, 1229, Rdnr. 28f. und EuG, Urteil vom 27.4.1995 – *Comité Central d'Entreprise de Vittel u.a./Kommission*, T-12/93, Slg. 1995, II-1247, Rdnr. 38f.

723 Zu diesem Begriff: *Haid*, DIW Wochenbericht 10/98; *Dreher*, WuW 1998, 656, 660.

724 S.o. III, 3.

Fusion tatsächlich verschlechtert[725]. Darauf soll am Ende dieses Kapitels noch einmal kurz eingegangen werden.

Werden die wettbewerbspolitischen Argumente, die gegen eine Rechtfertigung der *Failing Company Defense* auf der Basis einer *Efficiency Defense* bestehen, ausgeblendet, so könnte auch diese Rechtfertigung im europäischen Fusionskontrollrecht eine Alternative darstellen[726].
Einen Fingerzeig auf die Möglichkeit der Rechtfertigung eines Zusammenschlusses mit Rationalisierungsargumenten hält die Verordnung über die Fusionskontrolle mit dem Hinweis auf die Interessen der Zwischen- und Endverbraucher und vor allem in Art. 2 Abs. 1 lit. b bereit, demzufolge bei der Prüfung eines Zusammenschlusses auch die Entwicklung des technischen und wirtschaftlichen Fortschritts, sofern dieser dem Verbraucher dient, zu berücksichtigen ist. Ein weiterer Hinweis, dass Effizienzgesichtspunkte in Fällen, die auch die Frage der *Failing Company Defense* aufwerfen, nicht unberücksichtigt bleiben, findet sich in vereinzelten Kommissionsentscheidungen: *Kali & Salz/MdK/Treuhand* und *St. Gobain/Wacker Chemie/NOM*. In der ersten Entscheidung weist die Kommission darauf hin, dass wegen der geographischen Nähe und der Produktpalette kein Unternehmen die gleichen Synergieeffekte erzielen könne wie *Kali & Salz* im Falle eines Zusammenschlusses[727]. Im zweiten Fall erkennt die Kommission im Hinblick auf den technischen und wirtschaftlichen Fortschritt an, dass Synergieeffekte durch die Verschlankung der Produktion und verbesserte Nutzung von Rohstoffen, Energie und Technologie erkennbar sind[728]. Auch in der *Alenia/Aerospatile/deHavilland*-Entscheidung[729] finden sich zahlreiche Erwägungen der Kommission hinsichtlich möglicher Produktivitätssteigerungen.

Einen Schritt weiter ging die Kommission in der Entscheidung *BASF/Eurodiol/Pantochim*[730], in welcher sie – freilich noch auf wettbewerblicher Ebene – explizit die Verbesserung der wirtschaftlichen Situation der Abnehmer im Vergleich zum völligen Marktaustritt berücksichtigte und darin ein die entstehende Marktbeherrschung kompensierendes Element zu sehen schien.

---

725 Vgl. dazu: Kommission, Entscheidung vom 11.7.2001 *BASF/Eurodiol/Pantochim* (IV/M.2314), WuW 2002, 90, 95f.; vgl. ferner unten 4.
726 Andeutungsweise: *Bishop/Walker*, Economics of EU Competition Law, 6.48.
727 Entscheidung vom 14.12.1993 (IV/M.308), ABl. 1994 L 136/38, Rdnr. 85.
728 Entscheidung vom 4.12.1996 (IV/M.774), ABl. 1997 L 247/1, WuW 1997, 33.
729 Entscheidung vom 2.10.1991 (IV/M.053), ABl. 1991 L 334/42.
730 Entscheidung vom 11.7.2001 (IV/M.2314), WuW 2002, 90.

c. Fragestellung

Die Frage nach der Möglichkeit einer Berücksichtigung wettbewerbsfremder Interessen im Rahmen der Genehmigungsentscheidung ist davon abhängig, ob das wettbewerbspolitische Konzept, das in der europäischen Fusionskontrollverordnung verfolgt wird, dies vorsieht bzw. zulässt.
Nach den ersten Verhandlungen über den Erlass einer FusionskontrollVO sah sich die Kommission vor drei Optionen gestellt, wie ein System einer europäischen Fusionskontrolle aussehen könnte[731]. Erstens wurde der *Public Policy*-Ansatz vertreten, der entweder das öffentliche Interesse oder das Ergebnis einer Abwägung der gesamtvolkswirtschaftlichen Vor- und Nachteile eines Zusammenschlusses als Eingreifkriterium benennt. Diesen Ansatz verfolgen u.a. England, Frankreich[732] und Irland. Letztenendes handelt es sich bei diesem Verständnis der Fusionskontrolle um eine politische Entscheidung. Das Gegenmodell bildete ein reiner Wettbewerbsansatz, der aus dem amerikanischen Antitrustrecht stammt und lediglich an normative Wettbewerbskriterien anknüpft[733]. Dies sichert grundsätzlich die Justiziabilität und Vorhersehbarkeit der Entscheidungen. Schließlich wurden Mischansätze vertreten, die zwar grundsätzlich auf eine rein wettbewerbsrechtliche Betrachtung beschränkt bleiben, die unter Umständen aber eine Korrektur der solcherart gefundenen Entscheidungen aus wirtschaftspolitischen Gründen zulassen. Ein solches System verfolgt z.B. das deutsche Kartellrecht mit seinem zweistufigen Verfahren.
In der Fusionskontrollverordnung einigte man sich auf die Formulierung in Art. 2 Abs. 1 lit. b) a.E., einen „Formelkompromiss"[734], dessen Auslegung des öfteren Gegenstand wettbewerbsrechtlicher Auseinandersetzungen wurde. Art. 2 Abs. 1 lit. b FusionskontrollVO besagt, dass bei der Prüfung der Vereinbarkeit von Zusammenschlüssen mit dem gemeinsamen Markt die Kommission (auch) die Entwicklung des technischen und wirtschaftlichen Fortschritts zu berücksichtigen habe, sofern diese dem Verbraucher diene und den Wettbewerb nicht behindere.
Entscheidend sein wird also, welches Verständnis sich hinter der Formulierung, die Entwicklung des technischen und wirtschaftlichen Fortschritts sei zu berücksichtigen, verbirgt.

---

731 *Janicki*, WuW 1989, 193, 195.
732 Vgl. oben 1. Kapitel, II, 2, b.
733 Abgesehen von der *Failing Company Defense*.
734 Zur Entstehungsgeschichte s.u. 2, a; b, bb.

2. Die Bedeutung des Fortschrittseinwands

a. Art. 2 Abs. 1 lit. b a.E. FusionskontrollVO als Ausnahmetatbestand

Art. 2 Abs. 1 lit. b FusionskontrollVO könnte sich als Tor für Interessen des Gemeinwohls in das Fusionskontrollverfahren erweisen. Mit Art. 2 Abs. 1 lit. b) a.E. FusionskontrollVO könnte ein echter Ausnahmetatbestand vohanden sein[735]. Dieses Verständnis entspricht auch am ehesten dem Charakter der *defense* des amerikanischen Antitrustrechts.

Es ist aber bereits zweifelhaft, ob der Wortlaut dieser Vorschrift eine solch weite Interpretation zulässt. Es ist ausdrücklich nur vom technischen und wirtschaftlichen Fortschritt die Rede; keine Erwähnung finden, wie etwa in Erwägungsgrund 13, andere außerwettbewerbliche Zielsetzungen vor allem regional-, sozial- oder industriepolitischer Natur. Durch diese Vorschrift eine *hardship rationale* in das europäische Recht hineinlesen zu wollen, widerspricht dem Wortlaut.

Aber auch die Rationalisierungsargumente finden nur eine schwache Stütze im Wortlaut. Die Formulierung „berücksichtigt auch die Entwicklung des technischen und wirtschaftlichen Fortschritts" ist zwar insofern missverständlich, als es sich dabei eigentlich um eine Zielfunktion des Wettbewerbs handelt, die durch den Wettbewerb selbst erst verwirklicht werden soll. Andererseits legt diese Formulierung ein Eingehen auf diese Ziele nahe, beinhaltet aber nicht die Charakteristika echter Ausnahmenormen. Neben dem Wortlaut der Vorschrift, der keine expliziten Hinweise auf die Berücksichtigung außerwettbewerblicher Interessen enthält, die über den technischen und wirtschaftlichen Fortschritt hinausgehen, spricht auch die Systematik gegen eine solche Einordnung. So regelt die FusionskontrollVO die Berücksichtigung des technischen und wirtschaftlichen Fortschritts gerade nicht in einem gesonderten Ausnahmetatbestand. Vielmehr wird dieser Aspekt als letztes Kriterium im Katalog der Beurteilungskriterien zur Ermittlung der Begründung oder Verstärkung einer beherrschenden Stellung berücksichtigt, was eine Einordnung als echten Ausnahmetatbestand ebenfalls zumindest als fragwürdig erscheinen lässt. Denn dieser würde auf eine Zweiteilung des Fusionskontrollverfahrens und eine Gleichrangigkeit von Voraussetzungen und wettbewerbsfremden Rechtfertigungsgründen hinauslaufen, die der Vorschrift des Art. 2 FusionskontrollVO nicht zu entnehmen ist.

Diese Interpretation wird auch von der Verordnungsgeschichte unterstützt. Dort finden sich zwar Hinweise, dass diese Klausel auf einen Ausnahmetatbestand

---

735 Vgl. *Löffler*, in: Langen/Bunte, 8.A., FusionskontrollVO Art. 2, Rdnr. 166; vgl. auch *Rohardt*, WuW 1991, 365, 369.

hindeuten könnte. So sah der erste Entwurf einer FusionskontrollVO von 1973[736] in seinem Art. 1 Abs. 3 noch eine ausdrückliche Ausnahme von dem generellen Zusammenschlussverbot bei abzusehender Wettbewerbswidrigkeit für den Fall vor, dass der Zusammenschluss „für die Verwirklichung eines im allgemeinen Interesse der Gemeinschaft liegenden vorrangigen Zieles unerlässlich" war. Auch die beiden folgenden Entwürfe der Kommission vom 9.12.1981[737] und vom 3.2.1984[738] änderten an dieser Grundkonzeption wenig, die Ausnahmeklausel wurde lediglich dahingehend geändert, dass jedes „vorrangige Ziel der Gemeinschaft" zur Rechtfertigung eines Zusammenschlusses hätte herangezogen werden können. Eine weitere Präzisierung erfuhr diese Einbruchstelle industriepolitischer Interessen im Kommissionsentwurf vom 25.4.1988[739], nach welchem gemäß Art. 2 Abs. 4 die Kommission die mit einer Marktbeherrschung einher gehenden Zusammenschlüsse zulassen konnte, wenn sie „zur Verwirklichung der allgemeinen Vertragsziele und insbesondere zur Verwirklichung der in Art. 81 Abs. 3 EGV genannten Freistellungsgründe beigetragen" hätten. Wenig verblieb von den zu Beginn der Verhandlungen veröffentlichten Verordnungsentwürfen, die einen Ausnahmetatbestand zugunsten der Verwirklichung der allgemeinen Vertragsziele, vor allem auch industrie-, sozial- und regionalpolitischer Bedürfnisse, vorsahen[740]. Ab dem Entwurf vom 30.11.1988 wurde auf eine Ausnahmeregelung zugunsten einer Abwägungsklausel verzichtet[741].

In Anbetracht des klaren Wortlauts und der deutlichen Ablehnung dieses Modells ist Art. 2 Abs. 1 lit. b) a.E. somit nicht als Ausnahmetatbestand zu interpretieren.

b. Abwägungstatbestand i.S.d. *Public Policy Approach*

In der Unsicherheit über die Bedeutung des Fortschrittseinwands wird dieser bisweilen als außerwettbewerblicher Abwägungstatbestand interpretiert. Dabei wird terminologisch nicht immer sauber zwischen der Abwägung rein wettbewerbsimmanenter Gesichtspunkte und der Abwägung wettbewerblicher und außerwettbewerblicher Erwägungen getrennt[742]. Ersteres wird als *Rule of Reason* bzw. als *bilan anticoncurrentiel* bezeichnet. Letzteres entspricht eher dem *public policy approach* des englischen Rechts bzw. dem *bilan économique*, der vor al-

---

[736] ABl. C 92/1 vom 31.10.1973.
[737] ABl. C 036/3 vom 2.2.1982.
[738] ABl. C 051/8 vom 23.2.1984.
[739] ABl. C 130/4 vom 19.5.1988.
[740] Vgl. z.B. *Lob*, RIW 1990, 530, 537, allerdings eher zum *bilan économique*.
[741] Siehe dazu nachfolgend bb.
[742] Vgl. *Kirchhoff*, BB, Beil. 14 zu Heft 11/1990, 1, 7; so auch unklar: *Dreher*, WuW 1998, 656, 664.

lem in der französischen Literatur zu finden ist. Nur um letztgenannten Gedanken geht es an dieser Stelle. Auf die wettbewerbsimmanente Abwägung wurde bereits eingegangen[743].

Auch ein außerwettbewerblicher Abwägungstatbestand ist der *Failing Company Defense* des amerikanischen Rechts noch verwandt[744]. Zwar verzichtet eine Abwägung auf die absolute Wirkung der *Defense* und enthebt aufgrund ihrer Konstruktion die zusammenschließenden Unternehmen von der Beweislast für die Vorteile des Zusammenschlusses. Im Ergebnis führt auch die Abwägung freilich zur Genehmigung des Zusammenschlusses trotz festgestellter Wettbewerbswidrigkeit, und die Parteien werden, schon im eigenen Interesse, jeden Beweis beibringen, der die Abwägung zu Gunsten einer Genehmigung beeinflussen kann. Somit stellt sich die Frage, ob die Formulierung „berücksichtigt die Kommission auch den technischen und wirtschaftlichen Fortschritt" in Art. 2 Abs. 1 lit. b. FusionskontrollVO die Abwägung wettbewerblicher und außerwettbewerblicher Aspekte zulässt[745].

Wortlaut, Systematik und Entstehungsgeschichte des Art. 2 Abs. 1 lit. b FusionskontrollVO lassen zumindest den Schluss zu, dass die Formulierung „Berücksichtigung des technischen und wirtschaftlichen Fortschritts" eine Abwägungsklausel gleich der des Art. 81 Abs. 3 EGV in die FusionskontrollVO einführt. Die Anlehnung an Art. 81 EGV wird durch die Übernahme nahezu wortgleicher Formulierungen und einer vergleichbaren Schrankenbestimmung aus dessen Freistellungstatbestand für Kartelle verdeutlicht[746]. Auch die Protokollerklärungen der Kommission lassen eine weitere Auslegung dieser Formulierung erwarten. Dies wird noch durch den 13. Erwägungsgrund unterstrichen, der die Kommission verpflichtet, sich „bei ihrer Beurteilung an den allgemeinen Rahmen der Verwirklichung der grundlegenden Ziele des Vertrages gemäß dessen Art. 2 zu orientieren"[747].

---

743 S.o. 4. Kapitel.

744 So wird in letzter Zeit zunehmend gefordert, die *Failing Company Defense* im amerikanischen Recht auch als relative Defense zu verstehen, vgl. *Dr. Pepper/Seven-Up Companies, Inc. v. FTC*, 991 F.2d 859, 864 (D.C. Cir. 1993); *FTC v. University Health, Inc.*, 938 F.2d 1206, 1220 (11th Cir. 1991); *United States v. Syufy Enterprises*, 903 F.2d 659, 673 (9th Cir. 1990); *Joseph Ciccone&Sons, Inc. v. Eastern Indus.*, 537 F.Supp. 623, 628 (E.D. Pa. 1982); *Campbell*, 63 Texas L. Rev., 251, 252 (1984); *McChesney*, 65 Nebr. L. Rev., 1, 1 (1986); *Kaplan*, 4 Hofstra L.Rev., 643, 679 (1969).

745 Ausführlich dazu: *C. R. Schmidt*, Technischer Fortschritt, S. 1 ff.

746 *Langeheine*, Fordham Corp. L.I. 1990, 481, 494ff.; *Venit*, Fordham Corp. L.I. 1990, 412, 416f.; *Meessen*, FS für Gaedertz, 417, 427; *Banks*, E.C.L.R. 1997, 182, 182.

747 Vgl. *Immenga*, WuW 1990, 371, 377ff.; *Meessen*, FS für Gaedertz, S. 427.

aa. Wortlaut

Der Wortlaut von Art.2 Abs.1 lit. b) a.E. FusionskontrollVO spricht nicht für eine Abwägungsklausel. Der Gebrauch der Formulierung „berücksichtigt [...] auch" deutet nicht auf eine explizite Abwägung hin, in der wettbewerbliche und außerwettbewerbliche Argumente einander gleichgeordnet gegenüber stehen. Diese zurückhaltende Formulierung lässt sich eher so interpretieren, dass die Berücksichtigung des technischen und wirtschaftlichen Fortschritts eines der Kriterien zur Feststellung des Entstehens oder der Verstärkung einer marktbeherrschenden Stellung ist.
Die Vorschrift in dieser Form lässt darüber hinaus nicht erkennen, dass tatsächlich andere als die angesprochenen Interessen des technischen und wirtschaftlichen Vorteils Berücksichtigung finden. Selbst bei extensiver Auslegung unter Berücksichtigung des 13. Erwägungsgrundes ist zwar eine Berücksichtigung von Rationalisierungvorteilen vom Wortlaut gerade noch umfasst, da diese zu einer Verbesserung des wirtschaftlichen und technischen Fortschritts führen können. Andere öffentliche Gesichtspunkte, vor allem die Gesichtspunkte der *Hardship Rationale*, können aber schwerlich als noch vom Wortlaut umfasst angesehen werden.

bb. Geschichte

Die Entstehungsgeschichte dieser Vorschrift stützt dieses vorsichtige Verständnis. Wie oben bereits dargelegt, sahen die Entwürfe von 1973[748], 1981[749] und 1988[750] in Art.1 Abs. 3 noch explizit eine Ausnahme von dem generellen Zusammenschlussverbot bei abzusehender Wettbewerbswidrigkeit für den Fall vor, dass der Zusammenschluss „für die Verwirklichung eines im allgemeinen Interesse der Gemeinschaft liegenden vorrangigen Zieles unerlässlich" war.

Im Entwurf vom 30.11.1988[751] blieben die Freistellungskriterien zwar grundsätzlich am Katalog des Art. 81 Abs. 3 EGV orientiert, wurden jedoch erstmals in eine Abwägungsklausel eingebunden und nur dann als zur Genehmigung geeignet angesehen, wenn die außerwettbewerblichen Vorteile eines Zusammenschlusses seine wettbewerblichen Nachteile übertroffen hätten. In diesem Entwurf wurde zwar bereits größeres Gewicht auf die Wettbewerbsinteressen gelegt, allerdings wurde auch außerwettbewerblichen Interessen damit noch in vollem Maße Rechnung getragen[752].

---

[748] ABl. C 92/1 vom 31.10.1973.
[749] ABl. C 036/3 vom 2.2.1982.
[750] ABl. C 130/4 vom 19.5.1988.
[751] ABl. C 22/14 vom 28.1.1989.
[752] *Janicki*, WuW 1990, 195, 197.

Eine Abkehr von der expliziten Abwägungsklausel erfolgte erst im letzten Entwurf. Dieser verzichtete in seinem Wortlaut weitestgehend auf die Einflussmöglichkeiten außerwettbewerblicher Erwägungen, indem er sie auf die Klausel, dass die Entwicklung des technischen und wirtschaftlichen Fortschritts zu berücksichtigen sei, reduzierte[753]. Doch blieb die Frage nach den Auswirkungen der allgemeinen Vertragsziele, vor allem des wirtschaftlichen und sozialen Kohäsionsgebots, im Rahmen der Entscheidung über die Vereinbarkeit eines Zusammenschlusses mit dem gemeinsamen Markt Gegenstand der Diskussion[754]. In der Ratssitzung vom 10.10.1989 einigte man sich schließlich darauf, das Ziel einer Verstärkung des sozialen Zusammenhalts nur noch in den Erwägungsgründen aufzuführen.

Somit stellt sich die Frage, wieviel von diesen ursprünglich geplanten Ausnahmeregelungen in Art. 2 Abs. 1 b a.E. FusionskontrollVO, dem „Rudiment eines Ausnahmetatbestandes“[755], erhalten geblieben ist.

Die Gesetzesmaterialien lassen je nach Einschätzung dieses „Formelkompromisses“ grundsätzlich zwei Deutungsmöglichkeiten zu.

Die explizite Abkehr von dem *Public Policy*-Ansatz deutet einerseits darauf hin, dass eine rein wettbewerbsrechtliche Betrachtung anzustellen ist, in die keine anderen Faktoren Eingang finden. Dies bedeutet, dass die Formulierung „technischer und wirtschaftlicher Fortschritt“ eine systemfremde Ausnahme normiert, ausschließlich als ein Kriterium zur Feststellung einer marktbeherrschenden Stellung heranzuziehen und somit sehr eng auszulegen ist.

Andererseits könnte die Tatsache, dass es sich erstens bei der gefundenen Formulierung um einen Kompromiss handelt, bei dem die Interessen der Staaten, die *Public Policy*-Erwägungen als Korrektiv wollten, im Gesetzeswortlaut nicht angemessen repräsentiert werden und, zum zweiten, dass diese Formulierung überhaupt Eingang in die FusionskontrollVO gefunden hat, den Weg zu einer weiteren Auslegung eröffnen, um den zurückgestellten Interessen auf diese Art Geltung zu verschaffen. Dies würde bedeuten, dass Art. 2 Abs. 1 lit. b FusionskontrollVO nach Sinn und Zweck der Regelung unter Beachtung der Verordnungsgeschichte zumindest als Abwägungstatbestand verstanden werden könnte, nach der eine Abwägung der Vor- und Nachteile eines Zusammenschlusses unter Berücksichtigung aller Interessen an einem Zusammenschluss vorgenommen werden kann[756].

In seiner vergleichenden Untersuchung der nationalen Fusionskontrollen in Europa gelangt *Schmidt* zudem zu dem Ergebnis, dass dem Kriterium des techni-

---

753 WuW 1989, 876, 876; Vorlagepapier der Kommission vom 18.10.1989, WuW 1989, 966, 966; *Dechery*, RTD eur. 1990, 307, 314.

754 Vorlagepapier der Kommission vom 18.10.1989, WuW 1989, 966, 966; *Dechery*, RTD eur. 1990, 307, 314.

755 *C. R. Schmidt*, Technischer Fortschritt, S. 102.

756 *Gavalda/Parleau*, Droit des affaires, Rn.617.

schen und wirtschaftlichen Fortschritts dort stets die Funktion zukommt, die Berücksichtigung außerwettbewerblicher industriepolitischer Ziele sicherzustellen[757]. Auch darin findet diese Interpretation also eine Stütze.

cc. Parallelität zu Art. 81 Abs. 3 Nr. 1 EGV

Diese Auslegung kann sich auch auf die Auffassung der Kommission stützen[758], die in den Erklärungen für das Ratsprotokoll vom 19.12.1989[759] ausführte, dass der Begriff „technischer und wirtschaftlicher Fortschritt" im Lichte der in Art. 81 Abs. 3 EGV verankerten Grundsätze in ihrer Auslegung durch den Gerichtshof zu verstehen sei. Denn aus der Entstehungsgeschichte der FusionskontrollVO, vor allem aus den letzten Verordnungsentwürfen, lasse sich eine derartige Anlehnung an Art. 81 Abs. 3 EGV entnehmen[760].
Im konkreten Fall hätte die Kommission nach dem Vorbild des Art. 81 Abs. 3 EGV den festgestellten Wettbewerbsnachteil eines Zusammenschlusses mit den Vorteilen durch einen Beitrag zum technischen und wirtschaftlichen Fortschritt abzuwägen. Bei einem Überwiegen des Vorteils müsste der Zusammenschluss nach der FusionskontrollVO für vereinbar mit dem Gemeinsamen Markt erklärt werden. Damit würde dem freien Wettbewerb ein grundsätzlicher, jedoch überwindbarer Vorrang eingeräumt[761].

Diese Protokollerklärungen der Kommission haben jedoch grundsätzlich keine rechtliche Bindungswirkung für die Auslegung des Gemeinschaftsrechts[762]. Sie sind aber insofern nicht unbeachtlich, als ihnen eine Indizwirkung für die künftige Handhabung von Seiten der Kommission zukommen kann[763]. Die Tragfähigkeit dieses Vergleichs und die Kommissionspraxis zu Art. 81 Abs. 3 S. 1 EGV im Hinblick auf die hier angesprochenen Interessen[764] seien nun kurz erörtert[765].

---

757 *C. R. Schmidt*, Technischer Fortschritt, S. 78.

758 Auslegende Erklärung der Kommission zur Anwendung von Art. 2 Abs. 1 lit. b auf Antrag der spanischen Delegation; vgl. auch *Elland*, E.C.L.R. 1990, 111, 116; *Langeheine*, Fordham Corp. L.I. 1990, 481, 494; *Venit*, Fordham Corp. L.I. 1990, 412, 416.

759 Abgedr. in: WuW 1990, 240.

760 Entwurf vom 30.11.1988, ABl. C 22/ 14 vom 28.1.1989; krit. *Janicki*, WuW 1990, 195, 197.

761 Vgl. *Immenga*, WuW 1990, 371, 376 f.; *Monti/Rousseva*, 24 E.L.Rev. 1999, 38, 54.

762 *Pechstein*, EuR 1990, 249, 253; *Vonnemann*, DB 1990, 569, 570 Fn. 8.

763 *Vonnemann*, DB 1990, 569, 570 Fn. 8.

764 Ihre hauptsächliche Bedeutung hat die Frage nach der Parallele zu Art. 81 Abs. 3 EGV bei der Frage, ob Rationalisierungsvorteile Berücksichtigung verdienen.

765 Siehe dazu ausführlich: *C. R. Schmidt*, Technischer Fortschritt, S. 131ff.

(1) Die Freistellungsvoraussetzung Nr. 1 des Art. 81 Abs. 3 EGV

Art. 81 Abs. 3 EGV stellt für die Freistellung zwei positive und zwei negative Voraussetzungen auf. Diese sind kumulativ zu erfüllen. Das Kartell muss erstens zur Verbesserung der Warenerzeugung oder -verteilung oder zur Förderung des technischen oder wirtschaftlichen Fortschritts beitragen. Zum zweiten müssen die Verbraucher an dem entstehenden Gewinn angemessen beteiligt werden. Den beteiligten Unternehmen dürfen im Zusammenhang damit drittens keine Beschränkungen auferlegt werden, die für die Verwirklichung dieser Ziele nicht unerlässlich sind. Schließlich darf das Kartell nicht zu einem Ausschluss des Restwettbewerbs für die betreffenden Waren führen.

(a) Rationalisierungsvorteile

Zu Art. 81 Abs. 3 EGV wird in der Literatur z. T. mit Nachdruck vertreten, Rationalisierungsgewinne seien als Freistellungsvoraussetzungen anzuerkennen[766]. Insbesondere französische Autoren sprechen in diesem Zusammenhang von einem *efficiency test*[767]. Art. 81 Abs. 3 EGV verlange nach einem *bilan économique*, der, da er außerwettbewerbliche Faktoren berücksichtige, eine komplexere Entscheidung darstelle als das amerikanische Antitrustrecht und dessen *bilan anticoncurrenciel* unter der *Rule of Reason*[768].
Das Ziel des *bilan économique* besteht darin, festzustellen, ob ein Zusammenschluss zu Vorteilen führt, die über die Vorteile hinausgehen, die die sich zusammenschlies- senden Unternehmen aufgrund des Zusammenschlusses realisieren können. Der *bilan économique* müsse zu dem Ergebnis kommen, dass sich die Vorteile auch auf das Umfeld der Unternehmen positiv auswirken, so in einem wirtschaftlichen Fortschritt oder in weiteren Vorteilen für Abnehmer und Konsumenten[769].

Besonderes Interesse unter Rationalisierungsgesichtspunkten kommt dabei der Entscheidungspraxis der Kommission zu Rationalisierungskartellen zu.
Absprachen zur Abstimmung der Produktion sind regelmäßig als Wettbewerbsbeschränkung anzusehen[770]. Bereits nach dem Wortlaut von Art. 81 Abs. 3 EGV gehören Rationalisierungskartelle aber zu den wichtigsten Vereinbarungen, die vom Kartellverbot freigestellt werden können.

---

766 *Immenga*, WuW 1990, 371, 378.
767 *Gavalda/Parleau*, Droit des affaires, Rdnr. 609; vgl. *Immenga*, WuW 1990, 171, 178; *Albers*, CR 1990, 444, 446.
768 *Gavalda/Parleau*, Droit des affaires, Rdnr. 609.
769 *Gavalda/Parleau*, Droit des affaires, Rdnr. 610.
770 24. Wettbewerbsbericht der Kommission, Ziff. 53 ff.

Als bedeutendste Gruppe unter den Rationalisierungskartellen sind die Spezialisierungsvereinbarungen zu nennen, die die Kommission deshalb i.d.R. günstig beurteilt, weil sie den rationelleren Einsatz der Produktionsmittel (durch größere Serien) und eine damit verbundene Kostenersparnis versprechen[771]. Sie erfolgen mithin aus denselben Gründen, die auch dafür sprechen, in der Fusionskontrolle eine Genehmigung aus Rationalisierungsgründen zuzulassen. Unter Spezialisierung wird dabei eine Aufteilung der Produktion von Erzeugnissen auf verschiedene Partner als auch die Konzentration bestimmter Erzeugnisse auf eine gemeinsame Herstellung verstanden (Art. 1 VO 2658/2000).
Im Rahmen der Rationalisierungskartelle kann eine Freistellung sowohl in Form einer Gruppen- als auch einer Einzelfreistellung erfolgen.
Eine Gruppenfreistellung erfolgt auf der Basis der VO 2658/2000 vom 29.11.2000. Sie hat zur Folge, dass die Vertragspartner von dem Verbot der gegenseitigen Verpflichtung, auf die Herstellung bestimmter Produkte zugunsten des anderen zu verzichten, freigestellt werden (Art. 1). Nach Art. 3 a) sind dann weitere Beschränkungen zulässig, die mit der Spezialisierungsabrede verbunden werden können[772]. Auch die weitergehenden Vertriebsregelungen (Art. 3 b)) stehen einer Freistellung nicht im Wege.
Einer Übertragbarkeit der Argumentation dieser GruppenfreistellungsVO stehen allerdings deren Voraussetzungen entgegen. Voraussetzung für eine Gruppenfreistellung ist, dass die beteiligten Unternehmen einen Marktanteil von nicht mehr als 20% auf dem relevanten Markt innerhalb eines Geschäftsjahres haben (Art. 4, 6). Damit würde sich die Möglichkeit einer Gruppenfreistellung auf keinen Fall für marktbeherrschende Unternehmen eröffnen. Die völlig unterschiedliche Wettbewerbssituation lässt eine Analogie also nicht zu, wohl aber den Schluss, dass Rationalisierungsgewinne als Freistellungsvoraussetzungen in der Genehmigungspraxis der Kommission nicht unbekannt sind.
Spezialisierungsabsprachen, die wegen höherer Marktanteile oder größerer Umsätze nicht unter die GruppenfreistellungsVO fallen, können durch Einzelentscheidung freigestellt werden[773]. In diesen Fällen stellt die Kommission jedoch besonders hohe Ansprüche an die Unerlässlichkeit der vereinbarten Wettbewerbsbeschränkungen. Freistellungsfähig ist dabei beispielsweise die einseitige Spezialisierung, welche die Herstellung bei einem Vertragspartner konzentriert

---

771 *V. Stoephasius*, in: Langen/Bunte, Art. 85 Fallgruppen, Rdnr. 85ff.

772 Art. 2 der alten VO 417/85 gestattete Wettbewerbsverbote, die sich auf die Verwertung der gemeinsamen Forschungsergebnisse für die Dauer des Abkommens beschränken (vgl. Kommission *FN/CF* ABl. 1971 L 134/6; *MAN/Saviem* ABl. 1972 L 31/29; *Rank/Sopelem* ABl. 1972 L 31/29) oder ausschließliche Bezugsverpflichtungen für die spezialisierten Erzeugnisse (19. Wettbewerbsbericht der Kommission, Ziff. 39).

773 Kommission, Entscheidungen *Feinpapier* ABl. 1972 L 182/24; *Rank/Sopelem* ABl. 1975 L 29/20; *Sopelem/Vickers* ABl. 1978 L 70/47; *JAZ/Peter II* ABl. 1978 L 61/17; *Sopelem/Vickers II* ABl. 1981 L 391/1.

durch Aufgabe bei den anderen[774] oder die mit der Spezialisierung einhergehende Übertragung von Produktionseinheiten[775].

(b) Überwindung von Strukturkrisen

Für die Bewältigung beschäftigungs- und regionalpolitischer Probleme kommt der Entscheidungspraxis der Kommission zu Strukturkrisenkartellen eine gewisse Bedeutung zu. Die Stagnation einzelner Wirtschaftszweige infolge von Strukturkrisen ließ die Kommission in diesem Zeitraum über eine Freistellung von Strukturkrisenkartellen gem. Art. 81 Abs. 3 EGV nachdenken, um die Möglichkeit zum Abbau von Überkapazitäten, zur Rationalisierung und zum Vollzug eines Strukturwandels zu schaffen[776]. Von 1984 bis 1989 erfolgten erheblichen Wettbewerbsbeschränkungen zum Trotz zahlreiche Freistellungen von Strukturkrisenkartellen, in welchen der Vorrang eines freien Wettbewerbs außerwettbewerblichen Interessen geopfert wurde[777].
Eine Analyse der Kommissionsentscheidungen führt zu dem Ergebnis, dass die Kommission Strukturkrisenkartelle auch genehmigte, um Struktur- und Regionalpolitik zu betreiben. Die Ausnahme vom Kartellverbot wurde somit für strukturpolitische Zwecke gebraucht, um das wirtschaftliche Austrocknen von Regionen und bestimmten Industriestrukturen zu verhindern. Starkes Augenmerk richtete die Kommission in diesen Fällen jeweils auf die Entwicklung der Arbeitsmarktsituation in den betroffenen Regionen. Für diese Annahme spricht auch, dass der EuGH in der *Metro/Saba*-Entscheidung angedeutet hat, die Aufrechterhaltung von Beschäftigung vor allem in Zeiten schlechter Konjunktur sei fester Bestandteil einer jeden Untersuchung der Verbesserung der allgemeinen Produktionsbedingungen i.S.v. Art. 81 Abs. 3 EGV[778].

Zumindest im Rahmen des Art. 81 Abs. 3 EGV hält die Kommission eine Berücksichtigung regional- und arbeitsmarktpolitischer Gesichtspunkte für möglich. Es ist somit jedenfalls nicht ausgeschlossen, dass zumindest in wirtschaftlichen Krisenzeiten die Kommission auch bei der Zusammenschlusskontrolle ähnliche Erwägungen anstellen wird[779]. Fraglich bleibt, ob die im Rahmen des Art. 81 Abs. 3 EGV entwickelten Kriterien auf die FusionskontrollVO übertragbar sind.

---

774 Kommission *Prym/Beka* ABl. 1973 L 296/24; *ARG/Unipart* ABl. 1988 L 45/34.
775 Kommission „*BPCL/ICI* ABl. 1984 L 212/1; *ENI/Montedison* ABl. 1987 L 5/13.
776 12. Wettbewerbsbericht der Kommission (1982), Rdnr. 38 ff.
777 Siehe die Kommissionsentscheidungen *Kunstfasern*, ABl. L 207/17; *BPCL/ICI*, ABl. L 212/1; *ENI/Montedison*, ABl. 1987 L 5/13; *ICI/Enichem*, ABl. L 50/18; *Bayer/BPCL*, ABl. L 150/35.
778 *Gavalda/Parleau*, Droit des affaires, Rdnr. 617.
779 Vgl. *Haid*, Wochenbericht 10/98 (http://wuzz.diw-berlin.de/diwwbd/98-10-2.html), und seine Kritik an der politischen Einflußnahme, so auch: *Bellamy/Child*, 3-017.

(2) Übertragbarkeit der Kriterien auf die Fusionskontrolle

Es ist nicht statthaft, aus der Praxis von Kommission und Gerichtshof zu Art. 81 EGV zu folgern, dass außerwettbewerbliche Kriterien die Anwendung der FusionskontrollVO entscheidend beeinflussen können. Die zu regelnden Sachverhalte sind nicht vergleichbar.

Erstens ist zu beachten, dass sich die Struktur der FusionskontrollVO grundlegend von derjenigen des Art. 81 EGV unterscheidet. In Art. 81 Abs. 3 EGV geht es um eine Freistellung vom Kartellverbot. Charakteristischer Unterschied zu der FusionskontrollVO ist die Zweistufigkeit des Verfahrens. In einer ersten Stufe wird die grundsätzliche Anwendbarkeit des Verbotstatbestandes nach Abs. 1 geprüft. Danach erst wird in einer zweiten Stufe über die Freistellung entschieden. Die FusionskontrollVO kennt aber nach der Verfahrenseröffnung nur noch eine Prüfungsstufe. In dieser ist zu beantworten, ob der Zusammenschluss eine beherrschende Stellung i.S. des Art. 2 Abs. 3 FusionskontrollVO begründet, der zu einer Wettbewerbsbeschränkung führt.
Somit können die Kriterien, die für Kartellfreistellungen nach Art. 81 Abs. 3 EGV konzipiert worden sind, nicht ohne weiteres auf den Tatbestand eines Zusammenschlusses übertragen werden[780]. Das Augenmerk ist somit nicht nur auf die Gemeinsamkeiten, sondern auch auf die Unterschiede zwischen Art. 81 Abs. 3 EGV und Art. 2 Abs. 1 lit. b) a.E. FusionskontrollVO zu richten.

Nach Art. 81 Abs. 3 lit. b EGV steht die Freistellung eines Kartells, das wegen seines Beitrags zur Entwicklung des technischen und wirtschaftlichen Fortschritts grundsätzlich freistellungsfähig ist, unter dem Vorbehalt, dass den beteiligten Unternehmen keine Möglichkeiten eröffnet werden, für einen wesentlichen Teil der betreffenden Waren den Wettbewerb auszuschalten. Auch hier wird somit innerhalb des Abwägungstatbestandes der Vorrang der Aufrechterhaltung eines unverfälschten Wettbewerbs gewahrt. Nach der Auffassung des EuGH reicht die Bedeutung von Art. 81 Abs. 3 EGV jedoch noch weiter. Der allgemeine Gedanke, selbst bei der Zulassung von Wettbewerbsbeschränkungen noch einen rudimentären (Rest-) Wettbewerb aufrechtzuerhalten, solle auch für die Auslegung von Art. 82 EGV gelten[781]. Darüber hinaus finden sich Stimmen in der Literatur, die Art. 81 Abs. 3 lit. b EGV als allgemeine Ermessensgrenze für Eingriffe der Kommission in das System des unverfälschten Wettbewerbs ansehen[782].

---

780 *Monopolkommission*, Sondergutachten 17, Rdnr. 101; *Kirchhoff*, BB 1990, Beil. 14, 1, 7.
781 EuGH – *Europemballage und Continental Can/Kommission*, Rs. 6/72 – Slg. 1973, 215, 245f.; zustimmend *Mestmäcker*, EuWR, 415f.
782 *Van der Esch*, WuW 1988, 563, 565; *C. R. Schmidt*, Technischer Fortschritt, S. 134.

Eine Übertragung dieses Verständnisses von Art. 81 Abs. 3 EGV auf Art. 2 Abs. 1 lit. b FusionskontrollVO bedeutet somit, dass mit der Ausschaltung des Restwettbewerbes i.S.d. Art. 81 Abs. 3 EGV durch einen Zusammenschluss dieser trotz seines Beitrags zum technischen und wirtschaftlichen Fortschritt nicht genehmigungsfähig sein kann. Die Wettbewerbsklausel formuliert mithin als absolute Grenze für die Berücksichtigungsfähigkeit der Entwicklung des technischen und wirtschaftlichen Fortschritts die „Gefährdung des Restwettbewerbs".
Daran schließt sich die Frage an, wie die Entstehung einer marktbeherrschenden Stellung sich auf die Entwicklung des Restwettbewerbs ausübt. Marktbeherrschung bedeutet für ein Unternehmen die Möglichkeit, sich unabhängig von den Wettbewerbern und ohne Rücksicht auf den Markt verhalten zu können[783]. Somit birgt der Einsatz der Marktmacht des marktbeherrschenden Unternehmens offensichtlich die Gefahr der Ausschaltung des Restwettbewerbs[784], da dessen Verhalten nicht mehr in ausreichendem Maße vom Wettbewerb beeinflusst wird. Daher ist davon auszugehen, dass bei Erreichung einer marktbeherrschenden Position der an einer Absprache beteiligten Unternehmen die Möglichkeit einer Ausschaltung des Restwettbewerbs i.S. des Art. 81 Abs. 3 lit. b EGV in der Regel vorliegt[785]. Als Ergebnis lässt sich festhalten, dass bei Vorliegen der Mindestuntersagungsvoraussetzung des Art. 2 Abs. 3 FusionskontrollVO, dem Entstehen oder Verstärken einer marktbeherrschenden Stellung, der Toleranzbereich von Art. 81 Abs. 3 EGV bereits überschritten und somit eine Berücksichtigung des Beitrags zum technischen und wirtschaftlichen Fortschritt nicht mehr möglich ist. Was so für den Fall wettbewerbswidriger Absprachen und Verhaltensweisen festgestellt wurde, gilt aber erst recht für Fusionen[786].
Daraus kann nun der Schluss gezogen werden, dass es wettbewerbspolitisch bereits wenig Sinn macht, im Rahmen einer an das Entstehen einer marktbeherrschenden Stellung anknüpfenden europäischen Fusionskontrolle eine ausdrückliche Berücksichtigung von Sanierungsgesichtspunkten analog der Kriterien des Art. 81 Abs. 3 EGV einzuführen. Nicht nur ist die Schwelle von Art. 81 Abs. 3 EGV immer überschritten. Die Rationalisierungsgewinne, die sich aus der Fusion ergäben, könnten auch in der Regel nicht zugunsten des Zusammenschlusses

---

783 Vgl. EuGH – *Hoffmann-La Roche/Kommission*, Rs. 85/76 – Slg. 1979, 461, 521, Rdnr. 41.

784 Vgl. *C. R. Schmidt*, Technischer Fortschritt, S. 134.

785 *Monopolkommission*, Sondergutachten 17, Rdnr. 115, 117; *Cook/Kerse*, Merger Control, 5.5.1.

786 *Albers*, CR 1990, 444, 447; *Hölzler*, WM 1990, 489, 491, die Art. 2 so verstehen, dass er jeder Genehmigung von Zusammenschlüssen entgegensteht, die Monopole oder sehr enge Oligopole auf dem gemeinsamen Markt zur Folge hätten. Auch die Hinnahme ausgeprägt asymmetrischer beherrschender Stellungen, die allenfalls noch Formen des Restwettbewerbs erlauben, im Interesse der Entwicklung des technischen und wirtschaftlichen Fortschritts dürfte der Kommission dadurch verwehrt sein. Im übrigen verfüge sie jedoch über einen weiten Beurteilungsspielraum.

in die Argumentation eingebracht werden, weil die marktbeherrschende Stellung des entstehenden Unternehmens die Weitergabe der erzielten Gewinne an den Markt nicht unbedingt notwendig macht. Besteht dieser Zwang aber nicht, so wird das entstehende Unternehmen diese Gewinne auch regelmäßig nicht an den Markt weitergeben[787].
Während Art. 81 EGV bereits bei niedrigeren Schwellen für eine Wettbewerbsbeeinträchtigung eingreift und es somit gestattet, über die Erhaltung eines Restwettbewerbs nachzudenken, stellt die FusionskontrollVO in diesem Kontext gerade erst auf die Marktbeherrschung ab. Mit einer Übertragung des Rechtsgedankens aus Art. 81 Abs. 3 EGV wäre also nichts gewonnen. Rationalisierungsvorteile können bereits aus diesem Grund als solche einen festgestellt wettbewerbsbeeinträchtigenden Zusammenschluss nicht rechtfertigen.

Zum zweiten stellt sich die Frage einer Vergleichbarkeit von Genehmigungsvoraussetzungen für Kartelle und solchen für Unternehmenszusammenschlüsse. So müssen Bewertungen der Kommission, welche auf den Besonderheiten des Kartellverbots beruhen, nicht automatisch auf Fusionen übertragbar sein.
Unter Kartellen werden idealtypisch Beschränkungen des Wettbewerbs in der Form vertraglicher oder sonstiger Abstimmungen zum Zwecke der Koordinierung des Wettbewerbsverhaltens verstanden. Mithin handelt es sich um eine nicht dauerhafte und leichter rückgängig zu machende Koordinierung, die nicht in bestehende Unternehmensstrukturen eingreift. Die Beschränkung des Wettbewerbsverhaltens erhöht die Gewinnchancen und minimiert zugleich das Investitionsrisiko[788]. Dies benachteiligt in der Mehrzahl der Fälle die Verbraucher, die Marktgegenseite und die Konkurrenten, weswegen der EGV ein grundsätzliches Kartellverbot ausspricht. Davon werden Ausnahmen nur dann zugelassen, wenn die Absprachen zur Verbesserung der Effizienz der Unternehmen notwendig sind und diese Vorteile zumindest teilweise an den Verbraucher weitergegeben werden[789]. Zudem lassen sich Geeignetheit und Erforderlichkeit solcher Absprachen zur Erzielung dieser Effizienzvorteile in relativ reproduzierbarer Weise darstellen und die Freistellungen erfolgen (in der Regel) nur zeitlich befristet[790]. Auch sind geringe Kartelldisziplin und ein möglicherweise bestehender Binnenwettbewerb geeignet, Kartellabsprachen zu einem zeitlich befristeten Phänomen zu erklären.

---

[787] Vgl. zu dieser Argumentation: *Monopolkommission*, Sondergutachten 17, Rdnr. 114; *Janicki*, WuW 1989, 193, 197; vgl. auch *Brittan*, 15 European L.Rev. 1990, 351, 353, der eine ähnliche rechtspolitische Erwägung anstellt; *Haid/Hornschild* (www.diw-berlin.de/diwwbd/97-37-1.html).

[788] *Janicki*, WuW 1989, 193, 196.

[789] *Janicki*, WuW 1989, 193, 196.

[790] Dieses Argument behält seinen Wert jedenfalls zur Rechtfertigung der bisherigen Praxis. Im Weissbuch der Kommission zur Neuordnung des Wettbewerbsrechts entfällt für Art. 81 Abs. 3 EGV die Möglichkeit, die Freigabe zu befristen.

Anders hingegen stellt sich die Situation bei einem Unternehmenszusammenschluss dar. Zum einen tritt eine dauerhafte Änderung der Unternehmensstruktur ein. Es erfolgt ein Investitionsvorgang unter voller Übernahme des Investitionsrisikos[791]. Durch den Zusammenschluss findet also zumeist eine Konzentration statt, von welcher der Verbraucher in der Regel keine Vorteile hat. Dieser kann nur dann davon profitieren, wenn der Restwettbewerb stark genug ist und die zusammenschließenden Unternehmen zwingt, die Rationalisierungsgewinne an den Verbraucher weiterzugeben. Diese Wahrscheinlichkeit ist bei einem marktbeherrschenden Unternehmen aber sehr gering[792]. Anders hingegen könnte zu entscheiden sein, wenn die Vorteile für den Verbraucher im einzelnen nachgewiesen werden und nachvollziehbar sind.

Schließlich ist in diesem Kontext zu berücksichtigen, dass die in Art. 81 Abs. 3 EGV aufgeführte „Verbesserung der Warenerzeugung oder –verteilung" nicht in die FusionskontrollVO aufgenommen wurde. Damit ist in der FusionskontrollVO gerade der Fall nicht explizit geregelt, der im Rahmen des Art. 81 EGV Produktivitätssteigerungen ausdrücklich berücksichtigt.
In Anbetracht der ausdrücklichen Regelung in Art. 81 EGV kann auch nicht davon ausgegangen werden, dass in der FusionskontrollVO eine planwidrige Regelungslücke vorliegt, die im Wege einer Analogie zu schließen ist.

dd. Zwischenergebnis

Rationalisierungsgesichtspunkte und erst recht andere Interessen sind somit nicht geeignet, über Art. 2 Abs. 1 lit. b a.E. FusionskontrollVO einen festgestellt wettbewerbswidrigen Zusammenschluss zu immunisieren.
Als Ergebnis bleibt damit festzuhalten, dass Art. 2 Abs. 1 lit. b a.E. FusionskontrollVO die Genehmigung eines Zusammenschlusses trotz dessen Wettbewerbswidrigkeit weder als Ausnahme, noch im Wege einer Abwägung zu rechtfertigen vermag[793]. Die Fortschrittsklausel wird von den europäischen Genehmigungsbehörden nur so interpretiert werden können, dass sie nicht über das Maß dessen, was der EuGH in der *Metro* I-Entscheidung[794] festgelegt hat, hinausgehen sollte. Wortlaut, Systematik und auch die Auslegung nach den Grundsätzen von Art. 81 Abs. 3 EGV ergeben insoweit nichts Abweichendes.

---

791 *Janicki*, WuW 1989, 193, 197.

792 Der Unterschied zum amerikanischen Fusionskontrollrecht besteht darin, dass dort keine Marktbeherrschung als Untersagungsvoraussetzung gefordert wird.

793 *Jones/Gonzalez-Díaz*, Merger Regulation, S. 165; *van Empel*, World Competition 1990, No. 3, 5, 18; *Cook/Kerse*, Merger Control, 5.5.1; G/T/E-*Albers*, FusionskontrollVO Art. 2, Rdnr. 485; *Ehlermann*, RMC 1993, 242, 246.

794 EuGH – *Metro SB-Großmärkte GmbH & Co. KG gegen Kommission der Europäischen Gemeinschaften*, Rs. 26/76 – Slg. 1977, 1875.

3. Erwägungsgrund Nr. 13

Die 13. Erwägungsgrund der VO über die Fusionskontrolle soll die Kommission daran erinnern, dass sie sich bei ihrer Beurteilung von Zusammenschlüssen ebenfalls im Rahmen der generellen Vertragsziele des Art. 2 EGV bewegen möge, eingeschlossen auch der Stärkung des ökonomischen und sozialen Zusammenhalts, wie sie Art. 130 a EGV normiert. Vor allem dieses Kohärenzgebot könnte in Abweichung von dem zu Art. 2 FusionskkontrollVO gefundenen Ergebnis zu einer besonderen Berücksichtigung arbeitsmarkt- und regionalpolitischer Erwägungen innerhalb der Genehmigungsentscheidung führen.
Aber auch die allgemeinen Vertragsziele können zu einer Berücksichtigung außerwettbewerblicher Interessen in der Genehmigungsentscheidung beitragen. Denn die Fusionskontrolle hat als Teil der Wettbewerbspolitik nur in dem Maße Vorrang vor anderen Interessen, wie die Wettbewerbspolitik im Verhältnis zu den anderen Politiken selbst. So ist z.B. fraglich, ob durch kollidierende Vertragsziele nicht Rationalisierungsgesichtspunkte Eingang in die Fusionskontrolle finden können. Aber auch eine Berücksichtigung von Arbeitsplatzargumenten und regionaler Belange ist nicht auf das Kohärenzgebot beschränkt, sondern könnte auch im Rahmen von Art. 2 EGV erfolgen, wenn damit einem allgemeinen Vertragsziel gedient wird.

a. Allgemeine Vertragsziele nach Art. 2 EGV

aa. Die Vertragsziele nach dem ursprünglichen Vertrag

Als Aufgabe der Gemeinschaft formuliert Art. 2 EGV eine harmonische und ausgewogene Entwicklung des Wirtschaftslebens innnerhalb der Gemeinschaft[795], wobei auch regionale und sektorielle Ungleichgewichte zu beheben sind. So fordert Art. 2 EGV einen hohen Grad an Konvergenz der Wirtschaftsleistungen, die eng mit der regionalen Entwicklung zusammenhängt. Dies bedeutet zwar nicht die Pflicht, veraltete Industrien mit sinkender Nachfrage künstlich am Leben zu erhalten. Wohl aber kann eine harmonische Entfaltung des Wirtschaftslebens erfordern, lebensnotwendige Wirtschaftszweige nicht untergehen zu lassen und Schlüsselindustrien zu fördern.
In der Gemeinschaft soll es ferner ein hohes Beschäftigungsniveau und ein hohes Maß an sozialem Schutz geben. Auch die Hebung der Lebenshaltung und Lebensqualität wird mit Art. 2 EGV bezweckt. Aus all dem ist zu entnehmen, dass die Gemeinschaft eine Politik zum Wohl der einzelnen zu betreiben hat[796]. Auch das Sozialstaatsprinzip findet nach diesem Verständnis in Art. 2 EGV eine

---

795 G/T/E-*Zuleeg* Art.2 Rdnr.9.
796 G/T/E-*Zuleeg*, Art.2 Rdnr. 11.

starke Stütze[797]. Als Mittel zur Erreichung dieser Zwecke dienen gemäß Art. 2 EGV die gemeinsamen Politiken, die in Art. 3 EGV näher ausgeführt sind. Seit dem Vertrag von Maastricht kommt Art. 3 EGV eine gesteigerte Bedeutung zu, da Art. 2 EGV explizit auf die Durchführung der in Art. 3 EGV genannten gemeinsamen Politiken oder Maßnahmen verweist und diesen somit einen Grundsatzcharakter zukommen lässt[798].

Alle diese Bestimmungen kollidieren im Sanierungsfall mit dem Wettbewerbsinteresse. Art. 3 lit. g EGV verpflichtet die Mitgliedstaaten, ein System zu errichten, das den Wettbewerb innerhalb des Binnenmarkts vor Verfälschungen schützt. Die Schaffung oder Aufrechterhaltung eines wirksamen Wettbewerbs findet sich somit nicht in den von Art. 2 EGV normierten Zielen. Erst in Art. 3 lit. g EGV wird der Wettbewerb als eine von 20 Politiken erwähnt. Gleichrangig findet sich in Art. 3 lit. l EGV ein Bekenntnis zur Industriepolitik in Form eines Beitrags zur Stärkung der Wettbewerbs*fähigkeit* der Industrie der Gemeinschaft und in Art. 3 lit. j EGV das Kohärenzgebot als Verpflichtung zur Stärkung des wirtschaftlichen und sozialen Zusammenhalts der Gemeinschaft. Das Kohärenzgebot wird dadurch noch besonders betont, dass es als allgemeines Vertragsziel in Art. 2 EGV aufgenommen wurde. Nachfolgend soll unter besonderer Berücksichtigung der Besonderheiten der Fusionskontrolle untersucht werden, ob die genannten anderen beiden Politiken geeignet sind, über den 13. Erwägungsgrund Einfluss auf die Fusionskontrollentscheidung zu nehmen.

Der Vertrag stellt eine Vielzahl von Vertragszielen auf, die einer Abstimmung bedürfen. Es kommt hier somit darauf an, wie das Verhältnis von Industrie- und Beschäftigungspolitik einerseits und Wettbewerbspolitik andererseits im Vertrag ausgestaltet wurde. Dieses Verhältnis ist neben der spezielleren Frage, ob eine solche Abwägung im Rahmen des 13. Erwägungsgrundes der Fusionskontroll-VO berücksichtigt werden kann, entscheidend für die Beantwortung der allgemeineren Frage, ob überhaupt eine Möglichkeit besteht, industriepolitische Interessen in eine wettbewerbsrechtliche Betrachtung einfließen zu lassen.

bb. Wirtschaftsverfassung der EG nach dem Vertrag von Maastricht

Der EU-Vertrag von Maastricht ist ordnungspolitisch zweideutig[799]. Mit dem Vertrag von Maastricht hat die EG einerseits ein Bekenntnis zu einer Wirtschaftsverfassung in den Art. 3 a Abs. 1, 102 a, 105 Abs. 1 EGV abgelegt[800] und sich darin „dem Grundsatz einer offenen Marktwirtschaft mit freiem Wett-

---

797 G/T/E-*Zuleeg*, Art.1 Rdnr. 46.

798 *Immenga*, EuZW 1994, 14, 16.

799 *Vollmer*, DB 1993, 25, 27; *Immenga*, EuZW 1994, 14, 15.

800 *Dreher*, WuW 1998, 656, 657.

bewerb verpflichtet“ (Art. 3 a EGV). Zudem findet sich in den Art. 129 b Abs. 2 (alt), 130 Abs. 1 (alt) EGV das Bekenntnis zu einem „System offener und wettbewerbsorientierter Märkte“. Daraus lässt sich der gesetzgeberische Wille entnehmen, den freien Wettbewerb als ein Ordnungsprinzip im Wirtschaftssystem zu verankern. Damit ist aber noch keine Aussage über dessen grundsätzlichen Vorrang und die Bedeutung wettbewerbsfremder Steuerungsmechanismen getroffen. So gestattet Art. 3 a Abs. 1 EGV auch Einschränkungen „nach Maßgabe dieses Vertrages“.

Aus Art. 3 lit. l EGV kann hingegen nur geschlossen werden, dass die Stärkung der Wettbewerbsfähigkeit nicht allein durch die Aufrechterhaltung eines unverfälschten Wettbewerbs verwirklicht werden soll, da es ansonsten der Aufnahme dieses Artikels nicht bedurft hätte[801]. Statt dessen lässt die Formulierung den Schluss zu, dass die Gemeinschaft selbst durch Einsatz anderer Wege als durch Sicherung des Wettbewerbs die Wettbewerbsfähigkeit der Industrie verbessern will[802].

Eine Konkretisierung von Art. 3 lit. l EGV erfolgt durch den Titel XIII EGV, dessen einziger Artikel, Art. 157 EGV, die Tätigkeiten der Gemeinschaft in dem Betätigungsfeld „Industrie“ umreisst.

Beinhaltet diese Formulierung also zugleich eine Schwächung der Wettbewerbspolitik? Wie ein Kritiker dieser angeblichen Entwicklung zugesteht, ermöglicht die durch den Vertrag von Maastricht geschaffene Rechtslage eine „Kassandra-Interpretation“, einseitig im Sinne eines Bedeutungsverlustes der Wettbewerbspolitik, und eine „Gesundbeter-Interpretation“, die immer noch einen grundsätzlichen Vorrang der Wettbewerbs- vor der Industriepolitik zu erkennen vermag[803]. Für beide Interpretationen gibt es gute Gründe.

Für ein gestiegenes Gewicht der Industriepolitik spricht die Entstehung der Vorschrift, die auf einen „merkantilistischen Ursprung“[804] hinweist. Zur Zeit der Entstehung der Vorschrift in den frühen 1990er Jahren, in denen die europäische Wirtschaft vor allem im Vergleich zur japanischen als zu wenig effizient und innovativ galt, standen interventionspolitische Argumente an erster Stelle[805]. Zudem sind die in Abs. 1 aufgelisteten Maßnahmen zwar sehr allgemein gehalten, geben der neuen Vorschrift aber nur dann eine Existenzberechtigung, wenn sie zugunsten einer aktiven Industriepolitik und nicht im Sinne allgemeiner ordnungspolitischer Rahmenbedingungen interpretiert werden[806].

---

801 *Möschel*, ORDO Bd. 43 (1992), 415, 419.

802 *Immenga*, EuZW 1994, 14, 16.

803 *Möschel*, FS für Nirk, S. 710.

804 *Möschel*, FS für Nirk, S. 710.

805 Vgl. Bulletin der Europäischen Gemeinschaften, Beil. 1/91, S. 21ff. und 1/92, S. 16ff.

806 *Möschel*, FS für Nirk, S. 710; *Immenga*, EuZW 1994, 14, 16; *I. Schmidt*, WuW 1995, 971, 972.

cc. Bedeutung der Querschnittsklausel des Art. 157 Abs. 3 S. 1 EGV

Die gestiegene Bedeutung der Industriepolitik findet ihren Ausdruck auch in der durch den Maastrichter Vertrag als Art. 130 in den EGV eingefügten Querschnittsklausel des heutigen Art. 157 Abs. 3 S. 1 EGV[807].
Hinter dem Begriff der Querschnittsklausel verbirgt sich ein Artikel des EGV, nach dem ein bestimmter Politikbereich bei der Festlegung und Durchführung anderer Gemeinschaftspolitiken einbezogen werden muss[808]. Die Querschnittsklausel ist zwar eine verbindliche Norm, ob ihr aber ein Vorrang der durch sie zu verfolgenden Politiken gegenüber den sonstigen Grundsätzen des Gemeinschaftsrechts zu entnehmen ist, ist fraglich.
Art. 157 Abs. 3 EGV verpflichtet die Organe der EG zunächst, bei allen Vertragspolitiken und Maßnahmen ausdrücklich dazu, die Wettbewerbsfähigkeit der Industrie der Gemeinschaft zu beachten: „Die Gemeinschaft trägt durch die Politik und die Maßnahmen, die sie aufgrund anderer Bestimmungen dieses Vertrages durchführt, zur Erreichung der Ziele des Absatzes 1, also die einer Industriepolitik, bei". Die Aufzählung der dort genannten Politiken lässt darauf schließen, dass Art. 157 EGV einen industriepolitischen Auftrag enthält[809]. Ob dies etwas an dem freien Wettbewerb als grundlegendem Strukturprinzip des gemeinsamen Marktes und zentralem Ordnungsprinzip des Vertrages zu ändern vermag, ist umstritten[810].

Für einen Vorrang des Wettbewerbs spricht allerdings Art. 157 Abs. 1 S. 2 EGV, der ein „System offener und wettbewerbsorientierter Märkte" anerkennt. Zudem weist Abs. 3 S. 3 dieser Vorschrift einschränkend darauf hin, dass die Gemeinschaft sich nicht auf Titel XVI EGV berufen darf, um eine Maßnahme einzuführen, die zu Wettbewerbsverzerrungen führen könnte. Schließlich muss der zeitgleich eingeführte Art. 3 a EGV berücksichtigt werden. Damit dürfte die Bedeutung von Art. 157 EGV in diesem Bereich gering sein.
Untermauert wird dieses Verständnis auch von den allgemeinen Vertragsprinzipien, die Gleichheit und Freiheit der Personen voraussetzen, sowie evtl. von den Gemeinschaftsgrundrechten[811].

---

807 *Dreher*, WuW 1998, 656, 661; *Stein*, FS für Everling, S. 1439, 1443.
808 Zum Begriff der Querschnittsklausel: *Scheuing*, EuropaR 24, 152 ff. (1989), der einen generellen Vorrang annimmt.
809 *Monopolkommission*, Hauptgutachten 1990/91, Rdnr. 25 f.; *Immenga*, EuZW 1994, 14, 16; *Dreher*, WuW 1998, 656, 656.
810 *André Schmidt*, WuW 1999, 133, 136; *Dreher*, WuW 1998, 656, 656.
811 Vgl. dazu EuGH – Gutachten vom 28.3.1996, 2/94 – Slg. 1996 I, 1759, 1789.

dd. Die Änderungen durch den Vertrag von Amsterdam

Aus wettbewerbspolitischer Sicht verschärft der Amsterdamer Vertrag den Konflikt zwischen Wettbewerbs- und sonstigen Politikbereichen. Dafür sorgt zum einen der neugefasste Art. 2 EGV, der als explizite Aufgabe der Gemeinschaft die Förderung eines hohen Grades an Wettbewerbsfähigkeit und Konvergenz der Wirtschaftsleistungen vorsieht. Dies wird als Bekenntnis zu einer europäischen Industriepolitik als ein zentrales Aufgabenfeld der Gemeinschaft verstanden[812]. War bereits beim EGV nach Maastricht die Bedeutung der Förderung der Wettbewerbsfähigkeit und das Verhältnis von Wettbewerbs- und Industriepolitik wegen der „Gleichwertigkeit" von Art. 3 lit. g (neu) EGV und Art. 3 lit. l (neu) EGV umstritten, so erhält diese Diskussion durch die Aufnahme der „Förderung der Wettbewerbsfähigkeit" in den Zielkatalog des Art. 2 EGV eine neue Qualität, da nun nicht mehr nur eine normative Gleichwertigkeit zwischen den beiden Politikfeldern vorliegt, sondern die Förderung der Wettbewerbsfähigkeit als Oberziel formuliert ist. Denn auch hier ist wieder nur von der Wettbewerbs*fähigkeit* die Rede, vom Wettbewerb als Ordnungsprinzip hingegen kein Wort[813].
Zum zweiten enthält der Amsterdamer Vertrag neue Bestimmungen im Hinblick auf die Förderung der Koordination der Beschäftigungspolitik (Art. 3 lit. i EGV und Art. 125-130 EGV).

Als Ergebnis bleibt festzuhalten, dass der ursprüngliche EG-Vertrag aufgrund der Vertragsänderungen durch Maastricht und Amsterdam Gefahr läuft, den Konflikt zwischen Industrie- und Wettbewerbspolitik nicht lösen zu können. Allenfalls steht fest, dass es keine Durchbrechungen des Wettbewerbsprinzips geben darf, einzelfallbedingte, eng umgrenzte Ausnahmen davon hingegen schon. Es ist also nach den Vertragszielen nicht ausgeschlossen, dass der 13. Erwägungsgrund in Einzelfällen als Institut zur Integration industriepolitischer Tendenzen in die Fusionskontrolle herangezogen werden kann.

ee. Das Wettbewerbsverständnis des EuGH

Das Wettbewerbsverständnis des Europäischen Gerichtshofs trägt wenig zur Klärung der Frage bei, welcher Stellenwert den Wettbewerbsvorschriften im Verhältnis zu den sonstigen Vertragsbestimmungen zukommt. Das Prinzip des freien Wettbewerbes wird vom EuGH nicht verabsolutiert, sondern als eine von mehreren Zielsetzungen des EG-Vertrages betrachtet, die untereinander zum Ausgleich gebracht werden müssen. Dies wird bei einer Analyse der entsprechenden Entscheidungen des Gerichtshofs deutlich.

---

812 *André Schmidt*, WuW 1999, 133, 133.
813 *André Schmidt*, WuW 1999, 133, 134.

In der *Altöle*-Entscheidung aus dem Jahr 1985[814] führte der EuGH aus: „Soweit die [...] Maßnahmen den freien Wettbewerb einschränken können, dürfen sie nicht über die unvermeidlichen Beschränkungen hinausgehen, die aus Gründen eines im Allgemeininteresse liegenden Ziels gerechtfertigt sind." Die Grundsätze des freien Wettbewerbs gelten somit nicht absolut, sondern sind Beschränkungen unterworfen, die durch die von der Gemeinschaft verfolgten, im Allgemeinwohl liegenden Ziele gerechtfertigt sind,.
Mit dieser Aussage des EuGH steht er in der Tradition seiner Ausführungen in der *Continental Can*-Entscheidung[815], in der er sich für eine Begrenzung dieses Ermessensspielraums ausgesprochen hatte. „Wettbewerbsbeschränkungen, die der Vertrag unter bestimmten Voraussetzungen deshalb zulässt, weil die verschiedenen Vertragsziele miteinander in Einklang gebracht werden müssen, finden eine Grenze in den Erfordernissen der Art. 2 und 3, bei deren Überschreiten die Gefahr besteht, dass eine Abschwächung des Wettbewerbs den Zielsetzungen des Gemeinsamen Marktes zuwiderläuft."
Eine weitergehende Stellungnahme des EuGH zu seinem Wettbewerbsverständnis findet sich hingegen in der *Metro I*-Entscheidung[816]. Dort weist der EuGH unter Bezugnahme auf die der Kommission in Art. 81 Abs. 3 EGV eingeräumten Zuständigkeiten darauf hin, dass „die Erfordernisse der Aufrechterhaltung eines wirksamen Wettbewerbs mit der Wahrung andersartiger Ziele in Einklang gebracht werden können und dass zu diesem Zweck bestimmte Beschränkungen des Wettbewerbs zulässig sind, wenn sie für die Verwirklichung dieser Ziele unerlässlich sind und nicht zu einer Ausschaltung des Wettbewerbs für einen wesentlichen Teil des Gemeinsamen Marktes führen"[817]. Allerdings stellte der EuGH auch heraus, dass der Grundsatz des freien Wettbewerbs gemeinsam mit den Prinzipien des freien Warenverkehrs und der Handelsfreiheit zu den allgemeinen Grundsätzen des Gemeinschaftsrechts gehört[818].

Auf eine Argumentation liess sich der EuGH auch nicht in der *Kali&Salz*-Entscheidung ein, in welcher er das Vorbringen der französischen Regierung, das in den Art. 2 und 3 lit.j EGV genannte Ziel der Stärkung des wirtschaftlichen und sozialen Zusammenhalts, an das auch im 13. Eingangsgrund der VO, auf die die Kommission in ihrer Entscheidung verweist, erinnert werde, sei zwar

[814] EuGH – *Procureur de la République gegen Association de défense des bruleurs d'huiles usagées*, Rs. 240/83 – Slg. 1985, 531, 549, Rdnr. 15.
[815] EuGH – *Europemballage und Continental Can. gegen Kommission der Europäischen Gemeinschaften*, Rs. 6/72 – Slg. 1973, 215, 244f, Rdnr. 24.
[816] EuGH – *Metro SB-Großmärkte GmbH & Co. KG gegen Kommission der Europäischen Gemeinschaften*, Rs. 26/76 – Slg. 1977, 1875, 1904.
[817] EuGH – *Metro SB-Großmärkte GmbH & Co. KG gegen Kommission der Europäischen Gemeinschaften*, Rs. 26/76 – Slg. 1977, 1875, 1904, 1905 Rdnr. 21.
[818] EuGH – *Procureur de la République gegen Association de défense des bruleurs d'huiles usagées*, Rs. 240/83 – Slg. 1985, 531, 548 Rz. 9.

bei der Beurteilung von Zusammenschlüssen zu berücksichtigen, könne jedoch keinesfalls eine Genehmigung rechtfertigen, die das wesentliche Ziel der gemeinschaftlichen Fusionskontrolle, das im Schutz des Wettbewerbs besteht, vereitele, nicht weiter kommentierte.[819]

Dem Europäischen Gerichtshof wurde vorgeworfen, er habe ein funktionalistisches Wettbewerbsverständnis und ordne dem Wettbewerb eine Instrumentaleigenschaft zu, um gemeinschaftspolitische Ziele zu erreichen[820]. Nach diesem Verständnis kommt dem freien Wettbewerb als Grundsatz keine absolute Geltung zu, vielmehr wird den Gemeinschaftsorganen ein erheblicher Ermessensspielraum dahingehend zugebilligt, inwieweit die Grundprinzipien des freien Wettbewerbs mit anderen Vertragszielen in Einklang gebracht werden können[821].

Ein vergleichbares Verständnis offenbarte die EG-Kommission in ihrem Ausblick auf die künftige Wettbewerbspolitik im Jahre 1995[822]. Auch sie konstatierte, dass die Durchsetzung wettbewerblicher Prinzipien kein Wert an sich sei, sondern dass Wettbewerbspolitik vielmehr ein Instrument sei, das zur Erreichung der grundlegenden Ziele der Gemeinschaft beitrage. So finde die Wettbewerbspolitik der Kommission keineswegs in einem Vakuum statt, sondern habe stets auch ihre Auswirkungen auf andere Politikbereichen mit in Betracht zu ziehen, namentlich Industrie-, Regional- und Sozialpolitik. Diese Gesamtbetrachtung wirke sich umgekehrt aber auch dahingehend aus, dass bei der Verwirklichung der Politik in anderen Bereichen auch die Wettbewerbspolitik zu berücksichtigen sei.

Auch nach diesem etwas vagen Wettbewerbsverständnis, das aus den Aussagen des EuGH hervorgeht, ist es grundsätzlich möglich, andere Erwägungen in die Entscheidung über die Wettbewerbskonformität eines Zusammenschlusses einzubeziehen. Allerdings besteht die Grenze einer praktischen Konkordanz dort, wo in den Kernbereich der Wettbewerbsfreiheit eingegriffen wird. Davon kann im Falle einer marktbeherrschenden Stellung aber ausgegangen werden[823].

---

819 EuGH – verb. Rs. *Frz. Republik/Kommission*, C-68/94 und *SCPA* und *EMC/Kommission*, C-30/95 – Slg. 1998 I-1375, Rdnr. 99.

820 Vgl. dazu z.B. die Entscheidung *Consten/Grundig gegen Kommission der Europäischen Gemeinschaften*, Väth, *S.63*.

821 *A. Schmidt*, WuW 1999, 123, 137.

822 *Van Miert*, WuW 1995, 552, 554.

823 S.o. cc, 2.

ff. Die Politikbereiche der Industriepolitik und der Beschäftigungspolitik und die beiden *Rationales*

(1) *Hardship Rationale* und „Industriepolitik“

Die *Hardship Rationale* könnte nur dann im Rahmen der Industriepolitik zu rechtfertigen sein, wenn der Begriff der Industriepolitik auch die Beibehaltung der derzeitigen Beschäftigungssituation und die Aufrechterhaltung der Wirtschaftskraft bestimmter Unternehmen oder Regionen umfasst.
Der Begriff der Industriepolitik ist grundsätzlich weit gespannt und umfasst eine Vielzahl staatlicher Maßnahmen[824]. Allgemein versteht man unter Industriepolitik jegliches Engagement des Staates, den industriellen Sektor aktiv zu gestalten, so z.B. zur Konservierung alter oder Beschleunigung neuer Strukturen zu intervenieren und damit aktiv in den Prozess der Ressourcenallokation einzugreifen[825].
Probleme wirft die Herausarbeitung eines einheitlichen europäischen Verständnisses des Begriffes „Industriepolitik“ auf. Art. 130 EGV, der die industriepolitische Zielsetzung des Maastrichter Vertrages konkretisiert, enthält selbst keine Definition einer „Industriepolitik“. Hinzu kommen begriffliche Ungereimtheiten. So werden im englischen und im französischen Sprachraum die Begriffe *„industrial policy“* und *„politique industrielle“* in einem umfassenderen Sinne, eher als Ordnungspolitik, verstanden[826]. Auch das Arbeitspapier der EG-Kommission aus dem Jahre 1990 mit dem Titel „Industriepolitik in einem offenen und wettbewerbsorientierten Umfeld - Ansätze für ein Gemeinschaftskonzept“ legt lediglich die Ziele einer europäischen Industriepolitik dar, nicht aber die Mittel, mit deren Hilfe sie zu verwirklichen sind[827].

Die *Hardship Rationale* zur Begründung der *Failing Company Defense* erscheint einzig mit Hilfe einer lenkenden Industriepolitik zu verwirklichen zu sein. Das Interesse der vom Schicksal eines Unternehmens Abhängigen zielt primär auf die Konkursvermeidung und Rettung der funktionierenden Unternehmenseinheit ab. Als Hauptargument dieser Politik dient die beabsichtigte Erhaltung von Arbeitsplätzen. Diese Politik ist in der Regel sektorspezifisch und taucht traditionell in den Wirtschaftsbereichen Kohle, Stahl, Schiffbau und Landwirtschaft auf.

Die Formulierung des EGV und die zugrundeliegende gesetzgeberische Intention lässt Industriepolitik hingegen eher als Ausdruck einer wettbewerbsbezoge-

824 *Immenga*, EuZW 1994, 14, 14; *I. Schmidt*, WuW 1995, 971, 972.
825 *Oberender/Daumann*, Industriepolitik, S.4.
826 *I. Schmidt*, WuW 1995, 971, 972 Fn. 6).
827 Vgl. *Frees*, EuR 1991, 281.

nen oder strategischen Industriepolitik erscheinen. Die wettbewerbsbezogene Industriepolitik umfasst alle Maßnahmen, die dazu geeignet sind, die industrielle Wettbewerbsposition von Unternehmen oder Branchen zu verbessern. Diese Politik begleitet beispielsweise die Bewältigung von erforderlichen Strukturveränderungen, konserviert aber nicht alte Strukturen. Als Beispielsfälle seien die Textil- und Stahlindustrie genannt. Die strategische Industriepolitik dient der Erreichung, Erhaltung und Sicherung wettbewerblicher Positionen in strategischen Industriefeldern, wie z.B. Luft- und Raumfahrt, Informations- oder Biotechnologie.
Beide Arten der Industriepolitik sind zur Rechtfertigung einer *Failing Company Defense* nicht geeignet. Die wettbewerbsbezogene Industriepolitik könnte zu den gewünschten Ergebnissen führen, wenn der Strukturwandel die beteiligten Interessen nicht zu stark in Mitleidenschaft zöge. Die *Hardship Rationale* wendet sich aber gerade gegen eine starke Beeinträchtigung der beteiligten Interessen und zielt darauf ab, strukturelle Anpassungsprozesse, z.B. den Konkurs erfolgloser Unternehmen, zu verzögern. Die *Failing Company Defense* wird hier als Mittel verstanden, um ein Unternehmen, das sich im Wettbewerb nicht bewährt hat, zu bewahren.
Eine strategische Industriepolitik ist zur Erreichung des mit der *Failing Company Defense* angestrebten Zieles ebenfalls ungeeignet. Die Berücksichtigung der *Hardship* Argumentation bei der Genehmigung der Fusion zu einem *global player* oder zu einem Unternehmen, das in Forschung und Entwicklung oder Produktion zur technologischen Spitze gehört, dient nicht der Erreichung des mit dieser Art der Industriepolitik verfolgten Ziels.

Als Ergebnis bleibt festzuhalten, dass die lenkende Industriepolitik, die die Erhaltung überkommener Strukturen in den Mittelpunkt stellt[828], nicht mit einer Stärkung der Wettbewerbsfähigkeit, wie sie der EGV vorsieht, gleichgesetzt werden kann. Förderung der Industriepolitik meint Anschubhilfe für zukunftsträchtige Unternehmen oder Hilfe beim Strukturwandel, nicht aber die Bewahrung alter Strukturen, noch dazu solcher, die sich durch den bevorstehenden Unternehmenskonkurs als unwirtschaftlich erwiesen haben.

(2) *Efficiencies* und „Industriepolitik“

Die *efficiencies defense* trägt zu dem von der *Chicago School of Antitrust Analysis* propagierten Ziel der maximalen Konsumentenwohlfahrt bei. Damit verbinden deren Vertreter primär eine derart optimierte Produktion, dass die geringst möglichen Preise erhoben werden[829]. Aus dieser Betrachtung kann sich aber

---

828 Vgl. *I. Schmidt*, WuW 1995, 971, 973; *Immenga*, EuZW 1994, 14, 14.
829 S.o., III, 2.

auch eine gesamtwirtschaftlich günstigere Lage ergeben. Dies gilt in erster Linie im Hinblick auf *Failing Companies*. Deren Ressourcen werden nämlich erstens überhaupt auf dem Markt belassen und einer u.U. günstigeren Allokation zugeführt. Zudem entstehen die allgemeinen fusionsbedingten Synergieeffekte.
Dieses Verständnis verträgt sich nur partiell mit dem europäischen Verständnis einer Industriepolitik. Letztere umfasst nicht nur die Hilfe zu mehr Wettbewerbsfähigkeit, d.h. vor allem zu effizienterer Produktion, sondern auch die Unterstützung bei Forschung und Entwicklung sowie internationaler Wettbewerbsfähigkeit. Jedoch kann eine effizientere Produktion zumindest auch als Ziel dieser Industriepolitik verstanden werden.

Es ist fraglich, ob durch die Verträge von Amsterdam und Maastricht der Wert des Wettbewerbs überhaupt in einem solchen Maße relativiert wurde, dass industriepolitischen Zielsetzungen ein wie auch immer gearteter Vorrang zukommt. Auch Art. 2 EGV selbst und der Rechtsprechung des EuGH sind keine hinreichenden Anhaltspunkte zur Genehmigung einer Failing Company Defense aus *efficiency* Gründen zu entnehmen.

(3) *Hardship Rationale* und Beschäftigungspolitik

Naheliegender scheint es, in den Zielen, die die *Hardship Defense* verfolgt, eine Ausprägung des Vertragsziels einer ausgewogenen Beschäftigungspolitik zu sehen. Die Beschäftigungspolitik findet durch die Einführung des neuen Titels VIII (Art. 3 lit. i und Art. 125-130 EGV) durch den Vertrag von Amsterdam erstmals explizite Berücksichtigung im EGV und könnte durch das besondere Gewicht, das beschäftigungspolitischen Aspekten zukünftig zukommen soll, dazu geeignet sein, den Vorrang des freien Wettbewerbs zu unterminieren[830]. Neben dem Stellenwert, der der Beschäftigungspolitik bislang schon durch deren Erwähnung im Aufgabenkatalog der Art. 2, 3 lit. i EGV zukam, wird die durch den Amsterdamer Vertrag neu eingefügte Querschnittsklausel des Art. 127 Abs. 2 EGV auf eine noch stärkere Einbeziehung arbeitsmarktpolitischer Argumente drängen[831]. Dies kann sich auch auf die Anwendung der FusionskontrollVO auswirken.

In diesen Fragenkreis eingeschlossen ist die Überlegung, ob die Erhaltung konkreter Arbeitsplätze in einem bestimmten Unternehmen Gegenstand oder zumindest ein Ziel der europäischen Beschäftigungspolitik darstellen soll. Aus Art. 2, 127 Abs. 2 EGV ergibt sich die Aufgabe der Gemeinschaft, das Ziel eines hohen Beschäftigungsniveaus zu verfolgen, nicht aber die Rettung einzelner Arbeitsplätze zu betreiben.

---

830 Vgl. z.B. *van Miert*, WuW 1995, 554.
831 *A. Schmidt*, WuW 1999, 123, 135.

Die Situation auf europäischer Ebene ist insofern mit der deutschen Rechtslage vergleichbar, als dort § 1 StabG ein Allgemeininteresse an einem hohen Beschäftigungsstand statuiert und somit auch bei einer Abwägung im Rahmen des § 42 GWB Beachtung[832] finden soll. So wurde im deutschen Recht eine Abwägung mit arbeitsmarktpolitischen Aspekten im Falle einiger Ministererlaubnisse vorgenommen[833]. Auch hier wies das Bundeswirtschaftsministerium aber einschränkend darauf hin, dass die entscheidende gesamtwirtschaftliche Betrachtungsweise nicht die Erhaltung von Arbeitsplätzen bei einzelnen Unternehmen zur isolierten Zielvorstellung erheben könne[834]. Für die Beurteilung dieser Frage ist mithin entscheidend, wie sich Unternehmenszusammenbruch bzw. Fusion auf die allgemeine Arbeitsmarktsituation insgesamt auswirken.

b. Berücksichtigung des Kohäsionsgebots in dem 13. Erwägungsgrund

Die vorstehenden Überlegungen machen Art. 2 EGV für die Frage nach dem Gewicht regional- oder beschäftigungspolitisch motivierter Ausnahmen vom Fusionsverbot zu einer zu vernachlässigenden Größe. Interessanter erscheint in diesem Zusammenhang das Kohäsionsgebot in dem 13. Erwägungsgrund zu sein.

Obschon lediglich ein Erwägungsgrund[835] hat das EuGEI ihm im einsweiligen Rechtsschutzverfahren und auch in den Entscheidungen zu *Nestlé/Perrier* eine erhebliche Bedeutung beigemessen[836]. In der Praxis der Kommission ist er in der *Kali & Salz*-Entscheidung angesprochen worden. Für die Entscheidung des EuGH selbst war er allerdings unerheblich. Größeres Gewicht maß ihm Generalanwalt *Tesauro* zu, welcher den besonderen Rahmen heraushob, in welchem sich der Zusammenschluss vollzog, und darin eine Rechtfertigung für die Berücksichtigung vor allem beschäftigungspolitischer Gesichtspunkte sah[837].

---

832 *IBH/Wibau* WuW/E BWM 177, 181; *Mestmäcker/Veelken*, in: Immenga/Mestmäcker, GWB, § 42 Rdnr. 27.

833 *VAW/Kaiser* WuW/E BWM 150; *Babcock/Artos* WuW/E BWM 157; *Thyssen/Hüller* BWM 162; *VEBA/BP* WuW/E BWM 165 ff.; *IBH/Wibau* WuW/E BWM 177, 181; *MAN/Sulzer* WuW/E BWM 207, 212; *Kali&Salz/PCS* WuW/E BWM 225, 228ff., s. dazu auch oben 1. Kapitel und unten 6. Kapitel.

834 *Thyssen/Hüller* WuW/E BWM 159, 162.

835 Zur grundsätzlichen Bedeutung der Erwägungsgründe siehe unten c.

836 EuG, Urteil vom 27.4.1995 – *Comité Central d'Entreprise de la Société Générale des Grandes Sources u.a./Kommission*, Rs. T-96/92 – Slg. 1995, II-1213, 1229, Rdnr. 28ff; Slg. 1992, II-2579, 2601, Rdnr. 26ff ; EuG, Urteil vom 27.4.1995 - *Comité Central d'Entreprise de la Société Anonyme Vittel u.a./Kommission*, Rs. T-12/93 – Slg. 1995, II-1247, Rdnr. 36ff.

837 EuGH – verb. Rs. *Frz. Republik/Kommission*, C-68/94 und *SCPA* und *EMC/Kommission*, C-30/95 – Slg. 1998 I-1375, Rdnr. 99 und die Stellungnahme des Generalanwalts *Tesauro*, Slg. 1998 I-1404, 1408, Rdnr. 56.

Für die Antwort auf die Frage, ob eine *Hardship*-Rechtfertigung Eingang in das Recht der europäischen Fusionskontrolle finden kann, ist das Problem, ob die geschützten Interessen der am Fortbestand des Unternehmens Interessierten in den Schutzbereich des Art. 158 EGV fallen können, somit von elementarer Bedeutung. Lässt sich Art. 158 EGV entnehmen, dass besagte Interessen zu berücksichtigen seien, so könnten diese über den 13. Erwägungsgrund Eingang in das Fusionskontrollverfahren finden und somit letztlich Auswirkungen auf die wettbewerbsrechtliche Beurteilung entfalten[838]. Ergibt sich hingegen, dass Art. 158 EGV nicht die Möglichkeit vorsieht, das Interesse am Bestand bestimmter Unternehmen in die Entscheidungsfindung einzubringen, so bleibt auch die FusionskontrollVO von diesen Erwägungen unberührt.

aa. Inhalt von Art. 158 EGV

Als wesentliches Politikfeld der Gemeinschaft nennt der EGV im fünften Erwägungsgrund der Präambel, dass zur harmonischen Entwicklung auch das Bestreben gehört, regionale Ungleichgewichte zu beheben. Diese Vorgabe umsetzend verlangt Art. 3 lit. k EGV explizit eine Stärkung des wirtschaftlichen und sozialen Zusammenhalts innerhalb der Gemeinschaft. Diese Leitlinie wird von Art. 158 Abs.1 EGV wieder aufgegriffen.

In Art. 158 Abs. 2 EGV findet sich unter dem Titel „wirtschaftlicher und sozialer Zusammenhalt" das Ziel der Gemeinschaft, den Abstand zwischen den verschiedenen Regionen und den Rückstand der am wenigsten begünstigten Gebiete zu verringern[839]. Obwohl dieses Ziel der „regionalen Strukturpolitik" eine industriepolitische Prägung aufweist, stellt Art. 158 EGV eine eigene Rechtsgrundlage für gemeinschaftlichen Regionalpolitik dar[840].

Für die Rechtfertigung der *Failing Company Defense* könnte der Berücksichtigung der Regional- oder regionalen Strukturpolitik eine entscheidende Bedeutung zukommen. Das Bekenntnis zu einer "Regionalpolitik"[841] könnte sich auf ein Zusammenschlusskontrollverfahren dergestalt auswirken, dass die Fusion mit einem regional dominierenden Unternehmen, das einen wesentlichen Beitrag zum privaten und öffentlichen Wohlstand in dieser Region beiträgt, dann unter den Voraussetzungen einer *Failing Company Defense* genehmigt werden könnte, wenn zu erwarten ist, dass die Region durch einen Zusammenbruch des Unternehmens erhebliche Einbußen in Kauf zu nehmen hätte. Die Insolvenz eines scheiternden Unternehmens betrifft ab einer bestimmten Unternehmensgröße in der Regel eine ganze Region. Arbeitsplätze werden in großem Umfang abgebaut, den lokalen Standortgemeinden entgehen unter Umständen Steuerein-

---

838 Zu den Detail im einzelnen vgl. unten bb.

839 *Immenga*, EuZW 1994, 14, 15.

840 *Stabenow*, in: Grabitz/Hilf, Art. 130 a, Rdnr. 2

841 *Geiger*, Art.3 Rdnr. 3.

nahmen, zugleich können sie durch die Sozialkosten der Unternehmensstillegung belastet werden. Schließlich müssen nicht selten lokale Zulieferbetriebe, Transportunternehmen und sonstige dem Unternehmen verbundene örtliche Dienstleister zumindest um die Durchsetzung ihrer Ansprüche, wenn nicht sogar um ihre Existenz bangen. Die Insolvenz eines solchen Unternehmens kann also schwerwiegende Auswirkungen auf die industrielle Struktur einer Region haben. Besonders evident ist dieser Fall in Regionen, die durch ein Unternehmen geprägt, ansonsten aber strukturschwach sind.

bb. Verhältnis zur Wettbewerbspolitik

Obwohl als Instrument der Regionalpolitik in erster Linie finanzielle Zuwendungen an nationale Regionalprogramme aus den Mitteln der Strukturfonds vorgesehen sind, könnte das Ziel der Regionalpolitik, die Förderung der Entwicklung und strukturellen Anpassung rückständiger Gebiete, in der Praxis in Konflikt mit dem Ziel der europäischen Wettbewerbspolitik geraten. Nicht nur in der Fusionskontrolle stellt sich dieses Problem: So können finanzielle Zuwendungen aus den Strukturfonds und Vergünstigungen zugunsten von Unternehmen in bestimmten Regionen, wenn sie über eine Kompensation der regionalen Wettbewerbsnachteile hinausgehen, zu Wettbewerbsverzerrungen zu Lasten von Konkurrenzunternehmen in anderen Regionen führen[842]. Damit würde der Sinn und Zweck der Beihilfenkontrolle konterkariert.
Die Förderung von Unternehmenskooperationen kann in rückständigen oder von Strukturkrisen betroffenen Gebieten auch dem System des Kartellverbots mit seinen begrenzten Freistellungsmöglichkeiten entgegenstehen. Gleiches gilt für die Genehmigung von wettbewerbsbeeinträchtigenden Unternehmenszusammenschlüssen aus Gründen einer überragenden regionalen Bedeutung des zu erwerbenden Unternehmens. Der 13. Erwägungsgrund macht dabei explizit deutlich, dass der Gedanke der Regionalförderung nicht nur mittels finanzieller Zuwendungen, sondern auch im Wege der Unternehmenskooperationen und stärkerer Verflechtungen verfolgt werden kann.
Aus Art. 3 EGV ergibt sich die systematische Gleichrangigkeit von Wettbewerbspolitik und Regionalpolitik, so dass ein Vorrang der Wettbewerbspolitik im Konfliktfall *per se* nicht zu erkennen ist.
Eine Aussage zur Bedeutung der Regionalpolitik lässt sich der Querschnittsklausel des Art. 159 Abs. 1 S. 2 EGV entnehmen. Demzufolge sind bei Festlegung und Durchführung der Politikbereiche der Gemeinschaft sowie der Errichtung des Binnenmarktes die Ziele des Art. 158 EGV zu berücksichtigen, und es ist zu deren Verwirklichung beizutragen. Aus dieser Formulierung geht zum einen hervor, dass zwar alle Politikbereiche der Gemeinschaft regionalpolitische

---

[842] G/T/E-*Thiesing* vor Art. 92-94, Rdnr. 5.

Aspekte berücksichtigen[843], dass aber andererseits der Bestand der allgemeinen Politiken in seiner Substanz nicht angetastet wird. Vielmehr soll mittels der allgemeinen Politiken zur Verwirklichung regionalpolitischer Zielsetzungen beigetragen werden.

An der Bedeutung des Wettbewerbsprinzips als fundamentales Strukturprinzip der Europäischen Union hat sich in materiellrechtlicher Hinsicht einiges verändert. Mit der Übertragung sogenannter „Querschnittsaufgaben" der Beschäftigungs- und Industriepolitik auf die Gemeinschaftsorgane ist auch die Wahrscheinlichkeit gestiegen, dass Zielkonflikte auftreten. Die Kommission verfügt durch die Querschnittsklauseln über einen erheblichen Ermessensspielraum bei der Beurteilung darüber, bis zu welchem Grade Wettbewerbsbeschränkungen zulässig sind. Infolge dieser Entwicklung werden die bisher bestehenden materiellen Bindungen an die strengen wettbewerbsrechtlichen Vorgaben für die Rechtsanwendung unbestimmbarer. Damit eröffnen sich politische Handlungsspielräume, die zu einer Politisierung der Wettbewerbspolitik insgesamt führen können.

c. Berücksichtigungsfähigkeit des 13. Erwägungsgrundes

aa. Eigenständige Rechtfertigung

Das EuGEI berücksichtigte den Kohärenzeinwand explizit im Stil einer *public policy*-Entscheidung in der gerichtlichen Auseinandersetzung[844] um die *Nestlé/Perrier*-Entscheidung der Kommission vom 22.7.1992[845].

In diesen Entscheidungen ging es um den folgenden Sachverhalt:
Mehrere französische gesetzliche Personalvertretungsorgane und eine französische Gewerkschaft erhoben Klage gegen die Entscheidung der Kommission, in der diese den Zusammenschluss der Unternehmen *Nestlé* und *Perrier* genehmigte. Die Klage richtete sich vor allem gegen die Auflage in der Entscheidung, den zur *Vittel SA* gehörenden Mineralbrunnen *Pierval* zu verkaufen. Die Kläger machten geltend, sie verträten die kollektiven Interessen der Arbeitnehmer von *Vittel* und *Pierval* und seien in ihnen zustehenden Rechtspositionen verletzt. Die Kommission führte aus, dass die Zulässigkeit dieser Klage seit den Entschei-

---

[843] Stabenow, in: Grabitz/Hilf, Art. 130 b, Rdnr. 3.
[844] EuG, Urteil vom 27.4.1995 – *Comité Central d'Entreprise de la Société Générale des Grandes Sources u.a./Kommission*, Rs. T-96/92 – Slg. 1995, II-1213, 1229, Rdnr. 29; EuG, Urteil vom 27.4.1995 - *Comité Central d'Entreprise de la Société Anonyme Vittel u.a./Kommission*, Rs. T-12/93 – Slg. 1995, II-1247, EuZW 1995, 677, Rdnr. 38.
[845] Kommission, Entscheidung vom 22.7.1992 *Nestlé/Perrier* (IV/M.190), ABl. 1992 L 356/1.

dungen *Exportation des Sucres/Kommission*[846] und *DEFI/Kommission*[847] neben dem Vorliegen der Voraussetzungen des Art. 173 EGV a.F. auch von der Glaubhaftmachung eines Rechtsschutzinteresses abhängig sei und rügte im Hinblick auf die wesentliche Zielsetzung der FusionskontrollVO, die im Gemeinsamen Markt einen wirksamen Wettbewerb aufrecht erhalten und entwickeln solle, das fehlende Rechtsschutzinteresse der Kläger.
Nach ständiger Rspr. des EuGH konnte eine natürliche Person nur dann Klage nach Art. 173 EGV a.F. gegen eine an eine andere Person gerichtete Entscheidung erheben, wenn diese Entscheidung sie wegen bestimmter persönlicher Eigenschaften oder besonderer, sie aus dem Kreis aller übrigen Personen heraushebender Umstände berührte und sie in ähnlicher Weise individualisierte wie den Adressaten[848].
Dies prüfte das EuGEI[849]. Es wies zunächst darauf hin, "dass im Rahmen der VO über die Fusionskontrolle der Vorrang, der der Einführung eines Systems des freien Wettbewerbs eingeräumt wird, bei der Beurteilung der Vereinbarkeit eines Zusammenschlusses mit dem Gemeinsamen Markt in bestimmten Fällen mit der Berücksichtigung der sozialen Auswirkungen dieses Zusammenschlusses vereinbart werden kann, wenn diese die in Art. 2 des Vertrages genannten Ziele beeinträchtigen"[850]. Für die Kommission könne also Anlass zu der Prüfung bestehen, ob der Zusammenschluss unmittelbare oder mittelbare Auswirkungen auf die Lage der Arbeitnehmer in den beteiligten Unternehmen haben kann, die den Beschäftigungsstand oder die Beschäftigungsbedingungen in der Gemeinschaft oder einem wesentlichen Teil der Gemeinschaft beeinflussen[851]. Dazu habe die Kommission eine wirtschaftliche Bilanz des Zusammenschlusses aufzustellen, in die gegebenenfalls Erwägungen sozialer Art eingehen könnten[852].
Im einzelnen legte das EuGEI im Rahmen der Überprüfung des Rechtsschutzinteresses hohe Maßstäbe an die Ausgestaltung der arbeitsmarktpolitischen Interessen an. Es sei nicht ausreichend für ein Eingreifen des 13. Erwägungsgrun-

---

846 EuGH – *Exportation des Sucres/Kommission* – Slg. 1977, 709.
847 EuGH – *DEFI/Kommission* – Slg. 1986, 2469.
848 EuGH – *Pflaumann/Kommission* – Slg. 1963, 213, 238; EuGH – *Eridania u.a./Kommission* – Slg. 1969, 459 Rdnr. 7; EuG – *Zunis Holding u.a./Kommission* – Slg. 1993, II 1169 Rdnr. 34ff.
849 EuG, Urteil vom 27.4.1995 – *Comité Central d'Entreprise de la Société Générale des Grandes Sources u.a./Kommission*, Rs. T-96/92 – Slg. 1995, II-1213, 1229, Rdnr. 27ff., EuG, Urteil vom 27.4.1995 – *Comité Central d'Entreprise de la Société Anonyme Vittel u.a./Kommission*, Rs. T-12/93, EuZW 1995, 677, 679, Rdnr. 37ff.
850 EuG, Urteil vom 27.4.1995 – *Comité Central d'Entreprise de la Société Générale des Grandes Sources u.a./Kommission*, Rs. T-96/92 – Slg. 1995, II-1213, 1229, Rdnr. 28; EuG, Urteil vom 27.4.1995 – *Comité Central d'Entreprise de la Société Anonyme Vittel u.a./Kommission*, Rs. T-12/93, EuZW 1995, 677, 679, Rdnr. 38.
851 Id., Rdnr. 38.
852 Id., Rdnr. 39.

des, wenn nur eine genauere Untersuchung der Auswirkungen eines Zusammenschlusses auf die Bechäftigungslage in einem bestimmten Unternehmen erfolge. Der 13. Erwägungsgrund verpflichte vielmehr zu einer Berücksichtigung der vorhersehbaren Folgen eines Zusammenschlusses für die Beschäftigungslage in der gesamten Gemeinschaft oder einem wesentlichen Teil der Gemeinschaft[853]. Ein Rechtsschutzinteresse der Arbeitnehmer sei mithin nur dann zu bejahen, wenn eine eindeutige Verletzung der in Art. 2 EGV genannten sozialen Ziele gegeben sei.
Trotz der hohen inhaltlichen Hürde schien das EuGEI im Zusammenspiel von Art. 2 Abs. 1 lit. b a.E. FusionskontrollVO und dem 13. Erwägungsgrund in bestimmten Fällen dem Kohäsionseinwand ein eigenständiges Gewicht im Rahmen einer wettbewerblichen Beurteilung zuzuerkennen. Im Rahmen dieser Bilanz würde es den Genehmigungsbehörden dann freistehen, im Wege einer Ermessensentscheidung wirtschaftliche und soziale Fragen, die im Zusammenhang mit dem genehmigungspflichtigen Vorhaben stehen, in die Entscheidung über die Vereinbarkeit mit einzubeziehen[854].

Ein weitergehendes Argument für die Berücksichtigung des Kohäsionseinwandes in dieser Form sehen dessen Befürworter in der gesonderten Protokollerklärung der Kommission[855], worin diese es zu ihren Aufgaben erklärt, bei Entscheidungen über die Vereinbarkeit von Zusammenschlüssen mit Gemeinschaftsrecht die Wettbewerbsfähigkeit der Unternehmen in Gebieten mit hohem Umstrukturierungsbedarf zu berücksichtigen, vor allem, wenn dieser Bedarf auf einen Entwicklungsrückstand zurückzuführen sei[856]. Daraus wurde in der Literatur anfänglich gefolgert, dass zu erwarten sei, dass die Kommission eine gewisse Großzügigkeit bei Aufholfusionen walten lasse[857].

Genügend Argumente sprechen jedoch gegen ein solches Verständnis des 13. Erwägungsgrundes. Bereits aus der Tatsache, dass es sich (bloß) um einen Erwägungsgrund handelt, ist zu folgern, dass ihm eher programmatischer denn materiellrechtlicher Gehalt zukommt. Erwägungsgründe können Hilfsmittel bei der Auslegung des in einer Verordnung enthaltenen materiellen Rechts sein. Keinesfalls können sie aber fehlende gesetzliche Vorschriften ersetzen[858].

853 Id., Rdnr. 38.
854 zustimmend: *Löffler*, Art. 16 FusionskontrollVO, Rdnr. 37f.
855 iehe Bulletin 2/90.
856 Vgl. *Venit*, Fordham Corp. L. I. 1990, 412, 417; *Jones/Gonzalez-Diaz*, 165; vgl. *Banks*, 3 E.C.L.R. 1997, 182, 183; *Koch*, EWS 1990, 65, 70.
857 *Hölzler*, WM 1990, 489, 491; *Immenga*, WUW 1990, 371, 373; *Albers*, CR 1990, 444, 447, der Wettbewerbsbeschränkungen im Norden für einen Beitrag der Unternehmen zur Industrialisierung einer unterentwickelten Region im Süden als theoretischen Modellfall vorstellt; *Celli/Grenfell*, Merger Control, S. 124.
858 *Venit*, Fordham Corp. L. I. 1990, 412, 418; *Rubin*, 10.

Gegen die Zulässigkeit einer ausdrücklichen Berücksichtigung des Kohäsionsgebots kann ebenfalls die Entstehungsgeschichte der FusionskontrollVO herangezogen werden[859]. Das Kohäsionsgebot hat zu keinem Zeitpunkt Eingang in den materiell-rechtlichen Teil eines Vorentwurfs gefunden[860]. Auch Art. 130 a a.F. (jetzt Art. 158) EGV gelangte erst durch die EEA in den EG-Vertrag. Die Gemeinschaftspolitik des wirtschaftlichen und sozialen Zusammenhalts wird erstmalig in den Erwägungsgründen der vom Rat verabschiedeten VO erwähnt. Die unmittelbare Einbeziehung einer Gemeinschaftspolitik in die Beurteilung einer Wettbewerbsbeschränkung in einem Einzelfall stellte nach einer Ansicht zudem ein rechtssystematisches Novum im Gemeinschaftsrecht dar[861], was das EuGEI im konkreten Fall aber offensichtlich nicht gestört hat. Bei der Bewertung der EuGEI-Entscheidung ist aber auch zu berücksichtigen, dass diese Aussage nicht im Kontext einer Entscheidung über materielles Fusionskontrollrecht getroffen wurde, sondern im Rahmen der Feststellung eines Rechtsschutzbedürfnisses und ihr somit für Fragen der materiellen Fusionskontrolle nur begrenzter Wert zukommt.

Ausschlaggebendes Argument ist die Tatsache, dass selbst in diesem Erwägungsgrund zunächst von dem Erfordernis ausgegangen wird, im Gemeinsamen Markt wirksamen Wettbewerb zu entwickeln oder aufrechtzuerhalten[862]. Dies ergibt sich auch im Lichte der Erwägungsgründe 6 und 7, welche die FusionskontrollVO lediglich als Ergänzung zu den Wettbewerbsregeln des EG-Vertrages sehen. Damit ist diese dem Ziel untergeordnet, eine wirksame Kontrolle im Hinblick auf Auswirkungen von Zusammenschlüssen auf die Wettbewerbsstruktur der Gemeinschaft zu ermöglichen. Da die FusionskontrollVO somit nicht den vom europäischen Wettbewerbsrecht gesteckten Rahmen verlassen kann, erschöpft sich die Bedeutung des 13. Erwägungsgrundes also entweder in einer Hilfestellung für die Auslegung der unbestimmten Rechtsbegriffe von Art. 2 FusionskontrollVO[863] oder als entscheidendes Moment bei Zweifeln über die negativen Wettbewerbsfolgen eines Zusammenschlusses[864].

---

[859] G/T/E-*Albers*, Art. 2 FusionskontrollVO, Rdnr. 539.

[860] Sieht man einmal von der allgemeinen Bezugnahme auf die grundlegenden Vertragsziele in den frühen Entwürfen ab, siehe oben V, 2, b, bb.

[861] G/T/E-*Albers*, Art. 2 FusionskontrollVO, Rdnr. 539.

[862] *Immenga*, Europäische Fusionskontrolle, S. 27; *Megret*, Commentaire, Rdnr. 914.

[863] *Janicki*, WuW 1990, 195, 199.

[864] *Immenga*, WuW 1990, 371, 378.

bb. Auslegungshilfe oder Zweifelsregel

(1) Auslegungsregel

Im 13. Erwägungsgrund wird das rechtspolitische Ziel der Fusionskontrolle, wirksamen Wettbewerb aufrechtzuerhalten und zu entwickeln, festgeschrieben. Erst im Anschluss daran heißt es, dass die Kommission sich bei der wettbewerblichen Beurteilung an den grundlegenden Vertragszielen gemäß Art. 2, einschließlich des Art. 158 EGV zu orientieren habe.

Aus dieser Reihenfolge lässt sich keine Verpflichtung der Kommission oder der anderen Gemeinschaftsorgane entnehmen, die über die Beachtung der Vertragsziele bei der Anwendung und Auslegung der Wettbewerbsregeln hinausgeht[865]. Vielmehr ist in der Wahrnehmung der vorrangigen Aufgabe, wirksamen Wettbewerb aufrechtzuerhalten und zu entwickeln, demnach diejenige Interpretation zu wählen, die den grundlegenden Vertragszielen am ehesten dienlich ist[866].

Diese Auffassung findet eine Stütze in den Ausführungen der Kommission zum Einfluss außerwettbewerblicher Interessen in der *Kali & Salz*-Entscheidung. Zum einen billigt die Kommission (und auch Generalanwalt *Tesauro*) die Zurückweisung eines Alternativerwerbers, da dessen teilweiser Erwerb der Produktionseinrichtungen nur zur Rettung von 536 Arbeitsplätzen geführt hätte, der wettbewerbsfeindlichere Zusammenschluss hingegen voraussichtlich 3000 Arbeitsplätze gerettet hätte[867]. Zum anderen wies die Kommission darauf hin, dass die Entscheidung sich im Hinblick auf die Strukturschwäche ostdeutscher Standorte, die von dem Zusammenschluss betroffen seien und die im Falle einer Untersagung schwerwiegende Probleme zu bewältigen hätten, auch mit dem Grundprinzip der Stärkung des wirtschaftlichen und sozialen Zusammenhalts innerhalb der Gemeinschaft vertrage, auf welches der 13. Erwägungsgrund der VO über die Fusionskontrolle hinweise[868]. Dennoch war der Weg zu diesen

---

865 So bereits *Langeheine*, Fordham Corp. L. I. 481, 499; G/T/E-*Albers*, Art. 2 FusionskontrollVO, Rdnr. 539.

866 *Janicki*, WuW 1990, 195, 200; *Banks*, 3 E.C.L.R. 1997, 182, 185; *Rohardt*, WuW 1991, 365, 369.

867 Entscheidung vom 14.12.1993 *Kali & Salz/MdK/Treuhand* (IV/M.308), ABl. 1994 L 136/38, Rdnr. 90; so auch die ausdrückliche Erklärung des Generalanwalts *Tesauro*, in den verb. Rs. C-68/94-*Frz. Republik/Kommission* und C-30/95-*SCPA und EMC/Kommission*, Slg. 1998 I-1404, 1408, Rdnr. 56.

868 Entscheidung vom 14.12.1993 *Kali & Salz/MdK/Treuhand* (IV/M.308), ABl. 1994 L 136/38, Rdnr. 95; Schlussantrag des Generalanwalts Tesauro, EuGH, Slg. 1998 I-1404, 1408, Rdnr. 56f.

Erwägungen nur durch die wettbewerbliche Neutralität des Zusammenschlusses eröffnet worden[869].

(b) Zweifelsregel

Eine Zweifelsregel kann nur dann erforderlich sein, wenn die Kommission trotz umfangreicher Würdigung der Marktstrukturkriterien nicht eindeutig bestimmen kann, ob durch den Zusammenschluss eine Wettbewerbsbeeinträchtigung erfolgt. Dies ist dann der Fall, wenn entweder die Ergebnisse mit oder ohne Zusammenschluss wettbewerblich vergleichbar oder die Daten, aufgrund derer die Prognose getroffen werden soll, eine solche nicht mit der erforderlichen Präzision zulassen.

In dem ersten Fall könnte sich die Kommission mit guten Gründen für oder gegen den Zusammenschluss aussprechen. Dann könnte sie gehalten sein, außerwettbewerbliche Faktoren der genannten Art als ausschlaggebend zu berücksichtigen[870]. Schon bei der einfachen Prognose kann eine Substantiierung u.U. nicht möglich sein, z.B. in den Fällen, in denen die Frage, wie der zukünftige Markt aussehen wird, nicht genau zu beantworten ist. Es ist auch möglich, dass sich die Wettbewerbsverschlechterungen aufgrund des Zusammenschlusses im Rahmen der üblichen Prognosetoleranzen halten, die für diesen Markt gelten. Gerade in Anbetracht des 13. Erwägungsgrundes ist nicht ersichtlich, warum in diesen Fällen, in denen verschiedene Lösungen nur geringe Unterschiede hinsichtlich der Wettbewerbssituation, aber erhebliche Unterschiede in regional- oder arbeitsmarktpolitischer Hinsicht aufweisen, nicht die letztere Alternative zu bevorzugen sein soll.

Im Falle einer Sanierungsfusion kommt dieser Zweifelsregel eine besondere Bedeutung zu, da zwei zukünftige verschiedene Marktzustände gegeneinander abzuwägen sind und nicht ein bestehender mit einem zukünftigen. Damit ist eine zweite Prognose erforderlich, die der ersten gegenüberzustellen ist und die ihrerseits wieder Unschärfen aufweisen kann. Anzusetzen ist hier bei den Ergebnissen des 3. Kapitels, dass eine hinreichend substantiierte Prognose über die Entwicklung der Marktsituation erfolgen muss, und des 4. Kapitels, welches zu einer umfassenden doppelten Prognose im Fall der Sanierungsfusion führt. Die Kommission muss zusätzlich eine Prognose über die Marktsituation im Falle des Marktaustritts des sanierungsbedürftigen Unternehmens anstellen. Die tatsächliche Basis für den Vergleich der Marktstrukturen, der Ist-Zustand, entfällt und wird ihrerseits durch eine Prognose ersetzt. Damit kann das Ergebnis aber nicht auf eine so präzise Vorhersage einer eventuellen Verschlechterung der Marktstruktur hinauslaufen, wie es im Falle eines gegebenen Marktzustandes als Refe-

---

869 *Cohen-Tanugi* et al., Pratique communautaire, S. 85.

870 *Immenga*, Europäische Fusionskontrolle, S. 27; *C. R. Schmidt*, Technischer Fortschritt, S. 147; *Megret*, Commentaire, Rdnr. 914 a.E.

renz möglich wäre. Steht das Ergebnis der Prognose aber ohnedies unter einem größeren Vorbehalt, so ist es nicht zwingend, dass unter allen wettbewerblich vetretbaren Entscheidungen diejenige getroffen wird, die (voraussichtlich) wettbewerblich zu bevorzugen ist, sondern die, die zusätzlich mit den Zielen des 13. Erwägungsgrundes am ehesten harmoniert.

Eine weitere Besonderheit im Rahmen der obigen Argumentation stellt die umfassende Berücksichtigung von Marktstrukturkriterien im Rahmen der wettbewerblichen Bilanz dar[871]. Hier kann es selbst bei präzisen Daten sehr schwierig sein, die unterschiedlichen Auswirkungen auf den Wettbewerb in Relation zueinander zu setzen und zu bestimmen, welche Entscheidung letztlich die aus wettbewerblicher Sicht günstigste ist. Liegt in einem solchen Fall trotz sorgfältiger Analyse der Kommission ein wettbewerbsrechtliches *non liquet* vor, bietet es sich ebenfalls an, auf die im 13. Erwägungsgrund genannten Interessen zurückzugreifen, wenn diesen ein hinreichendes Gewicht zukommt.

(3) Berücksichtigung von Rationalisierungsvorteilen in der wettbewerblichen Analyse

Etwas anderes gilt für die Berücksichtigung von Rationalisierungsvorteilen, da diese sich auch wettbewerblich darstellen lassen.

Bis oben bb. behandelte dieses Kapitel ausschließlich die Frage, ob außerwettbewerbliche Interessen geeignet sind, einen ansonsten wettbewerbswidrigen Zusammenschluss zu genehmigen. Bereits im 4. Kapitel wurde kurz die Frage aufgeworfen, ob Rationalisierungsvorteile als positive Gesichtspunkte in eine wettbewerbliche Bilanz eingestellt werden können[872]. Nach dem Ergebnis dieses Kapitels ist dies bei der *Failing Company Defense* im europäischen Recht grundsätzlich möglich, wenn die wettbewerblichen Vorteile deutlich auszumachen und quantifizierbar sind, vor allem die erzielten Vorteile nachweislich an den Wettbewerb weitergegeben werden. Dies ist schon erforderlich, um den Kriterien, die die Rechtsprechung[873] an eine wettbewerbliche Prognose stellt, gerecht zu werden.

In der *BASF/Eurodiol/Pantochim*[874] Entscheidung sah die Kommission die Gewähr dafür, dass der Wettbewerb von einem Zusammenschluss eher profitiert

---

[871] S.o. 4. Kapitel, II.

[872] S.o., 4. Kapitel, II.

[873] EuG, Urteil vom 19.5.1994 – *Air France/Kommission*, Rs. T-2/93 – Slg. 1994 II – 323, 349, Rdnr. 70-72: keine bloßen Aussichten oder Hoffnungen.

[874] Entscheidung der Kommission vom 11.7.2001 *BASF/Eurodiol/Pantochim* (IV/M.2314), WuW 2002, 90, 95.

als von dessen Untersagung. Dabei folgte die Kommission im Wesentlichen der oben[875] aufgezeigten Argumentation. Preiserhöhungen infolge des Zusammenschlusses konnte die Kommission zwar nicht ausschließen, diese würden jedoch geringer ausfallen als bei einer Untersagung, weil sich bei gleichbleibender Nachfrage die Investition in die zusätzlichen Produktionsanlagen nicht lohnen würde. *BASF* müsse die Produktion voll auslasten, um selbst profitabel zu sein, was in der Folge zu niedrigeren Preisen führte als im Falle des Ausscheidens beider Unternehmen vom Markt zu erwarten gewesen wäre[876]. Garant für diese Prognose war in den Augen der Kommission zudem die sehr unelastische Nachfrage und die ohnedies knappen Kapazitäten auf dem Markt, die im Falle des Marktaustritts von *Eurodiol* und *Pantochim* zu vergleichsweise höheren Preissteigerungen geführt hätten[877]. Die Kommission gelangt somit letztlich unter Anwendung des *„existing assets“*-Gedanken zu dem Schluss, mit der Freigabe die aus wettbewerblicher Sicht bessere der beiden denkbaren Entwicklungen angestoßen zu haben.

Hier gilt somit nicht, dass die Kommission nur in Zweifelsfällen, in denen sie trotz sorgfältigster Analyse aller Marktstrukturkriterien zu keinem Ergebnis über eine entstehende Marktbeherrschung gelangt, einen hinreichend dargelegten Rationalisierungsvorteil berücksichtigen kann und sollte[878]. Unter den genannten Vorbehalten treten Rationalisiserungsgesichtspunkte im europäischen Recht zumindest im Falle eines Sanierungssachverhalts gleichberechtigt neben die Marktstrukturkriterien.

d. Zwischenergebnis

Zwar berücksichtigen die Kommission und das EuGEI auch wettbewerbsfremde Interessen in ihren Entscheidungen. Dies geht freilich nicht so weit, dass der Grundgehalt der Wettbewerbsfreiheit angetastet würde[879].
Dies bedeutet, dass außerwettbewerbliche Erwägungen möglicherweise im Rahmen der Erörterungen, ob überhaupt eine Wettbewerbsbeeinträchtigung entsteht, nicht jedoch als außenstehende Rechtfertigung Berücksichtigung finden können[880]. Dieses Ergebnis entspricht auch dem primären Zweck der FusionskontrollVO, das Entstehen wettbewerbswidriger Marktstrukturen zu verhin-

---

875 S.o. III, 2.
876 Id., Rdnr. 162.
877 Id., Rdnr. 157 ff.
878 So aber: *C. R. Schmidt*, Technischer Fortschritt, S. 182ff.; *Immenga*, Europäische Fusionskontrolle, S. 29; *Monopolkommission*, Sondergutachten 17, Rdnr. 104.
879 Entscheidung vom 22.7.1992 *Nestlé/Perrier* (IV/M.190), ABl. 1992 L 356/1; EuG, Urteil vom 27.4.1995 – *Comité Central d'Entreprise de la Société Générale des Grandes Sources u.a./Kommission*, Rs. T-96/92 – Slg. 1995, II-1213, 1229, Rdnr. 27 ff.
880 *Van Empel*, World Competition 1990, No. 3, 5, 18, vgl. dazu oben c, bb.

dern. Zu unterscheiden sind hierbei Effizienzvorteile und sonstige, vor allem struktur- und beschäftigungspolitische Aspekte. Erstere können sich unmittelbar positiv auf den Wettbewerb auswirken und unter den strengen Voraussetzungen, die oben genannt wurden, direkten Eingang in die Marktprognose finden. Letztere sind höchstens dann heranzuziehen, wenn sich die beiden prognostizierten Marktzustände nicht so unterscheiden, dass eine Entscheidung allein nach wettbewerblichen Kriterien erforderlich ist oder wenn eine Verschlechterung der Marktstruktur nicht mit hinreichender Sicherheit festgestellt werden kann.

IV. Ergebnis

1. Die *Failing Company Defense* erhält eine Unternehmenseinheit, die aus wettbewerbsrechtlichen Gründen den Markt verlassen müsste. Sie dient daher allen Interessen, die an den Bestand des Unternehmens geknüpft sind, seien diese eher privater, regional oder strukturpolitischer oder allgemein wirtschaftlicher Natur.
2. Besonders hohes Gewicht kommt traditionell dem Interesse der Arbeitnehmer am Erhalt ihrer Arbeitsplätze zu. Es darf aber bezweifelt werden, ob durch die Genehmigung einer wettbewerbsverschlechternden Fusion diese tatsächlich mittelfristig erhalten werden können. Zudem sollten hier regionale strukturelle Besonderheiten berücksichtigt werden.
3. Es hat sich aber auch gezeigt, dass alle diese Interessen nach der derzeitigen Rechtslage nicht geeignet sind, um im europäischen Recht den Vorrang des freien Wettbewerbs zu beseitigen und eine *Failing Company Defense* auch bei erwiesener Wettbewerbsbeeinträchtigung zu rechtfertigen. Es ist keine Kompetenznorm zu erkennen, die es den Organen der EU ermöglicht, das Prinzip des freien Wettbewerbs zugunsten Erwägungen beschäftigungspolitischer oder regionalpolitischer Art zu durchbrechen. Diesen außerwettbewerblichen Interessen kann nach der derzeitigen Rechtslage nur dann Bedeutung beigemessen werden, wenn keine eindeutige Prognose auf wettbewerblicher Grundlage möglich ist. Sie können insbesondere eine Rolle als Zweifelsregel bei der Frage spielen, ob eine marktbeherrschende Stellung entsteht oder verstärkt wird.
4. Im US-Antitrustrecht hat sich in den letzten Jahrzehnten eine ökonomische Analyse der *Failing Company Defense* entwickelt, die den Erhalt des sanierungsbedürftigen Unternehmens aufgrund der damit einhergehenden sich auf den Markt vorteilhaft auswirkenden Konsequenzen als wettbewerbsrechtlich zu bevorzugende Alternative ansieht.
5. Auch die Anerkennung einer expliziten *Efficiency Defense* ist aber in der derzeitigen FusionskontrollVO nicht vorgesehen. Damit verbietet sich auch die Rechtfertigung der *Failing Company Defense* unter Rationalisierungsgesichtspunkten. Eine Anerkennung solcher Rationalisierungsge-

sichtspunkte als Rechtfertigungsgründe würde einen Paradigmenwechsel im europäischen Wettbewerbsrecht bedeuten. Dieses formuliert eben nicht die Konsumentenwohlfahrt als einziges Ziel und kann somit auch dann nicht auf einen funktionierenden Wettbewerb verzichten, wenn diesem Ziel anderweitig eventuell besser gedient wäre. Dies bedeutet aber keineswegs, dass Effizienzgesichtspunkte innerhalb einer rein wettbewerblichen Beurteilung unberücksichtigt bleiben müssen.

6. *De lege lata* entfällt somit für das europäische Recht die Grundlage, auf der die *Failing Company Defense* des amerikanischen Rechts aufbaut.
7. Außerwettbewerbliche Erwägungen können dann Eingang in die Entscheidung finden, wenn die wettbewerbliche Analyse keine hinreichenden Daten für eine zuverlässige Prognose bietet. Dabei ist aufgrund der erforderlichen doppelten Prognose bei der Sanierungsbedürftigkeit eines Unternehmens die Möglichkeit einer Berücksichtigung geringfügig größer.

6. Kapitel: Erfordernis einer Sanierungsklausel

I. Rechtspolitische Würdigung des gefundenen Ergebnisses

1. Die Grenzen der Berücksichtigungsfähigkeit von Sanierungsgesichtspunkten in der europäischen Fusionskontrolle

Das europäische Recht sieht keine Genehmigungsmöglichkeit jenseits der Schwelle einer wesentlichen Beeinträchtigung des Wettbewerbs vor. Der EuGH machte in der *Kali & Salz* Entscheidung deutlich, dass er eine Genehmigung nur dann akzeptieren werde, wenn durch die entstehende Fusion keine wesentliche Verschlechterung der Wettbewerbssituation eintrete[882]. Die *Failing Company Defense* solle so konstruiert werden, dass diese Vorgabe gewährleistet bleibe. Damit entfällt für das europäische Recht die Grundlage, auf der die *Failing Company Defense* des amerikanischen Rechts aufbaut[883]. Denn dort hat sich aller Kritik der Lehre zum Trotz der „*lesser of two evils*" - Ansatz[884] durchgesetzt, der die Rechtfertigung der *Failing Company Defense* aufgrund der im voranstehenden Kapitel behandelten wettbewerbsfremden Ziele für möglich erachtet. Somit kann die Genehmigung eines Zusammenschlusses in der europäischen Fusionskontrolle auch nicht unter Rückgriff auf die im 5. Kapitel aufgezeigten Rechtfertigungen ausgesprochen werden.

Vor diesem Hintergrund verbietet sich aber die Frage, ob dem Sanierungsgedanken im europäischen Recht *de lege lata* in Form einer echten *Defense*, d.h. einer Genehmigung trotz eines grundsätzlich wettbewerbswidrigen Zusammenschlusses, Rechnung getragen werden kann. Vielmehr ist zu fragen, welche Fälle eines Zusammenschlusses mit einem sanierungsbedürftigen Unternehmen bereits keine Verschlechterung der Wettbewerbssituation nach sich ziehen. Die Frage nach der Bedeutung einer Sanierungsbedürftigkeit muss somit zu einem „früheren Zeitpunkt" Eingang in die Prüfung, ob überhaupt eine Wettbewerbsbeeinträchtigung entsteht, finden. So ergeben sich drei Möglichkeiten einer „früheren" Berücksichtigung, die unter Art. 2 FusionskontrollVO zulässig sein könnten. Eine davon zeigen die Kommission und der EuGH mit ihrer angesprochenen Kausalitätsüberlegung auf. Doch kann die Sanierungsbedürftigkeit darüber hinaus allgemein bei der Frage berücksichtigt werden, ob eine marktbeherrschende Stellung im Einzelfall tatsächlich zu einer Wettbewerbsbeeinträch-

---

882 EuGH – verb. Rs. *Frz. Republik/Kommission*, C-68/94 und *SCPA* und *EMC/Kommission*, C-30/95 – Slg. 1998 I-1375, Rdnr. 114, „[...] kann jedoch keinesfalls eine Genehmigung rechtfertigen, die das wesentliche Ziel der gemeinschaftlichen Fusionskontrolle, das im Schutze des Wettbewerbs besteht, vereitelt".

883 *Cohen-Tanugi* et al., Pratique communautaire, S. 85.

884 Vgl. *United States v. General Dynamics Corp.*, 415 U.S. 486, 507 (1974).

tigung führt. Ferner kann eine Sanierungsbedürftigkeit aber auch bereits bei der Frage bedeutsam sein, ob der Marktanteil der Unternehmen im Hinblick auf deren Zustand ein angemessener Gradmesser für eine zukünftige marktbeherrschende Stellung ist oder ob nicht die Faktoren, die eine Sanierungsbedürftigkeit begründen, bereits diese Annahme unterminieren.

Das geltende Recht berücksichtigt die Sanierungsbedürftigkeit nicht gesondert, sondern im Rahmen der allgemeinen Wettbewerbsvorschriften. Dies bedeutet eine Berücksichtigung von Sanierungsargumenten bis zur Grenze der Behinderung des wirksamen Wettbewerbs, nicht jedoch nennenswert[885] darüber hinaus. Im Gegensatz zum Verständnis der US-amerikanischen *Failing Company Defense* findet gerade kein Ausgleich zwischen dem Interesse am Unternehmenserhalt und dem Wettbewerbsschutz statt. Dem eingangs aufgezeigten Zielkonflikt wird die europäische *Failing Company Defense* also nicht vollumfänglich gerecht.

2. Vergleich zur Rechtslage in den USA

Aus diesem Ergebnis im Vergleich zu der Rechtslage in den USA, wo die Funktion der Sanierungsfusion gerade in der Genehmigung wettbewerbswidriger Zusammenschlüsse gesehen wird, die Notwendigkeit einer solchen Abwägung auch im europäischen Fusionskontrollrecht herzuleiten, verkennt bei allen Gemeinsamkeiten die fundamentalen Unterschiede zwischen beiden Fusionskontrollrechten. Anders als das europäische Fusionskontrollrecht knüpft das amerikanische Recht nicht an die Entstehung oder Verstärkung einer marktbeherrschenden Stellung, sondern ausschließlich an eine bloße wesentliche Beeinträchtigung des Wettbewerbs an. Die Ursache dafür liegt in der Zielsetzung der amerikanischen Fusionskontrolle, entstehender Marktmacht schon in ihrem Ansatz zu begegnen. Dadurch unterliegen aber schon Zusammenschlüsse einem Verbot, die weit unter der europäischen Schwelle der Marktbeherrschung blieben[886]. Zudem bedient sich das europäische Recht hoher Aufgreif- und Beurteilungsschwellen, so dass der größte Teil der hier aufgeführten US-Fälle bereits aufgrund des geringen Volumens oder wegen zu geringer Auswirkungen auf die Wettbewerbssituation im Gemeinsamen Markt genehmigungsfähig wäre[887]. Auch sind die Bewertungskriterien des europäischen Rechts etwas flexibler als die durch die *Merger Guidelines* vorgegebene relativ starre Prüfungsreihenfolge der US-Fusionskontrollvorschriften. Auf die Behandlung von Sanierungsfällen

---

885 S.o.5. Kapitel, V, 3, c, bb.

886 Vgl. *Sullivan/Fikentscher*, 16 Berkeley J. Int'l L., 197, 203.

887 Vgl. *United States v. Von's Grocery Store Co.*, 384 U.S. 270 (1966), 7,5% kombinierter Marktanteil auf einem sehr kleinen geographischen Markt (Los Angeles) mit starkem Wettbewerb und geringen Zutrittsschranken

übertragen hieße dies, dass ein Großteil der *Failing Company Defense* Anwendungsfälle sich im europäischen Recht noch wettbewerbsrechtlich unter Rückgriff auf die in den Kapiteln 3 und 4 erzielten Ergebnisse auf der Ebene der Marktbeherrschung lösen ließe. Aufgrund dessen kommt (zutreffender: kam) einer *Defense*, die einen Zusammenschluss trotz einer solcherart festgestellten Wettbewerbsverschlechterung „rettet", in der US-amerikanischen Praxis eine ungleich größere Bedeutung zu als bei den hohen Schwellenwerten der europäischen FusionskontrollVO[888].
Von der Notwendigkeit einer *Failing Company Defense* als Korrektiv kann also nicht im gleichen Maße wie im amerikanischen Recht ausgegangen werden. Auch die Frage nach einer Sanierungsklausel verliert dadurch ein wenig an Bedeutung.

3. Begriff der Sanierungsklausel

Dennoch stellt sich am Schluss dieser Untersuchung die Frage nach der Einführung einer Sanierungs- oder einer Genehmigungsklausel, um dem Gedanken der Unternehmenserhaltung über das gefundene Ergebnis hinaus Geltung zu verschaffen.
Eine Sanierungsklausel könnte für den Sanierungsfall einen Vorrang der von der Unternehmensstillegung betroffenen privaten und öffentlichen Interessen vor dem Aufrechterhalten eines freien Wettbewerbs vorsehen.

Für die Einführung einer solchen Klausel böte sich als Vorbild die *Failing Company Defense* des amerikanischen Rechts an, welche eine Genehmigung stets dann zulässt, wenn die im 2. Kapitel dargestellten Kriterien erfüllt sind. Dagegen spricht jedoch nicht nur die im 2. Kapitel dargestellte Notwendigkeit einer extrem engen Auslegung, die nahezu niemals zum Genehmigungsfall führt. Vor allem würde der pauschalierte Vorrang der Unternehmensinteressen der Komplexität der Verhältnisse wohl kaum entsprechen (s.o.). Ein Vorgehen dergestalt, dass eine Sanierungsfusion immer dann ohne Rücksicht auf das Gewicht von Gemeinwohlgründen zugelassen wird, wenn keine weniger wettbewerbsschädliche Alternative zu finden ist, wird der schwierigen Wechselbeziehung zwischen Wettbewerbsrecht und sonstigen Interessen im europäischen Recht nicht gerecht. Solange das europäische Recht nicht zumindest einen Vorrang außerwettbewerblicher Rechtsgüter vor dem Wettbewerb festschreibt, ist ein wie auch immer gearteter *per se* Vorrang der außerwettbewerblichen Interessen nicht möglich[889].

---

[888] *Kauper*, 4 Hofstra L. Rev., 643, 645 (1976); *Dooley*, 47 Texas L. Rev. 1437, 1439 (1969).
[889] Vgl. *Karsten Schmidt*, AG 1982, 169, 174.

Im amerikanischen Recht hat genau diese Wertentscheidung noch Bestand. Auch hier wird aber von der Literatur zunehmend und zurecht angemahnt[890], dass sich die Berücksichtigung von Sanierungsargumenten nicht nach dem derzeit verfolgten „ganz oder gar nicht“- Schema vollziehen, sondern in einer Abwägung der Sanierungs- mit den Wettbewerbsgesichtspunkten stattfinden sollte. Und mit dem neuen Kriterium, dass das Anlagevermögen des Unternehmens im Konkursfalle den Markt verlassen muss, haben die *Merger Guidelines* bereits darauf reagiert und eröffneten eine wirtschaftsbezogenere Betrachtung der *Failing Company Defense.*

Somit sollte eine Berücksichtigung von Sanierungsgesichtspunkten überhaupt nur im Wege einer Einzelfallbetrachtung Eingang in die Fusionskontrolle finden. Einem *public policy* Ansatz haben die Mitgliedstaaten bei den Beratungen über eine Fusionskontrolle eine Absage erteilt. Ein solcher Ansatz ist auch deshalb problematisch, weil er, wie die Beispiele Großbritanniens und Frankreichs zeigen, jede Fusionskontrollentscheidung politisiert und somit zu unnötig unvorhersehbaren Resultaten führt.

Lediglich die Möglichkeit einer solchen Abwägung sieht das deutsche GWB vor. So können die zusammenschlusswilligen Parteien bei festgestellter Wettbewerbswidrigkeit gemäß § 40 Abs. 3 GWB einen Antrag beim Bundesminister für Wirtschaft auf Erteilung einer Ministererlaubnis stellen. Im Rahmen dieses Verfahrens wägt der Minister die wettbewerblichen Nachteile gegen sonstige Vorteile des Zusammenschlusses auf, wobei er quantitative und qualitative Erwägungen anstellt.

Die mit dem Instrument der Ministererlaubnis gemachten Erfahrungen werden von der Monopolkommission grundsätzlich als positiv beschrieben[891]. Von den insgesamt 16 Anträgen wurde lediglich in sechs Fällen eine Erlaubnis ganz oder zumindest teilweise gegeben. Vor allem die Trennung zwischen einer rein wettbewerblichen Prüfung durch das Bundeskartellamt und der politischen Gesamtabwägung durch den Bundeswirtschaftsminister hat sich nach Ansicht der Monopolkommission in der Praxis bewährt.

Ob einer solchen Abwägung auch in Sanierungsfällen im europäischen Fusionskontrollrecht Bedeutung zukommen könnte, verdient vor allem in Anbetracht der positiven Resonanz der Monopolkommission eine nähere Betrachtung. Denn trotz der grundsätzlichen Zweifel an der Erforderlichkeit einer solchen allgemein gehaltenen Klausel gibt es gewichtige Gründe, die gerade in Sanierungsfällen dafür sprechen.

---

890 So das Ergebnis von z.B. *Correira*, 64 Antitrust L. J. 683, 698 (1996); *Paredes*, 13 Yale J. Reg. 347, 389 (1996); *Diamant*, 47 Fordham L. Rev. 874, 890 (1979); *Baxter* 50 Antitrust L. J. 247, 249ff. (1982).

891 *Monopolkommission*, Hauptgutachten 1996/1997, Tz. 396.

a. Erforderlichkeit einer Abwägungsklausel

aa. Geschützte Interessen

Im deutschen Recht sind bloße einzelwirtschaftliche Vorteile nicht geeignet, um eine Verschlechterung der Wettbewerbssituation aufzuwiegen[892]. Auch im europäischen Recht müssen die außerwettbewerblichen Aspekte eine gewisse gesamtwirtschaftliche Bedeutung aufweisen, um eine Verschlechterung der Marktstruktur qualitativ auszugleichen[893].

Dazu sind die Gründe für eine Genehmigung zunächst zu gewichten. Wie oben gesehen sind dabei die Interessen der Inhaber und der Gläubiger als eigenständige Interessen in der Regel zu vernachlässigen. Auch die Erhaltung wirtschaftlicher Werte und das Vorbringen von Rationalisierungsgesichtspunkten spielen nur ausnahmsweise eine Rolle. Es bleibt das Arbeitsplatzargument. So kann in einzelnen seltenen Fällen der Verlust an Arbeitsplätzen und der Rückschlag für die betroffenen Regionen so erheblich sein, dass diesen Interessen faktisch ein sehr hohes Gewicht zukommt und sich die Frage ergibt, ob das geltende Recht dem nicht im Einzelfall durch eine Genehmigung trotz einer eintretenden Wettbewerbsverschlechterung Rechnung tragen muss. Nach dem Vorgenannten ist hier besonders der Fall strukturschwacher Regionen hervorzuheben, da sich in diesem Fall einzel- und gesamtwirtschaftliche Nachteile verbinden.

Im Hinblick auf eine Osterweiterung der EU wird die Frage nach Ausnahmen vom Wettbewerbsprinzip mit neuer Aktualität erfüllt werden. Denn dort existieren zahlreiche nach EU-Maßstäben strukturschwache Regionen und (ehemalige) Staatsunternehmen, die sich unter Umständen in schwieriger finanzieller Lage befinden und dennoch über monopolähnliche Stellungen auf den betreffenden Märkten verfügen. In ihrem Hauptgutachten 1990/1991 wies die *Monopolkommission* auf den schlechten Zustand der ehemaligen Staatsbetriebe der DDR und deren mangelnde Wettbewerbsfähigkeit hin, attestierte ihnen aber ein z.T. erhebliches Wettbewerbspotential[894]. Vergleichbares gilt zur Zeit für viele Unternehmen aus den EU-Beitrittskandidatenstaaten. Eine Übernahme dieser Unternehmen durch finanzstarke Wettbewerber könnte die Diskussion über eine solche Genehmigungsmöglichkeit neu entfachen. Aufgrund des erheblichen Wettbewerbspotentials, das diesen Unternehmen zukommt, wird sowohl die zurechenbare Entstehung einer marktbeherrschenden Stellung, als auch eine Wettbewerbsbeeinträchtigung zumindest auf diesen Teilmärkten zu bejahen sein. In Anbetracht der durch die Schließung großer ehemaliger Staatsbetriebe verursachten verheerenden Auswirkungen auf die Arbeitsmarktlage wird die Kommission im Genehmigungsverfahren noch häufiger mit dem Wunsch konfron-

---

892 *Gröner/Köhler*, ORDO 31 (1980) 87, 119; *Möschel*, FS für Fischer, S. 499.

893 S. oben 5. Kapitel.

894 *Monopolkommission*, Hauptgutachten 1990/1991, Tz. 589.

tiert werden, eine Genehmigung trotz wettbewerbsbeeinträchtigender Wirkung des Zusammenschlusses zuzulassen.

Gegen die Notwendigkeit einer Sanierungsklausel sprechen auch hier die wenig überzeugenden Erfahrungswerte mit bisherigen Sanierungsfusionen im Wege der Ministererlaubnis in Deutschland. Diese haben in den meisten Fällen wenn überhaupt, so nur zum kurzzeitigen Erhalt von Arbeitsplätzen in bestimmten Regionen beigetragen, dafür aber den möglicherweise erforderlichen Strukturwandel erheblich verzögert und auf diese Weise langfristig großen Schaden angerichtet[895].
Auch wirtschaftliche Rationalisierungsvorteile werden im Falle sanierungsbedürftiger Unternehmen zwar häufiger auftreten als im Rahmen normaler Fusionen. Dies allein ist jedoch selten ausreichend, da diese Vorteile in Ermangelung von Wettbewerb nicht an die Marktgegenseite weitergegeben werden.

bb. Derzeitige Kommissionspraxis

Der Notwendigkeit einer solchen Klausel könnte zudem die derzeitige Kommissionspraxis entgegenstehen, die außerwettbewerbliche Interessen im Rahmen ihrer Auslegungs-, Beurteilungs- und Prognosespielräume zu berücksichtigen versucht.
In der *Kali & Salz*-Entscheidung ist auffällig, dass die Kommission im Zweifelsfall diejenige Interpretation wählt, die den privaten Interessen in höherem Maße Rechnung trägt. So ließ die Kommission zum einen den wettbewerbsrechtlich vorteilhafteren Teilverkauf nur einer Kalimine nicht zu. Sie begründete dies damit, dass im Falle einer Teilveräußerung lediglich 536 Arbeitsplätze erhalten geblieben wären, wohingegen der Erhalt von *MdK* insgesamt zugleich mindestens 3000 Arbeitsplätze erhalten werde[896]. Zum zweiten ist auffällig, dass die Kommission ausschließlich die Marktanteilsentwicklung berücksichtigt und die Einwände hinsichtlich einer Veränderung der sonstigen Marktstrukturkriterien nicht beachtet. Bei dieser Entscheidung ist ferner zu beachten, dass außerwettbewerbliche Argumente zumindest unterschwellig berücksichtigt wurden. Warum sonst sollte die Kommission in der *Kali&Salz* Entscheidung in einem *obiter dictum* die Vereinbarkeit des wettbewerbsrechtlich gefundenen Ergebnisses mit Erwägungsgrund 13 klarstellen[897].

---

895 Sämtliche Prognosen über den Erhalt von Arbeitsplätzen im Ministerverfahren haben sich nicht bestätigt.
896 Entscheidung vom 14.12.1993 (IV/M.308), ABl. 1994 L 136/38.
897 Dies geht auch insbesondere aus den Schlussanträgen des Generalanwalts *Tesauro* im nachfolgenden Gerichtsverfahren vom 6.2.1997 hervor, EuGH Slg. I-1408, Rdnr. 56, 60; Vgl. *Pathak*, MCR B 178 (Case Note), Rdnr. 22.

Auch durch ihre Auflagenpraxis versucht die Kommission bisweilen, wettbewerblich zweifelhafte Zusammenschlüsse zu genehmigen.
Dieser Einwand mag die praktische Bedeutung einer Sanierungsklausel weiter untergraben, kann jedoch im Rahmen einer wettbewerbsrechtlichen Untersuchung kein Gewicht beanspruchen. Denn gerade die durch eine solche Klausel erreichte Transparenz des Entscheidungsvorgangs ist ein Argument von erheblichem Gewicht für eine solche Klausel[898]. Diese würde die Trennung von wettbewerbsrechtlichen und -politischen Argumenten vollziehen und verdeutlichen.

Die Erfahrung mit der Anwendung der FusionskontrollVO hat gezeigt, dass einige Entscheidungen der EU-Kommission von erheblichen politischen Motiven beeinflusst werden und allzu häufig nicht auf die wettbewerblich vorzugswürdigeren Vorschläge der *Merger Task Force* zurückgegriffen wurde[899]. Zu dem negativen Eindruck, dass die Fusionskontrollentscheidungen letztlich der politischen Opportunität unterliegen, trägt auch bei, dass eine solche politische Entscheidung aus Sorge vor Kritik nicht öffentlich werden muss und die Kommission ihre Beurteilungs- oder Prognosespielräume dazu nutzen kann, um außerwettbewerblichen Rationalisierungs- oder Arbeitsplatzargumenten Rechnung zu tragen. Einige zum Teil wettbewerbsrechtlich sehr fragwürdige Entscheidungen der Kommission nähren diesen Verdacht[900].

Auch wenn die oben herausgearbeitete Lösung einen rein wettbewerbsrechtlichen Ansatz verfolgt, so eröffnet gerade sie auch erhebliche Beurteilungsspielräume bei der Anwendung der Marktstrukturkriterien[901]. Sie kann nur dann ihre wettbewerbsrechtliche Glaubwürdigkeit behalten, wenn alle Elemente strikt an wettbewerbsrechtlichen Maßstäben gemessen werden, und die Kommission davon Abstand nimmt, Sanierungs- oder Rationalisierungsgesichtspunkte im Genehmigungsverfahren zu „verstecken“[902]. Genau diesen vermeintlichen Zwang würde eine Genehmigungsklausel aber reduzieren. Um der Internalisierung und damit Verschleierung außerwettbewerblicher Interessen nicht weiter Vorschub zu leisten, ist es somit durchaus im Sinne dieser Lösung, in Extremfällen eine

---

898 So bereits *Hölzler*, WM 1990, 489, 494.

899 *Ingo Schmidt*, WuW 1995, 971, 980f.; *Camesasca* E.C.L.R. 1999, 14, 26; vgl. z.B. auch den Vorschlag von *Cook/Kerse*, Merger Control, 5.5.2, die anregen, dass Rationalisierungsargumente, wenn nicht die *Merger Task Force*, so doch die Kommission überzeugen könnten.

900 Vgl. die Entscheidungen *Alcatel/AEG Kabel*, *Mannesmann/Vallourec/Ilva*, ABl. 1994 L 102/15; *Mercedes-Benz/Kässbohrer*, ABl. 1995 L 211/1; auch die Entscheidungen *Kali & Salz/MdK/Treuhand*, ABl. 1994 L 186/38 und *Boeing/McDonnell Douglas*, ABl. 1997 L 336/16 müssen dazu gezählt werden, vgl. dazu die Kritik von *I. Schmidt*, WuW 1995, 971, 980f.; *Haid*, DIW Wochenbericht 10/98, (http://wuzz.diw-berlin.de/diwwbd/98-10-2.html).

901 Gleiches gilt für die in der Praxis herangezogenen Auflagen gem. Art. 8 Abs. 2 S. 2 FusionskontrollVO.

902 *A. Schmidt*, WuW 1999, 133, 139.

explizite Billigkeitskorrektur des gefundenen wettbewerbsrechtlichen Ergebnisses aufgrund überwiegender anderer Interessen zu ermöglichen. Dann könnten die wettbewerbsrechtlichen Auswirkungen von Sanierungsargumenten getrennt von den sonstigen Zielsetzungen behandelt werden und die Abwägungsentscheidung wieder zu dem machen, was sie ist: einer Frage der Politik.

Der Nachteil einer solchen Politisierung besteht in der weiter verminderten Justiziabilität der Entscheidungen. Besonders problematisch gestaltet sich in der EU auch die praktische Trennung des wettbewerblichen von dem politischen Verfahren, da beide Verfahren in die Kompetenz der EU-Kommission fallen, die sich als politisches Gremium versteht. Einer befürchteten „weitreichenden Politisierung“[903] der europäischen Wettbewerbspolitik könnte dadurch entgegengewirkt werden, dass eine Pflicht zur Veröffentlichung der auf der zweiten Stufe erfolgenden politischen Entscheidung vorgesehen wird und somit auch eine Auseinandersetzung mit der Kritik erfolgen müsste[904].

Es ist nicht Zielsetzung oder Anliegen dieser Arbeit, über die Ergänzung der europäischen Fusionskontrolle durch Funktionsgarantien nachzudenken oder die Diskussion über die Vorteile einer Zweistufigkeit des Genehmigungsverfahrens um einen weiteren Aspekt zu bereichern[905], aber die Berücksichtigung von Sanierungsgesichtspunkten liefert ein starkes Argument für eine solche Zweistufigkeit.

cc. Angemessenheit

Diese Diskussion verengt den Blickwinkel auf die Fusionskontrolle und lässt bislang unberücksichtigt, dass die EU andere Wege vorsieht, um strukturschwachen Regionen und sozial gefährdeten Bürgern unter die Arme zu greifen oder den Erhalt von Unternehmenseinheiten zu sichern. Weniger einschneidende Maßnahmen könnten dem Beihilfe- oder dem Kartellrecht entstammen. Sowohl Beihilfen als auch Kartelle verzerren oder behindern den Wettbewerb zwar ebenfalls, rufen aber nicht die dauerhaft wettbewerbsbeschränkende Wirkung eines Zusammenschlusses hervor[906]
Sanierungsbeihilfen, Darlehen, Bürgschaften, Steuervergünstigungen oder Strukturkrisenkartelle sind unter wettbewerbsrechtlichen Gesichtspunkten aus

---

903 *Wissenschaftlicher Beirat beim Bundesministerium für Wirtschaft*, Ordnungspolitische Orientierung, S. 41.

904 Vgl. *Monti/Rousseva*, 24 E.L.Rev. 1999, 38, 53; *A. Schmidt*, WuW 1999, 133, 139.

905 Vgl. dazu *I. Schmidt*, WuW 1995, 971, 985; *Immenga*, Europäische Fusionskontrolle, S. 34.

906 Monopolkommission, Sondergutachten 17, Tz. 114.

Verhältnismäßigkeitsgründen allemal zu bevorzugen[907], werfen aber regelmäßig die Frage auf, ob sie noch rechtzeitig erfolgen können[908].
Solange diese Maßnahmen aber nicht rechtzeitig ergriffen werden, ist nicht ersichtlich, warum das Ziel der Unternehmenserhaltung unbedingt unter Preisgabe des Schutzzwecks der Fusionskontrolle erfolgen muss[909].

b. Rechtspolitische Überlegungen

Zudem würden mit der Einführung einer solchen Klausel bei den zusammenschlusswilligen Unternehmen nur unnötige Begehrlichkeiten geweckt. Denn wenn eine solche Ausnahme von dem fusionskontrollrechtlichen Ergebnis vom Gesetz grundsätzlich anerkannt wird, erhöht sich die Versuchung, sie auszuloten.
Je mehr Fusionen es gelingt, in ein solches zu schaffendes Abwägungsverfahren zu gelangen, desto größer wird die Bereitschaft zur Schaffung von Sanierungssachverhalten[910]. Diesen Verdacht äußerten bereits einige Kommentatoren in der *Boeing/McDonnell-Douglas*-Entscheidung, da *McDonnell Douglas* Neuinvestitionen im Verkehrsflugzeugsektor in engem zeitlichen Kontext mit dem Beginn von Fusionsgesprächen unterließ.
Aber auch die Darstellung gefährdeter Fusionen als Sanierungsfusion wird zunehmen. Dies zeigen bereits erste Reaktionen nach der *Kali&Salz*-Entscheidung. Zumindest die Vorträge der Parteien in den Verfahren *Bertelsmann/Kirch/Premiere* und *Blokker/Toys 'R' Us* beinhalteten ersichtlich dieses Kalkül. Diese Tendenz wird sich verstärken, wenn schwierig zu prognostizierende außerwettbewerbliche Interessen Berücksichtigung finden sollen. Insofern müssen auch Überlegungen angestellt werden, wie dieser Tendenz wirksam begegnet werden kann. So sollte z.B. stets Berücksichtigung finden, wie es zu der Sanierungssituation kam.

c. Zulässigkeit einer solchen Klausel

Ohne eine deutliche gesetzgeberische Vorgabe, dass im Einzelfall einzelwirtschaftliche Interessen über das Ziel des Wettbewerbsschutzes zu stellen sind, ist eine solche Genehmigungsklausel nicht zu konstruieren[911]. Der hier aufge-

---

907 Vgl. *Catranis*, Zusammenschlusskontrolle, S. 114ff.
908 *Gröner/Köhler* stellen noch privatrechtliche Hilfen, wie z.B. die Gründung von Auffanggesellschaften als zu bevorzugende Alternative vor, id. 124. Allerdings werden diese Möglichkeiten häufig schon geprüft worden sein und am Zeitmangel, an mangelnden Erfolgsaussichten oder an der Unwilligkeit der Gläubiger gescheitert sein.
909 Zumal Beihilfenrecht und Kartellrecht Lösungen für diese Fälle vorsehen und die FusionskontrollVO diese ausschließt.
910 Vgl. *Gröner/Köhler*, ORDO Bd. 31 (1980), 87, 124.
911 S o. 5. Kapitel.

zeichnete Fall bewegt sich im Spannungsfeld zwischen Wettbewerbspolitik und sonstigen Gemeinschaftspolitiken. Die Entscheidung, welcher Politik im Sanierungsfall der Vorrang zu geben ist, ist letztlich eine politische Entscheidung. Es könnte sich aber um einen der Fälle handeln, in welchem der Vertrag von Amsterdam eine Ausnahme vom Wettbewerbsprinzip zulassen könnte. Bei einer Beschränkung auf eng umgrenzte Einzelfälle liegt nämlich eine Ausnahme vom Wettbewerbsprinzip, aber keine Durchbrechung des Vorrangs des Wettbewerbsprinzips vor. Damit könnte eine solche Ausnahme nach den Ergebnissen des 5. Kapitels auch grundsätzlich zulässig sein[912].

Ein solcher Vorrang außerwettbewerblicher Interessen führt aber zu einer im 5. Kapitel hinreichend deutlich gemachten Verwässerung der wettbewerbsbezogenen Ausrichtung der europäischen Fusionskontrolle. Die Einführung einer solchen Klausel würde in der gegenwärtigen Diskussion über den Stellenwert des Wettbewerbsrechts unter den Vertragszielen der EU eine über seine eigentliche Bedeutung hinausgehende Wirkung entfalten und den Vorrang des Wettbewerbsrechts weiter in Frage stellen[913].

Dieses Ergebnis, auf die Einführung einer Sanierungsklausel zu verzichten, entspricht auch den US-amerikanischen Vorarbeiten zu internationalen Fusionskontrollregimen. Als Beispiel sei auf den Abschlussbericht von *ICPAC*[914] hingewiesen, das eine Entscheidung möglichst unabhängig von allen wettbewerbsfremden Gesichtspunkten vorschlägt. Dort heisst es: „*as a best practice or discipline, noncompetition factors should not be applied in antitrust merger review.*"
Erst als zweitbeste Lösung gilt: „*Where the law of a reviewing jurisdiction recognizes noncompetition factors (such as preservation of jobs[...]), those factors should be applied transparently and in a manner narrowly tailored to achieve their ends.*"[915]
Auch im Zuge einer angestrebten internationalen Vereinheitlichung des Fusionskontrollrechts sollte der Rat von der Einführung einer Sanierungsklausel absehen.

In der Gesamtschau aller Argumente überwiegen derzeit die Nachteile einer Sanierungsklausel. Sollte aber der politische Wille zur Einführung einer solchen Klausel bestehen, so sollte sie restriktiv gehandhabt werden.

---

912 S.o. 5. Kapitel, IV, 3, a, cc.
913 Vgl. die Besorgnis von *Möschel*, FS für Nirk, S. 709ff.; *Immenga*, Europäische Fusionskontrolle, S. 34f.; *Ingo Schmidt*, WuW 1995, 971, 981.
914 *International Competition Policy Advisory Committee* des U.S. Justizministeriums.
915 ICPAC Abschlußbericht zu grenzüberschreitenden Unternehmenszusammenschlüssen, Chapter 2, S. 22.

II. Schlussbetrachtung

Für den, der in der *Failing Company Defense* eine Berücksichtigung sanierungsspezifischer Argumente im Fusionskontrollverfahren unabhängig von dessen wettbewerbsrechtlichem Ergebnis erwartet hat, ist die *Failing Company Defense* der Kommission und des EuGH eine Enttäuschung. Die europäische *Failing Company Defense* ist weder den Voraussetzungen noch der zugrundeliegenden Rechtfertigung nach eine *defense*. Es handelt sich um einen Verwirrung stiftenden Etikettenschwindel. Eine andere Bezeichnung wäre glücklicher gewesen. Vielmehr erinnert die Behandlung der Problematik an Sanierungsfusionen im deutschen Recht. Denn auch diese Analyse hält sich, vom Sonderfall einer Ministererlaubnis abgesehen, im Rahmen einer wettbewerblichen Bilanz. Eben diese gestattet aber auch die europäische Fusionskontrolle. Die getroffene Beschränkung auf eine Kausalbetrachtung überzeugt hingegen nicht. Hier sollte vielmehr das gesamte wettbewerbsrechtlich zulässige Potential ausgeschöpft werden.

Auch wenn Kommission und EuGH darauf Wert legen, dass die Voraussetzungen der *Failing Company Defense* im europäischen Recht nicht denen des amerikanischen Rechts entsprechen, so sind doch viele Übereinstimmungen vorhanden. Bei der Ausrichtung der Kriterien am amerikanischen Antitrustrecht übersehen Kommission und EuGH den Kontext, in welchem die US-Gerichte eine *Failing Company Defense* anerkannten. Das unflexible und schematische Antitrustrecht machte früher eine Genehmigungsentscheidung unmöglich, wenn bestimmte Grenzwerte überschritten wurden. Dies war sogar bei Marktanteilen der Fall, die weit unter der Grenze für Marktbeherrschung liegen, die im europäischen Fusionskontrollrecht gilt. Als Resultat ergab sich die Notwendigkeit einer Billigkeitskorrektur für sanierungsbedürftige Unternehmen[916]. Mittlerweile hat sich das US-Fusionskontrollrecht von der kaum zu überkommenden Marktmachtvermutung aufgrund der Marktanteile gelöst und erlaubt eine flexiblere Berücksichtigung der besonderen Gegebenheiten eines jeden Marktes[917]. Aus diesem Grund wird selbst dort eine *Failing Company Defense* in der bisherigen Form zunehmend als verzichtbar erachtet[918]. Vielmehr ist in der Literatur und in den Anhörungen der *Federal Trade Commission* zur Zukunft der *Failing Company Defense* der Wille erkennbar, eine Lösung vergleichbar mit der hier zum europäischen Recht vertretenen zu finden. Dies ist nicht nur eine Konsequenz aus *General Dynamics*, sondern auch die Erkenntnis, dass ein Abstellen auf die *Failing Company Defense* in der Regel fruchtlos bleibt. Die praktische Bedeutung der *Failing Company Defense* im amerikanischen Recht war stets

---

916 Aus vergleichbaren Gründen wurde über eine *Efficiency Defense* nachgedacht.
917 *Noël*, 8 E.C.L.R. 1997, 498, 510f., s. ferner vorstehend Fn. 779.
918 *Federal Trade Commission*, Staff Analysis and Recommendations, S. 7.

bescheiden. Bedeutung erlangte sie vor allem in Verfahren des einstweiligen Rechtsschutzes, in denen keine gründliche Wettbewerbsanalyse vorgenommen werden konnte.

Demgegenüber weist das EU-Fusionskontrollrecht selbst eine ausreichende Flexibilität auf und bedarf zu einer angemessenen Berücksichtigung von Sanierungselementen im Rahmen der Kontrollentscheidung nicht der Voraussetzungen der *Failing Company Defense*. Die *Failure* eines Unternehmens und die wahrscheinliche Entwicklung der Märkte können vielmehr in einem umfassenden *bilan anticompetitif* erfasst werden, der zu einer präziseren Berücksichtigung der Sanierungsargumente führt. Auch sollte die Frage warum ein Unternehmen konkursreif wurde, nicht unbeantwortet bleiben und im Rahmen der Marktanteilsberechnung berücksichtigt werden.

Der eingangs aufgezeigte Zielkonflikt bleibt somit letztlich ungelöst, wird aber in seiner Bedeutung erheblich relativiert.

III. Ausblick

Am 11.12.2001 legte die EU Kommission einen Diskussionsvorschlag für eine Änderung der FusionskontrollVO vor[919]. Darin fand sich auch der Vorschlag, den Wortlaut von Art. 2 Abs. 2, 3 FusionskontrollVO zu ändern und ihn an den Wortlaut von Sec. 7 Clayton Act anzupassen[920]. Bei der materiellen Fusionskontrolle wäre nach dem Vorschlag nicht mehr danach zu fragen gewesen, ob durch den Zusammenschluss eine marktbeherrschende Stellung entsteht oder verstärkt wird, sondern nur noch, ob ein Zusammenschluss zu einer erheblichen Wettbewerbsbehinderung führen wird („*Significant Lessening of Competition*"-Test). Die Umsetzung dieses Vorschlags hätte auf das Ergebnis dieser Arbeit voraussichtlich keine Auswirkungen gehabt, da innerhalb der wettbewerblichen Betrachtung ohnedies nicht die Marktbeherrschung, sondern eine entstehende Wettbewerbsbeeinträchtigung als Maßstab genommen wurde. Die Kommission erklärte sich in dem Grünbuch auch zu einer Diskussion über eine verstärkte Berücksichtigung von Effizienzen bereit[921]. Nach der *BASF/Eurodiol/Pantochim*-Entscheidung wäre es nur konsequent, die reine Marktstrukturanalyse aufzugeben und um weitere ökonometrische Methoden zur Bestimmung der Wettbewerbssituation zu ergänzen. Auch dies liegt im Interesse der hier angestellten Gesamtmarktbetrachtung.

---

919 Grünbuch über die Revision der Verordnung (EWG) Nr. 4064/89 des Rates; KOM (2001) 745/6.
920 Id., Rdnr. 159ff.
921 Id., Rdnr. 170ff.

Am 11.12.2002 und am 19.12.2002 veröffentlichte die Kommission nach ausführlichen Beratungen ihren Entwurf einer geänderten FusionskontrollVO[922]. Darin nahm sie schließlich Abstand vom „*Significant Lessening of Competition*"-Test, da dieser zu weitestgehend identischen Ergebnissen mit dem Marktbeherrschungstest führe. Die Kommission stellte darin auch klar, dass sie eine *Failing Company Defense* auch künftig unter den Voraussetzungen der *BASF/Eurodiol/Pantochim*-Entscheidung, also mit dem Fokus auf dem Ausscheiden des Anlagevermögens statt des Unternehmens, genehmigen werde[923]. Dies deutet, ebenso wie die etwas stärkere Berücksichtigung von *efficiencies*, auf eine flexiblere und ökonometrischere Handhabung der Kriterien hin und nähert sich den Kriterien in den US-*Merger Guidelines* an. Dies ist eine richtige Entwicklung und steht in Übereinstimmung mit dem hier gefundenen Ergebnis. Zwar hält die Kommission eine Änderung der FusionskontrollVO hinsichtlich einer Berücksichtigung von Effizienzvorteilen eines Zusammenschlusses nicht für erforderlich, da diese bereits auf der Basis des geltenden Art. 2 Abs. 1 lit. b) hinreichende Berücksichtigung finden könnten[924]. Dennoch macht die Kommission deutlich, dass sie künftig die Bedeutung von *efficiencies* genauer betrachten werde, was sich auch in dem neu eingefügten Erwägungsgrund 23 widerspiegelt. Dabei ist aber nicht zu erwarten, dass sich an der grundlegenden Ausrichtung der Fusionskontrolle etwas ändern wird. Die Hürden für eine Geltendmachung bleiben hoch, so dass höchstens denkbar ist, dass in Zweifelsfällen ökonomischen Gesichtspunkten innerhalb der wettbewerblichen Betrachtung ein etwas stärkeres Gewicht zukommen wird. Damit steht aber auch fest, dass es eine Genehmigung eines Zusammenschlusses bei festgestellter Wettbewerbswidrigkeit auch künftig nicht geben wird.

---

922 Vgl. Entwurf einer Mitteilung der Kommission über die Kontrolle horizontaler Zusammenschlüsse gemäß der Fusionskontrollverordnung; KOM (2002) vom 11.12.2002.

923 Id., Rdnr. 97.

924 Erläuterndes Memorandum der EU-Kommission, Rdnr. 60.

7. Kapitel: Zusammenfassung der Ergebnisse

Die Prüfung eines Unternehmenszusammenschlusses unter Beteiligung eines sanierungsbedürftigen Unternehmens sollte sich bei der gegebenen Rechtslage also in den folgenden Schritten vollziehen:

1. Zuerst sollte die Aussagekraft der Marktanteile hinterfragt werden. Wird hinreichend deutlich gemacht, dass die derzeitigen Marktanteile die wettbewerbsrechtliche Bedeutung des fusionierten Unternehmens überbewerten, dann ist nach dem Grund für diese Überbewertung zu fragen. Stellt sich heraus, dass die schwindenden Marktanteile auf einer strukturellen Schwäche des Marktes beruhen, und diese nicht durch das übernehmende Unternehmen beseitigt werden kann, so ist die Fusion zu genehmigen, wenn die kombinierten Marktanteile aufgrund dieser Korrektur die Marktbeherrschungsschwelle nicht erreichen. Im Falle einer bereits bestehenden Marktbeherrschung ist der Zusammenschluss nur dann zu genehmigen, wenn sich der Marktanteil des übernommenen Unternehmens solcherart auf Null herunterrechnen lässt.

2. Steigen die Marktanteile nennenswert und liegen sie über der Vermutungsschwelle oder liegt der Grund für die sinkenden Marktanteile in einem Problem, das das übernehmende Unternehmen beseitigen kann, dann muss eine *Rule of Reason* Analyse und eine Abwägung erfolgen, in die alle wettbewerblichen Umstände, vor allem die Entwicklung der sonstigen Marktstrukturkriterien, mit einzubeziehen sind. Ist aufgrund dieser Abwägung die Begründung oder Verstärkung einer marktbeherrschenden Stellung zu verneinen, dann ist die Fusion zu genehmigen.

3. Gelangt diese Analyse zu dem Resultat, dass eine marktbeherrschende Stellung entsteht oder verstärkt wird, so muss gefragt werden, ob daraus auch eine Wettbewerbsbeschränkung hervorgeht. Dazu muss eine erweiterte Analyse dessen erfolgen, was Kommission und EuGH unter *Failing Company Defense* verstehen. Statt einer „vorher-nachher"-Analyse ist eine „nachher I-nachher II"-Betrachtung anzustellen, die sich nicht auf einen Vergleich der Verschlechterung der Marktstruktur beschränkt, sondern auch gegenläufige Vorteile berücksichtigt und flexibler die verschiedenen zukünftigen Marktzustände gegeneinander abwägt. Das Kriterium „vollständiger Übergang der Marktanteile" wird dadurch nur zu einem unter vielen Bewertungskriterien und muss nicht so strikt gehandhabt werden

4. Die Notwendigkeit des Alternativerwerbererfordernisses ist zumindest fraglich, kann aber bei einer umfassenden wettbewerblichen Abwägung als Verhältnismäßigkeitskorrektiv dienen.

5. In diese Abwägung können die sanierungsbedingten Veränderungen der Verhältnisse auf dem eigenen Markt oder auf anderen Märkten Eingang finden.

6. Rationalisierungsgesichtspunkte können nur insoweit berücksichtigt werden, wie sie nachweislich zu einer Verbesserung der wettbewerblichen Situation beitragen. Andere wettbewerbsfremde Kriterien finden an dieser Stelle keine Berücksichtigung.

7. Wenn die Marktverhältnisse mit oder ohne Zusammenschluss wettbewerbsrechtlich vergleichbar sind, oder die Kommission in ihrer Beurteilung der Zusammenschlussfolgen zu keinem eindeutigen Ergebnis gelangen kann, so ist es in Übereinstimmung mit dem Ergebnis des 5. Kapitels außerwettbewerblichen Kriterien vorbehalten, die Waage zu Gunsten oder zu Lasten einer Fusion zu neigen.

8. Sowohl Rationalisierungs- als auch arbeitsmarkt- oder strukturpolitische Interessen müssen aber deutlich auszumachen sein.

9. Darüber hinaus kann bei einmal festgestellter Wettbewerbswidrigkeit des Zusammenschlusses keine Genehmigung aufgrund der Sanierungsbedürftigkeit des zu übernehmenden Unternehmens mehr erfolgen. Daran ist nach Möglichkeit festzuhalten.

Literatur

Afonso, Margarida
A Catalogue of Merger Defenses Under European and United States Antitrust Law, 33 Harv. Int'l L. J., 1 (1992)

Albers, Michael
Fusionskontrolle zwischen Wettbewerbs- und Industriepolitik, CR 1990, 444

Areeda, Phillip;
Hovenkamp, Herbert
Antitrust Law: An Analysis of Antitrust Principles and Their Application, Boston, Toronto, London 1999

Banks, David
Non Competition Factors and Their Future Relevance Under European Merger Law,
3 E.C.L.R. 182 [1997]

Baxter, William F.
Remarks: The Failing Firm Doctrine,
50 Antitrust L. J., 247 (1982)

ders.
Responding to the Reaction: The Draftman's
View,
71 Calif. L. Rev., 618 (1983)

Bechtold, Rainer
Abwägung zwischen wettbewerblichen Vor- und Nach-teilen eines Zusammenschlusses in der Europäischen Fusionskontrolle, EuZW 1996, 389

ders.
Die Grundzüge der neuen EWG-Fusionskontrolle
RIW 1990, 253

Bellamy, Christopher;
Child, Graham
Common Market Law of Competition, First Supplement,
London 1996

Berlin, Dominique
Concentrations,
RTD eur., 2000, 139, 315

ders. — *Contrôle communautaire des concentrations*, Paris 1992

Berlin, Dominique; Süß, Gisela — *Reform der französischen Fusionskontrolle*, EuZW 2001, 549

Berlin, Dominique; Vallette-Viallard, Hugues — *Concentrations*, RDT eur., 1998, 365

Beyer, Andreas — *Zusammenschlußkontrolle im englischen und deutschen Recht (unter besonderer Berücksichtigung der Sanierungsfusion)*, Berlin 1986

Bishop, Simon; Walker, Mike — *Economics of EC Competition Law: Concepts, Application and Measurement*, London 1999

Blum, Mark P. — *The Failing Company Doctrine*, 6 B.C. Indus. & Com. L. Rev. 75 (1974)

Blumenthal, William — *Thirty-one Merger Policy Questions Still Lingering After The 1992 Guidelines*, 38 Antitrust Bulletin, 593 (1993)

Bok, Derek — *Section 7 of the Clayton Act and the Merging of Law and Economics*, 74 Harv. L. Rev. 227 (1960)

Bradley, Michael; Rosenzweig, Michael — *The Untenable Case for Chapter 11*, 101 Yale L. J. 1043 (1992)

Brittan, Sir Leon — *The Law and Policy of Merger Control in the EEC*, 15 E.L.Rev., 351 (1990)

Büdenbender, Ulrich — *Rechtsfragen der Fusionskontrolle bei der Beteiligung eines Stromversorgungsunternehmens an einem Gasversorgungsunternehmen*, Recht der Elektrizitätswirtschaft, Bd. 41, 1980, 22

Bühner, Rolf;
Spindler, Hans-Joachim — *Synergieerwartungen bei Unternehmenszusammenschlüssen*, DB 1986, 601

Callmann, Rudolf — *Letzte Entwicklungen im amerikanischen Antitrust, Wettbewerbs- und Warenzeichenrecht*, WuW 1970, 410

Camesasca, Peter D. — *The Explicit Efficiency Defence in Merger Control: Does it Make the Difference?*, [1999] E.C.L.R. 14

Campbell, Thomas J. — *The Efficiency of the Failing Firm*, 63 Texas L. Rev., 251 (1984)

Canenbley, Cornelis;
Moosecker, Karlheinz — *Fusionskontrolle* Köln 1982

Catranis, Alexander — *Die Aufgabe der Zusammenschlußkontrolle – dargestellt am Beispiel der Sanierungsfusion*, Berlin 1981

Celli, Riccardo;
Grenfell, Michael — *Merger Control in the UK and EU*, London, Cambridge (MA) 1997

Cohen-Tanugi, Laurent;
Encaoua, David;
Winckler, Antoine;
Siragusa, Mario;
Brunet; Francois — *La pratique communautaire du contrôle des concentrations – Analyses juridique, économique et comparative*, Brüssel 1995

Connor, Martin F., III — *Section 7 of the Clayton Act: The „Failing Company" Myth*, 49 Geo. L. J. (1960), 84

Cook, C. John,
Kerse, Chris S. — *EC Merger Control* London, Dublin, Hong Kong 1996

Correira, Edward O. *Re-Examining the Failing Company Defense*, 64 Antitrust Law Journal 1996, 683

Cot, Jean-Mathieu; de la Laurencie, Jean-Patrice *Le contrôle français des concentrations*, Paris 1997

Dauses, Manfred A. *Handbuch des EU-Wirtschaftsrechts*, Loseblattsammlung, Stand: 8. Ergänzungslieferung München, 2000

Dechery, J.-L. *Le règlement communautaire sur le contrôle des concentrations*, RTDE 26 (1990), 307

Diamant, Irene R. *The Failing Company Defense Since General Dynamics: More Than Excess Baggage* 47 Fordham L. Rev., 872 (1979)

Dooley, Thomas *Failing Company Doctrine: Recent Developments*, 47 Texas L. Rev. 1427 (1969)

Downes, T. Anthony, MacDougall, David S. *Significantly Impeding Effective Competition: Substantive Appraisal Under the Merger Regulation*,19 E.L.Rev., 286 (1994)

Drauz, Götz Schröder, Dirk *Praxis der europäischen Fusionskontrolle* 3. A., Köln 1995

Dreher, Meinrad *Der Rang des Wettbewerbs im europäischen Gemeinschaftsrecht*, WuW 1998, 656

Easterbrook, Frank; Posner, Richard *Antitrust Cases, Economic Notes, & Other Materials* Chicago 1981

Ehlermann, Claus-Dieter *Deux ans d' application du contrôle des concentrations : bilan et perspectives*, RMC 1993, 242

ders.	*Zukünftige Entwicklungen des europäischen Wettbewerbsrechts*, E.C. Competition Policy Newsletter Summer 1994, No. 2
Elland, William	*The Mergers Control Regulation (EEC) No. 4064/89*, 3 E.C.L.R., 111 [1990]
Emmerich, Volker	*Die bisherige Praxis zur Fusionskontrolle (II), Eine kritische Analyse*, AG 1978, 118, 132
ders.	*Fusionskontrolle 2000/2001*, AG 2001, 605
ders.	*Kartellrecht* 8.A., München 1999
Fiedler, Patrick	*EG-Kommission erleichtert Voraussetzungen für die Sanierungsfusion*, EuZW 2001, 585
Finbour, Roger; Parr, Nigel	UK Merger Control: Law and Practice London 1995
Fine, Frank L.	*The Appraisal Criteria of the EC Merger Control Regulation*, 4 E.C.L.R., 148 (1991)
Fox, Byron E.; Fox, Eleanor M.	*Corporate Acquisitions and Mergers*, Loseblattsammlung, Stand: 68. Ergänzungslieferung, New York, San Francisco 1999
Frankfurter Kommentar	*GWB-Kommentar*, Loseblattsammlung, Stand: Lfg. 48, Köln 2001
Frees, Christian-Peter	*Das neue industriepolitische Konzept der EG*, EuR 1991, 281
Friedman, Richard D.	*Untangling the Failing Company Doctrine*, 64 Tex. L. Rev. 1375 (1986)
Fuchs, Andreas	*Zusagen, Auflagen und Bedingungen in der europäischen Fusionskontrolle*, WuW 1996, 269

Gavalda, Christian; Parleau, Gilbert — *Droit communautaire des affaires* Paris 1988

Geiger, Michael — *Kommentar zum EU-Vertrag*, 3. A., München 2000

Gleiss, Alfred; Hirsch, Martin — *Kommentar zum europäischen Kartellrecht*, 4. A., Heidelberg 1993

Gröner, Helmut; Köhler, Helmut — *Wettbewerbsprobleme der Sanierungsfusion* ORDO, Bd. 31 (1980), S. 87

Grabitz, Eberhard; Hilf, Meinhard — *Kommentar zur Europäischen Union* Loseblattsammlung, Stand: 5 EL München 1993

Groeben, Hans von der; Thiesing, Jochen; Ehlermann, Claus-Dieter — *Kommentar zum EU-/EG-Vertrag*, Bd. 2/II, 5. A. Baden Baden 1999 zit.: G/T/E-*Bearb*

Hawk, Barry; Huser, Henry — *A Bright Line Shareholding Test to End the Nightmare under the EEC Merger Regulation*, 30 C.M.L.R., 155 (1993)

dies.: — *European Community Merger Control: A Practitioner's Guide*, Den Haag, London, Boston 1996

Hawkes, Leonard — *The E.C. Merger Control Regulation: Not an Industrial Policy Instrument: The DeHavilland Decision*, 1 E.C.L.R. 34 [1992]

Hirsbrunner, Simon — *Fusionskontrolle der Kommission im Jahre 1996*, EuZW 1997, 748

Hitzler, Gerhard — *Die europäische Fusionskontrolle kann beginnen*, EuZW 1990, 369

Holmes, William C. — *Antitrust Law Handbook 1999 Edition*, St. Paul 1999

Hölzler, Heinrich — *EG-Fusionskontrolle: Konzepte und Konsequenzen*
WM 1990, 489

Hovenkamp, Herbert — *Antitrust Policy After Chicago*, 84 Mich. L. Rev. (1985), 213

ders. — *Federal Antitrust Policy: The Law of Competition and its* Practice, 2. A., St. Paul 1999

Immenga, Frank; Stopper, Martin — *Impulsgeber „Baby Food Merger": Die Berücksichtigung des Effizienzgedankens im US-amerikanischen und europäischen Fusionskontrollrecht*, RIW 2001, 512

Immenga, Ulrich — *Die Europäische Fusionskontrolle im wettbewerbs-politischen Kräftefeld*, Tübingen 1993

ders. — *Die Sicherung unverfälschten Wettbewerbs durch Europäische Fusionskontrolle*, WuW 1990, 121

ders. — *Konzentrationskontrolle und Sanierungsfusion* ZHR 137 (1973), 334

ders. — *Wettbewerbspolitik contra Industriepolitik nach Maastricht*, EuZW 1994, 14

Immenga, Ulrich; Mestmäcker, Ernst-Joachim — *GWB-Kommentar*
3. A., München 2001
2. A., München 1992 (zit.: 2.A.)

dies. *EG-Wettbewerbsrecht, Kommentar*, Bd. 1, München 1997

Janicki, Thomas *EG-Fusionskontrolle auf dem Weg zur praktischen Umsetzung*, WuW 1990, 195

ders. *Perspektiven der Fusionskontrolle im gemeinsamen Binnenmarkt*, WuW 1989, 193

Jones, Christopher; González-Díaz, Enrique *The EEC Merger Regulation*, London 1992

Joskow, Paul L.; Klevorick, Alvin K. *A Framework for Analyzing Predatory Pricing Policy*, 89 Yale L. J. 213 (1979)

Kalinowski, Julian O. von *Antitrust Laws and Trade Regulation*, Vol. 4, New York, Oakland 1992

ders. *Section 7 and Competitive Effects*, 48 Va. L. Rev. 827 (1962)

Kaplan, Roger B. *All the King's Horses and All the King's Men: The Failing Company Doctrine as a Conditional Defense to Section 7 of the Clayton Act*, 4 Hofstra L. Rev., 643 (1969)

Kauper, Thomas E. *The 1982 Horizontal Merger Guidelines: Of Collusion, Efficiency, and Failure*, 71 Cal. L. Rev., 497 (1983)

Kirchhoff, W. *Europäische Fusionskontrolle*, BB, Beil. 14 zu Heft 11/1990, 1

Kleinmann, Werner *Vorrang des Wettbewerbs in der europäischen Fusionskontrolle oder ein Pyrrhus-Sieg?*, RIW 1992, 345

Kleinmann, Werner; Bechtold, Rainer — *Kommentar zur Fusionskontrolle*
2. A., Heidelberg 1989

Koch, Norbert — *Die neuen Befugnisse der EG zur Kontrolle von Unternehmenszusammenschlüssen*, EWS 1990, 65

Kögel, Rainer — *Die Angleichung der deutschen an die europäische Fusionskontrolle*, Baden Baden 1996

Krimphove, Dieter — *Europäische Fusionskontrolle*, Köln, Berlin, Bonn, München, 1992

Kwoka, John E. Jr., Warren-Boulton, Frederick — *Efficiencies, Failing Firms, and Alternatives to Merger: A Policy Synthesis*, Antitrust Bulletin 1986, 431

Langen, Eugen, Bunte, Hermann-Josef — *Kommentar zum deutschen und europäischen Kartellrecht*, Bd. 1,
9. A., Neuwied, Kriftel, Berlin 2000
8. A., Neuwied, Kriftel, Berlin 1998 (zit.: 8.A.)

Langeheine, Bernd — *Substantive Review under the EEC Merger Control Regulation*, in: 1990 Fordham Corporate Law Institute, Hrsg.: Hawk, Barry, New York 1991, S. 481

Laurenza, Paul M. — *Section 7 of the Clayton Act and the Failing Company: An Updated Perspective*, 65 Va. L. Rev. 947 (1979)

Lob, Harald — *Wettbewerbspolitik in Frankreich nach altem und neuem Recht*, RIW 1990, 530

Löffler, Heinz — *Kommentar zur europäischen Fusionskontroll-VO*,
Neuwied, Kriftel 2001

Low, Richard E. — *The Failing Company Doctrine: An Illusive Economic Defense Under Section 7 of the Clayton Act,* 35 Fordham L. Rev. 425 (1967)

Malester, Ann — *The Failing And „Almost Failing" Company Arguments*, 759 PLI/Corp 75

McChesney, Fred — *Defending the Failing-Firm Defense*, 65 Nebr. L. Rev., 1 (1986)

Meessen, Karl M. — *Industriepolitisch wirksamer Wettbewerb im EWG-Fusionskontrollrecht*, in: Festschrift für Alfred-Carl Gaedertz, Hrsg.: Gisela Wild, Ine-Marie Schulte-Franzheim, Monika Lorenz-Wolf, München 1992, S. 417

Megret, J. — *Commentaire, Le droit de la CE*, Tome 4, Concurrence, Brüssel 1997

Mestmäcker, Ernst-Joachim — *Fusionskontrolle im Gemeinsamen Markt zwischen Wettbewerbspolitik und Industriepolitik*, EuR 1988, 349

Miertsch, Michael — *Kommentar zur EG-Verordnung über die Kontrolle von Unternehmenszusammenschlüssen*, Neuwied, Frankfurt 1989

Möschel, Wernhard — *Die Sanierungsfusion im Recht der Zusammenschlußkontrolle*, in: Festschrift für Robert Fischer, Hrsg.: Marcus Lutter, Walter Stimpel, Herbert Wiedemann Berlin, New York 1979, S. 487

ders. — *EG-Industriepolitik nach Maastricht*, in: Festschrift für Rudolf Nirk, Hrsg.: Karl Bruckhausen, Wolfgang Hefermehl, Peter Hommelhoff, Herbert Messer, München 1992 ebenfalls abgedruckt in: ORDO 43 (1992), 415

ders. — *Recht der Wettbewerbsbeschränkungen* Köln, Bonn, Berlin, München1983

Monopolkommission — *Hauptgutachten 1973/1975, Mehr Wettbewerb ist möglich*, 2.A., Baden Baden 1977

dies. — *Hauptgutachten 1976/1977, Fortschreitende Konzentration bei Großunternehmen*, 1.A., Baden Baden 1978

dies. — *Hauptgutachten 1990/1991, Wettbewerbspolitik oder Industriepolitik*, 1. A., Baden Baden 1992

dies. — *Hauptgutachten 1992/1993, Mehr Wettbewerb auf allen Märkten*, 1. A., Baden Baden 1994

dies. — *Hauptgutachten 1994/1995, Wettbewerbspolitik in Zeiten des Umbruchs*, 1. A., Baden Baden 1996

dies. — *Hauptgutachten 1996/1997, Marktöffnung umfassend verwirklichen*, 1. A., Baden Baden 1998

dies. — *Sondergutachten 3, Zusammenschlußvorhaben der Kaiser Aluminium&Chemical Corp., der Preussag AG und der Vereinigte Industrie-Unternehmungen AG*, Baden Baden 1975

dies. — *Sondergutachten 17, Konzeption einer europäischen Fusionskontrolle*, Baden Baden 1989

dies. — *Sondergutachten 19, Zusammenschlußvorhaben der MAN AG und der Gebrüder Sulzer AG*, Baden Baden 1990

dies. — *Sondergutachten 25, Zusammenschlußvorhaben der Potash Corporation of Saskatchewan Inc. und der Kali&Salz Beteiligungs AG*, Baden Baden 1997

Monti, Giorgio; Rousseva, Ekaterina — *Failing Firms in the Framework of the E.C. Merger Control* Regulation, 24 E.L.Rev. 38 (1999)

Noël, Pierre-Emmanuel — *Efficiency Considerations in the Assessment of Horizontal Mergers under European and U.S. Antitrust Law*, 8 E.C.L.R. 498 (1997)

Note — *Horizontal Mergers After United States v. General Dynamics Corp.*, 92 Harv. L. Rev. 491 (1978)

Note — *Horizontal Mergers and the Failing Firm Defense Under Section 7 of the Clayton Act: A Caveat*, 45 Va. L. Rev. 421, 425 (1959)

Note — *„Substantially to Lessen Competition...": Current Problems of Horizontal Mergers*, 68 Yale L. J. 1627 (1959)

Oberender, P.; Daumann, F. — *Industriepolitik*
München 1995

Oppenheim, S. Chesterfield; Weston, Glen E.; McCarthy, J. Thomas — *Federal Antitrust Laws*
4. A., St. Paul, Minnesota, 1981

Oppermann, Thomas — *Europarecht*
2. A., München 1998

Paredes, Troy — *Turning the Failing Firm Defense Into a Success: A Proposal to Revise the Horizontal Merger Guidelines*,
13 Yale J. Reg. 347 (1996)

Pathak, Anand S. — *Kali&Salz/MdK/Treuhand*,
MCR B 178 (Case Note)

Pechstein, Matthias — *Bedeutung von Protokollerklärungen zu Rechtsakten der EG*, EuR 1990, 249

Pitofsky, Robert — *Proposals for Revised U.S. Merger Enforcement in A Global Economy*, 81 Geo. L. J., 195 (1992)

Posner, Richard — *Antitrust Law, An Economic Perspective* Chicago 1976

Posner, Richard; Easterbrook, Frank — *Antitrust Law: Cases, Economic Notes, and Other Materials*, 2.A., St. Paul 1981

Rajak, Harry — *Company Rescue*, 4 Ins. L&P (1993), 111

Ravenscraft, D. J.; Scherer, F. M. — *Mergers, Sell-Offs, and Economic Efficiency*, Washington D.C., 1987

Rodger, Barry J.; MacCulloch, Angus — *Competition Law and Policy in the EC and UK*, London, Sydney 1999

Rohardt, Klaus-Peter — *Die europäische Fusionskontrolle beginnt Gestalt anzunehmen*, WuW 1991, 365

Sanmann, Horst — *Arbeitsplatzsicherung und Wettbewerbsordnung*, WuW 1977, 477

Scheuing, Dieter H. — *Umweltschutz auf der Grundlage der EEA*, EuR 24 (1989), 152

Schmidt, André — *Die europäische Wettbewerbspolitik nach dem Vertrag von Amsterdam*, WuW 1999, 133

Schmidt, Christian Rudolf — *Die Entwicklung des technischen und wirtschaftlichen Fortschritts. Der Konflikt Wettbewerbspolitik – Industriepolitik in der Europäischen Fusionskontrolle*, Baden Baden 1992

Schmidt, Ingo — *Europäische Industriepolitik – ein Widerspruch zur Wettbewerbsordnung?* WuW 1995, 971

ders. — *Wettbewerbspolitik und Kartellrecht*, 7.A., Stuttgart 2001

Schmidt, Karsten — *Die Sanierungsfusion im Zielkonflikt zwischen Unternehmenserhaltung und Wettbewerbssicherung*, AG 1982, 169

Schroeder, Dirk — *Fusionskontrolle in Frankreich*, RIW 1986, 15

Sedemund, Jochen; Montag, Frank — in: Dauses (Hrsg.), *Handbuch des EG-Wirtschaftsrechts*, s. dort

Sensui, Fumio — *Failing Company Defense in Merger Controls in Japan*, 45 Hougaku Zasshi, 242 (1999)

Shughart, William F.; Tollison, Robert D. — *The Welfare Basis of the Failing Company Doctrine*, 30 Antitrust Bulletin 357 (1985)

Snelders, Robbert — *Developments in E.C. Merger Control in 1995*, 22 E.L.Rev. CC Nr. 2, 66

Sorensen, Anker; Kennedy, Matthew — *Hollow Ring to Merger Control Regulation Exception*, [1995] 5 E.C.L.R. 267

Sotiroff, Phillip — *Federal Antitrust Law – Mergers – An Updating of the „Failing Company" Doctrine in the Amended Section 7 Setting*, 61 Mich. L. Rev. 566 (1963)

Spearing, Nicholas; Brandenburger, Rachel (Hrsg.) — *Butterworths' Competition Law, Division VII – Merger Control*, Loseblatt Stand 1996

Stein, Torsten — *Die Querschnittsklausel zwischen Maastricht und Karlsruhe*, in: Festschrift für Ulrich Everling, Hrsg. Marcus Lutter, Ole Due, Jürgen Schwarze, Baden Baden 1995; Bd. 2, S. 1439

Stock, Eric — *Explaining the Differing U.S. and EU Positions on the Boeing/McDonnel-Douglas Merger: Avoiding Another Near-Miss*, 20 U. Pa. J. Int'l Econ. L. 825 (1999)

Stockenhuber, Peter — *Die europäische Fusionskontrolle*, Baden Baden 1995

Sullivan, Lawrence A.; Fikentscher, Wolfgang — *On the Growth of the Antitrust Idea*, 16 Berkeley J. Int'l L. 197

Taylor, Paul M. — *EC and UK Competition Law & Compliance*, London 1999

Van Empel, M. — *Merger Control in the EEC*, 13 World Competition Law and Economics Review, 5 (1990)

Van Miert, Karel — *Die Wettbewerbspolitik der neuen Kommission*, WuW 1995, 552

Venit, James S. — *The Evaluation of Concentrations under the Merger Control Regulation: The Nature of The Beast*, in: 1990 Fordham Corporate Law Institute, Hrsg. *Hawk, Barry*, New York 1991, S. 412

ders. — *The Merger Control Regulation: Europe Comes of Age...Or Caliban's Dinner*, 27 C.M.L.Rev., 7 [1990]

ders. — *Two Steps Forward and No Steps Back: Economic Analysis and Oligopolistic Dominance After Kali & Salz*, 35 C.M.L.Rev. 1101 [1998]

Vollmer, Lothar — *Wirtschaftsverfassung und Wirtschaftspolitik der EG nach "Maastricht"*, DB 1993, 25

Vonnemann, Wolfgang — *Die neue europäische Fusionskontrolle*, DB 1990, 569

Weitbrecht, Andreas — *Zusammenschlußkontrolle im Europäischen Binnenmarkt*

EuZW 1990, 18

Wenz, Gerrit — *Entwicklung, Verfahren und Politik der Zusammenschlußkontrolle in Großbritannien*, Köln, Berlin, Bonn, München 1991

Wiedemann, Gerhard (Hrsg.) — *Handbuch des Kartellrechts*, München 1999 zit.: Wiedemann-*Bearb.*

Winterstein, Alexander — *Wichtige Entwicklungen des Europäischen Wettbewerbsrechts 1998*, Vortrag im Rahmen des MANZ-Seminars am 25.1.1999

Wiley, Richard A. — *The „Failing Company" – A Real Defense in Horizontal Merger Cases*, 41 B.U.L.R., 493 (1961)

Williamson, Oliver E. — *Economics as an Antitrust Defense: The Welfare Tradeoffs*, 58 A.E.R., 23 (1968)

Wissenschaftlicher Beirat beim Bundesministerium für Wirtschaft — *Ordnungspolitische Orientierung für die europäische Union*, Tübingen 1994

Literatur aus dem Internet (Stand: Dez. 2002)

Azcuenega, Mary — *Statement in the Boeing Company, File No. 971-0051*
URL: www.ftc.gov/opa/1997/9707/ma.htm

Boast, Molly S. — *Hearings on the Changing Nature of Competition in a Global and Innovation – Driven Age*
URL: www.ftc.gov/opp/global/c184104.htm

Fox, Eleanor M. — *Antitrust and Competitiveness: Efficiencies, Failing Firms, and the World Arena*
URL: www.ftc.gov/opp/global/fox.htm

Haid, Alfred — *Europäische Fusionskontrolle: Kein Rezept gegen Fusionsfieber?*
DIW Wochenbericht 10/98
URL: http://wuzz.diw-berlin.de/diwwbd/98-10-2.html

Haid, Alfred, Hornschild, Kurt — *Nach der Boeing/McDonnell Douglas-Fusion: Wird die Luft für den Airbus dünner?*
URL: www.diw-berlin.de/diwwbd/97-37-1.html

Leeds, Lizabeth A. — *The Failing Firm Defense*
URL: www.ftc.gov/opp/global/lleeds.htm

McDavid, Janet L. — *Efficiencies, Failing Firms, and the General Dynamics Defense*
URL: www.ftc.gov/opp/global/194817.htm

Pitofsky, Robert — *Address before the Business Development Associates, Staples and Boeing: What They Say About Merger Enforcement at the FTC*
URL: www.ftc.gov/speeches/pitofsky/STAPLESspc.htm

Pitofsky, Robert, et. al.	*Statement of Chairman Robert Pitofsky and Commissioners Janet D. Steiger, Roscoe B. Starek III and Christine A. Varney in the Matter of The Boeing Company/McDonnell Douglas Corporation* URL: www.ftc.gov/opa/1997/07/boeingsta.htm
Waller, Spencer Weber	*A Comparative Look at Failing Firms and Failing Industries* URL: www.ftc.gov/opp/global/waller.htm

Kolibri 360 GmbH
Ferdinand-Jühlke-Straße 7
99095 Erfurt, Deutschland
produktsicherheit@kolibri360.de

Druck:
CPI Druckdienstleistungen GmbH
im Auftrag der
Kolibri 360 GmbH
Ferdinand-Jühlke-Str. 7
99095 Erfurt